PAUL BOGARD

DIE
NACHT

PAUL BOGARD

DIE
NACHT

REISE IN EINE
VERSCHWINDENDE WELT

Aus dem Englischen
von Yvonne Badal

Karl Blessing Verlag

Titel der Originalausgabe: *The End of Night*
Originalverlag: Little, Brown and Company, New York

Verlagsgruppe Random House FSC® N001967
Das für dieses Buch verwendete
FSC®-zertifizierte Papier *Munken Premium Cream*
liefert Arctic Paper Munkedals AB, Schweden.

1. Auflage
Copyright © 2013 der Originalausgabe by Paul Bogard
Copyright © 2014 by Karl Blessing Verlag, München,
in der Verlagsgruppe Random House GmbH
Umschlaggestaltung und -motiv: Geviert, Grafik & Typografie
Satz: Leingärtner, Nabburg
Druck und Einband: GGP Media GmbH, Pößneck
Printed in Germany
ISBN: 978-3-89667-467-8

www.blessing-verlag.de

Für meine Mutter und meinen Vater.
Und für alles Leben, das auf Dunkelheit angewiesen ist.

To go in the dark with a light is to know the light.
To know the dark, go dark. Go without sight,
And find that the dark, too, blooms and sings,
And is traveled by dark feet and dark wings.

Gehst du ins Dunkel mit einem Licht, kennst du das Licht.
Willst du das Dunkel kennen, geh dunkel. Geh ohne Sicht,
Und entdecke: auch das Dunkel kennt Blühen und Singen
Und das Queren dunkler Pfoten und dunkler Schwingen.

WENDELL BERRY

Inhalt

Die Bortle-Skala

Im Februar 2001 von John E. Bortle
(W. R. Brooks Observatory, Stormville, NY) als Anhaltspunkte zur Messung
der Lichtverschmutzung ohne optische Hilfsmittel veröffentlicht

Klasse 9: *Innerstädtischer Himmel*

Der gesamte Himmel ist selbst am Zenit hell erleuchtet. Viele Sterne aus den Sternbildern und schwach leuchtende Objekte sind unsichtbar. Mit möglicher Ausnahme der Plejaden sind keine Messier-Objekte mit bloßem Auge zu erkennen. Wirklich gut durch das Teleskop zu beobachten sind einzig der Mond, die Planeten und einige wenige der hellsten Sternenhaufen.

Klasse 8: *Stadthimmel*

Der Himmel ist weißlich-grau oder orange verfärbt und so hell, dass man mühelos die Schlagzeilen einer Zeitung lesen kann. Selbst durch gängige Teleskope sind nur die hellsten Messier-Objekte zu finden. Einige Sterne aus den Sternbildern sind schwach zu erkennen, andere fehlen gänzlich.

Klasse 7: *Vorstädtisch-städtischer Übergang*

Der gesamte Himmelshintergrund hat einen gräulich-weißen Farbton. Helle Lichtquellen wirken aus allen Richtungen ein. Die Milchstraße ist völlig oder fast unsichtbar, die Wolken sind hell angeleuchtet. Durch gängige Teleskope sind selbst die hellsten Messier-Objekte nur als schwache Schemen sichtbar.

Klasse 6: *Heller Vorstadthimmel*
Keine Spur von Zodiakallicht, nicht einmal in den besten Nächten. Spuren der Milchstraße sind nur im Zenit zu erkennen. Bis zu 35° über dem Horizont erscheint der Himmel gräulich-weiß. Die Wolken sind überall ziemlich hell angeleuchtet.

Klasse 5: *Vorstadthimmel*
In den besten Frühjahrs- und Herbstnächten sind Spuren vom Zodiakallicht sichtbar. Über dem Horizont ist die Milchstraße gar nicht oder nur sehr schwach zu sehen, im Zenit erscheint sie verwaschen. Aus fast allen, so nicht aus allen Richtungen wirken noch deutlich Lichtquellen ein. Die Wolken sind aufgehellt oder deutlich heller als der Himmel.

Klasse 4: *Übergang von ländlichen zu vorstädtischen Regionen*
Die Lichtkuppeln der Lichtverschmutzung über den Ballungsgebieten sind noch in allen Richtungen zu erkennen. Das Zodiakallicht ist sichtbar, erstreckt sich bei einsetzender und ausklingender Dämmerung jedoch kaum über die halbe Distanz zum Zenit. Die Milchstraße ist ab einem guten Stück über dem Horizont zwar beeindruckend, doch fehlen ihr noch alle Strukturen, abgesehen von den deutlichsten. Aus Richtung der Lichtverschmutzungsquellen werden die Wolken leicht angeleuchtet, am Zenit sind sie jedoch bereits dunkel.

Klasse 3: *Landhimmel*
An der Horizontlinie ist die Andeutung von Lichtverschmutzung zu sehen. Die Wolken über den hellsten Himmelsabschnitten sind schwach angeleuchtet, am Zenit jedoch schwarz. Die Milchstraße erscheint vielschichtig, einige Sternenhaufen sind deutlich mit bloßem Auge zu sehen. In Frühling und Herbst ist das Zodiakallicht beeindruckend und auch seine Färbung schwach erkennbar.

Klasse 2: *Ort mit sehr dunklem Himmel*
Am Horizont ist ein schwaches Luftleuchten zu erkennen. Die Sommermilchstraße erscheint dem bloßen Auge stark strukturiert. Das Zodiakallicht ist hell genug, um nach Einbruch der Dunkelheit und vor Morgengrauen schwache Schatten zu werfen, und hat im Vergleich zu dem Blau-Weiß der Milchstraße eine deutlich gelbliche Färbung. Wolken am Himmel sind nur als dunkle Löcher oder als eine schwarze Leere vor dem sternenübersäten Hintergrund zu sehen. Viele Messier-Sternenhaufen sind mit dem bloßen Auge zu erkennen.

Klasse 1: *Ort mit exzellent dunklem Himmel*
Das Zodiakallicht, der Gegenschein und das Zodiakalband sind allesamt deutlich sichtbar – das Zodiakallicht in beeindruckendem Maße, das Zodiakalband überspannt das gesamte Firmament. Selbst die M33-Galaxie ist mit bloßem Auge zu erkennen. Die Milchstraßenregionen von Skorpion und Schütze werfen deutliche diffuse Schatten auf die Erde. Das Strahlen von Jupiter oder Venus vermindert die Dunkeladaption des Auges. Das sehr schwache, natürliche Luftleuchten rund 15° über dem Horizont ist deutlich sichtbar. Steht man auf einer von dunklen Bäumen umgebenen Fläche, sind Personen und Gegenstände praktisch unsichtbar. Es ist das Nirwana eines jeden Himmelsbeobachters.

Einführung

Das Dunkel verstehen

Haben Sie jemals Dunkelheit erlebt, junger Mann?

Isaac Azimov (1941)[1]

Was in Las Vegas geschieht, bleibt nicht in Las Vegas, jedenfalls nichts, was zur Lichtverschmutzung beiträgt.[2] Das Licht der Stadt sickert nicht nur in die umgebende Wüste ein, sogar Nationalparks in Nevada, Kalifornien, Utah und Arizona, die den Auftrag haben, ihre »Lichtlandschaften« so »unversehrt zum Wohle künftiger Generationen« zu bewahren wie ihre geografischen Landschaften, berichten von leuchtenden Horizonten und ausgelöschten Sternenhimmeln. Ich bin gerade auf dem Weg zu einem dieser Naturschutzparks, dem Great Basin – zweihundertfünfzig Meilen nördlich der Route 93 durch Nevada, die zweispurig von der Interstate 15 bis Ely verläuft –, um mit eigenen Augen zu sehen, was dort von der Dunkelheit geblieben ist.

Landauf, landab die gleiche Geschichte – dunkle Flecken verschwinden von der Landkarte. Computergrafiken auf Grundlage von NASA-Nachtaufnahmen offenbaren, wie stetig sich das Licht zwischen Ende der 1950er und Mitte der 1990er Jahre ausgebreitet hat. Begleitende Computerberechnungen prognostizieren, dass im Jahr 2025 die gesamten Vereinigten Staaten östlich des Mississippi von einem rot-gelb glühenden Ausschlag übersät sein werden, unterbrochen nur von den grellweißen Pusteln der dicht besiedelten Ballungsräume. Selbst westlich des großen Stroms werden dann nur noch kleine Flecken von nächtlichem Schwarz zu finden sein, allesamt eingekreist von einer Zivilisation, die immer weiter an deren schon heute ausgefransten Rändern nagt. Aber noch ist die Wüste im östlichen Nevada mit dem Great Basin National Park im Zentrum eine der dunkelsten Geografien auf der Landkarte der Vereinigten Staaten. Deshalb bin ich hier, deshalb fliehe ich aus Las Vegas zum vielleicht dunkelsten Fleck in meinem Land.

Es ist früher Abend. Ich fahre vor mich hin und beobachte, wie sich die Szenerie draußen allmählich verändert. Die Temperatur fällt, die Tiere beginnen ihre Glieder zu strecken und sich auf Pfoten oder mit Schwingen auf den Weg zu machen. Auch in die Nachtblüher kehrt Leben zurück. Den ganzen Tag über haben die Wüstenfelsen Hitze gespeichert, sich unter der Sonne ausgedehnt und mit ihrer Thermalstrahlung die Falken im Himmel glücklich und die Passagierflugzeuge im Landeanflug unglücklich gemacht. In der Nacht kehrt sich der Energiefluss um, die Temperatur sinkt um dreißig bis vierzig Grad, während die Wüstenfelsen glühen und Wärme abgeben wie Holzöfen im Winter. Im natürlichen Rhythmus von Tag und Nacht heben und senken sich ganze Berge wie die Brust eines schlafenden Wesens.

Im Osten glühen die Bergketten noch im Abendrot, im Westen verlieren ihre Konturen bereits an Schärfe und lösen sich zu Silhouetten auf, während die Dunkelheit an ihnen hinabgleitet und sie schließlich mit ihrem langen Vorhang verhüllt. Wir nennen diese Zeitspanne »Zwielicht«. In der Astronomie gibt es drei graduelle Stadien der Dunkelheit nach dem Schwinden des Sonnenlichts: ein ziviles (auch »bürgerliches« genannt), ein nautisches (auch »mittleres« genannt) und ein astronomisches Stadium. Diese Einteilung stammt aus dem 20. Jahrhundert und meint mit »zivil« den Zeitraum, in dem man nicht mehr ohne Licht autofahren sollte, mit »nautisch« den Zeitraum, in dem die Dunkelheit bereits ausreicht, um die zum Navigieren nötigen Sterne sehen zu können, und mit »astronomisch« den Zeitraum, in dem der Himmel dunkel genug ist, um auch schwächere Sterne erkennbar werden zu lassen. Inoffiziell nennt die Biologin Robin Wall Kimmerer dieses Zwielicht den »langen blauen Moment« – ich liebe diese Definition.

Wir stellen uns gerne vor, dass sich die Dunkelheit über das Land legt, oder dass sie fällt, so als handle es sich um Schnee. Tatsächlich aber steigt Dunkelheit vom Osten her auf und ergießt sich über Land und Wasser, wenn die Erde der Sonne den Rücken zukehrt. Wer jemals den Anbruch der Nacht draußen in der Natur erlebt und zugesehen hat, wie sich die Abenddämmerung über dem östlichen Horizont zusammenballt, als seien es Sturmwolken, der hat den Kernschatten unserer Erde gesehen, in den wir uns hineindrehen. Was wir »Nacht« nennen, ist die Zeit, in der wir in diesem Schatten gefangen sind – ein Schatten, der sich in den Weltraum erstreckt, als sei er die Waffeltüte, auf der die irdische Eiskugel sitzt, nur hundert Mal höher als breit, ihr Scheitelpunkt achthundertsechzigtausend Meilen über uns. Die Morgendämmerung setzt ein, wenn sich die Erde aus dem Kernschatten wieder in die direkte Sonneneinstrahlung hineindreht.

Während ich in Richtung Nordosten aus dem Restlicht hinausfahre, blicke ich in den stetig dunkler werdenden Himmel und frage mich, was er mir wohl enthüllen wird. Venus, der Abendstern, taucht im Fenster der Fahrerseite knapp über der Kontur einer Bergkette auf, dann die ersten echten Sterne, die sich zum Großen Wagen formieren, dieser vielleicht bekanntesten Sternenkonstellation der Weltgeschichte. Einer ihrer Sterne, Mizar, der mittlere von den dreien, die die Deichsel bilden, ist in Wahrheit ein mit bloßem Auge erkennbarer Doppelstern. Bestätigt wurde das im Jahr 1650 durch das Teleskop, den Sternguckern war es schon seit Jahrtausenden bekannt gewesen. Tatsächlich pflegte man lange Zeit seine Sehkraft zu testen, indem man prüfte, ob man Mizars blassen Zwilling Alkor mit bloßem Auge erkennen konnte. Mir will das im Moment nicht gelingen, denn gerade tauchen die ersten hellen Lichter einer Kleinstadt entlang der Straße auf.

Der Name der Stadt tut nichts zur Sache, denn wenn es um Lichtverschmutzung geht, könnte sie für Zehntausende andere Städte stehen. Zur Gesamtverschmutzung in den Vereinigten Staaten trägt sie zwar wenig bei, doch welche Kette an Problemen durch unsere Außenbeleuchtungen verursacht wird, lässt sich auch hier feststellen. Sämtliche Lampen sind unabgeschirmt, das mal zum einen. Also schickt eine jede ihre blendenden Strahlen völlig sinnlos in alle Richtungen ins Dunkel hinaus. Holz- oder Maschendrahtzäune trennen Nachbar von Nachbar, doch wie überall in Amerika darf auch hier jeder Hausbesitzer seinen Grund weit über dessen Grenzen hinaus beleuchten – ein gutes Beispiel für das, was Astronomen als *light trespass* – Lichtgrenzüberschreitung – bezeichnen. Das von diesen unabgeschirmten Leuchtkörpern abgestrahlte Licht ergießt sich aber nicht nur über Nachbargrundstücke und blendet Autofahrer, es leuchtet auch direkt in den Himmel. Das ist pure Energieverschwendung. Die einsame Tankstelle strahlt heller als das Tageslicht, und auch ihre Beleuchtung überschreitet die Grenze des Zapfstellendachs, schießt in den Himmel und löscht Sterne über der Stadt aus. Über jeder Straße baumeln kobraköpfige Streulichtlampen und schicken ihr grelles Licht in die Schlafzimmer, Wohnzimmer, die umgebende Wüste und hinauf zu den Sternen.

Ich erreiche den Stadtrand, der wie im ganzen Land auch hier vom akkumulierten Leuchten dieser allgegenwärtigen *Security Lights* in den Hintergärten, Vorplätzen und Hauseinfahrten in ein grelles Licht getaucht wird. Vor der Stadtausfahrt folgt noch eine letzte Reklametafel, von unten beleuchtet. Das Licht der Spots prallt von ihr ab und strahlt permanent ins All.

Dann umhüllt Dunkelheit das Auto. Die Scheinwerfer begrenzen die erhellte Welt auf das, was in ihren Kegeln auftaucht. Das Land zu beiden Seiten versinkt, als befände ich mich auf einer Brücke über einem Hunderte Meter tiefen Abgrund. Die Windschutzscheibe mit den sternenartig verteilten Insektenflecken erinnert bald an einen Nachthimmel von van Gogh. Am Straßenrand kauert ein mampfender Hase, der beim Klang des Motors gedankenverloren seine langen Ohren aufstellt. Kurz darauf betritt ein Kojote die andere Fahrbahnseite, seine Augen glühen auf, zwischen den Zähnen hängt ein Hase, der weniger Glück hatte. Eine Schleiereule flattert von einem Begrenzungsstein am Straßenrand auf, fliegt ein paar Schläge lang voraus, als wollte sie mir den Weg zeigen, wechselt dann den Kurs und verschwindet in der Nacht.

In dem Vorort von Minneapolis, in dem ich aufwuchs, gibt es einen Golfplatz, der von einer Straße durchschnitten wird, rechts und links begrenzt von einem weißen Palisadenzaun. Als Teenager fuhr ich einen alten Kastenvolvo, dessen Scheinwerfer sich während der Fahrt ausschalten ließen. Ich pflegte diese abschüssige, kurvige und somit nur vom einseitigen Parklicht des Wagens erhellte Straße mit fünfunddreißig Meilen pro Stunde hinabzurollen. Der rote Kombi, den ich heute besitze, ist zu smart und zu sicher, um mir so etwas zu gestatten – die Scheinwerfer bleiben an, ob ich es will oder nicht. Ich gehe davon aus, dass das auch auf den brandneuen Mietwagen zutrifft, den ich gerade steuere. Aber nein, nachdem ich der unwiderstehlichen Versuchung erlag, obwohl ich auf dieser schnurgeraden Landstraße ganz und gar nicht bloß 35 Mph, vielmehr drei Mal so schnell fahre, drehe ich am Lichtschalter.

Augenblicklich verschwindet die Straße. Mein Magen rutscht eine Etage tiefer und ich habe momentan das Gefühl, als schleudere es mich vom Rand der Erde. Eine Art Angstrausch überwältigt mich, jede Faser meines Körpers will wissen, was ich da tue. Ich schalte die Scheinwerfer ein, mein Herz beginnt wieder langsamer zu schlagen. Vor und hinter mir ist kein anderes Auto zu sehen, kein künstliches Licht erhellt dieses Meer an Schwärze um mich herum. Dann drehe ich wieder am Schalter, ein, aus, ein, aus. Jedes Mal warte ich etwas länger, diesmal lange genug, um meine Augen an den matten Schein des Parklichts zu gewöhnen, lange genug, um die Sternennacht zu sehen, die mir entgegenströmt, über mich hinwegfließt und hinter mir versiegt, lange genug, um mich wie im *Starship Enterprise* zu fühlen, das gerade ins All hinausbeschleunigt, lange genug, um den Wagen von der Erde abheben und in den Himmel fallen zu fühlen.

Ich bin sehr versucht, die Lichter auszulassen und länger als nur ein paar Wimpernschläge durch die Dunkelheit zu fahren. Doch so glücklich mich der Kick auch macht, mit verwegenen hundert Sachen durch die nächtliche Wüste zu »rasen« und mich von der Erde ins All katapultiert zu fühlen, so gerne bin ich doch am Leben. Ich bremse auf 20 Mph ab. Es kommt mir wie Fußgängertempo vor. Also lösche ich sogar das Parklicht und stecke den Kopf aus dem Fahrerfenster. Der warme, trockene Luftstrom huscht vorbei, der Asphalt rollt unter den Rädern hinweg. Ich bin auf direktem Weg zur Milchstraße, die sich überm Horizont von einer zur anderen Seite des Himmelszelts erstreckt. Wie von Geisterhand rollt der Wagen aus und bleibt mitten auf dem Highway 93 inmitten der Wüste des Great Basin stehen. Kein Auto oder Truck vor oder hinter mir zu sehen, und wenn etwas käme, wäre es ja sichtbar, lange bevor ich mich in Bewegung setzen müsste. Es sei denn natürlich, sein Fahrer wäre ebenfalls mit ausgeschaltetem Licht unterwegs und starrte ebenfalls auf diesen so ganz und gar anderen Highway da droben.

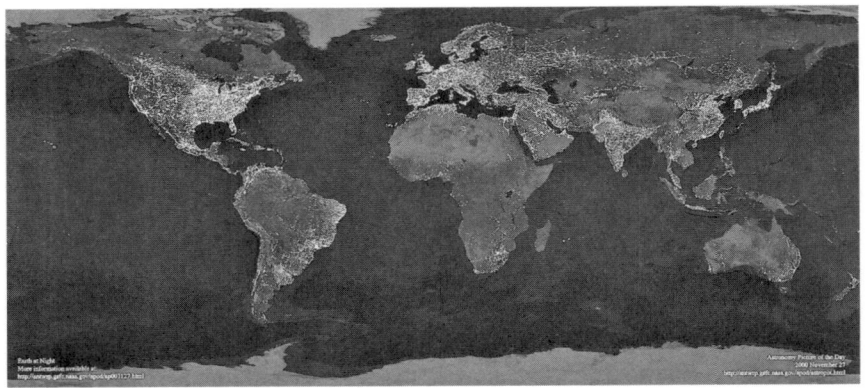

Die Erde bei Nacht, ca. im Jahr 2000 (© C. Mayhew & R. Simmon [NASA/GSFC], NOAA/NGDC, DMSP Digital Archive)

To know the dark, go dark, rät der amerikanische Gelehrte und Erzähler Wendell Berry. Doch betrachtet man sich die nächtlichen Kontinente unseres Planeten auf Fotos, die von einem Satelliten geschossen wurden, dann scheinen sie in Flammen zu stehen. Über die ganze Erdkugel verteilt sich das gleißende Licht von Straßenlaternen, Parkplätzen, Tankstellen, Shoppingcentern, Sportstadien, Bürohäusern, Wohnhäusern oder zeichnet klare Grenzen zwischen Land und Wasser. Hie und da zieht sich sogar eine Leuchtspur in die Ozeane hinaus: die Scheinwerfer von Fischerbooten, die den Kalmaren pralle Mittagssonne vorgaukeln.[4] Wären all diese Lichter nutzbringend, wäre das etwas anderes. Einige leisten tatsächlich gute Dienste – sie leiten unsere Wege, geben uns ein Gefühl der Sicherheit, verschönern punktuell unsere nächtlichen Landschaften –, aber die meisten sind pure Verschwendung. Das Licht, das wir auf Fotos aus dem All über die nächtliche Erde ausgebreitet sehen, oder aus einem Flugzeugfenster, oder aus den oberen Stockwerken eines Wolkenkratzers, ist das Licht, dem wir es gestatten, in den Himmel zu leuchten oder unsere Augen zu blenden, ohne dabei wesentlich zu erhellen, was zu beleuchten es angebracht wurde – und das auch noch zu hohen Energiekosten. Die natürliche Dunkelheit der Nacht ist unerlässlich für unsere Gesundheit und für die Gesundheit unserer irdischen Natur, das hat der Mensch schon früh verstanden, doch viele andere Aspekte beginnt er gerade erst zu verstehen. Jedes Geschöpf leidet unter dem Verlust der Nacht.

Unser lichtgesättigtes Zeitalter ermöglicht uns kaum noch die Vorstellung von einer Zeit, in der die Nacht wirklich dunkel war. Dabei ist das noch gar nicht so lange her. Noch bis ins 20. Jahrhundert hinein wurde zur Beleuchtung der Außenwelt schlicht und einfach die eine oder andere Art von Feuer benutzt – Fackeln, Kerzen, oder diese funzligen, stinkenden, unzuverlässigen Laternen. Das waren zwar schon deutliche Verbesserungen ihrer frühesten Vorgänger (aufgespießte und angezündete ölige Fische und Vögel, oder an die Zehen geklebte Glühwürmchen), aber wie schwach war doch ihr Licht … Eine einzige 75-Watt-Glühbirne strahlt hundertmal heller als eine Kerze. Der Historiker E. Roger Ekirch berichtet, dass vormoderne Beobachter sarkastisch von Kerzen sprachen, die »die Dunkelheit sichtbar« machten. Und ein französisches Sprichwort sagt: »Bei Kerzenlicht sieht jede Ziege wie eine Dame aus.« Reisende hielten Mondlicht für die sicherste Option, um nachts nicht vom Weg abzukommen, weshalb die Mondphasen auch wesentlich genauer beobachtet wurden als heute. Bis zum Ende des 17. Jahrhunderts verfügten dann schon viele europäische Städte über rudimentäre Straßenbeleuchtung. Doch das für uns so selbstverständliche elektrische Licht kam erst Ende des 19. Jahrhunderts in Gebrauch, in welcher Form auch immer. Seither schwand die Dunkelheit unserer Nächte zusehends dahin.

Kein Kontinent leuchtet heller als Nordamerika und Europa. Schon heute erleben rund zwei Drittel aller Amerikaner und Europäer keine wirkliche Nacht, keine echte Dunkelheit mehr. Fast jeder von uns lebt in einer Region, die als lichtverschmutzt gilt. Als der amerikanische Naturalist und Schriftsteller Henry Beston die Vereinigten Staaten 1928 von Cape Cod aus vor »Licht und immer mehr Lichtern« warnte, dürften das die meisten der damals lebenden hundertzwanzig Millionen Amerikaner als heftig übertrieben empfunden haben, denn sie wohnten ja fast alle noch in ländlichen Gebieten ohne Strom. Doch schon sieben Jahre später war Beston drauf und dran, recht zu bekommen: 1935 ordnete Präsident Roosevelt die Gründung der *Rural Electric Administration* an, und damit sollte sich die Geografie der Nacht in den Vereinigten Staaten für immer verändern. Mitte der 1950er Jahre hatten die meisten Amerikaner elektrisches Licht, ob in Städten, Vorstädten oder auf dem Land. In dem halben Jahrhundert, das seither verging und in

dem die amerikanische Bevölkerung die Dreihundertmillionenmarke über-
schritt, hat sich dieses Licht unaufhörlich und fast unbemerkt ausgebreitet.
Könnten wir aus dem Dunkel der dreißiger Jahre (oder der 1950er, oder
sogar noch der 1970er) in das heutige Dunkel springen, gäbe es wohl kaum
jemanden, der sich von dieser dramatischen Überschwemmung mit elektrischem Licht nicht geblendet fühlen würde. Nur weil dessen Ausbreitung so
mählich stattfand, wiegen wir uns in dem Glauben, dass unsere Nächte
noch ebenso dunkel oder fast so dunkel seien wie früher.[5]

Angesichts dieser Tatsache, und in Kenntnis des Ausmaßes, »in dem die
stetig zunehmende Lichtverschmutzung den Himmel besudelt«, entwickelte
der amerikanische Astronom John Bortle 2001 eine Skala zur Beschreibung
der verschiedenen Stadien himmlischer Dunkelheit ohne optische Hilfsmittel, die von der schlechtesten Klasse 9 bis zur Klasse 1 reicht, von der hellsten
bis zur dunkelsten Nacht. Er hoffte, eine solche Skala würde sich »nicht nur
als erhellend, sondern auch als nützlich für Beobachter« erweisen, wenngleich ihm klar war, dass er so manchen damit schockieren würde. Bortles
Differenzierungssystem mag hie und da spitzfindig oder inkongruent erscheinen, aber es offeriert uns eine Sprache, die uns zu definieren hilft, was
wir meinen, wenn wir von den unterschiedlichen Schattierungen der Dunkelheit sprechen, oder wenn wir festzustellen versuchen, was wir verloren
haben, was wir noch haben und was wir zurückgewinnen könnten.[6]

Den meisten von uns ist das hellere Ende von Bortles Skala – seine Klasse
9: »Innerstädtischer Himmel« oder seine Klasse 7: »Vorstädtisch-städtischer
Übergang« oder auch seine Klasse 5: »Vorstadthimmel« – nur allzu vertraut,
denn das sind die Dunkelheitsgrade, die wir fast alle als normal empfinden.
Doch Bortles Skala zeigt uns damit auch, was wir bereits verloren haben.
Tatsächlich dürften die meisten Amerikaner und Europäer, vor allem junge,
kaum jemals oder noch nie eine Nacht erlebt haben (und können sie sich
vielleicht nicht einmal mehr vorstellen), die dunkel genug war, um der Klasse
3 anzugehören: dem »Landhimmel«, bei dem nur »die Andeutung von Lichtverschmutzung am Horizont zu sehen ist«, oder gar der Klasse 2: dem »Ort
mit sehr dunklem Himmel«. Und was Bortles Klasse 1 betrifft, diesen Himmel, der so dunkel ist, dass »die Milchstraßenregionen von Skorpion und
Schütze deutlich sichtbare, diffuse Schatten auf die Erde werfen«, fragen sich

viele Amerikaner, ob eine solche Dunkelheit in den *Lower 48,* den kontinentalen Kernstaaten der USA, überhaupt noch existiert. Auch wenn Gerüchte über die Existenz einer Klasse 1 aus den Wüsten im östlichen Oregon und südlichen Utah, aus der Prärie von Nebraska und der texanisch-mexikanischen Grenzregion dringen, lässt sich doch nicht leugnen, dass Bortle mit dieser Klasse den Grad an Dunkelheit beschrieben hat, den die Menschen im längsten Teil ihrer Geschichte erlebt haben, während er für die Bewohner der modernen westlichen Welt bereits zu etwas völlig Irrealem wurde.

Seit ich Bortles Skala kenne, denke ich über die Dunkelheit in den Orten nach, die ich besucht habe, in denen ich gelebt und die ich geliebt habe, wie beispielsweise den Ort an dem See im Norden von Minnesota, an dem ich als Kind meine erste wirkliche Dunkelheit erlebte und Erfahrungen mit der Nacht sammelte. Auch ich begann mich nun zu fragen, ob es in meinem Land noch irgendeinen Klasse-1-Flecken gibt, beziehungsweise ob es in den *Lower 48* überhaupt noch irgendwelche Orte gibt, wo natürliche Dunkelheit herrscht, oder ob inzwischen tatsächlich schon jede Ecke meines Landes vom Licht verschmutzt wurde.

Ich beschloss, es herauszufinden und von den hellsten Nächten in die dunkelsten zu reisen, von grell beleuchteten Städten, wo die öffentliche Lichtversorgung, wie wir sie heute kennen, einst begann, zu Regionen, wo noch eine Dunkelheit der Klasse 1 herrschen könnte. Unterwegs wollte ich aufzeichnen, wie die Nacht sich verändert hat, was diese Veränderung bedeutet, was wir gegen sie unternehmen könnten und ob wir überhaupt noch etwas dagegen tun können. Vor allem aber wollte ich begreifen, wieso künstliches Licht beides sein kann, ein unbestreitbar wundervoller, ja, zauberhafter Stimmungsmacher und zugleich der Verursacher von einer so langen Liste an Kosten und Problemen. Ich wollte mit Städten wie Las Vegas (auf den NASA-Fotografien das grellste Pixel weltweit) und Paris (der »Stadt des Lichts«) beginnen. Ich wollte nach Spanien reisen, um »die dunkle Nacht der Seele« des Johannes vom Kreuz zu erkunden, und zum Walden Pond, um mit Henry David Thoreau in Kontakt zu treten. Ich wollte Naturwissenschaftlern, Medizinern, Aktivisten und Schriftstellern begegnen, die alle darum bemüht sind, das Bewusstsein für den Wert der Dunkelheit und für die Gefahren der Lichtverschmutzung zu schärfen. Ich wollte den Epidemiologen kennenlernen, der als erster eine Verbindung zwischen künstlichem Licht und steigender Krebsrate herstellte; den emeritierten Astronomen, der die weltweit erste *Dark-Sky*-Organisation gründete; den Geistlichen, der die unerlässliche Notwendigkeit des Zweifels im Angesicht eines »unumstößlichen Wissens« predigt; und den Mann, der mit seinem Einsatz unzähligen Nachtzugvögeln in mehreren amerikanischen Großstädten das Leben gerettet hat. Das wollte ich, und das habe ich getan. Und die Geschichten, die diese und noch viele andere Menschen mir erzählten, wurden zur Grundlage der Geschichte, die ich nun erzählen werde.

Als Erstes kontaktierte ich Chad Moore, den Gründer des »Night Sky Teams« vom amerikanischen National Park Service. Seit mehr als einem Jahrzehnt erforscht Moore die verschiedenen Grade von Dunkelheit in den amerikanischen Nationalparks, und ich wollte von ihm wissen, was ich seiner Meinung nach auf meiner Reise in die Nacht vorfinden würde.

»Nun«, meinte er, »wenn du diese Rampe von der Neun zur Eins runterrutschst, dann ist das kein sanftes Gleiten. Das ist … echt holprig.« Er erklärte, dass der Unterschied zwischen einer 9 und einer 5, oder zwischen einer 5 und einer 2 auf der Bortle-Skala, für jeden offensichtlich sei, der Unterschied zwischen einer 9 und einer 8 oder zwischen einer 2 und einer 1 aber nur sehr schwer feststellbar. »Da ist so viel Unschärfe im Spiel, dass es leicht zu Fehlinterpretationen kommt. Außerdem, wenn du gerade schlecht drauf bist, dann machst du vielleicht eine Fünf draus, und wenn du in Topstimmung bist, erklärst du's zu einer Drei … dabei ist es in Wirklichkeit eine Vier.«

Das leuchtete mir ein. Aber gibt es denn überhaupt noch irgendwo Orte der Klasse 1 in den Vereinigten Staaten?

»Es gibt hie und da einen Fleck, und dann vielleicht auch noch die nötige Kombination aus den diversen Aspekten, die gemeinsam einen dieser seltenen Momente ergeben, in denen sich ein solcher Ort in den USA oder dem Rest der Welt mit einer Eins vergleichen lässt,« erklärte er. »Ich würde gerne glauben, dass ich es mal gesehen habe, dass ich mal einen kurzen Blick auf eine Klasse Eins erhascht habe. Aber dazu braucht's eine Menge Sorgfalt. Einfacher ist's, wenn man sich ein Flugticket nach Australien kauft und an

Alice Springs vorbei raus ins Outback fährt Es könnte eine Weile dauern, bevor du diese Kombination hier in den Vereinigten Staaten findest.‹

Die Satellitenbilder von der Erde bei Nacht erzählen von zwei Welten – von den illuminierten Zivilisationen in den entwickelten und den Schwellenländern, und von der Dunkelheit in den armen Ländern oder unbewohnten Regionen. Chad hat recht, es wäre sicher einfacher, irgendwohin zu fliegen, in irgendein abgelegenes exotisches Gebiet. Aber ich wollte die Nacht unbedingt im eigenen Land oder wenigstens an einem problemlos erreichbaren Ort finden. Ich wollte die Dunkelheit sehen, die wir in unserem Alltag erleben.

Schließlich beschloss ich, meine Reisen auf Nordamerika und Westeuropa zu begrenzen. Erstens hat dort die Geschichte des künstlichen Lichts begonnen, das sich heute über fast die ganze Erde erstreckt, und dort wird sie auch weitergeschrieben. Es ist das abendländische Denken über das Dunkel und das Licht, und es ist die westliche Technik, von denen die Nacht in der entwickelten Welt geprägt wurde und wird.[7] Zweitens werden vermutlich nur wenige von uns mal eben nach Australien fliegen können, um an Alice Springs vorbei ins Outback zu fahren, aber jeder erlebt die Nacht dort, wo er liebt und lebt und arbeitet.

Und praktisch jeder kann sich, wenn er nur will, auf die Suche nach echter Dunkelheit in seiner eigenen Heimat begeben, so wie ich gerade auf einem State Highway im östlichen Nevada.

»Unsere Sonne ist ein Stern in einem scheibenförmigen Gewimmel aus mehreren hundert Milliarden Sternen,« schreibt der Astronom Chet Raymo.[8] Dieses scheibenförmige Gewimmel ist unsere Milchstraßengalaxie. Und das, was sich gerade dreidimensional über der dunklen Wüste von Nevada wölbt, ist der äußere Arm dieser Spirale, auf den wir von unserer innergalaktischen Position aus blicken. Raymo erzählt:

Ich habe oft ein Modell der Milchstraßengalaxie auf den Boden eines Seminarraums gebaut, indem ich eine Packung Salz im Muster eines Windrads ausgeschüttet habe. Das ist eine beeindruckende Demonstration, aber der Maßstab ist falsch. Wenn ein Salzkörnchen tatsächlich einen typischen Stern darstellen soll, dann müsste jedes Korn Tausende Meter entfernt vom

anderen liegen. Ein numerisch und dimensional präzises Modell der Gala-
xie würde Zehntausender Salzpackungen bedürfen, ungleichmäßig verteilt
in einem flachen Ring, der größer sein müsste als der Querschnitt der Erde.[9]

Das heißt, jeder Stern in unserem Nachthimmel – jeder einzelne, der je von einem Menschen mit bloßem Auge gesehen werden konnte – ist Teil unserer Galaxie, und in der gibt es »mehrere hundert Milliarden Sterne«. Jenseits unserer Galaxie finden sich unzählige andere Galaxien – eine jüngste Schätzung nennt die Zahl von fünfhundert Milliarden.[10] Es kommt ein Punkt, ziemlich früh sogar, an dem man von den Dimensionen des Universums schlicht überwältigt wird. Solche Distanzen und Zahlen martern das Hirn ebenso wie der Versuch, das Unbegreifliche zu begreifen, oder wie die persönliche Erkenntnis, dass unser Sternenhimmel bloß ein winzig kleines Beet in einem leuchtenden Garten von schier unvorstellbaren Ausmaßen ist.

Aber natürlich haben wir Menschen zu jeder Zeit unserer Geschichte unserer Phantasie Raum gegeben. Alte Kulturen erdachten Sternbilder nicht nur anhand von sichtbaren einzelnen Sterngruppen, sondern sogar anhand der schwarzen Gebilde aus Gas und Staub zwischen Erde und Milchstraße, die sich unseren Blicken wie Rauchfahnen darbieten. Eine Ewigkeit lang stellte der Mensch sich sogar tatsächlich vor, dass es sich dabei um Rauch oder um Dampf, oder, ja, um Milch handeln könnte. Erst im Jahr 1609 konnte Galileo mithilfe seines Teleskops bestätigen, was er bereits vermutet hatte: Das Leuchten der Milchstraße ist das gesammelte Licht unzähliger Sterne.[11]

Der Mensch hat in diesen unzähligen Sternen, in ihren Haufen und Farben und Konstellationen, oder in den »Sternschnuppen«, diesen Schauern aus Staub und Eis, von jeher Schönheit gefunden. Und weil sie so schön sind, erschien ihm das überwältigende Ausmaß des Universums weniger unheilvoll und die Schönheit des eigenen Planeten noch wundervoller. Aber wenn die Dimensionen und Entfernungen in unserem Nachthimmel denn so unermesslich sind, dass sie praktisch bedeutungslos für uns werden, dann sollten wir doch versuchen, Bedeutung dort zu finden, wo wir gehen und stehen. Es steht uns dazu kein anderer Ort zur Verfügung. Das macht uns der Nachthimmel klar.

Also, *let us go dark.*

Klasse 9

Von sternklarer Nacht
zur Straßenbeleuchtung

Es will mir oft scheinen, dass die Nacht
noch farbiger ist als der Tag.

Vincent van Gogh (1388)[1]

Der hellste Lichtstrahl auf Erden schießt von der Spitze der schwarzen Pyramide des Luxor Casinos in Las Vegas ins All. Neununddreißig im Diamantschliff verblendete Xenonlampen, eine jede davon knapp zwei Meter hoch, einen Meter breit (mehr war auf diesem Raum nicht möglich) und von Spiegeln reflektiert, markieren wie Stecknadeln auf der Weltkarte den hellsten Fleck auf Erden. New York, London, Paris, Tokio, Madrid und inzwischen auch jede Menge Städte in China mögen zwar ihrer größeren geografischen Ausdehnung und höheren Einwohnerzahlen wegen *insgesamt* mehr Licht ins All schicken als diese Wüstenstadt im amerikanischen Südwesten, aber die Einschränkung »insgesamt« sagt schon alles. Denn ein Narr, der da glaubt, dass es irgendwo auf der Welt ein strahlenderes Häusermeer gäbe als den Las Vegas Strip.[2]

Ich stehe an der Ecke Las Vegas Boulevard und Bellagio Drive und bin von Kopf bis Fuß in künstliches Licht getaucht, gebadet im akkumulierten grellen Schein der Tausenden Geschäfte, Zentausenden Häuser und fünfzigtausend pfirsichfarbenen Hochdruck-Natriumdampflampen, mit denen die Stadt ihre Straßen beleuchtet und die ich vor erst einer Stunde schon aus

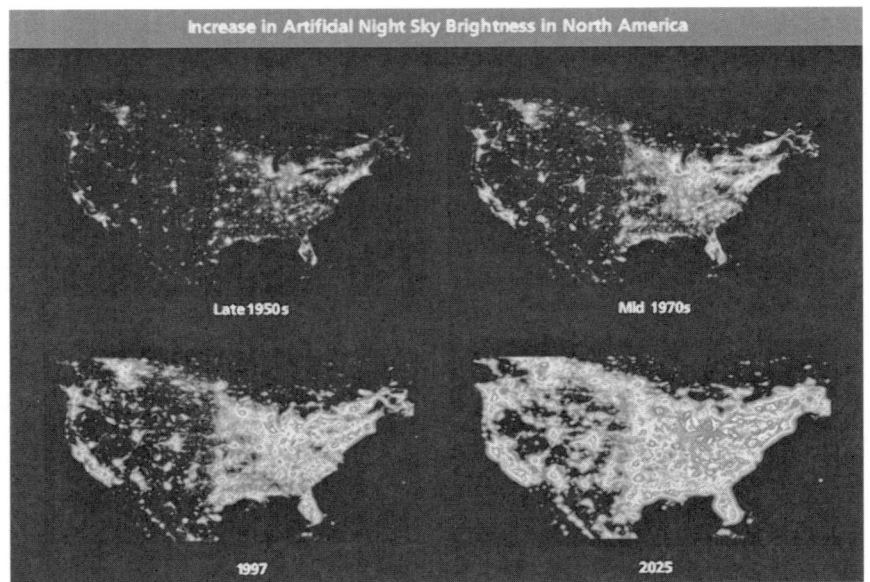

Die Ausweitung der Lichtverschmutzung in den Vereinigten Staaten, zwischen Ende der 1950er Jahre und 1997, sowie eine Prognose der Lichtverschmutzung im Jahr 2025 (© P. Cinzano, F. Falchi [Universität Padua], C. D. Elvidge [NOAA National Geophysical Data Center, Boulder]. Royal Astronomical Society. Aus: *Monthly Notices of the Royal Astromical Society*, mit freundlicher Genehmigung von Blackwell Science)

dem Flugzeug leuchten sah. Vom Flughafen ist es nur eine kurze Fahrt zum Strip – der Luxor-Strahl an seinem Südende blendet dich sofort –, und in Nullkommanichts wirst du vom Licht verschluckt. Die Casinos ragen im grellen Schein der zehn Millionen Glühbirnen all der glitzernden Blink-leuchtreklamen in die Höhe.[3] Digitale Anzeigentafeln und LED-Reklamen brüllen dich von allen Seiten an: *SEE OUR SHOWS! RENT OUR ROOMS! PLAY OUR SLOTS!* Rote Lichter, lila Lichter, grüne Lichter, blaue Lichter. Importierte Palmen reihen sich eine an die andere, bis sie hinter den illumi-nierten Eisenfüßen des Pariser Eiffelturms vom Las Vegas Casino verschwin-den – eine exakte Nachbildung des Originals, nur halb so hoch, und von unten bis an die Spitze der Spitze in goldgelbes Licht getaucht. Auf der einen Fahrbahnseite tanzt ein unentwegter Strom aus Scheinwerfern auf dich zu, auf der anderen aus grellroten Rücklichtern von dir weg. Von einem rubin-roten Reklametruck lächelt eine Blondine im weißen Bikini: *HOT BABES*

Direct to You. Die meisten Lichter wollen dir irgendwas verkaufen. Der ganze Strip ist eine einzige riesige Outdoor-Mall, in die ständig Konservenmusik eingeleitet wird und aus der die Wüstennatur hinausgedrängt wurde. Manche Leuchtreklamen sind greller als andere, einige Gebäude gleißender angestrahlt, aber illuminiert ist hier alles: der Boden unter meinen Füßen, die Kleidung an meinem Körper, die bloße Haut meiner Hände, Arme und meines Gesichts – keine Oberfläche bleibt verschont, sogar die Luft scheint von Licht erfüllt zu sein. Ich laufe durch diese Allgegenwart wie durch einen unsichtbaren, geruchlosen Nebel. In diesen ersten Jahren unseres neuen Jahrtausends leben wir in einer Welt, die heller ist als zu jeder anderen Zeit in ihrer Geschichte, und sie wird Jahr für Jahr noch heller. Wenn sich denn in einer Stadt diese Tatsache spiegelt, dann in Las Vegas.

Das ist einer der Gründe, weshalb ich zum Sternegucken ausgerechnet hierher kam. Rob Lambert, Präsident der *Las Vegas Astronomical Society* (die gibt es wirklich!), hat sich bereit erklärt, mich vor den berühmten Wasserspielen am Bellagio Hotel zu treffen. »Die Teleskope liegen sowieso immer hinten in meinem Truck, also kein Problem«, hatte er gesagt. Vermutlich werden wir kein Glück haben – es dürfte wohl kein besseres Beispiel für die Klasse 9 auf der Bortle-Skala geben (»der ganze Himmel ist hell erleuchtet, selbst am Zenit«) als den Las Vegas Strip. Aber einen Versuch ist es wert.[4]

Ich schlendere zum Bellagio rüber, dem hohen Halbrund des Casinos hinter dem Reflexionsbecken mit den Wasserspielen. Als Lambert eintrifft, reißen wir Witze, weil wir uns ausgerechnet diese so belebte wie beliebte Stelle ausgesucht haben. Ganze Menschenmassen werden uns beim *Stargazing* Gesellschaft leisten, obwohl sie hier sind, um all die Komödianten, Zauberer, Musiker, die Wasserspiele und vor allem ganz andere Stars anzugaffen als die, welche zu sehen wir hierher kamen.

»Die Leute denken bei Las Vegas zwar nicht gerade an einen Ort, an den man fährt, um sich die Sterne anzusehen«, sagt Lambert, »aber wir tun einiges an Öffentlichkeitsarbeit. Unser Slogan lautet: ›Die größten Stars von Las Vegas kann man nicht am Strip sehen.‹ Unser Club hat zwar nur rund hundert Mitglieder, aber wenn wir unsere Sternenpartys veranstalten, dann kommen zwischen fünfundsiebzig und fünfhundertfünfzig Teilnehmer – da ist alles drin.«

Lambert nimmt seinen Laserpointer in die Hand und wirft einen dünnen grünen Strahl in Richtung Orion – vielmehr in Richtung der beiden hellen Sterne, die wir im Orionsternbild sehen. »Okay, da unten ist Rigel und oben links Beteigeuze.« Er bewegt den Laser ein Stück runter nach links. »Und da ist Sirius, der hellste Stern am Himmel.« Zuerst bin ich überrascht, dass wir hier überhaupt irgendeinen Stern sehen können. Es ist mein erster Besuch am Strip, und ich war mir sicher gewesen, dass der Sternenhimmel von den grellen Lichtern komplett ausgelöscht sein würde. »Na ja, das stimmt ja auch«, sagt Lambert. »Wenn du bedenkst, dass die Sterne, die wir heute Abend sehen können, heller strahlen als neunundneunzig Prozent aller übrigen Sterne, die wir mit bloßem Auge sehen könnten, dann begreifst du allmählich, *was* uns hier entgeht.«

Hinter uns dröhnen die Wasserkanonen los, ein Getöse wie entferntes Donnergrollen. Die Musik wechselt zur wilden Parodie einer italienischen Karnevalsoper, exakt koordiniert mit dem Donnern der Wasserkanonen und den herabstürzenden Kaskaden. Jemand in der Nähe jubelt: »Ich könnt' gleich anfangen zu singen!« Als ich mich umdrehe, um zu gucken, wer das sagte, wird mir bewusst, dass Lambert und ich der Wassershow die ganze Zeit den Rücken kehren – als einzige in der ganzen Menschenmenge. »Die Winter-Milchstraße ist genau über uns«, sagt Lambert, der den Blick nicht vom Himmel gewandt hat, »aber du kannst sie nicht sehen …«[5]

Wir beschließen, den Strip entlang bis zum Luxor zu laufen. Während wir Richtung Süden schlendern, erzählt Lambert, dass er sich erst mit fünfzig für Astronomie zu interessieren begonnen habe, und auch dann nur, weil er ein paar Arbeitskollegen über die »Star Partys« hatte reden hören und neugierig geworden war.[6] Bald darauf blickte er auf einer dieser Partys durch das Teleskop eines Freundes und erklärte den Umstehenden, was er gerade sah. Der Freund hatte »jemandem mit dessen Teleskop helfen müssen und mich gebeten, den Leuten M13 durch sein Gerät zu zeigen. Klar, sagte ich, aber was ist M13? Also erklärte er mir schnell, dass M13 ein Kugelsternhaufen im Sternbild Herkules sei, fünfundzwanzigtausend Lichtjahre entfernt, und aus rund siebenhundertfünfzigtausend Sternen bestünde. Und ich erzählte den Leuten auf neunzig Minuten ausgedehnt alles, was ich nun über M13 wusste, und habe mich königlich darüber amüsiert.«

Wir laufen an einem Mann vorbei, der Riffs auf einer billigen E-Gitarre dröhnt, weiter unten auf der Straße prügelt der Geist von Keith Moon ein Drumset windelweich, auf dem Gehweg zu unseren Füßen flattern Dutzende von Akttauschkarten. Vor jedem Block brüllen Leute in Mikrofone um Aufmerksamkeit. Grölende Rudel von Partygängern torkeln an uns vorbei, die einen den Blick starr auf ihre Handydisplays gerichtet, die anderen benommen auf die pulsierenden Reklame-LEDs. Mir fällt ein, dass Stadtentwickler solche Leuchtreklamen *bug lights* nennen, weil ihr Licht so grell ist, dass es die glotzenden Massen wie Motten anzieht.

Ich frage Lambert, warum es ihn so reizt, in die Sterne zu gucken. »Einen Glauben teile ich mir mit den Leuten – ganz egal an welche Art von Schöpfungsgeschichte du glaubst: sie ist noch immer in vollem Gang. Sterne werden geboren, Planeten werden geboren, der ganze Kram passiert immer noch. Diesen Monat war zum Beispiel Hubbles Variabler Reflexionsnebel, der sich ständig verändert, unsere Challenge. So genau du ihn dir dieses Jahr auch ansiehst – wenn du ihn dir nächstes Jahr betrachtest, wird er anders aussehen. Also kannst du tatsächlich beobachten, wie die Dinge da oben geschehen.«

Aber gewiss nicht von Downtown Las Vegas aus, nein, auch nicht von Downtown irgendwo sonst in der entwickelten Welt. Die Lichter am Nachthimmel sind zwar um ein Vielfaches heller als jedes Licht, das jemals vom Menschen erschaffen wurde, doch außer einem sind sie alle so weit von uns entfernt, dass sie uns blass erscheinen, wenn wir sie denn überhaupt sehen können. Stattdessen sehen wir nachts die Lichter, die wir selbst erschaffen haben. Doch nur wenige Städte verfügen über einen derart intensiv beleuchteten Raum wie Las Vegas, denn es ist ja nicht nur der Strip, der diese Stadt so grell macht. Wie in allen Ballungsräumen ist es auch hier das akkumulierte Gleißen einer Vielfalt an unterschiedlichsten Lichtquellen, das unser Erlebnis der Nacht so vollständig verändert hat.

Rob erzählt, dass er während der letzten »Earth Hour« – Städte sind weltweit dazu aufgerufen, eine Stunde lang alle Lichter zu löschen, um die weltweite Aufmerksamkeit auf die Energieverschwendung zu lenken[7] – gerade auf der Route 95 gefahren und total überrascht gewesen sei: »Ich fuhr letztlich nur auf der 95 vom Norden in den Süden der Stadt, bis dorthin, wo die

Straße das Tal überspannt. Und als sie dann am Strip das Licht löschten, strahlten immer noch so viele Straßenbeleuchtungen, dass sich die Qualität des Himmels gar nicht groß verändert hat. Man sah, dass der Strip dunkel war, weil das Gleißen der Hotels nicht mehr da war, aber die Himmelsqualität hatte sich dadurch nicht verändert.«

Die Lichtquellen, die der Nacht in allen Städten weltweit den größten Schaden zufügen, sind Straßenbeleuchtungen und die Strahler auf Parkplätzen (oder, wenn gerade eine Veranstaltung stattfindet, in den Sportstadien). Das einzelne Straßenlicht mag einem vielleicht nicht besonders hell erscheinen, aber in der Summe hinterlassen solche Laternen gewaltige Spuren. Allein in den Vereinigten Staaten beleuchten rund sechzig Millionen Kobrakopflampen Nacht für Nacht die Straßen, die meisten davon noch mit dem typischen rosa-pfirsichfarbenen Licht der Hochdrucknatriumdampf-Streulichtlampen. Aber unsere Parkplätze – man denke an all die Shopping Center, Restaurants, Hotels, Stadien, Industriegebiete usw. – tauchen wir bereits vorrangig in das gleißend weiße Licht von Halogen-Metalldampflampen. Zu diesen Quellen addiere man noch die Lichter der Parkplätze von Autohändlern, Tankstellen, Golfplätzen, Sportplätzen, Mini-Märkten, von all den Leuchtreklamen und den Wohngebieten, und schon hat man das Rezept für strahlend helle Nächte.

Im Allgemeinen ziehen grelle Lichter immer mehr grelle Lichter nach sich. Jede Tankstelle an der einen Ecke versucht die an der nächsten zu übertrumpfen. Man stelle sich einmal eine einzelne leuchtende Lampe in einem ansonsten dunklen Zimmer vor, und nun, dass auch alle anderen Lichtquellen in diesem Zimmer angeknipst werden – im ansonsten noch dunklen Raum hatte die einzelne Lampe hell gewirkt, jetzt aber geht ihr Licht schlicht unter und würde nur noch auffallen, wenn man sie mit einem starken Dimmer heller stellen könnte. Die ironische Wahrheit von Las Vegas ist, dass die Casino-Beleuchtungen wesentlich eindrucksvoller wären, wenn man die Zahl der Straßenlaternen verringern und ihr Licht herunterdimmen würde.

Es fällt natürlich schwer, nicht beeindruckt zu sein von dem gewaltigen Lichtstrahl des Luxor, dem Äquivalent von mehr als vierzig Milliarden Kerzen. Im Jahr 1688, als König Louis XIV. von Frankreich beschloss, seinem

Diese langzeitbelichtete Aufnahme lässt die Bewegungen der Vögel und Fledermäuse erkennen, die im Strahl über dem Luxor Casino Insekten und Nachtfalter jagen.
(© Tracy Byrnes)

Ruf als Sonnenkönig gerecht zu werden und Versailles in all seiner Pracht dramatisch illuminiert in Szene zu setzen, waren ihm dafür gerade einmal vierundzwanzigtausend Kerzen zur Verfügung gestanden. Zugegeben, das sind eine Menge Kerzen, und Versailles muss wunderschön ausgesehen haben in ihrem Schein – doch bei der Betrachtung des Luxor-Strahls kommt mir das Attribut »wunderschön« nicht so leicht über die Lippen. Aber ich kann nicht bestreiten, dass er auch mich in seinen Bann zieht, und dass ich gar nicht anders kann, als ihn anzustarren – wobei ich etwas beobachte, das auf ersten Blick wie glitzerndes Konfetti in der weißen Säule des Strahls herumzuwirbeln scheint.

»Fledermäuse und Vögel«, sagt Rob. »Schlagen sich den Bauch am Büfett voll.«

Stimmt. Dutzende von Fledermäusen und Vögeln werden von ihren Schlafplätzen und Höhlen in der Wüste zu diesem Strahl gelockt und flattern darin herum, um sich die Insekten und Nachtfalter vom Casino-Büfett zu schnappen, die ebenfalls von dem Licht angezogen wurden. Wie praktisch, oder? Nun, vielleicht nicht. Denn abgesehen von dem Schlachtfest, dem all diese Insekten und Motten hier zum Opfer fallen, zieht der Luxor-Strahl die Fledermäuse und Vögel wie Sirenengesang in seinen Bann und damit fort von ihren natürlichen Brut- und Futterstätten, wobei sie dermaßen viel Energie für den Flug bis zum Casino aufwenden müssen, dass sie nach der Rückkehr keine Kraft mehr zur Fütterung ihrer Jungen haben.

Der Anblick erinnert mich an einen Essay der Schriftstellerin Ellen Meloy, »The Flora and Fauna of Las Vegas«, in dessen letztem Abschnitt »Out from nowhere« sie beschreibt, was sie sah, als sie vor dem Mirage stand und den Ausbruch des Casino-Vulkans beobachtete: »Eine hektisch flatternde Stockente, das Bauchgefieder von den züngelnden Flammen zu geschmolzenem Gold erhellt, versucht verzweifelt, im Krater des Vulkans zu landen. […] Unfähig, in diesem gefährlichen Dschungel aus Menschen, Lichtern und Feuer einen Landeplatz zu finden, dreht die Ente in Richtung Ceasars Palace ab. Mit einem plötzlichen *ffzzt* und einem Funkenschauer, kaum vom Neongeglitzer drumherum zu unterscheiden, verkohlt sie in dem Leitungsnetz, das in zwanzig Metern Höhe die Kluft zwischen den Hochhäusern am Strip überspannt.«[8]

So gleißend und dabei noch so jung! Evolutionär betrachtet tauchte das Las Vegas von heute ja wie ein Blitz aus heiterem Himmel auf. Den Luxor-Strahl gibt es erst seit 1993, mehrere der größten und hellsten Casinos wurden sogar noch später erbaut. Die ältesten Bewohner der Stadt kamen vor 1945 auf die Welt, dem Jahr, in dem die ersten Casino-Leuchtreklamen eingeschaltet wurden. Es bedurfte also nicht einmal der Zeit eines durchschnittlichen Menschenlebens, um einen fast vollkommen dunklen Flecken zum grellsten Ort auf Erden zu machen und dessen Einwohnerschaft von achttausend im Jahr 1940 auf sechzigtausend im Jahr 1960 und schließlich auf die mehr als zwei Millionen anschwellen zu lassen, die heute dort leben. *Welcome to Las Vegas* steht auf der berühmten Tafel, aber auch das erst seit 1959. Und Meloys Stockente? Die Fledermäuse und Vögel im Luxor-Strahl? Was ihre evolutionäre Adaptionsphase betrifft, hatten sie nie eine Chance.

Europäische Städte begannen Mitte des 19. Jahrhunderts mit elektrischen Straßenbeleuchtungen zu experimentieren. Während ich am Paris von Las Vegas vorbeischlendere, kommt mir eine Zeichnung aus dem Jahr 1844 vom Bogenlicht auf der Place de la Concorde in Paris (Frankreich!) in den Sinn: Wie der Frontscheinwerfer einer Lokomotive durchschneidet der Strahl eine dschungelartig schwarze Nacht und fängt in seinem Kegel den Brunnen und Menschen in Abendgarderobe ein, einige zum Schutz vor dem Licht mit aufgespannten Regenschirmen bewaffnet.[9] Bogenlichter waren schlicht zu grell – es war die erste Beleuchtungsart, die man wirklich in einem Satz mit dem Sonnenlicht erwähnen konnte. (Und zu grell waren sie nicht nur, weil die Menschen Derartiges noch nie zuvor erblickt hatten. Als mir der Moment der Gasentladung eines kleinen Lichtbogens im Elektrizitätsmuseum von Christchurch, England, vorgeführt wurde, wünschte ich augenblicklich, ich hätte eine Schweißmaske aufgehabt – dieses Licht ist eindeutig schädlich für die Augen.) Aus dem Grund hatten andere europäische Metropolen auch erst 1870 beschlossen, Lichtbogenlampen entlang einiger Hauptstraßen aufzustellen. Die Intensität ihrer Strahlung war so gewaltig, dass man sie auf hohen Pfosten weit über den Straßen anbringen musste.[10] Doch von den meisten Menschen wurden sie fasziniert bejubelt (auch viele amerikanische Städte beeilten sich nun, sie zu installieren). Sie schienen die Antwort auf all ihre Gebete zu sein.

Den Wunsch, die Dunkelheit der Nacht zu vertreiben, gibt es schon ewig. Im frühen 18. Jahrhundert wurde der Vorschlag laut, ganz Paris mit einer künstlichen Lichtquelle zu erhellen, die auf einem hohen Turm angebracht werden sollte. Die berühmteste Idee – der »Sonnenturm« des Ingenieurs Pascale Sébillot und des Architekten Jules Bourdais, eine dreihundertsechzig Meter hohe Säule mit einer Bogenlichtanlage, die auf dem Marsfeld errichtet werden sollte – wurde für die Pariser Weltausstellung im Jahr 1889 eingebracht. Zum Pech der beiden Männer (und zum Glück für den Rest der Welt) wurde dieser Vorschlag zugunsten der Idee eines gewissen Gustave Eiffel abgelehnt. Doch selbst auf seinem Turm thronen heute zur Freude der einen und zum Entsetzen der anderen starke Spots.[11]

Wenn man weiß, *wie* hell Bogenlichter waren, versteht man, *wie* bereit die Welt für die Glühbirne war. In einem Bericht über *L'exposition internationale d'électricité,* die 1881 in Paris stattfand, heißt es: »Normalerweise stellen wir uns elektrisches Licht als ein blendend helles vor, von einer Härte, die die Augen schmerzt. [...] Hier sehen wir jedoch eine Lichtquelle, die sozusagen zivilisiert wurde.« Dieser Wandel wirkte sich natürlich nicht nur auf die Straßenbeleuchtung aus. Denn da Bogenlichter ja ganz und gar nicht für Wohnräume geeignet gewesen waren, so schreibt Jill Jonnes in *Empires of Light,*

> *hatten wohlhabende kultivierte Damen in bodenlangen rauschenden Gewändern ihre Freude daran, den Freundinnen zu zeigen, dass man nur einen Drehschalter an der Wand zu betätigen brauchte, um die Glühbirnen im Zimmer wie von Geisterhand aufleuchten und ihr gleichmäßiges, klares Licht verströmen zu lassen. Im Gegensatz zu den Kerzen brannte elektrisches Licht nicht herunter und verrußte nicht, im Gegensatz zum Gaslicht verbreitete es nicht den geringsten Geruch, verbrauchte den Sauerstoff im Zimmer nicht und bedurfte weder eines Dochts, der beschnitten werden musste, noch einer Glasglocke, die immer so geschwärzt war, dass sie ständig gereinigt werden musste.[12]*

Um allen Privatpersonen den Genuss dieses Fortschritts zu ermöglichen, eröffnete Thomas Edison 1882 sein erstes Elektrizitätswerk in Lower Manhattan. Bis 1920 waren 35 Prozent aller privaten Haushalte in den amerikanischen Städten und Vorstädten mit Strom versorgt, bis zum Zweiten Weltkrieg verfügten mehr als 90 Prozent aller Amerikaner über elektrisches Licht. In die meisten ländlichen Regionen hatte es erst ab 1935 und nur dank Präsident Roosevelts *Rural Electrification Act* Einzug gehalten, und es sollte noch bis in die fünfziger Jahre dauern, bis man guten Gewissens behaupten konnte, dass nun praktisch alle Amerikaner die Vorteile der Elektrizität genießen konnten. Seither betätigen wir den »Drehschalter in der Wand« und verbreiten elektrisches Licht von Küste zu Küste, von Stadt zu Stadt, von Dorf zu Dorf, von Talsenken hinauf zu den Berggipfeln und in die Täler zurück und weiter durch alle Ebenen und Wüsten hindurch.[13]

Manchmal versuche ich mir das Leben in einer Stadt zu vorindustriellen Zeiten auszumalen. Wie still müssen die Nächte ohne Autos und Trucks und Taxis gewesen sein, ja, ohne überhaupt irgendeinen Verbrennungsmotor. Kein Radio, kein Fernsehen, kein Computer, keine Handys, keine Kopfhörer, geschweige denn irgendwas, in das man sie hätte einstöpseln können. Wie verlassen müssen die Städte in der Nacht gewesen sein, in der jeder gute Bürger daheim blieb, wo er die Dunkelheit aus Angst vor Verbrechern, Krankheiten und Sittenlosigkeit aussperren konnte. Doch als den gewiss absonderlichsten, gewaltigsten Unterschied zu unseren heutigen Nächten empfänden wir mit Sicherheit die Tatsache, dass nirgendwo nicht einmal das kleinste, einsamste elektrische Licht leuchtete.

Wie dunkel muss das gewesen sein. Man stelle sich vor, man steckt in einer finsteren Nacht den Kopf zur Tür raus und kann nur ein paar Meter weit in jede Richtung sehen. Der amerikanische Historiker Peter Baldwin bezeichnet die Straßen in den frühen amerikanischen Städten – die noch kaum gepflastert waren, und wenn, dann bestenfalls mit Kopfsteinen – als »ausgesprochen lebensgefährlich«. In wolkenverhangenen, mondlosen Nächten war »der Weg auf den Holzplanken vor den Häusern oder am Straßenrand ein einziger Hindernisparcours: Falltüren, die in irgendwelche Keller führten, Straßenhöcker, Stapel von Plankenhölzern, Abfallhaufen, Pfosten von Vordächern, aufgehäuftes Baumaterial. [...] 1830 fand in New York ein Wachmann den Tod, weil er blinden Auges mit dem Kopf gegen einen Pfosten gerammt war.« Wenn es überhaupt Licht gab, dann ein Signal- oder Leitfeuer, das nicht dazu gedacht war, die Nacht zu erhellen. 1761 waren die mit Walfischtran befeuerten New Yorker Straßenlaternen bloß »von Dunkelheit umschlungene gelbe Punkte« gewesen, und selbst die Gaslaternen, durch die sie hundert Jahre später ersetzt wurden, flackerten noch »so schwach wie ein paar gebrechliche Glühwürmchen«.

Jane Brox schreibt in ihrer Studie *The Evolution of Artificial Light*, dass amerikanische Farmer, deren Häuser an den Strom angeschlossen wurden, sämtliche Lichter anzumachen und dann mit der ganzen Familie weit über die Felder zu laufen pflegten, um dieses fantastische Strahlen aus der Ferne zu bewundern. Wer kann es ihnen verdenken! Sie haben praktisch mit Lichtgeschwindigkeit vom einen Moment zum nächsten einen Sprung gemacht aus dem Gestank und der Düsternis und den Gefahren der Petroleumlampen in das saubere, hell erleuchtete Haus, das ihnen die Elektrizität schenkte. Da wäre ich bestimmt auch meilenweit gelaufen, um es mir anzusehen. Doch bald wird es keinen Menschen in der westlichen Welt mehr geben, der nicht sein ganzes Leben in elektrischem Licht gebadet verbracht hat, und dann wird sich überhaupt niemand mehr erinnern, wie die Nacht ohne Strom ausgesehen hat.

In den Vereinigten Staaten begannen die hellen Nächte mit den ersten elektrischen Straßenlaternen, die am 29. April 1879 in Cleveland eingeschaltet wurden. Doch erst in New York traten die »Möglichkeiten einer Erhellung der Nachtzeit ins kollektive amerikanische Bewusstsein«, schreibt John A. Jackle in *City Lights: Illuminating the American Night*. Und nachdem dieses Licht »dort erst einmal angenommen worden war, war seine Akzeptanz nahezu überall gesichert«. Als Thomas Edison 1891 von einer Europareise nach New York zurückkehrte, erklärte er: »Paris hinterließ einen positiven Eindruck als eine Stadt der schönen Aussichten, aber nicht als die Stadt des Lichts. New York bei Nacht ist weit beeindruckender.« Der Broadway war schon immer die Avantgarde. Er war der erste Boulevard der Stadt, der nachts voll erleuchtet wurde, die erste Straße, in der zuerst Waltranlampen, dann Gaslaternen (1827) und schließlich elektrisches Licht (1880) eingesetzt wurden. In *City Lights* findet sich eine Zeichnung vom Madison Square im Jahr 1881: Bogenlampen auf hohen Pfosten werfen ihr Licht auf eine ansonsten dunkle Straßenszenerie aus bummelnden Paaren, einer Pferdekutsche, Telegrafenmasten, Stromleitungen und im Vordergrund einem Mann, der am Stock die Straße überquert und scheinbar jeden Moment vom Lichtkegel umgeweht zu werden droht (es ist eine berüchtigt windige Ecke).[14] In den 1890er Jahren war der Broadway zwischen Twenty-third und Thirty-fourth Street bereits derart grell von Leuchtreklamen illuminiert, dass die Anwohner ihn *The Great White Way* tauften.

Wenn ich heute von Lower Manhattan den Broadway hinauflaufe, erwartet mich erst an der Thirty-first Street eine Straßenbeleuchtung, die annähernd so grellweiß ist, wie ich es erwartet habe. Bis dahin hatte ich das Gefühl, jedenfalls an diesem Sommerabend zu später Stunde, durch einen vergessenen Stadtteil zu laufen. Der obere Teil der Straße mit dem Theaterdistrikt und den Leuchtreklamen liegt inzwischen so weit ab, dass der einst strahlende *way* eher düster als *great* und eher grau als *white* wirkt.

Doch erreicht man den Times Square, dann ändert sich alles. Digitale Leuchtbänder mit ständig wechselnden Informationen, Leuchtreklamen, Lichtern in allen Farben – zwischen der Forty-second und der Forty-seventh Street ist es am hellsten –, und nicht die Spur eines Nachthimmels. Damit meine ich nicht, dass ich nicht viele Sterne sehen könnte, damit will ich sagen, dass ich *überhaupt keinen* Stern sehe, dass es nicht einmal einen Himmel zu geben scheint. Doch, ja, da ist etwas Schwärzliches über mir, aber ohne auch nur einen einzigen Lichtpunkt oder irgendein anderes Anzeichen für Bewegung da oben. Es kommt mir vor, als stünde ich unter der geschlossenen Kuppel eines Sportstadions. Das Licht der digitalen Leuchtreklamen überflutet das Licht der weißen Straßenlaternen, die am Lower Broadway noch so grell wirkten. Ich kann wirklich behaupten, dass es taghell hier ist, vielleicht nur so hell wie an einem bewölkten Tag, aber doch taghell. Jedenfalls fühlt es sich ganz gewiss nicht nach Nacht an.

Und damit meine ich, dass es keine Spur von Dunkelheit mehr gibt.

Zumindest was die Dunkelheit anbelangt, gibt es also keine Nacht mehr in New York, ebenso wenig wie in Las Vegas oder Hunderten anderen Städten weltweit. Laut dem »Atlante Mondiale della brillanza artificiale del cielo notturno« (»Weltatlas der künstlichen Helligkeit des Nachthimmels«), den der italienische Astronom Pierantonio Cinzano und der Physiker Fabio Falchi 2001 erstellten, erleben zwei Drittel der Weltbevölkerung – darunter 99 Prozent aller Menschen auf dem nordamerikanischen und dem westeuropäischen Kontinent – keine wirklich dunkle Nacht mehr, das heißt, eine von künstlichem Licht unversehrte Dunkelheit. Die Satellitenaufnahmen, die die NASA von der nächtlichen Erdkugel macht, beweisen, wie dramatisch fortgeschritten die Ausbreitung unseres künstlichen Lichts ist. Selbst ohne eine Weltkarte mit eingezeichneten Staatsgrenzen zur Hand lassen sich viele Städte, Flüsse, Küstenstriche und Landesgrenzen identifizieren. Nur, so beeindruckend diese Aufnahmen auch sind, so zeigen sie doch nicht das heutige Ausmaß der Lichtverschmutzung. Cinzano und Falchi machten ihre Computerberechnungen und -simulationen anhand von NASA-Daten, die bis Mitte der 1990er Jahre gesammelt worden waren, wiesen anschließend aber nach, dass viele Regionen außerhalb von Ballungsräumen, die auf den Fotografien noch dunkel erscheinen, heute bereits von den Lichtkreisen erhellt werden, die sich aus all den Städten und Dörfern in ihre Umgebungen ausbreiten. Auf dem Atlas werden die verschiedenen Stufenwerte der Helligkeit durch bestimmte Farben gekennzeichnet: dem hellsten Wert Weiß folgen absteigend Rot, Orange, Gelb, Grün, Violett, Grau und Schwarz. Wie alle früheren NASA-Aufnahmen sind auch die im »Atlante Mondiale della brillanza artificiale del cielo notturno« abgebildeten von großer Schönheit, erzählen aber in Wahrheit die Geschichte einer progressiven Verschmutzung.[15]

Lichtverschmutzung ist der Grund, weshalb Rob Lambert und ich nur eine Handvoll Sterne vom Las Vegas Strip aus sehen konnten, und der Grund, weshalb ich keinen einzigen Stern vom Times Square aus sehe. Sie ist der Grund, weshalb Menschen in dem Nachthimmel, unter dem die Mehrheit lebt, nur zwei Handvoll Sterne zählen können (in den Städten), bestenfalls doppelt so viele (in den Vorstädten), anstatt die in einer klaren Nacht für uns normalerweise fünfundzwanzigtausend sichtbaren – so viele

Sterne, dass man schnell den Überblick verliert. Lichtverschmutzung ist der Grund, weshalb wir sogar von der Aussichtsplattform des Empire State Buildings nur noch ein Prozent der Sterne sehen, die die Menschen im Manhattan des 18. Jahrhunderts sahen.

Die *International Dark-Sky Association* (IDA) definiert Lichtverschmutzung als »jede nachteilige Auswirkung von künstlichem Licht, darunter das Leuchten und die Aufhellung des Nachthimmels, Blendlicht, Lichtgrenzüberschreitung, Lichtmüll, verminderte Fernsicht bei Nacht sowie Energieverschwendung«. Die »Aufhellung des Nachthimmels«, die allnächtlich über jedem Ort jeder Größe zu beobachten ist, zeigt sich als dieses rosa-orange Leuchten, das die Wolkendecke anstrahlt. Es dringt durch den dichtesten Schneefall und taucht dabei eine ganze Stadt in ein poppiges Orange. »Aufhellung« ist auch die Lichtkuppel über einer Stadt, die den ganzen Horizont leuchten lässt und die man bereits sieht, wenn auf den Straßenschildern noch angegeben wird, dass das Ziel siebzig Kilometer entfernt ist. »Blendlicht« ist dieses grelle Licht, gegen das man intuitiv die Augen abschirmt, damit man noch etwas sehen kann. »Lichtgrenzüberschreitung« findet statt, wenn die Sicherheitsbeleuchtung des Nachbarn auch den eigenen Garten und das Schlafzimmer erhellt, oder wenn die Wandstrahler rund um das brandneue Forschungsinstitut gleich auch noch das Studentenwohnheim auf der gegenüberliegenden Straßenseite erhellen. Solche Sicherheitsbeleuchtungen gibt es überall in Amerika, dem *Land of the Free* und Paradies des Besitzrechts. »Lichtmüll« ist der gesamte restliche *clutter,* wie das englische Schlagwort für dieses Tohuwabohu aus Beleuchtungssystemen lautet, die aus jeder modernen Stadt nutzlos in alle vier Himmelsrichtungen abstrahlen.

Die schlechte Nachricht? All das ist Verschwendung von Licht, Energie und Geld. Die gute Nachricht? All das wird durch schlecht konzipierte oder installierte Lichtanlagen verursacht – und noch verschlimmert, weil wir damit viel mehr Licht *verbrauchen,* als wir brauchen –, könnte aber auf wirksame und höchst einfache Weise von uns verändert werden, jedenfalls verglichen mit den vielen anderen Herausforderungen, vor denen wir stehen.

Wenn ich daran denke, dass uns die Lichtverschmutzung davon abhält, echte Dunkelheit zu erleben, echte Nacht, dann fällt mir Henry David Thoreau ein, der sich 1856 fragte: »Ist es nicht eine verstümmelte und unvollkommene Natur, mit der ich Zwiesprache halte?« Er sprach hier von den Wäldern um Walden Pond und von all den »edleren« Tieren wie Wolf und Elch, die dort verschwunden waren, weil man sie getötet oder vertrieben hatte:

Ich gebe mir grenzenlose Mühe, alle Erscheinungen des Frühlings zu verstehen, und glaubte zum Beispiel das vollständige Gedicht vor Augen zu haben, nur um zu meinem Verdruss erfahren zu müssen, dass ich bloß eine unvollkommene Abschrift besitze, dass meine Vorfahren viele Seiten aus der Erstausgabe, großartige Passagen, herausgerissen und somit viele Stellen verstümmelt haben. Ich will nicht glauben, dass vor mir irgendein Halbgott aufgetaucht war und einige der schönsten Sterne herausgeklaubt hat.[16]

Rund hundertfünfzig Jahre später ist es genau das, was wir zulassen: Wir gestatten dem Licht, »viele Stellen zu verstümmeln«. »Ich möchte einen unversehrten Himmel und eine unversehrte Erde kennen«, beendete Thoreau diesen Gedanken. Wann immer ich diese Zeilen lese, denke ich: *Ich auch.*

Bob Berman lebt in einer Kleinstadt in Upstate New York ohne Straßenbeleuchtung. »Ich könnte niemals in einem Ort mit Straßenlaternen wohnen«, sagt er, während wir auf einer gewundenen Landstraße dahinrollen, begleitet vom aufgehenden Mond, der sein Licht auf das gekräuselte Wasser eines Sees und die Äste der frühjahrskahlen Bäume wirft. Das Quaken der Frösche übertönt sogar das Motorengeräusch. Wir sind auf dem Weg zu dem Observatorium, das er sich selbst gebaut hat. Berman wurde einmal als der einflussreichste Astronom Amerikas bezeichnet. Er hat nicht nur eine lange Reihe von Büchern veröffentlicht, sondern auch jahrelang mit der ihm eigenen humorvollen Schreibe die Kolumne »Night Watchman« im *Discover Magazine of Science, Technology and the Future* und die »Skyman«-Kolumne im *Astronomy Magazine* geschrieben. Dabei, sagt er, sei ein humorvoller Ton in der Astronomie »nicht leicht durchzuziehen, denn diese Naturwissenschaft ist ja von Natur aus nicht wirklich komisch. Was ist so lustig an Pluto? Was an den Galaxien oder dem Kosmos oder dem expandierenden Universum? Das ist keine Gesellschaftssatire. Aber als mir dann eine Kolumne zur Beantwortung von blöden Fragen angeboten wurde, war das wie ein Gottesgeschenk.«

»Blöde Fragen? Was war deine liebste?«

»Na, die ist schwer zu toppen: ›Wenn eine Sonnenfinsternis so gefährlich ist, warum machen die sie dann?‹«

Aber natürlich kam der Blöde-Fragen-Kolumne eine ernsthafte Aufgabe zu, bedenkt man, dass die meisten Amerikaner kaum etwas über den Sternenhimmel wissen.[17]

Auch ich zählte einmal zu dieser Mehrheit. Der Sternenhimmel hat mich zwar schon immer gefesselt, aber ich hatte keine Ahnung von all den Namen oder Zahlen oder dem Leben, das sich dort im Verborgenen abspielt. Tatsächlich wusste ich nur eines: dass Planeten nicht funkeln und ich deshalb in der Lage sein sollte, sie von den Sternen zu unterscheiden. Ich kannte auch nur zwei Sternenkonstellationen: den berühmten Großen Wagen (der genau genommen Teil eines Sternbilds ist) und Orion.

»Das ist doch schon gar nicht mal schlecht«, sagt Berman. »Die meisten Menschen kennen bloß den Mond.«

Dass ich heute mehr weiß als früher, hat eine Menge mit Bob Berman und vor allem mit seinem Buch *Secrets of the Night Sky (Die Wunder des Nachthimmels)* zu tun. Hier ein paar Dinge, die ich daraus erfuhr: Beteigeuze, der »Schulterstern« im Orion, ist »das größte Einzelobjekt, das die meisten von uns je sehen werden. Klar, eine Galaxie ist größer, aber sie ist ja auch eine Anhäufung von Sternen und kein einzelnes Gebilde. Außerdem strahlt keine Galaxie hell genug, um die Lichtverschmutzung, die den Himmel über fast der gesamten Welt verhüllt, durchdringen zu können. Beteigeuze hingegen leuchtet so hell, dass er sich sogar durch die milchigsten Zustände über den Ballungsräumen hindurchboxen kann.« Oder wie wäre es damit: Rigel, ein anderer hell leuchtender Stern im Orion, »strahlt mit der Kraft von achtundfünfzigtausend Sonnen«. Er ist viel weiter entfernt von uns als die anderen Sterne aus dieser Konstellation, aber »wäre er uns so nahe wie die anderen, würden tiefe außerirdische Rigel-Schatten über unsere nächtliche Landschaft hinwegzittern, und der Nachthimmel wäre immer so hell wie bei Vollmond. Der größte Teil des Universums würde unseren Blicken entschwinden.«[18]

Heute Nacht steht ein abnehmender Dreiviertelmond am Himmel, der noch so hell ist, dass unsere Sicht aus dem Observatorium nicht grandios sein wird. Solange der Mond während seines neunundzwanzigtägigen Zyklus noch groß genug ist, um so helles Licht abzugeben, dass viele Sterne ausgelöscht werden, reißen sich Astronomen üblicherweise nicht um einen Blick in den Himmel. Aber Berman ist völlig aus dem Häuschen, als er das Kuppeldach seines Do-it-Yourself-Observatoriums aufrollt (das er völlig »irre und falsch« aufgebaut hatte, wie er meint) und sein Teleskop auf den Mond richtet. (»Hast du auch das Teleskop selbst gebaut?«, frage ich. »Nein, nein, nein, ich wollte ein gutes.«)

»Hier, sieh dir das an«, sagt er, und fordert mich auf, vors Okular zu treten.

Ich bin völlig unvorbereitet auf das, was ich nun sehe: einen grau-weißen Mond in einem Meer aus Schwärze, die Oberfläche in klarsten Reliefs und heller, als ich sie jemals zuvor sah. Auch die absolute Stille dieser Szenerie macht mich sprachlos. Er steht mir auf eine prachtvolle Weise deutlicher vor Augen als jemals zuvor, das ja, aber dieser Mond wirkt kalt, antiseptisch und einsam in den unermesslichen Weiten des Alls. Aus Bermans Büchern habe ich eine Menge über den Mond gelernt (»er ist strahlender, wenn er höher steht, wenn er uns näher ist, und im Winter leuchtet er um sieben Prozent stärker, wenn ihn das Sonnenlicht erfasst«). Ich weiß solche Fakten wirklich zu schätzen. Aber ich glaube, dass unsere Beziehung zum Mond aus mehr als nur astronomischen Fakten besteht. Ich beobachte ihn oft mit bloßem Auge, sehe zu, wie er langsam in die Nacht aufsteigt, und manchmal sehe ich ihn dabei in derart rostigen, rötlichen, braunen und goldenen Tönen eingestaubt, dass er fast irdisch wirkt. Jedenfalls erweckt er dann den Eindruck auf mich, als sei er eng mit der Erde verbunden. Und dann ist er mir nahe, ein Teil unserer Welt, ein Freund. Doch durch dieses Teleskop betrachtet wirkt er, so ironisch das auch klingt, sehr viel ferner.

»Gut, gehen wir zum Saturn«, sagt Bob. Mit beiden Armen schwenkt er das große weiße Teleskop, so als habe er eine Tanzpartnerin im Arm, leicht nach Osten, klettert die Leiter hinauf und justiert die Schärfe. »Na also, bitte!«, sagt er. Als ich durch das Okular blicke, sehe ich jedoch nur ein kleines, helles, verschwommenes Objekt, das wild herumtanzt. Bob wirft nochmal einen prüfenden Blick durch. Während er die Einstellungen nachjustiert, erklärt er mir die unerlässlichen Bedingungen zur Beobachtung des Nachthimmels: Transparenz, Dunkelheit und »Seeing«. Ja, so nennen sie das. »Man sollte meinen, Astronomen könnten sich einen geschliffeneren Fachbegriff ausdenken«, schmunzelt er, »aber nein, sämtliche Astronomen auf der ganzen Welt sagen: ›Das Seeing heute ist eine 3,5.‹« Das Seeing bewertet das Maß der Luftunruhe in der Erdatmosphäre und deren Auswirkung auf die Sichtschärfe und Bildstabilität: Ein gutes Seeing ist möglich, wenn die Atmosphäre konstant und ruhig ist, ein schlechtes Seeing ergibt sich bei starken Turbulenzen. Man kann aber bereits durch einen Blick mit bloßem Auge in den Himmel prüfen, welches Seeing einen erwartet: Je mehr die Sterne funkeln, umso schlechter das Seeing. Berman erklärt, dass schlechtes Seeing einer der Gründe sei, weshalb seit mehr als einem Jahrhundert kein großes Observatorium mehr östlich des Mississippi errichtet wurde. Das »gute Seeing« in der Wüste hat die Astronomen den Treck nach Westen antreten lassen.

»Sieh dir das an«, sagt Bob und klettert die Leiter herunter. »Warte auf die Momente des guten Seeings – wenn es sich stabilisiert hat.« Warten auf ein gutes Seeing ist das, was ein erfahrener Beobachter ständig tut, sagt er. »Ich erinnere mich, einmal, da war ich vielleicht vierundzwanzig und es waren dreizehn Grad minus und mein Bart war völlig gefroren, da stand ich einfach nur da, drei Stunden lang, und wartete auf diesen Moment der Stabilität. Aber dann konnte ich Ringe um Ringe sehen, Details, die nicht einmal auf Fotografien zu erkennen sind. Das ist es, worauf alle Beobachter seit Jahrhunderten warten.«

Während ich also auf ein gutes Seeing warte, denke ich nach über das, was Berman gerade sagte. Natürlich blickt der Mensch seit Urzeiten in den Himmel, aber der Ursprung der modernen Astronomie liegt im 3. und 2. Jahrtausend v. d. Z. in den Regionen, die wir heute als Ägypten und Babylonien bezeichnen. Damals suchten die Menschen im Himmel nach Zeichen und Omen (wozu man allerdings alles benutzte: »Schafseingeweide waren da von besonderem Interesse«, schreibt der englische Wissenschaftshistoriker Michael Hoskin[19]). Die Kosmologie, die sich schließlich entwickelte – das geozentrische Weltbild der Antike –, sollte dann zweitausend Jahre lang nicht nur das griechische, sondern auch das islamische und römische Denken beherrschen. Dann brach das finstere Mittelalter an und ließ auch die abendländische Astronomie im Dunkel verschwinden (und das ganz und gar nicht so, wie moderne Astronomen es gerne dunkel haben). Wir verdanken es islamischen Astronomen, dass diese Wissenschaft am Leben erhalten wurde, was auch der Grund ist, weshalb so viele Sterne arabische Namen tragen. Allein ein einziger islamischer Fürst namens Ulugh Beg, der von 1394 bis 1449 im zentralasiatischen Samarkand lebte, katalogisierte über tausend einzelne Sterne. Aber erst als Galileo Galilei (1564–1642) seine selbstgefertigten Teleskope gen Himmel richtete, veränderte sich die Beobachtung des Kosmos für immer.

Nachdem sich das Seeing stabilisiert hat und Saturn in Sicht kommt, kann ich nur noch »Oh mein Gott!« stammeln. Für das bloße Auge ist Saturn nur ein helles, sternenartiges Objekt, interessant vielleicht, aber mehr auch nicht. Durch ein Teleskop betrachtet erscheint er als eine klare hellgelbe, von breiten, gefurchten Ringen umgebene Murmel, genau wie auf den Fotografien, nur eben live.

»Im Laufe der Jahre haben sicher mehr als tausend Leute durch dieses Teleskop geblickt«, sagt Berman. »Beim Anblick vom Saturn sagen sie immer so was wie ›Oh mein Gott!‹ oder ›Das kann doch nicht wahr sein!‹«

Das kann doch nicht wahr sein? Welch seltsame Reaktion. Aber ich habe das schon von anderen Astronomen gehört. Einer erzählte mir, dass er sogar gefragt wurde, ob er irgendwie ein Foto des Planeten vors Teleskop geschmuggelt hätte. Wenn man so etwas mit eigenen Augen sieht, dann ist das wirklich ein ungeheuer eindringliches Erlebnis. Du kannst Tausende Bilder vom Saturn gesehen haben und irgendwie beeindruckt von ihnen gewesen sein, aber wenn du ihn je mit eigenen Augen gesehen hast, dann wirst du das nicht so schnell vergessen.

Den schönsten Sternenhimmel meines Lebens sah ich vor nun schon mehr als zwanzig Jahren. Ich war ein achtzehnjähriger Highschool-Abgänger und trampte zuerst durch Europa und dann von Spanien nach Marokko, dort weiter Richtung Süden und Atlasgebirge am Rande der Sahara bis zu einem Dorf, in dem die Nomadenstämme aus der Wüste Handel trieben. Leider kann ich diesen Ort heute einfach nicht mehr auf der Landkarte finden.

Eines Nachts wachte ich in der »Jugendherberge« auf, die mehr ein Stall gewesen war, und trat vor die Tür – mitten in einen Schneesturm hinein. Bloß dass es nicht der Schnee war, den ich aus Minnesota oder anderswoher kannte. Ich stand in dieser kühlen Nacht mit nacktem Oberkörper, Shorts und Flip-Flops mitten in einem Sturm aus Sternen, die überall um mich herum wirbelten. Da gab es nicht die geringste Lichtverschmutzung – herrje, da gab es ja nicht einmal Licht. Ich erinnere mich noch so gut an dieses Leuchten von allen Seiten, an das Gefühl, von Sternenlicht beschienen zu sein und Sterne bis auf den Boden herabschweben zu sehen. In dieser Nacht sah ich den Himmel zum ersten Mal dreidimensional – er hatte eine immense Tiefe, manche Sterne schienen ganz nah, andere viel weiter weg, und die Milchstraße war so scharf konturiert, dass sie eine richtige »Struktur« besaß, wie Astronomen es nennen, wenn es dich regelrecht in ihre spiralartigen Tiefen hineinzieht. Ich erinnere mich an Sterne vom einen Horizont zum anderen, an Sterne von einer Vielfalt und Vielzahl, die fremdartiger auf mich wirkten als der Holzkarren voller abgeschlagener Ziegenköpfe, den ich am Morgen gesehen hatte, oder als die Armut der zerlumpten Kinder vom Nachmittag, Sterne, die einen so üppigen Nachthimmel erschufen, dass es mir noch immer so vorkommt, als hätte ich ihn nur geträumt.

Es hat so vieles gestimmt in jener Nacht. Es war die Zeit in meinem Leben gewesen, in der ich jeden Tag neue Erfahrungen sammelte (Essen, Menschen, Orte). Ich war allem gegenüber offen. Ich war der Lehm, dem die Welt ihre atemberaubende Schönheit (und schrecklichen Wahrheiten) aufprägte. Und da stand ich nun, fast nackt unter dem marokkanischen Himmel, und bot meine Haut der Luft, der Dunkelheit und den Sternen dar. Und die Nacht prägte sich ihr auf. Meine lebenslange Verbundenheit mit ihr war besiegelt.

Ich erzähle Bob von Marokko. »Es gibt eine traurige Pointe zu dieser Geschichte«, sagt er. »Einmal besuchte uns die Mutter meiner Frau hier. Sie hatte ihr ganzes Leben auf Long Island oder in Florida verbracht, also in lichtverschmutzten Regionen. Wir hörten ihren Wagen vorfahren, hörten sie ihren Koffer zum Haus rollen, und als sie hereinkam, fragte sie Marcie:

47

›Was sind all diese weißen Punkte am Himmel?‹ Und natürlich antwortete Marcie: ›Die nennt man Sterne, Mom.‹«

»Ich hab solche Geschichten schon gehört«, lache ich, »kann aber einfach nicht glauben, dass sie wahr sind.«

Bob lehnt sich zurück und ruft: »Marcie, erinnerst du dich, dass deine Mutter gefragt hat, was diese weißen Punkte am Himmel sind?«

»Yep.«

»Glaubst du, sie hat Witze gemacht?«

»Nope.«

Bob Berman hat sein ganzes Leben lang in die Sterne geguckt. Und hier, in Upstate New York, ist der Himmel noch immer ein wundervoller Anblick.

»Wir kommen ungefähr bis auf eine Magnitude 5,8 oder 5,9, bei der man gut zweitausendfünfhundert Sterne sehen kann«, sagt er. Er spricht von dem Maßstab, den Astronomen zur Berechnung der Leuchtkraft einzelner Sterne anlegen. »Theoretisch wären jederzeit dreitausend Sterne mit bloßem Auge erkennbar, aber in Wirklichkeit, weil die überwältigende Mehrheit der Sterne eine Magnitude von 5 oder 6 hat, und weil die Abschwächung überm Horizonts so stark ist, hören schwache Sterne ungefähr bei zehn Grad überm Horizont auf, und damit verlierst du wirklich ganze Schwärme.«

Die Idee von den Magnituden haben wir von den Griechen übernommen, die die hellsten Sterne zur »ersten Magnitude« und die schwächsten zur »sechsten Magnitude« zählten. Als die moderne Astronomie die griechischen Magnituden dann anhand von präzisen Messungen durch konkrete Zahlen ersetzen konnte, stellte sich heraus, dass einige der hellsten Sterne sogar negative Zahlen haben, beispielsweise Sirius (−1,47). Doch natürlich sind solche Werte relativ, denn sie definieren ja nur, wie wir diese Sterne von der Erde aus sehen. Der hellste Stern in der Geschichte des Universums könnte schwächer als schwach sein, wenn er sich unseren Sichtmöglichkeiten nur weit genug entzieht.

Gemeinhin gilt eine Magnitude von 6,5 als das Limit fürs bloße Auge, wenngleich einige Beobachter schon von einer 7,0 oder sogar noch höheren Magnitude berichtet haben. Berman schreibt:

Es gibt nur wenige strahlend funkelnde Sterne, sehr viel mehr von mittlerer Leuchtkraft, und eine Flut an blassen Sternen. Unterhalb der Schwelle des menschlichen Sehvermögens setzt sich diese Hierarchie in gewaltigen Ausmaßen fort. [...] Die neuesten Entwicklungen bei den Teleskopen haben die Entdeckung von Sternen der Magnitude 29 ermöglicht – mehr als das Einmilliardenfache schwächer als alles, was das bloße Auge erkennen kann! Und das ist wirklich schwach: Das Licht von einem solchen Stern entspricht dem Glimmen einer Zigarette aus zweihunderttausend Kilometern Entfernung gesehen.[20]

Doch der lichtverschmutzte Himmel macht eine solche Aussage für den laienhaften Beobachter natürlich völlig bedeutungslos, denn die größte Fülle an Sternen findet sich unter den höheren Magnitudenwerten, und das sind genau die, die von unserem künstlichen Licht ausradiert werden.

»Ich glaube«, sagt Bob, »dass ein Beobachter mindestens vierhundertfünfzig Sterne auf einmal sehen können muss, um ein Gefühl für die Unendlichkeit zu bekommen, um den Boden unter den Füßen zu verlieren und nur noch ›Oh wie schön!‹ sagen zu können. Diese Zahl habe ich nicht erfunden – das ist die Anzahl von Sternen, die du sehen kannst, wenn es dunkler als bei einer Magnitude 3 ist. In der Stadt siehst du also ein Dutzend Sterne, eine Handvoll, und das haut niemanden vom Hocker. Ein Städter sagt: ›Ach was, das ist Vega? So what!‹ Selbst wenn du hundert Sterne am Himmel sehen kannst, haut dich das nicht um. Erst ab einer bestimmten Menge, erst wenn du diesen Planetariumsanblick hast, blicken Menschen wirklich nach oben. Das ist der Moment, in dem dieser uralte Kern in uns aktiviert wird – nenn es das kollektive oder das genetische Gedächtnis, was auch immer, jedenfalls stammt er aus einer Zeit, in der wir noch nicht einmal Menschen gewesen waren. *Das* ist es, was du sehen musst. Alles, was weniger ist als das, wird's nicht bringen.«

Der Mensch hat schon vor Ewigkeiten Formen und Gestalten in den Sternen gesucht und gefunden, die ihm aus dem eigenen Leben vertraut waren. Selbst dem modernen Betrachter leuchten manche dieser Gestalten noch ein, beispielsweise der Skorpion oder die Gestalt des Jägers im Orion oder auch das Sommerdreieck, das sich aus den hellsten Sternen dreier Konstellationen ergibt: aus Vega im Sternbild *Lyra* (Leier), Deneb im *Cygnus* (Schwan) und Altair im Sternbild *Aquila* (Adler). Andererseits gibt es eine Menge Konstellationen, die so amorphe Formen haben und denen so unlogische Bildern zugeordnet wurden, dass sie heute niemand mehr nachvollziehen kann – so als hätte sich ein Astronom in der griechischen Antike einen Witz erlaubt, den wir heute schlicht nicht mehr verstehen können. Ein gutes Beispiel dafür ist das Sternbild *Auriga* mit seinem hellsten Stern Capella: Es steht direkt über Orion und fällt jedem Sterngucker sofort ins Auge. Doch wer von uns würde darin einen »Fuhrmann« sehen? Dabei ist *Auriga* noch eine der leichter erkennbaren Konstellationen. Man versuche einmal das Sternbild *Monoceros* (Einhorn) zu finden, oder *Cetus* (Walfisch), die ebenfalls beide in der Nähe von Orion stehen. Hat man eine klare Vorstellung von ihrem Aussehen vor Augen (ein gutes Astronomiebuch oder eine gute App sind da sicher hilfreich), lassen sich vielleicht ein paar solcher antiker Gestalten wie *Cassiopeia* oder *Perseus* identifizieren, aber viele andere (etwa *Ophiuchus,* der »Schlangenträger«, der für einen Amerikaner schon schwer auszusprechen, geschweige denn zu finden ist, jedenfalls für einen Laien) wird man anhand der ihnen zugewiesenen Gestalten umsonst suchen.

Doch es hätte auch schlimmer kommen oder uns zumindest noch schwerer gemacht werden können. Im Jahr 1627 versuchte der deutsche Augustinermönch und Astronom Julius Schiller den Himmel zu christianisieren, indem er die bekannten Sternbilder durch biblische Figuren ersetzte. So wurden aus den zwölf Tierkreiszeichen des Zodiak bei ihm zum Beispiel die zwölf Apostel. Und die Sternbilder in der nördlichen Hemisphäre ersetzte er durch Figuren aus dem Neuen, die in der südlichen durch Figuren aus dem Alten Testament. Indes machten seine Ideen nicht Schule.[21] Weniger Glück hatte da der Südhimmel, denn dort spiegeln sich in vielen Sternbildern die Vorlieben wider, die die abendländischen Entdecker aus dem 16., 17. und 18. Jahrhundert für die neuen Erfindungen ihres jeweiligen Zeitalters hegten. So kommt es, dass wir dort bis heute nicht nur solche inspirativen Sternbilder wie *Antila* (Luftpumpe), *Pyxis* (Schiffskompass) oder *Fornax* (Chemischer Ofen) sehen, sondern auch solche Konstellationen wie *Microscopium* und *Telescopium*. Doch noch ist nicht alles verloren in der südlichen Hemisphäre, zumindest nicht für Kinder und alle, die im Herzen Kinder geblieben sind und sich deshalb diebisch freuen können über das Sternbild *Puppis* (Achterndeck des Schiffes), dessen lateinische Bezeichnung von einem Begriff aus der niederdeutschen Seemannssprache abgeleitet wurde: »Poopdeck« (Kackdeck).

Damit wir die Sterne auch nur annähernd so sehen können, wie sie sich uns darbieten – sei es in der ehrfurchtgebietenden Zahl, von der Berman spricht, oder in den uns vertrauten wie in den für uns so abstrusen Sternbildern –, brauchen wir Dunkelheit. Nur, wie dunkel ist dunkel? Ich denke mal, dass es da für die meisten von uns drei Stufen gibt. Zuerst einmal »dunkel« à la: Es ist Nacht, also ist es dunkel. Damit ist die heute allgemeine Vorstellung von nächtlicher Dunkelheit gemeint, die ungefähr zwischen einer 8 und einer 5 auf der Bortle-Skala angesiedelt ist. Für diejenigen von uns, die das Glück haben, in einer Gegend zu leben, die zwischen einer 4 und einer 2 auf der Bortle-Skala liegt (und für alle, die in einer Bortle-1-Region wohnen, sowieso), gibt es noch »echt dunkel« à la: Es ist echt dunkel da draußen. Und schließlich gibt es ein paar Menschen, die ein Maß an Dunkelheit erlebt haben, das beim Anblick des Sternenhimmels nur noch ein »Waaaaahnsinn!« entlockt.

Die Wirklichkeit ist allerdings sehr viel komplexer. Das ist auch die Botschaft der Bortle-Skala und des »Weltatlas der künstlichen Helligkeit des Nachthimmels«: Wir wissen nicht, wie echte Dunkelheit aussieht, weil wir sie kaum noch irgendwo finden können.

Eine Möglichkeit, in Manhattan echte Dunkelheit zu finden, ist der Besuch im Museum of Modern Art und die Betrachtung von Vincent van Goghs *De sterrennacht (Sternennacht)*. Sofern dieses Ölgemälde aus dem Jahr 1889 nicht gerade ausgeliehen ist, hängt es im MoMA und wird alljährlich von fünfzig Millionen Besuchern bestaunt. Es ist Samstagmorgen, und auch ich stehe vor dieser Szenerie aus Sternen und Mond und einem verschlafenen Dorf. Ich spreche den Wachmann Joseph an, der ständig sagt: »Kein Blitz, kein Blitz«, »Zwei Schritte zurück«, »Zu nah, zu nah«, weil die Besucher aller Nationen dem Bild allzu auf die Pelle rücken. »Was macht dieses Gemälde so anziehend?«, frage ich ihn. »Es ist schön«, antwortet er, »was soll man sonst sagen?«[22]

Gut, dabei könnte man es belassen. Aber ich liebe die Geschichte, die dieses Bild erzählt: ein Dorf, ein paar von gelb-orangen Gastlichtern im Inneren des Hauses erhellte Fenster, darüber die blau-grünen und gelblichen Wirbel eines gigantischen Sternenhimmels. Es ist ein Bild von unserer Welt vor der Zeit, in der wir die Nacht in die Wälder und auf die Ozeane verdrängten und als solche verschlafene Dörfer noch nicht von Straßenlaternen erhellt wurden.

Ich glaube, dass viele Betrachter viel zu schnell bereit sind, das Bild dieses Dorfes und vor allem das dieses Himmels für die Ausgeburt der Phantasie eines Verrückten zu halten, eines »Werwolfs an Energie«, wie der Kunsthistoriker und Kurator Joachim Pissarro einmal zu mir sagte.[23] Nun hatte van Gogh zwar mit Sicherheit seine Probleme gehabt, aber dieses Gemälde wirkt nicht deshalb so stark. Es fasziniert, weil es etwas zeigt, das es nicht mehr gibt – die Zeit, in der unser Nachthimmel tatsächlich noch so ähnlich aussah wie auf dieser Leinwand. Hat van Gogh dazu seine Phantasie eingesetzt? Natürlich – er soll das Bild ja in der Nervenheilanstalt von Saint-Rémy-de-Provence aus dem Gedächtnis gemalt haben. Aber inspiriert zu diesem Himmel hatte ihn der reale Sternenhimmel, und der war in Südfrankreich von einer Art, wie sie wohl keiner der fünfzig Millionen MoMA-Besucher noch kennengelernt hat. Das Gemälde ist der imaginierte reale Himmel über einem Dorf, das wesentlich dunkler gewesen war, als es Dörfer heute sind. Ist es also die Ausgeburt einer überbordenden Phantasie von der Nacht? Sicher. Aber ist es auch irreal?

Ja, aber nur aus unserer heutigen Sicht, denn van Gogh lebte ohne elektrisches Licht. 1888 schilderte er in einem Brief an seinen Bruder Theo, was er »nachts am öden Strand« gesehen hatte:

> *Am tiefblauen Himmel standen Wolken von noch tieferem Blau als das Grundblau, ein intensives Kobalt, und noch andere von hellerem Blau, wie das blaue Weiß der Milchstraße. In der blauen Tiefe funkelten hell die Sterne, grünlich, gelb, weiß, noch hellere rosa, leuchtender, diamantenhafter als bei uns – auch als selbst in Paris – wie lauter Edelsteine: Opale, Smaragde, Lapislazuli, Rubine, Saphire.*[24]

Uns erscheint es heute doch sehr bemerkenswert, dass van Gogh hier die Sterne über Paris erwähnte, denn einen solchen Himmel – nicht einmal einen, der diesem auch nur nahe käme – hat in den letzten fünfzig Jahren kein Mensch mehr über Paris gesehen. Und Sterne unterschiedlicher Farben? Ja, die gibt es. Aber das menschliche Auge muss sich sogar in einer klaren, dunklen Nacht ungemein abmühen, um diese Farben wahrzunehmen, da unsere Netzhaut nur über zwei Fotorezeptoren verfügt, die eine Funktion bei der Bilderkennung haben: Stäbchen und Zapfen. Die Stäbchen ermöglichen das Hell-Dunkel-Sehen, können aber keine Farben unterscheiden; die Zapfen dienen der Farberkennung, reagieren aber nicht auf schwache Lichtquellen. Wenn wir in den Sternenhimmel hochblicken, erledigen die sensiblen, aber farbenblinden Stäbchen die Hauptarbeit, deshalb erscheinen uns die meisten Sterne als weiß. Wenn man dann noch bedenkt, dass wir in der Nacht praktisch nie lange genug draußen sind, um unsere Augen an die Dunkelheit zu gewöhnen, und dass ohnedies nahezu jeder von uns unter einem lichtverschmutzten Himmel lebt, dann ist es nicht verwunderlich, dass wir die Vorstellung von verschiedenfarbigen Sternen geradezu absurd finden, oder märchenhaft, so als handelte es sich um eine Phantasie von Willy Wonka oder Lewis Carroll (oder Vincent van Gogh). Doch man braucht nur lange genug von einem Fleck, der dunkel genug dafür ist, in den Nachthimmel zu blicken, um entdecken zu können, dass die Sterne in all ihrer dreidimensionalen Schönheit tatsächlich »grünlich, gelb, weiß, noch hellere rosa, leuchtender, diamantenhafter« aufblitzen.

Und wie der holländische Maler würde man dann wohl ebenfalls zu Hause erzählen, dass man beim Anblick *dieser* Sterne ins Träumen geraten sei.

Heute Morgen marschierte ich jedoch zum MoMA, um zwei Gemälde zu betrachten, wobei das zweite vom Museum gar nicht ausgestellt wurde. Nur dank der freundlichen Unterstützung von Jennifer Schauer, die für die gelagerten Gemälde zuständig ist, habe ich die Möglichkeit, es zu sehen. Wir gehen also an der *Sternennacht* vorbei hinter die Kulissen der Ausstellungsszenerie, wo viele Gemälde (75 Prozent der Sammlung) gelagert werden, für die das Museum keinen Ausstellungsplatz hat. Schauer sieht ein paar Etiketten durch und zieht dann eine gatterartige Wand heraus, an der das Bild hängt, das ich sehen wollte. Und da ist es, lodernd vor meinen Augen: Giacomo Ballas *Lampada ad arco (Straßenlaterne)* aus dem Jahr 1909. Ich finde die Tatsache, dass das MoMA van Goghs *Sternennacht* tagtäglich zur Schau stellt, dieses brillante, farbenprächtige Gemälde von einer elektrischen Straßenlaterne aber im Schatten eines Lagerraums versteckt, von geradezu köstlicher Ironie. Es dürfte wohl der einzige Fleck in New York sein, wo das Straßenlicht zum Wohle einer sternenklaren Nacht verbannt wurde.[25]

Vor meinen Augen hängt also ein Gemälde von genau dem Gegenstand, der dafür Sorge trug, dass van Goghs Vision von einer sternenklaren Nacht den meisten von uns komplett irreal erscheint: das Bild von einer elektrischen Straßenlaterne. In beiden Gemälden beherrscht eine Mondsichel den rechten oberen Teil der Leinwand, bei van Gogh in einem pochenden, pulsierenden, natürlichen Lichtgelb, bei Balla als ein kleines Vanillekipferl, das verzweifelt gegen die Macht des Straßenlichts anzuscheinen versucht. Und genau das hatte Balla bezweckt. *Uccidiamo il chiaro di luna,* »Töten wir das Mondlicht«, lautete der Schlachtruf von Ballas Genossen Filippo Marinetti aus der Gruppe der Futuristen. Die Futuristen verherrlichten die Schönheit des »aufheulenden Autos«, der Geschwindigkeit und des Lichts – menschengemachten Lichts wohlgemerkt, modernen Lichts, elektrischen Lichts. Wozu da noch etwas so Gestriges wie der Mond?!

»Sie beleuchtet sich selbst«, sagt Schauer. Die Leinwand der *Straßenlaterne* ist drei Mal größer als die der *Sternennacht*. Vor dem Hintergrund eines Dunkels aus tiefem Meergrünblau und Braun verströmt die elektrische Laterne ein pink-malven-grün-gelbfarbenes Licht in der Form von lauter kleinen, auf den Kopf stehenden Vs. Der Laternenpfahl ist eine Zuckerstange aus denselben Farben, und im Resonanzlicht erstrahlen lauter konzentrische Kreise dieser farbenprächtigen Vs. Hier sehen wir eine optimistische Version vom elektrischen Licht: Es erhellt nicht nur die Nacht auf bislang ungekannte Weise, sondern macht sie auch schöner. Wäre dies aus dem elektrischen Licht geworden, dann wäre Ballas andächtige Verehrung dieses Lichts selbst in unserer Zeit noch verständlich. Aber »New York ist niemals dunkel genug, um so etwas sehen zu können«, sagt Jennifer Schauer. Natürlich.

Fünfzehn Meter voneinander entfernt hängen im MoMA also zwei Gemälde, die uns jeweils eine Brücke schlagen zu der Zeit, als aus der Nacht, die kaum einer von uns noch kennt, gerade die Nacht zu werden begann, die wir heute so gut kennen, dass wir sie gar nicht mehr wahrnehmen. Van Gogh malte gegen Ende des 19. Jahrhunderts auf dem Land in Südfrankreich ein Bild der alten Nacht, Balla malte im beginnenden 20. Jahrhundert ein Bild der Nacht, die es von da an geben sollte. Ballas Straßenlaterne trat schnell ihren Siegeszug durch Westeuropa und Nordamerika an. Vielleicht hat sie gerade deshalb zu der Popularität von van Goghs Gemälde beigetragen: Weil uns der Blick auf die reale sternenklare Nacht genommen wurde, regt die Nacht, die er noch gekannt und geliebt und beim Schimmer des Gaslichts erlebt hatte, mehr und mehr unsere Phantasie an.

Klasse 8

Geschichten aus zwei Städten

Das Rätsel ist ganz einfach zu lösen. Man muss das Licht seiner Umgebung angleichen. Man darf weder Vögel oder Insekten noch Nachbarn oder Astronomen damit belästigen. Gäbe der Stadtrat mir Geld zur freien Verfügung, würde ich die Menschen die Schönheit des Lichts lehren.

François Jousse (2010)[1]

1807 flammten erstmals Gaslaternen auf der Londoner Pall Mall auf. Jedermann pries ihr »wunderschön weißes und strahlendes Licht«. Bereits ein Jahrzehnt später wurden rund dreihundertzwanzig Londoner Straßenkilometer von mehr als vierzigtausend solcher Lichter erhellt. »Tausende von Laternen, wie eine lange Feuerkette«, berichtete ein zeitgenössischer Besucher. Im Jahr 1825 gab es keinen zweiten Ort auf Erden, der derart flächendeckend hell ausgeleuchtet war wie die britische Metropole, die bevölkerungsreichste Stadt der damaligen Zeit.[2]

Doch »Helligkeit« liegt im Auge des Betrachters. Zweifellos musste im 19. Jahrhundert jedem, der eine Straße bis dahin nur von Kerzenlicht oder Öllampen beleuchtet gesehen hatte, das Licht einer Gaslaterne sehr hell erscheinen. Uns aber würde dasselbe Licht schummrig vorkommen, wir würden uns vermutlich sogar fragen, ob die Zündflamme überhaupt brennt, und das wäre nicht bloß ein diffuses Gefühl: Der moderne Londoner lebt (nicht anders als alle anderen Stadtbewohner der Welt, darunter 40 Prozent aller Amerikaner) derart überflutet von elektrischem Licht, dass sich seine Augen nie auf skotopisches Sehen, auf »Nachtsicht« umstellen müssen. Das heißt, unsere Augen nehmen praktisch nur noch die Funktion der Zapfen und nicht mehr die der Stäbchen in Anspruch. Im Licht einer Gasflamme war das anders gewesen. Im 19. Jahrhundert nahm das Auge eines Londoners das Licht von Gaslaternen skotopisch wahr, deshalb empfand er den Schein, der uns so unglaublich schummrig vorkommt, als ein perfektes künstliches Licht von einer Helligkeit, »die so klar ist wie an einem Sommermittag, und doch so blendfrei und weich wie Mondlicht«, von einem Leuchten, das »eine Stadt der sanften und geheimnisvollen Töne« erschuf und »überraschende Lichtkreise, gesäumt von Schwärze und Stille« hervorrief. Heute zählt London zu den hellsten Städten der Welt – ein weißglühender Fleck auf dem »Weltatlas der künstlichen Helligkeit des Nachthimmels«. Dennoch bin ich hierher gereist. Ich möchte feststellen, ob inmitten all dieses Lichts noch eine Stadt »der sanften und geheimnisvollen Töne« erhalten blieb.

Denn das vermute ich, da die Londoner Straßen noch immer von mehr als sechzehnhundert Gaslaternen gesäumt werden, vor allem in den berühmten Stadtteilen Westminster, Temple und St. James Park nördlich der Themse. Der Energieversorger British Gas, der für zwölfhundert von ihnen die Verantwortung trägt, unterhält bis heute ein Team aus zwei Gastechnikern und vier Laternenanzündern, die sich um sie kümmern. Heute brauchen sie zwar nicht mehr jede Laterne einzeln anzuzünden, wir sehen sie auch nicht mehr »die Straße entlanglaufen« und »in maßvollen Abständen eine neue leuchtende Bresche in die Dämmerung schlagen«, wie Robert Louis Stevenson 1881 schrieb, heute müssen sie nur noch ungefähr alle vierzehn Tage die Zeitschaltuhren neu einstellen, die den Zündschaltkreis von Lampe zu Lampe regeln, und die Lampen reinigen. Schon Stevenson hatte das Schicksal beklagt, das den Laternenanzündern wegen der bevorstehenden Umrüstung auf elektrisches Licht drohte:

Die Griechen hätten so jemanden zu einem edleren Mythos verarbeitet; wie er das Sternenlicht verteilte und es, sobald der Bedarf danach nicht mehr bestand, wieder einsammelte ...[3]

Griechischer Mythos hin oder her, die Arbeit des modernen Laternenanzünders ist begehrt, aber die wenigen verbliebenen Jobs werden kaum je gekündigt.

An einem frischen Dezemberabend treffe ich mich mit zwei Männern aus dem Team von British Gas in der St. Stephen's Tavern nahe der Westminster Bridge. Die Gäste stehen dicht gedrängt von Wand zu Wand, Krawatten gelockert, Mäntel überm Arm. Ich möchte die beiden auf ihrer Tour begleiten und mir die schönsten Laternen zeigen lassen. Es rührt mich, mit welcher Liebe sie ihre Arbeit verrichten: »Wenn du erst einmal mit ihnen zu tun hast, verliebst du dich in sie«, sagt Gary und meint damit »seine« Gaslaternen. Und Iain, der aus Glasgow nach London gezogen war, erzählt: »Als ich hier runterkam, hatte ich noch nie eine Gaslaterne gesehen. Ich war völlig gefesselt von ihrer Geschichte und stellte plötzlich fest, dass ich bei jeder elektrischen Laterne auf der Straße dachte, Mist, warum ist das kein Gas.«

Die Verantwortlichen in London scheinen jedoch ein zwiespältiges Verhältnis zu ihren letzten Gaslaternen zu haben. Einerseits gibt es Gesetze zum Schutz des Kulturerbes, die ihren Austausch verhindern, andererseits aber offenbar keinen Paragrafen, der sie auch davor schützen würde, von benachbarten elektrischen Laternen ins Dunkel verbannt zu werden. Am Rande des St. James Park sah ich die prototypische Situation: eine viktorianische Laterne mit vorzüglich glimmendem Gaslicht und keinen Meter rechts davon einen höheren neuen Laternenpfahl mit einer Lampe, die vom Design her nullachtfünfzehn und mit einem gleißenden elektrischen Licht ausgestattet war. Eine derart enge Nachbarschaft von Gas und Elektrizität ist zwar nicht üblich in London, doch Straßen, Parks oder Innenhöfe, die ausschließlich von Gastlaternen beleuchtet werden, sind nur noch selten anzutreffen, was wohl jeder Fan von Gaslaternen als einen Verlust empfindet, oder wie Iain sagt: »Zweifellos geht es mit Elektrizität besser, aber die Romantik von Gaslaternen lässt sich doch kaum toppen.«

Die beiden Männer erleben ständig, wie populär die Gaslaternen noch immer sind. »Du wärst überrascht, wie viele Menschen unter solchen Laternen her laufen, ohne sie eines Blickes zu würdigen«, sagt Gary, »aber sobald wir eine Leiter anlegen, bleibt jeder stehen und beginnt zu fotografieren.« Warum gefallen uns Gaslaternen so gut? Einerseits natürlich, weil sie nicht so grell sind wie elektrische Lampen – ihr Licht entspricht ungefähr dem einer 40-Watt-Glühbirne – und weil viele von uns einen Faible für diese altmodischen viktorianischen Laternen haben. Andererseits, weil Gaslicht das warme rötliche Orange eines offenen Feuers verströmt, was uns natürlich weit mehr anzieht als grellweißes Licht. Aber letztendlich auch, weil man sich beim Anblick einer Gaslaterne in der St. James Street in Covent Garden oder anderenorts in London sofort in die Vergangenheit versetzt fühlt und diese »Ach, so war das also«-Nostalgie empfindet. Helligkeit, Form, Farbe und Geschichte – Gaslicht schafft eine schöne Stimmung, die vielleicht nicht besser, aber doch jedenfalls ganz anders ist als die Atmosphäre von elektrischem Licht.

Eine gute Örtlichkeit, um das mit eigenen Augen bestätigen zu können, ist das Areal um die Westminster Abbey. Das parkartige Karree dahinter, Dean's Yard genannt, wird nur von Gaslaternen erhellt und ist, ja wirklich, wesentlich dunkler als man es von einem solchen Gelände mitten in der Stadt erwartet. Es dauert ein paar Minuten, bis sich unsere Augen nach dem Spaziergang von der Taverne, vorbei am Parlament und der Abbey, daran gewöhnt haben. Doch sobald sie sich der Dunkelheit angepasst haben, ist die Leuchtkraft dieses Lichts völlig ausreichend. Als wir um uns blicken, sagt Gary: »Du siehst, was du sehen musst. Das ist zwar kein Tageslicht, aber ein schöner Effekt.«

Der Effekt ist wirklich sehr sanft. Möchte man beispielsweise ein Fußballstadion erhellen, wird man mit Gaslampen nicht glücklich sein. Erst als man die Straßen Europas mit elektrischem Licht auszuleuchten begann, realisierten die Menschen, *wie* sanft das gewohnte Licht der alten Gaslaternen war. Einige hatten beim Anblick der elektrischen Laternen offenbar sogar geglaubt, dass man sie mit den alten Gaslaternen hereingelegt hatte. Ein Londoner meinte zum Beispiel: »Gaslicht hatte nicht die geringste Auswirkung auf die Helligkeit der Straße; drei Nächte lang wurde es nicht angemacht, und keiner hat den geringsten Unterschied bemerkt.« Ein anderer sagte: »Kaum blicken wir aus der breiten Verkehrsstraße in eine Seitenstraße hinein, wo armseliges Gaslicht flackert, werden die Augen völlig überlastet. Hier regiert die absolute Dunkelheit, vielmehr ein schwaches, rötliches Glimmen, das kaum ausreicht, um Zusammenstöße in den Hauseingängen zu verhindern. […] Mit einem Wort, es obsiegt das jämmerlichste Licht.« Man kann es niemandem verdenken, dass er im 19. Jahrhundert so empfand, denn auch heute wären wohl nur die wenigsten bereit, wieder auf Gaslicht umzusteigen. Es ist nur so, dass es uns zwar nicht im Traum einfallen würde, Gaslicht das Werk von elektrischem Licht tun zu lassen, wir aber nur allzu oft elektrisches Licht dort benutzen, wo Gaslicht völlig ausreichend wäre. Das lässt sich zum Beispiel auf der Westminster Bridge beobachten, wo viel zu helle Laternen die Augen von Fußgängern, Radfahrern und Autofahrern blenden. Um wie vieles schöner wäre diese Brücke, würde sie von flackernden Laternen erhellt. Und es ist ja auch nicht so, dass wir keine Wahl hätten, womit wir das Gaslicht in den Schatten stellen. Wo Gaslaternen allein als unzureichend für Fußgänger empfunden werden, dort könnte man mit zusätzlichen, hüfthoch angebrachten und gut abgeschirmten elektrischen Spots ihre Sicherheit garantieren, ohne die vom Gaslicht erschaffene Stimmung zu zerstören. Wenn man die Londoner Gaslaternen in der ohnedies schon hellen Nacht der Stadt sieht, erhebt sich die Frage, wie wir die Vorteile von elektrischem Licht nutzen und dennoch vermeiden könnten, was Stevenson »diesen häßlichen, blendenden Schein« nannte.

Man muß nicht sehr abergläubisch sein, wenn man Skrupel hat, seinen Vergnügungen beim Licht des fliegenden Schreckens nachzugehen, auch nicht sehr epikureisch, wenn man der Schönheit Antlitz lieber etwas schmeichelnder dargeboten sähe.[4]

Stevenson schrieb diesen Satz gegen Ende des 19. Jahrhunderts in dem Kapitel »A Plea for Gas Lamps« (»Ein Plädoyer für Gaslampen«) für sein *Virginibus Puerisque,* gerade als in Europa und den Vereinigten Staaten immer mehr Bogenlichter installiert wurden und den Gaslaternen bereits das Stündlein geschlagen hatte. Es war keine Tirade gegen Licht per se, er wollte nur vor dieser unkontrollierten und unangenehmen Grellheit des neuen elektrischen Lichts warnen. Voller Wehmut erinnerte er sich an die Zeit der »Gassterne« in den Straßen, die ein so viel schöneres Licht verbreitet hatten, oder an die Laternenanzünder, diese guten Männer, auch wenn »hin und wieder ein Individuum von der Leiter des fliegenden Funktionärs am Kopf getroffen worden sein mag«. (Ich frage Gary danach. »Das willst du nicht wissen«, antwortet er.) Mit dem elektrischen Licht würden, so Stevenson weiter,

unsere zahmen Sterne [...] in Zukunft nicht einer nach dem anderen,
sondern als Ganzes und auf einmal hervorkommen. Ein gesetzter Elektri-
ker berührt irgendwo in einem Hinterzimmer eine Feder – und siehe!...[5]

Stevenson, der bereit gewesen war, »Schönheit zufrieden [zu] akzeptieren,
wo immer sie auftaucht«, warnte vor dem Aufgang »einer neuen Art städtischen Sterns, jede Nacht, schrecklich, unirdisch, dem Auge eine Qual, eine
Lampe für einen Alptraum!«

Die Technik, die wir heute nutzen, um unsere Nächte zu erhellen, hat
einen weiten Weg seit den ersten Bogenlampen zurückgelegt, aber ich frage
mich, ob auch Stevensons Warnung ihre Gültigkeit verloren hat. Natürlich
ist es begrüßenswert, in der Nacht über Licht zu verfügen, aber was, wenn
es zu viel davon gibt? Welche Schönheit geht uns verloren, indem wir die
Nacht abschaffen?

Jahrhundertelang war London dunkel oder fast dunkel gewesen, und ich
möchte nun wie gesagt herausfinden, ob ich noch etwas von dieser alten
Stadt und von der Schönheit finden kann, die sie in ihrem Dunkel versteckt.
Ich entscheide mich für ein altes Hotel in einem alten Stadtteil, das ich zu
jeder Tages- und Nachtzeit zu Fuß erreichen und verlassen kann. Denn mir
steht der Sinn nach mitternächtlichen Spaziergängen mit Charles Dickens.

Seinen Essay »Night Walks« (»Nächtliche Streifzüge«) begann Dickens
1861 mit den Worten:

> *Vor einigen Jahren sah ich mich durch eine zeitweilige Unfähigkeit zu*
> *schlafen [ ] genötigt, nächtelang auf den Straßen umherzustreifen. [ ] Es*
> *war März, das Wetter war feucht, verhangen und kalt. Die Sonne ging*
> *nicht vor halb sechs Uhr auf, und die nächtliche Perspektive nahm sich*
> *folglich um halb eins, zu welchem Zeitpunkt ich mich mit ihr zu befassen*
> *pflegte, dauerhaft genug aus.*[6]

Auch ich war zu der Jahreszeit in London, als die Nächte am längsten waren.
Als ich um Viertel nach zwei in der Nacht aufwachte, musste ich unwillkürlich lächeln.

Ich ziehe mich warm an, bleibe aber unbewehrt: keine Taschenlampe, keine Stirnlampe, keine Fackel. Das Hotel verfügt über rund fünfhundert Zimmer und ist fast ausgebucht, aber als ich die Treppen aus dem fünften Stock herunterlaufe, rührt sich nichts. Trotzdem sind Treppenaufgänge und Halle wie in jedem anderen Hotel der Welt die ganze Nacht über hell erleuchtet, auch während dieser verlorenen Stunden zwischen halb zwei und vier Uhr früh, die sich nicht mehr nach gestern und noch nicht nach morgen anfühlen. Auch in der Lobby ist außer einem Bediensteten, der vor den Glasschiebetüren den Boden saugt, niemand zu sehen. Er bemerkt mich erst, als ich vor ihm am Ausgang stehe, und sieht mich an, als wollte er sagen Was? *Da* gehen Sie jetzt raus?

Ich mache mich in Richtung der Strand auf den Weg, eine der ältesten und bekanntesten Straßen Londons. Es ist eine kalte Dezembernacht, vielleicht vier Grad minus, und kein Mensch zu sehen. Mutterseelenallein laufe ich zur Waterloo Bridge. Im Westen heben sich ein Stück weiter unten an der Themse deutlich Big Ben und die Houses of Parliament vom holzkohlegrauen Londoner Himmel ab. Das runde, weiße Zifferblatt von Big Ben ist ebenso hell beleuchtet wie das blaue »London Eye«, das Riesenrad am Südufer des Flusses, über dem ich vierundzwanzig Sterne zähle. Hinter mir, im Osten, ragt die unbeleuchtete Silhouette der St. Paul's Cathedral aus dem Smog und Dunst auf – weshalb sie aussieht wie auf dem berühmten Foto aus dem Blitzkrieg, jedenfalls wenn man sich die Wolkenkratzer wegdenkt, die hinter ihr emporragen, und die grellweißen Lichter auf der Blackfriar's Bridge, die mir direkt in die Augen strahlen.

Dickens schreibt:

> *Doch der Fluss hatte etwas Grauenhaftes, die Gebäude an seiner Ufern waren in schwarze Leichentücher gehüllt, und die widerspiegelten Lichter sahen aus, als stiegen sie aus der Tiefe des Wassers empor und würden von den Geistern der Selbstmörder gehalten, die zeigen wollten, wo sie untergegangen waren.*

Der Fluss hat im Laufe der Jahrhunderte zahllose Opfer gefordert, darunter viele Sklaven, die im 18. Jahrhundert über Bord sprangen, um ihrem

Schicksal zu entgehen, oder die sechshundert Passagiere, die 1878 mit einem Raddampfer untergingen. Ich laufe die steinige Uferböschung bis an den Rand des schwarzen Gewässers hinunter. Aus der Nähe betrachtet wirkt die Themse noch immer wie ein Stück wilde Natur im Herzen dieser hektischen modernen Stadt. Schlepper, Lastkähne und Boote sind am Ufer festgemacht, in einem davon scheint gelbes Licht auf einen Mann, der ein Tau aufrollt. Obwohl tagsüber auch heute noch viel Verkehr auf der Themse ist – Polizeiboote, Feuerwehrboote, Touristenboote, aber vor allem Schleppkähne mit Material für die vielen Bauprojekte am Flußufer der Stadt –, ändern sich die Zeiten rasant für die Männer, die den Fluss auch nachts auf ihren Lastkähnen abfahren. Sukhdev Sandhu zitiert in seinem Buch *Night Haunts* einen dieser Schiffer. Er erinnert sich, dass es in seiner Kindheit

> so viele Boote auf der Themse gab, dass man trockenen Fußes von einem aufs andere quer über den Fluss springen konnte, ohne nass zu werden.[7]

Heute befahren die Kahnführer

> einen Fluss, der ihnen wie geschleift und kolonisiert vorkommt, von fremden Mächten, die ihm die Seele geraubt haben. [Die Londoner] nehmen die Themse als gegeben [...], die Kahnführer hingegen haben vor allem nach Mitternacht das Gefühl, von der Stadt, ihrem Ruß, ihrem Druck, ihrem Lärm und ihrer anmaßenden Gediegenheit befreit zu sein. Sie atmen den Duft der Freiheit und baden in der Stille des dunklen Gewässers, durch das sie sich behutsam bewegen.

Es sei noch gar nicht so lange her, schreibt Sandhu weiter, dass

> der nächtliche Fluss in Dunkelheit gehüllt war; nun aber schießen selbst an seinen entferntesten Schleifen Parkplätze und riesige Shoppingcenter wie Pilze aus dem Boden, lassen ihr Licht in die Themse sickern und schlagen Löcher in ihre Dunkelheit.

Wieder zurück am Westufer, auf Höhe der Waterloo Bridge, schlendere ich durch eine Arkade mit Geschäften, die ich gestern Vormittag brechend voll erlebt habe – ich habe mir im Zickzack einen Weg durch die Pfützen bahnen müssen und war dabei ständig an den dicken Mänteln der Leute entlanggeschrammt, lauter eilige Paare oder Grüppchen aus drei Familiengenerationen. Die Uferböschungen – die Südseite hier »The Albert« genannt, die Nordseite »The Victoria« – wurden im 19. Jahrhundert aufgeschüttet, um die Flut zu kontrollieren und die Themse in ein künstliches Bett zu zwingen, damit sie sich ihr uraltes saisonales Mäandern abgewöhnt. Jetzt ist die Südseite gänzlich menschenleer, aber aufs Hellste beleuchtet. Die einzigen Gestalten, die ich sehe, sind ein Wachmann und ein Müllmann. Ich überquere die Westminster Bridge, laufe das Südufer in Richtung Lambeth Bridge mit Blick aufs Parlament am jenseitigen Ufer entlang. Bis Mitternacht sind die Houses of Parliament in ein bernsteinfarbenes Licht getaucht, doch jetzt, mitten in dieser winterlichen Sonntagnacht, steht das alte Gemäuer von oben bis unten in Dunkelheit gehüllt. Kein Licht hinter den Fenstern, und Rauch nur aus einem der vielen Schornsteine. Mit den vom Schein der Straßenlaternen angeleuchteten Wolken im Hintergrund wirken die Silhouetten der Gebäude und Türme so, wie sie vor Jahrhunderten ausgesehen haben müssen, als sie nur vom Mondlicht beschienen wurden.

Auch Dickens schildert seinen Weg über die Westminster Bridge zur Abbey, die ihm eine »hervorragend düstere Gesellschaft« bot und in ihm das Bild von »eine[r] staunenswerte[n] Prozession ihrer Toten zwischen den dunklen Bögen und Säulen« heraufbeschwor. So empfinde auch ich es, während ich aufs Parlament am gegenüberliegenden Ufer blicke. Bei Tageslicht oder im Flutlicht ist es schlicht ein altes Gemäuer im Hier und Jetzt doch ohne diese Flutlichtaufmachung, nur als Silhouette vor dem nächtlichen Winterhimmel, schwinden die Jahrhunderte dahin und werden die Schatten lebendig. Ich blicke hinüber und sehe die Geister all derer, die einst durch die Hallen dieses Gebäudes gewandelt waren. Ob man nun in London oder auf dem Land oder im eigenen Schlafzimmer ist: Sobald man das Licht löscht, vor allem wenn es ein elektrisches ist, kann man schnell eine Zeitreise in die Vergangenheit erleben.

Von Westminster laufe ich bis zur Ecke des St. James Park und dann seinen kurvigen Rand über die Horse Guards Road hinter den Cabinet War Rooms und der Downing Street Nr. 10 entlang. Ich überquere die Mall und hechte die Stufen der Treppe hinauf, vorbei an der gewaltigen Granitsäule, auf der die Bronzestatue eines ungemein entschlossen dreinblickenden Duke of York thront, und bleibe auf der Carlton House Terrace stehen. Wenn man eine Straße im Licht von Gaslaternen bewundern will, dann ist das hier wirklich ein guter Aussichtspunkt: Keine elektrische Lampe weit und breit, nur Gaslaternen, die die Straße in ihr weiches, goldenes Licht tauchen. Ich laufe weiter in Richtung Pall Mall, biege schließlich rechts auf diese berühmte alte Straße ein und schlendere vorbei an den Reihen von ehrwürdigen Häusern. Ein offenes Fenster im ersten Stock enthüllt eine Wand voller alter Bücher, nichts als Braun- und Karmesintöne und die Streifen von dunklen Buchrücken. Hinter den Vorhängen zweier Fenster im zweiten Stock flackert ein sanfter Schein.

Ich denke an Virginia Woolf und ihren Essay »Street Haunting: A London Adventure« aus dem Jahr 1927, in dem sie erklärt, dass das Stromern durch die Londoner Straßen zu den größten Vergnügungen des Stadtlebens im Winter zählt. Unter dem Vorwand, einen Bleistift kaufen zu müssen, verlässt sie das Haus:

Die Stunde sollte abendlich sein, und die Jahreszeit winterlich. Die Abendstunde gestattet uns jene Unverantwortlichkeit, welche uns Dunkelheit und Lampenlicht schenken. [...] Wie schön eine Londoner Straße dann ist, mit ihren Lichterinseln und den langen Hainen der Dunkelheit.[8]

»Unverantwortlichkeit« dürfte für sie vermutlich eine Art von Freiheit gewesen sein.

Und wie gerne hätte ich dieses London, besser noch: ein *modernes* London mit solchen »Hainen« und »Lichterinseln« gesehen. Heute, rund fünfundachtzig Jahre nach der Erstveröffentlichung von Woolfs Essay, erlebt man das genaue Gegenteil: Lange Haine des elektrischen Lichts, hie und da unterbrochen von kleinen Inseln gasbeschienener Schönheit oder völliger Dunkelheit. Bei diesem nächtlichen Bummel durch London habe ich zum ersten Mal dieses Gefühl, das mich noch in anderen Städten und Orten überkommen wird, vor allem in Europa, wo so viele jahrhundertealte Baugeschichte erhalten geblieben ist: Um wie vieles schöner die Nächte doch wären, wenn man dem Spiel von Licht und Schatten mehr Aufmerksamkeit schenken würde. Nicht, dass die Beleuchtung von London keine Höhepunkte hätte – zum Beispiel die Parlamentsgebäude. Doch im Allgemeinen beschränkt sich das Beleuchtungskonzept auf Flutlichter, die irgendein altes Gemäuer anstrahlen, was zu einem sehr uneinheitlichen Straßenbild führt, vor allem im Vergleich zu dem subtileren und homogeneren Lichtbild, das ich in Paris vorfinden werde. Es gäbe enorm viele Möglichkeiten, Londons nächtliche Schönheit hervorzuzaubern, denn die Gaslaternen und das bauhistorische Erbe der Stadt verschaffen ihr einen großen Vorteil. Doch bislang wurde diese Chance kaum ergriffen.

Von der Pall Mall laufe ich weiter zum Trafalgar Square. An den Kreuzungen warnen *Look Right, Look Left*-Schilder, schwarze Taxis schleichen vorbei, eine Reihe schlafender roter Doppeldecker steht nahe der Nelson-Säule, das Spotlight auf dem Admiral. Dann wieder auf die Strand. Und schließlich: Covent Garden.

Hier befand sich jahrhundertelang der Londoner Markt, zuerst vor den Toren der Stadt, dann rückte der Stadtrand ihm immer näher. Dickens beendete seinen Essay mit einem Spaziergang dorthin:

Der Markt von Covent Garden war an Marktmorgen voll herrlicher Gesellschaft. Die großen Karren mit Kohlköpfen, unter denen die Bauern und ihre Helfer lagen und schliefen, das Ganze bewacht von gewitzten Hunden aus der Umgebung der Anbaufelder, waren auf ihre Art fast ein Fest.

Das Gefühl, in Covent Garden einem Fest beizuwohnen, hat lange Tradition. Auf einem Stich aus dem Jahr 1735, betitelt »Trunkene Wüstlinge und Wachmänner in Covent Garden«, sind besagte Männer abgebildet, die einen auf dem Kopf den Dreispitz, das Schwert gezogen, den Arm um eine Frau gelegt. In einer Ecke bellt ein Hund, zertrümmerte Laternen liegen auf dem Kopfsteinpflaster herum. An einer Tür die anderen, die Wachmänner mit ihrem Gefolge im Schlepptau. Einer von ihnen gibt einem »Wüstling« einen kräftigen Tritt in den Hintern, derweil eine Dame ihren Mann an der Nase fortzieht und in einer Ecke zwei *Link-Boys* (Halbwüchsige, die zur Zeit vor den Gaslaternen Fußgänger von einem erleuchteten Ort zum anderen schleusten) mit Fackeln in der Hand stehen und sich offensichtlich über diese lächerlichen Erwachsenen amüsieren. Interessant – abgesehen von dieser verrückten Szenerie – ist, dass man im Hintergrund schon deutlich den modernen Covent Garden zu erkennen meint: Man erwartet fast schon, wenn man genau hinsieht, über dem Kopf einer Dame im Reifrock, die gerade in Ohnmacht fällt, das Logo des Apple Store unter den Kolonaden zu sehen. Denn die Kirche, die Turmuhr, die Passagen, das Kopfsteinpflaster – es ist heute alles noch da. In der Bildlegende steht: »Er und seine betrunkenen Kumpane erzeugen einen Aufruhr in Covent Garden.« Und was soll ich sagen, rund zweihundertfünfundsiebzig Jahre später um ein paar Minuten nach vier sind auch »er und seine betrunkenen Kumpane« noch immer da. Sie grölen irgendwas über den Chelsea-Club, während sie im Gänsemarsch, Arm auf Schulter, in die nächste Bar wanken.

Am Platz selbst brennen noch immer die Gaslaternen. Doch die Auslagen der meisten Geschäfte, manchmal sogar ihr ganzer Innenraum, sind heute derart grell erleuchtet, dass der ganze Platz von elektrischem Licht überflutet und die Nacht aus ihm herausgeschwemmt wird. Wer erleben möchte, wie schön Covent Garden einmal war, der muss durch die Nebenstraßen schlendern, durch Crown Court oder Broad Court, wo das Licht der Gaslaternen auf Kopfsteinpflaster fällt und fünfhundert Jahre alte, eng aneinandergeschmiegte Häuser bescheint.

Auf dem Covent Garden Market herrscht noch immer Nacht, aber der Morgen hält bereits Einzug. Es ist an der Zeit, zur Strand zurückzulaufen. Ich falle ins Bett und schlafe mit dem Wissen ein, dass die Szenerie in ein paar Stunden völlig verändert sein wird, beherrscht von Menschenmassen mit Coffee-to-go in der einen und Einkaufstüten in der anderen Hand. Die Geister der Bauern und ihrer Hunde werden mitsamt den Kohlköpfen verschwunden sein.[9]

Ein Gaslaternenanzünder in der Pariser Dunkelheit der 1930er Jahre, eingefangen vom französischen Fotografen Brassaï (© Estate Brassaï-R. M. N.)

Ein paar Nächte darauf stehe ich auf der Île Saint-Louis im Zentrum des alten Paris, betrachte das sanfte, pfirsichfarbene Glimmen der Laternen aus dem 19. Jahrhundert auf einer Seine-Brücke und beobachte den Aufgang des zunehmenden Halbmonds in einem pudrig lavendelblauen Himmel.

69

Es gibt viele hell erleuchtete Städte, aber nur eine Stadt des Lichts, *La ville lumière*. Heutzutage findet man diesen Beinamen häufig als »Stadt der Lichter« übersetzt, und das aus gutem Grund, denn die Art ihrer Beleuchtung macht gewiss einen großen Teil ihres nächtlichen Charmes und ihrer Identität aus. Doch wenn Tonnen von elektrischen Lichtern alles wären, dessen es bedürfte, um eine Stadt als die »des Lichts« zu bezeichnen, dann gäbe es Dutzende von Städten auf der ganzen Welt, die mit Fug und Recht diesen Titel für sich beanspruchen könnten. Den genauen Ursprung dieses Beinamens kennen wir nicht mit Sicherheit, aber wir wissen, dass die französische Aufklärung im 18. Jahrhundert von einem *siècle des lumières* (Jahrhundert der Lichter) gesprochen und sich ihre Vertreter in Paris *les lumières* genannt hatten. Der Titel *La ville lumière* hatte also ebenso viel mit einer neuen Philosophie wie mit der beeindruckenden künstlichen Beleuchtung der Stadt zu tun.

Wie sich herausstellt, trifft das bis heute zu.

»Sehr wenig von diesem Licht ist unüberlegt angebracht worden«, sagt David Downie, ein Amerikaner in Paris und Autor des wunderbaren Buches *Paris, Paris*. »Es ist alles wohldurchdacht. Seit 1900 haben sie dieses Image hier bewusst kultiviert. Tatsächlich war Paris die erste Stadt, die die Idee von einer Lichtidentität umsetzte, vom Einsatz von Licht, um eine bestimmte Atmosphäre zu erschaffen.« Downie zeigt auf die Laternen, die auf der kurzen Brücke zwischen der Île Saint-Louis und der Île de la Cité leuchten. »Siehst du die Lampen? Das ist ein Gasmodell mit einem kleinen Zylinder aus der Zeit von vor 1890 auf einer Fußgängerbrücke aus den 1960er Jahren – darum geht's! Sie spielen nicht nur mit dem Licht, sondern auch mit dem Schatten. Je dunkler es wird, umso schöner sieht diese Brücke aus.« Bei Tag würde wohl kaum jemand dieser Brücke Beachtung schenken, nachts betont die Art ihrer Beleuchtung jedoch das wunderschöne Schattenspiel des schmiedeeisernen Brückenaufbaus. »Es gibt eine Menge Details, die erst nachts in den Vordergrund treten«, sagt Downie. »Sie sind hier sehr darauf bedacht, die Beleuchtung nur so hell zu machen, dass man nicht stolpert, weil sie verstanden haben, dass sie niemanden blenden dürfen. Hier hat man mit einer warmen Lichtdecke eine nostalgische, altmodische Stimmung erschaffen.«[10]

Ein Merkmal der Beleuchtungsweisen in den alten Vierteln von Paris ist, dass kaum ein Straßenlicht höher als vier Meter ist und es deshalb oberhalb der ersten Stockwerke praktisch keinen Einfall von äußeren Lichtquellen gibt. Damit sind die Bürgersteige und Straßen beleuchtet, aber oberhalb der untersten Fensterreihen verschwinden die Häuser mit den französischen Balkonen im Dunkel. »Das wurde absichtlich so gemacht, sie wollten es ganz bewusst so haben«, erklärt Downie.

Wenn die Dunkelheit zwischen den Häusern, an den Ufern der Seine, den Dächern, vor den französischen Balkonen und um die goldenen Laternenlichter in den alten Gassen der Inseln aufsteigt, auf denen die Stadt geboren wurde, dann entsteht eine Intimität gepaart mit Aufgeschlossenheit – jeder kann abends über die Inseln bummeln, auf den Brücken verharren und durch die Geschichte schlendern, als sei die Stadt bei Nacht eine Soirée in einem wunderschönen alten Haus mit unzähligen offen stehenden Türen. Die *Fromagerie* mit der kleinen Glocke am Türrahmen und den weiß verpackten Weichkäsen, die *Boucherie* mit dem kopfunter hängenden Federvieh samt verdrehten Köpfen im Fenster, das *Maison Berthillon, Glaces & Sorbets,* die Waffeltüten aufgereiht wie Zinnsoldaten. Orgeltöne wehen aus den schweren Holzportalen jahrhundertealter Kirchen, Bistrostühle drängen sich um kleine runde Marmortischchen, während das Mondlicht silberne Riffel auf die Seine malt, die sich unter den Brücken, ihrerseits in goldenes Licht getaucht, gen Westen schlängelt.

»Das ist *die Schönheit der Nacht,* eine Schönheit, die ›im Atmosphärischen gründet‹ und nicht leicht zu erklären ist«, schreibt Joachim Schlör in seinem Buch *Nachts in der großen Stadt.* Und wie der von ihm zitierte Joseph Alois Mercy 1803 aus dem damals noch idyllischen Berlin berichtete, würde auch ich gerne erleben, dass mein Puls ruhiger schlägt »in diesem angenehmen Dunkel …«[11]

Bummeln und Paris gehören untrennbar zusammen, weshalb ja auch so viele Amerikaner, die daheim zu Sklaven des Automobils wurden, mit wahrer Wollust die französische Metropole besuchen. Nicht umsonst wurde der berühmte *flâneur* in dieser Stadt erfunden. Der *flâneur,* schreibt Schlör, beherrscht »die schöne Kunst, genussvoll und kenntnisreich, langsam und aufmerksam durch eine Stadt zu gehen.«[12] Und in Paris betreibt man diese

Kunst nicht nur bei Tage. Das größte Vergnügen des *noctambule,* was im Französischen nicht »Schlafwandler,« sondern »Nachtschwärmer« bedeutet, sind nächtliche Bummeltouren. *Flâneurs* nannte man auch die Pariser Bürger, die in den 1830er und 1840er Jahren auf die Boulevards strömten, um im Schein der neuen Gaslaternen zu lustwandeln. Für Downie ist Nicolas Edme Restif (auch Rétif) de la Bretonne, ein französischer Romancier und Verist aus dem 18. Jahrhundert, *der* exemplarische Nachtschwärmer. Tatsächlich muss man, was die Literatur über nächtliche Streifzüge betrifft, Bretonne als einen Wegbereiter bezeichnen – was im Fall von Downie wirklich wörtlich zu nehmen ist, denn er folgt oft Bretonnes Wegen über die Île Saint-Louis. »Bretonne wohnte gleich da drüben«, sagt er und deutet auf ein Haus. »Wenn er ausging, lief er dieselbe Strecke wie wir jetzt. Irgendwo am anderen Ende der Insel setzte er sich dann hin und machte sich seine großen Gedanken, bevor er zu seinen nächtlichen Abenteuern loszog.«[13]

Zwischen 1788 und 1794 verfasste Bretonne sein vierzehnteiliges Werk *Les Nuits de Paris,* erschienen unter dem vollständigen Titel *Les Nuits de Paris ou le Spectateur nocturne,* was erahnen lässt, dass ihm das Pompöse nicht fremd gewesen war. Ein Stich auf den ersten Seiten des ersten Bandes zeigt ihn mit Schnallenschuhen, das Gewand verhüllt von einem üppigen Umhang, die wallenden Locken teilweise verdeckt von einem breiten Schlapphut, auf dem eine Eule thront (mit senkrecht aufgestellten Hasenohren, ausgebreiteten Schwingen und dem Ausdruck höchsten Erstaunens, so als habe Bretonne ihre Krallen auf dem Hut festgeklebt). Er war schon ein Original: ernste, bedächtige Miene und eine ziemlich manierierte Pose. Und genau so liest er sich auch. Bretonne stammte aus dem Burgund, einer damals wirklich noch völlig dunklen Region, deshalb konnte er sich gar nicht sattsehen an den hellen Lichtern der Großstadt (in den 1780er Jahren tauchten immer mehr Öllaternen in Paris auf). »Er war ein geradezu närrischer Spaziergänger«, erklärt Downie, »und völlig aus dem Häuschen angesichts der Tatsache, dass er nachts aus dem Haus gehen und herumlaufen … und etwas *sehen* konnte.«

Diese für uns so selbstverständliche Möglichkeit, nachts im Freien etwas zu sehen, war einem Erlass von König Louis XIV. zu verdanken, der 1667 befahl, Laternen über den Straßen von Paris aufzuhängen. Prompt proklamierten die Höflinge, dass nunmehr »die Nacht in jeder Straße so hell erstrahlen wird wie der Tag«. Der König gedachte seiner brillanten Idee sogleich mit einer Medaille, auf der einen Seite sein eigenes Profil und auf der anderen ein Jüngling mit einer Kerzenlaterne in der Hand. Und genau solche Kerzenlaternen baumelten nun über den Straßen von Paris – das weltweit erste staatlich eingeführte öffentliche Straßenbeleuchtungssystem der Neuzeit. Bis zum Ende des 17. Jahrhunderts waren dann Dutzende europäische Städte diesem Beispiel gefolgt, die einen ebenfalls mit Kerzenlaternen, die anderen mit Öllaternen. Allein in Paris wurden allabendlich mehr als fünftausend Kerzen angezündet, allerdings nur von Oktober bis März, das restliche Jahr über verließ man sich auf die hellen Abendstunden und die klareren Nachthimmel, die in den Sommermonaten dem Mondschein eine Chance gaben.

Mit dieser Straßenbeleuchtung begann sich die Interaktion von Mensch und Nacht dramatisch zu verändern. Bis dahin war der Arbeitstag bei einsetzender Dunkelheit beendet gewesen. Es begannen die Stunden des familiären Beisammenseins. Die Dämmerung war für jeden das Signal, ins Haus zu gehen. Der Historiker Wolfgang Schivelbusch schreibt in *Lichtblicke*:

> *Die mittelalterliche Gemeinde bereitete sich allabendlich [auf die Dunkel-heit] vor wie eine Schiffsbesatzung auf den aufziehenden Sturm. Mit dem Sonnenuntergang begann der Rückzug ins Gehäuse, ein umfassendes Abschließen und Verriegeln.[14]*

Wer nachts nach draußen ging, der riskierte sein Leben, sei es durch Verbrecherhand oder weil er über irgendein Hindernis stolperte. Durch die Seine wurden Stricke gespannt, um zu verhindern, dass die Leichen der Menschen abtrieben, die im Dunkeln von den Quais und Brücken gestürzt und ertrunken waren. Mit der neuen Straßenbeleuchtung hielt aber nicht nur Licht, sondern auch ein offensichtlich willkommener kultureller Wandel Einzug. In ganz Europa eröffneten Kaffeehäuser, überall annoncierten Wirtshäuser unter ihren Laternen überm Eingang längere Öffnungszeiten. Und derweil die Behörden für immer mehr Sicherheit auf den Straßen sorgten, derweil die neue Straßenbeleuchtung immer mehr Möglichkeiten zu Geselligkeiten außer Haus oder für den Handelsverkehr erschuf, verlor die Dunkelheit zunehmend ihre sozialen Beschränkungen. Essen, Trinken, Schlafen, Arbeiten – die Erhellung der Nachtstunden eröffnete immer mehr europäischen Städtern die Möglichkeit zu einer radikal neuen Lebensart. Zum Beispiel sollte sich bis 1860 die Zeit, in der man seit dem Mittelalter das Abendessen einzunehmen pflegte, um mehrere Stunden nach hinten verlagern. »Nokturnalisierung« nennt der Historiker Craig Koslofsky diesen Wandel: Die Straßenbeleuchtung diente als Infrastruktur für die »fortlaufende Expansion der legitimen gesellschaftlichen und symbolischen Nutzungen der Nacht«.

Bis zur Mitte des 18. Jahrhunderts waren die Kerzenlaternen in Paris schließlich allesamt von den neuartigen Öllaternen verdrängt worden, den sogenannten *lanternes à réverbère,* die über jeweils zwei Reflektoren und mehrere Dochte verfügten und somit ein viel stärkeres Licht abgaben. Tatsächlich wurden diese Laternen enthusiastisch als »künstliche Sonnen« gefeiert, welche »die Nacht zum Tage machen«. In einem 1770 für den Pariser Polizeichef verfassten Bericht heißt es: »Die von ihnen abgestrahlte Lichtmenge lässt kaum die Vorstellung zu, dass es noch etwas Helleres geben könnte.« Doch es dauerte nicht lange, bis die Pariser des 18. Jahrhunderts den Schein dieses Lichts fade fanden. »Solche Laternen verströmen bloß sichtbare Dunkelheit«, schrieb ein Franzose. »Aus der Entfernung schmerzen sie das Auge, in der Nähe geben sie kaum Licht, und wenn man direkt unter einer von ihnen steht, könnte man sich ebenso in völliger Dunkelheit wähnen.« Ein Jahrhundert nach dem Erlass des Sonnenkönigs erklärte ein englischer Besucher: »Diese Stadt ist groß, schlecht beleuchtet und stinkt.«

Für einen Nachtschwärmer hielt Paris eine Menge Herausforderungen parat. In den schmalen Gassen gab es keine Bürgersteige, weshalb es nicht selten vorkam, dass ein Fußgänger unter einer Kutsche zu Tode kam. »Es gibt Nächte, in denen sämtliche Nachteile eines überfüllten Viertels auf einmal zu Tage treten«, schrieb Bretonne. »Als ich um die Ecke in die rue du Foarre bog, fiel mir ein großer Markknochen vor die Füße. Seine scharfen Kanten und die Wucht, mit der er geworfen wurde, hätten ihn zu einer tödlichen Waffe gemacht, hätte er mich denn getroffen.« Ein paar Schritte weiter wurde ein »Schwall Seifenwasser« aus einem Fenster geschüttet, gleich darauf folgte ein Eimer Asche. Aber das war noch nicht alles. Durch die noch völlig ungepflasterten oder mit Kopfsteinen belegten Gassen lief offen das Abwasser, überall lagen Abfälle herum. Die Luft war von einem ekelerregenden Gestank erfüllt, den wir heutzutage nur nachvollziehen könnten, wenn wir uns direkt auf eine städtische Mülldeponie stellten. Der Historiker Roger Ekirch schreibt:

> *Die Herzogin von Orleans äußerste 1720 ihre Verwunderung darüber, dass es in Paris nicht »ganze Flüsse aus Pisse« gebe, da so viele Männer auf die Straße urinierten, die sowieso schon voller Pferdedung und Haustierkot waren. Die Gräben, mindestens dreißig Zentimeter tief, wurden immer wieder von Asche, Austernschalen und Tierkadavern verstopft. [...] Am berüchtigsten waren die Duschen aus Urin und Exkrementen, die nachts aus Fenstern und Türen auf die städtischen Straßen niederprasselten.*[15]

William Hogarths Stahlstich »Night« (»Nacht«) aus seinem Zyklus *Times of the Day* (*Tageszeiten:* 1736) illustriert diese nächtliche Szenerie: Aus einem Fenster wird einem unglückseligen Fußgänger, der gerade mit Begleiter über das Kopfsteinpflaster darunter stolpert, der Inhalt eines Nachttopfs über den Kopf gekippt; der eine hält eine Reitgerte hoch, der andere ein Schwert unterm Arm geklemmt und eine Laterne in der Hand. Und, ach ja, vor einer umgekippten Kutsche mit verzweifelt dreinblickenden Insassen brennt mitten auf der engen Gasse ein Holzfeuer.

Angesichts des Tohuwabohus in dieser lichtlosen Gasse kann man kaum nachvollziehen, dass das Anbringen einer Straßenbeleuchtung derart heftige Verbitterung und Zorn hatte auslösen können. Doch in den Jahren kurz vor der Französischen Revolution waren dem Volk diese Laternen tatsächlich ein Dorn im Auge gewesen. Denn die Straßen waren natürlich nicht zuletzt auf Wunsch der Staatspolizei beleuchtet worden, die das nächtliche Geschehen in der Stadt kontrollieren wollte, ergo waren sie für viele Pariser ein Synonym für die Tyrannei. Und da die Laternen anfangs sehr niedrig aufgehängt worden waren, boten sie ein leichtes Ziel für Stöcke, mit denen man sie kaputt schlagen konnte. Prompt wurden sie außer Reichweite angebracht, prompt ersann das Volk eine neue Methode: Nun kappte es einfach die Seile, an denen die Laternen hingen, sodass sie auf dem Pflaster zerschellten. Manchmal diente das Zertrümmern auch einfach nur der Belustigung. Schivelbusch schreibt: »Wie immer die Details und Methoden aussahen, die Laternenzerstörung war eine offenbar mit großer Lust verknüpfte Handlung …«[16]

Auch wenn Kerzenlaternen und Réverbèren schon lange ausgestorben sind und das heutige Paris wie jede andere Stadt ihrer Größe von elektrischen Beleuchtungssystemen erhellt wird, sind die Echos der alten Stadtgeschichte doch immer noch zu hören. Es klagt zwar so mancher Bewohner, dass die alten Pariser Viertel inzwischen zu Museen verkommen oder praktisch tot seien, aber ich kann mich dieser Kritik nicht anschließen, schon gar nicht bei Nacht. Man findet noch immer die Möglichkeit, den unzähligen alten *flâneur*-Geschichten etwas Selbsterlebtes hinzuzufügen, oder, wenn man schon in Paris gewesen war, die eigenen alten Geschichten mit neuen zu ergänzen. Denn da so viel von der alten Stadt bewahrt blieb, findet man bei jeder Rückkehr auch noch die gleiche Nacht vor, durch die man bereits Jahre zuvor gebummelt war.

Aus dem Jahr, in dem ich meinen Highschool-Abschluss machte und dann neun Monate lang durch Europa getrampt war, ist mir vor allem die Woche in Erinnerung geblieben, die ich mutterseelenallein im winterlichen Paris verbracht hatte. Ich hatte Schwein gehabt und tatsächlich ein bezahlbares kleines Hotel auf der Île de la Cité gefunden, das *Henry IV* am Place Dauphine. Abend für Abend hatte ich mich auf den Weg gemacht und war stundenlang durch das alte Paris gewandert, ließ mich von der grauschwarzen Seine lenken, vorbei an den langgestreckten grauen Gebäuden der Ministerien, die Fenster dunkel, nur die Trikoloren davor von Spots beleuchtet, um schließlich auf der Pont Neuf stehen zu bleiben und mich zu fragen, wohin mich das Leben wohl treiben würde.

Dieses Jahr, 2011, treffe ich abends in der Stadt ein und nehme die Metro vom Gare du Nord bis zu einer Station nahe des Arc de Triomphe unter der Avenue des Champs-Élysées. Nasser Schnee klebt auf den Zweigen der Bäume und den Markisen der Cafés, kleine Kristalle wirbeln durch die Luft.

Der rutschige Matsch verlangsamt den Rush-Hour-Verkehr, macht Fuß-gänger zu Eiertänzern und dämpft die Geräusche der nassen Reifen auf der Straße und der Stiefel auf dem Pflaster. In den blattlosen, glattrindigen Platanen entlang der Avenue glitzern kleine weiße Lämpchen mit einem Hauch von Himmelblau. Von jeder Krone baumeln ein paar lange Leucht-stoffröhren, wie Lüster von einer Decke, nur dass an ihnen ständig kleine Lichtpunkte herunterperlen wie von schmelzenden Eiszapfen an einer Fels-wand oder unter einem Dach. Am Ende der breiten Champs-Élysées laufe ich an dem strahlend blau-weiß erleuchteten Riesenrad (La Grande Roue) vorbei, das an der riesigen Place de la Concorde aufragt, dem berühmten Platz, an dem König Louis XVI. seinen Kopf unter der Guillotine verlor und der Bürgerkönig Louis-Phillippe den zweiundzwanzig Meter hohen Obelisken von Luxor aus dem 13. Jahrhundert v. d. Z. aufstellen ließ.[17] Ich umrunde den Jardin des Tuileries – nachts sind seine Tore verschlossen, tagsüber ist der ehemalige Schlosspark voller Spaziergänger und Pärchen und Jogger – in Richtung Osten bis zum Louvre, dessen Vorplatz von schmiede-eisernen Laternen in strahlendes Licht getaucht wird. Dann schlendere ich ein Stück an der Seine entlang, biege in das bernsteinfarben beleuchtete Marais ein, bummle wieder ans Flussufer zurück, bis auf Höhe der Île Saint-Louis, und schließlich zur Île de la Cité, vorbei an dem hohen Weihnachts-baum vor Notre-Dame, der im blauen Lichterschein erstrahlt, bis zu mei-nem Hotel. Alles in allem war ich mehr als zwei Stunden unterwegs und habe in dieser Zeit viel von der alten Stadt gesehen, allerdings noch kein Museum, keine Kunstgalerie besucht, kein Konzert gehört, nicht einmal ein Glas Rotwein getrunken oder an einer *créperie* Halt gemacht. Aber die Stadt des Lichts an einem dunklen Winterabend zu erleben, und das praktisch kostenlos, erweckt das unvergleichliche Gefühl, mir etwas zurückerobert zu haben, das bereits einmal mein gewesen war.

»In der Nacht ist alles mein«, schrieb Bretonne. Fast zweihundertzwanzig Jahre später fühlt sich das immer noch wahr an. Es ist noch immer alles zugänglich, zumindest für einen Spaziergang mit den Augen – die Monu-mente, die berühmten Gebäude, die alten Straßen. Kaum etwas bleibt dem nächtlichen Wanderer verschlossen, nicht einmal das Leben der Menschen in den erhellten Zimmern hinter den Fenstern.

Downie nickt. »Meine Frau sagt immer, es erinnere sie an einen Adventskalender, dessen Fenster man öffnen kann.« Wir erreichen den Place des Vosges, ein 1612 eingeweihter Place Royal und der erste städtebaulich geplante Platz von Paris, der im Halbrund gesäumt wird von identischen dreigeschossigen Stadtpalais. »Da ist eine Deckenbemalung aus dem 17. Jahrhundert«, sagt Downie und deutet nach oben zu einem Fenster, »die Stadt ist voll von solchen unglaublichen Innenausstattungen, und am Abend können auch wir sie sehen.«[18]

Im angrenzenden Palais sind die bodentiefen Fenster von langen, weinroten Vorhängen umrahmt und erlauben einen Blick auf den hochgestellten Deckel eines Flügels und ein Hirschgeweih an der Wand. »Apropos teuer«, sagt Downie, »das ganze Palais gehört einem Mann aus einer sehr reichen Familie. Sie besitzt es seit hundertsiebzig Jahren. Siehst du den Gobelin? Er ist aus dem 16. Jahrhundert. Wenn auch noch die anderen Lampen an wären, könntest du fantastische Sachen sehen. Er ist einer der erfolgreichsten Auktionatoren im Land.«

Tagsüber wäre es mir nie gestattet, einen Blick in all diese Gemächer zu werfen, doch nach Einbruch der Dunkelheit werde ich von einem Zimmer ins nächste gebeten, darf etwas aus diesem und jenem Leben erfahren und fühle mich eingeladen, die Schönheiten zu genießen, die diese Stadt zu bieten hat. Ich will mehr.

François Jousse tritt wie ein Gespenst aus dem Schatten des Pariser Abends hinter dem riesigen Weihnachtsbaum von Notre-Dame hervor und schlendert mir entgegen. Mit seinem buschigen Vollbart, dem rot karierten Jackett und den beigen Trekkingboots sieht er wie ein Holzfäller aus. Wie sich zeigen wird, sind diese Stiefel unerlässlich – Jousse liebt es, stundenlang durch Paris zu laufen, bei Tag wie bei Nacht, und genau zu diesem Zweck haben auch wir uns getroffen. Wir wollen die Stadtmitte durchwandern, während er mir von seiner Arbeit erzählt. Er begrüßt mich gut gelaunt, herzlich und offensichtlich hocherfreut, mir in seinem schleppenden Englisch mit dem schweren französischen Akzent etwas über die Beleuchtung der Stadt erzählen zu können, die er so liebt. Er beginnt fast jeden Satz mit *alors* …, wenn er etwas erklären will. Und zu erklären gibt es viel, denn über die Beleuchtung von Paris hat man sich wirklich viele Gedanken gemacht. Und der Mann, von dem so ungemein viele dieser Gedanken stammen und der so viel getan hat, um die Atmosphäre von Paris bei Nacht zu erschaffen, ist François Jousse.

Wir beginnen gleich mit Notre-Dame. 2002 hatte Jousse die Neugestaltung ihrer Außenbeleuchtung überwacht, was einer zehnjährigen Planung und vieler Millionen Euro bedurfte. Nach dem Zweiten Weltkrieg war die Kathedrale jahrzehntelang von einfachen Spots angestrahlt worden, und auch das nur an der Fassade. Davor hatte sie Jahrhunderte in völliger Dunkelheit verbracht. Eine Fotografie von Brassaï, aufgenommen in den frühen dreißiger Jahren von der Île Saint-Louis aus, zeigt die Rückseite der Kathedrale, ihre Silhouette nur durch das umgebende Straßenlicht sichtbar – ein plumpes, wie aus Kohle gehauenes schwarzes Etwas.[19] Erst in jüngerer Zeit, erst als Jousse auftauchte, begann sich die Stadtverwaltung ernsthafte Gedanken um die Beleuchtung eines ihrer unvergänglichsten Wahrzeichen zu machen. Zu diesem Zweck »schrieben wir einen Wettbewerb aus, die Jury bestand aus Klerikern, dem Kulturministerium, der Stadtverwaltung – vielen Leuten«, sagt er, und fügt mit leichtem Grinsen an, »das war sehr, sehr schwierig.« Eine Idee zum Beispiel war, das berühmte Rosettenfenster von innen heraus zu beleuchten, aber die Priester waren dagegen. »Sie hielten das für eine Idee des Teufels«, lacht Jousse.[20]

Für Jousse endete das Beleuchtungsprojekt dieser berühmten Kathedrale aber nicht mit der Kirche. Wenn er von »der Kathedrale« spräche, sagt er, meine er nicht bloß deren eigene Architektur, sondern auch alles, was sie umgibt, auch die Brücke, die zu ihr führt, und der Platz, auf dem sie steht. »Wir wollten die Kathedrale in den Mittelpunkt der Insel stellen. Und eine Geschichte erzählen …« Jousse zeigt mir zum Beispiel, dass die auf sie gerichteten Spots Meter für Meter heller strahlen, je näher sie den Türmen kommen, damit sie den Blick des Betrachters automatisch nach oben lenken – mit anderen Worten: gen Himmel. Jousse ist zwar zufrieden mit dem Ergebnis, sagt aber, dass er nicht alles habe durchsetzen können. »Ich hatte auch einen Lichtentwurf für ihren Garten gemacht«, erklärt er, während wir an dem dunklen kleinen Park hinter der Kathedrale vorbeischlendern, »aber … kein Geld.« Dann stößt er ein Was-soll-man-machen-Lachen aus, senkt den Blick, und wir sind wieder des Weges, in Richtung unseres nächsten Haltepunkts. Langes Schweigen, nichts zu hören außer dem Knirschen und Platschen unter unseren Stiefeln, während wir über den verkrusteten Schnee und durch den Matsch der Pariser Bürgersteige stapfen.

Apropos Geld. Die Stadtbehörden geben inzwischen täglich rund hundertfünfzigtausend Euro für den Strom, die Wartung und die Reparatur der Beleuchtungssysteme von Paris aus: ein quantifizierbares Abbild ihres Engagements. Das war nicht immer so. Als Jousse 1981 seine Stellung antrat, hatte Paris bei Nacht kaum Ähnlichkeiten gehabt mit dem heutigen Anblick der Stadt. Wie Notre-Dame wurden auch alle anderen Wahrzeichen entweder plump von direkt auf sie gerichteten Spotlights angestrahlt oder überhaupt nicht beleuchtet. Im Laufe von dreißig Jahren haben Jousse und seine Mitarbeiter Paris dann fast vollständig neu beleuchtet, das heißt, mehr als dreihundert Gebäude, sechsunddreißig Brücken sowie sämtliche Straßen und Boulevards, immer mit dem Ziel, jedes Detail in das Stadtbild zu integrieren und Schönheit zu erschaffen – und das so ökonomisch wie nur möglich. Bis zu seiner kürzlichen Pensionierung als »Ingénieur Général des Services Techniques de la Ville de Paris« war Jousse allein verantwortlich dafür gewesen, er besaß sogar eine Sonderparkerlaubnis für das ganze Stadtgebiet, damit er im Notfall schnell eingreifen, Anweisungen geben oder vor Ort über die Beleuchtung einer bestimmten Stelle entscheiden konnte.

Die Schönheit dieser Beleuchtung dürfte jedem Touristen ins Auge fallen, aber vermutlich wird kaum einer bemerken, wie umsichtig sie erschaffen wurde – wo und wie Strahler platziert wurden, vor welchen Herausforderungen die Lichtdesigner standen, und wie viel Energie dafür nötig gewesen war. Jousse findet das ganz in Ordnung so. Er zeigt mir sogar entzückt, wie viele Projektoren er so versteckte, dass es möglich wurde, Licht zu einem integralen Bestandteil des Gebäudes und das Gebäude zu einem integralen Bestandteil der Stadt zu machen. Er will die Aufmerksamkeit nicht auf die Beleuchtung selbst lenken, ebenso wenig wie er das beleuchtete Gebäude aus seiner Umgebung herausheben will. Wir stehen an der Ufermauer gegenüber Notre-Dame am Ende einer langen Reihe von grünen Metallständen – den Ständen der berühmten Bouquinisten, die hier seit dem 16. Jahrhundert ihre Bücher verkaufen. Jousse geht mit mir zu den beiden ersten: Sie enthalten keine Bücher, sondern zwei Spotlights. Wer an ihnen vorbei läuft, würde niemals auf die Idee kommen, dass ein Teil des Lichts, das die Kathedrale erstrahlen lässt, aus ihnen herauskommt.

»Wessen Idee war das?«, frage ich.

»Meine«, lacht er.

Jousse betrachtet sich nicht nur als einen Technikhistoriker, sondern auch als einen Geschichtenerzähler, dessen Sprache das Licht ist. Als wir am Hôtel de Ville, dem Pariser Rathaus vorbeikommen, sagt er: »Jetzt zeige ich dir mein letztes Lichtdesign für Paris.« Er führt mich zum Tour Saint-Jacques, dem zweiundfünfzig Meter hohen Überrest einer 1522 eingeweihten Kirche im spätgotischen Stil, die den herrlichen Namen *Saint-Jacques-de-la-Boucherie* trägt (St. Jakob von der Schlachterei: es ist die offizielle Kirche der Fleischerinnung). In ihrem Fall hatte er sich für seine Beleuchtung von Blaise Pascal inspirieren lassen, der einst auf der Turmspitze Experimente zur Messung des Luftdrucks vorgenommen hatte. »Ich wollte eine Hommage an Pascal. Das Licht fällt von oben herab und trifft mit Furor auf dem Boden auf.« Und so ist es: Das Licht beginnt strahlend an der Turmspitze, verblasst im Fall, hellt sich wieder auf und ergießt sich dann um den Fuß des Turms. Diese Verschmelzung künstlerischen Denkens und technischer Lösungen beschreibt im Wesentlichen das Werk von Jousse in Paris – er philosophiert über die historischen Zusammenhänge einer Stätte und setzt das Ergebnis dann mit Licht um. »Ich will, dass das Gebäude mit dem Licht etwas aussagt. Das kann in unterschiedlichen Sprachen sein. Mal ist es die Sprache der Architektur, mal die der Geschichte und mal die des Humors. Es kann auch eine spirituelle Sprache sein. Manchmal höre ich den Einwand ›Aber niemand wird verstehen, was das Gebäude sagt.‹ Dann antworte ich: ›Das ist kein Problem, das Gebäude sagt *etwas,* und schön ist es, *weil* es etwas sagt.«

Vor der Pfarrkirche Saint-Eustache begreife ich, was er damit meint. Aus einem Block Entfernung betrachtet scheint sie aus der Dunkelheit emporzuschweben, da die untere Hälfte des Baus unbeleuchtet blieb und die obere in einem zarten Bernsteingold erstrahlt. Jousse lächelt: »Ich wollte sicher gehen, dass dieses Licht auch den Kirchenleuten etwas sagt. Drum hab ich das Reden dem Designer und die Technik dem anderen [in mir] überlassen. Der erste erklärte: ›Ich sehe diese Kirche bei Nacht so und so, weil blah-blah-blah.‹« Jetzt lacht er. »Es war das erste Mal, vielleicht weltweit, dass so ein Gedanke technisch umgesetzt wurde. Ich hatte nämlich erklärt, dass die Kirche eine Batterie göttlicher Energie sei: Am Tag lädt sie sich mit der Energie Gottes auf, in der Nacht strömt dann die Energie Gottes aus dem Inneren heraus.«

Während wir auf die Kirche zugehen, beginnt ihre untere Hälfte aus dem Schatten zu treten, das steinerne Gewölbe nur vom Umgebungslicht und keinem einzigen direkten Strahler erhellt. »Wenn du weiter weg bist, dann fragst du dich, warum dieser Teil nicht auch erleuchtet ist, aber sobald du näher kommst, stellst du keine Fragen mehr«, sagt Jousse in eindeutig zufriedenem Ton. »Es gibt Lichtblicke, und es gibt *ambiance*. Es muss nicht immer alles beleuchtet sein. Im Gegenteil, erst wenn man Dinge im Schatten belässt, sieht man wirklich das Licht.«

Ich frage mich, ob sich dasselbe über Licht und Stille sagen lässt.

Die Geräusche des Stadtverkehrs schwinden, als wir das Cour Carrée des Louvre betreten, den »Viereckshof« mit dem Brunnenrondell in der Mitte. An dem dreistöckigen Sandsteinpalast und seinen Fenstern leuchtet das goldene Licht von unzähligen kleinen LEDs. »Es ist wunderschön«, sagt Jousse, diesmal mit ernsterer Miene. *C'est magique!* Durch diese Art der Beleuchtung entsteht der Effekt, als werde nicht das Gebäude angestrahlt, sondern als strahle es selbst Licht ab. »Das ist ein phantastisches Bild«, sagt er und lacht: »Die Instandhaltung ist auch phantastisch.« Allein für den Cour Carrée beläuft sich der Stromverbrauch auf eine Million Euro jährlich.

Wir reißen uns los und überqueren eine verkehrsreiche Straße auf dem Weg zur Pont des Arts, der Brücke der Künste. »Et voilà«, sagt Jousse, »noch so ein magischer Ort in Paris.« Ja, es ist wirklich romantisch auf dieser Fußgängerbrücke aus verschaltem Stahlbeton und Holzplanken. Jousse erklärt, dass die Herausforderung auf dieser knapp zehn Meter breiten Brücke die Lösung der Frage war, wo man die Lichtprojektoren anbringen sollte. »Es ist ein sehr poetischer Ort, deshalb ist es nicht gut, wenn die Leute die Projektoren sehen. Aber die Stadt wollte alle Brücken beleuchten. Also sagte ich, okay.« Jousse löste das Problem, indem er seine Projektoren unter der Brücke anbrachte und auf den Fluss richtete. Damit gelang es ihm, sie mit dem Licht zu illuminieren, das von der fließenden Wasseroberfläche zurückgeworfen wird, und erzielte einen wunderschön schimmernden Effekt.

Was bedeutet es, frage ich ihn, solche Wertmaßstäbe wie Schönheit, Poesie und Liebe anzulegen, wenn man mit Licht arbeitet? »Das ist schwer zu beantworten«, sagt er. »Ich bin ein Techniker und kein Dichter. Aber was die Liebe betrifft, kann ich doch sagen, *oui, c'est vrai:* Ich liebe Paris. Wenn du mit Licht arbeitest und keine Liebe empfindest zu dem, was du beleuchtest ...«, er verstummt, so als gäbe es dazu schlicht nichts weiter zu sagen. Dann: »Die Liebe zu Paris steht an erster Stelle, die Beleuchtung von Paris ist sekundär.«

Um zu unserer letzten Station zu gelangen, nehmen wir die Metro bis zum Montmartre. Wir blicken auf die Stadt herab, die sanft beleuchteten weißen Kurven von Sacré-Cœur im Rücken (auch ein Lichtdesign von ihm? Oui). Der Eiffelturm ragt aus dem Dunkel empor, aus seinem Inneren heraus beleuchtet mit dreihundertfünfzig Natriumdampflampen, deren Ton das bernsteinfarbene Glimmen der Gaslampen nachahmt, die einst ebenfalls im Inneren der Konstruktion angebracht waren. Noch vor nur drei Jahrzehnten war bloß eine Seite des Turms beleuchtet gewesen und sämtliche Spotlights zu diesem Zweck am Trocadero aufgestellt worden. Jousse erzählt, dass der Stromverbrauch gewaltig gewesen war, aber man wegen des braunen Anstrichs des Turms trotzdem keinerlei Details habe erkennen können. Dann kam die Idee auf, ihn wieder von innen zu beleuchten. In den fünfundzwanzig Jahren seither hat sich nichts geändert, abgesehen davon, dass zu jeder vollen Stunde zehn Minuten lang zwanzigtausend weiße Lichter den ganzen Turm zum Funkeln bringen, oder abgesehen von den seltenen Lichtspielen zu besonderen Anlässen (beispielsweise ganz in Rot, anlässlich eines Besuchs des chinesischen Ministerpräsidenten, oder ganz in Blau zu Ehren der Europäischen Union). »Aus unserer Sicht ist das sehr konservativ. Es ist klassisch, es ist schön wie ein Juwel, aber es verändert nichts. Doch es hätte schlimmer kommen können, er könnte auch aussehen wie eine Hochzeitstorte«, lacht er. »Manchmal ist klassisch gut.«[21]

Als ich ihm sage, wie sehr ich es zu würdigen weiß, dass Licht eine so große Rolle in der Geschichte spielt, die Paris zu erzählen hat, erwidert er: »Wenn du das so empfindest, dann macht mich das sehr glücklich.« Und damit verabschiedet sich Jousse von mir.

Ich drehe mich nochmal um und blicke auf die Stadt herab. Vom Montmartre aus kann man die Lichtverschmutzung über der Banlieue sehen, dieses karamell-orangefarbene Leuchten, das dort ungebändigt in den Himmel aufsteigen darf. Doch das alte Paris wirkt dunkel – das direkte Ergebnis der Regel, die da besagt, dass Lichtinstallationen immer nach unten gerichtet sein müssen und Laternen nicht höher angebracht werden dürfen, als sie es dort derzeit sind. Die Wirkung ist die einer alten Stadt in vorindustrieller Dunkelheit, selbst wenn man weiß, dass unter diesem Baldachin eine Stadt des Lichts lebt und atmet.

Als ich mich zur Sacré-Cœur umdrehe, sehe ich François Jousse gerade noch um die Ecke biegen, den Kopf gesenkt, während ihn seine Stiefel zurück in den Schatten tragen.

Klasse 7

Blendendes Licht
und erleuchtende Angst

Nach Tausenden von Jahren ist uns die Dunkelheit noch immer fremd,
sind wir Fremdlinge in einem feindlichen Lager,
die Arme ängstlich vor der Brust gekreuzt.

Annie Dillard (1974)[1]

Eine Hügellandschaft, knarzende alte Bäume, ein Bach – wenn ich über Weihnachten nach Minneapolis zurückkehre, dorthin, wo ich aufwuchs, warte ich immer bis kurz vor Mitternacht, um mit meiner Hündin Luna Gassi zu gehen. Erst laufen wir zwei Blocks in Richtung Süden, dann schlüpfen wir durch ein Loch im Maschendrahtzaun auf den Golfplatz. Eigentlich dürften wir gar nicht hier sein und könnten wegen Sachbeschädigung haftbar gemacht werden.[2] Aber wir sind hier, und es ist das reinste Vergnügen, durch die Nacht zu laufen, die die Bewohner hier für dunkel halten. Der vom Schein der Stadt angeleuchtete Himmel und das verschneite Land fügen sich zu einer Lichtkomposition, die dunkler ist als der Tag, aber heller, als es die Nacht sein dürfte. Die kahlen Äste der Eichen und Ahorne, hoch oben in den Wipfeln übersät von Vogel- und Eichhörnchennestern, wirken vor dem leuchtenden Winterhimmel wie Aufnahmen von verzweigten Adern oder Schattenrisse von seltsamen Tiergestalten. Manchmal hocken einsam ein paar Eulen im Schatten der Äste und beobachten mich, bis sie merken, dass ich sie bemerkt habe, und auf und davon flattern. Andermal kreuzt Rotwild den Weg in der Ferne oder ist das zyklisch quiekende Jaulen von

Kojoten am Bahndamm zu hören. Als ich mich umdrehe, sehe ich einen Fuchs schwerelos über den verschneiten Hügel tänzeln, über den wir gerade gestapft waren.

Am östlichen Horizont ragt in königsblau verbrämten Goldtönen die Stadt empor, ein blaues, rotes, goldenes, silbernes und weißes Gefunkel, das wie spiralförmige Rauchschwaden vom Boden in den Himmel aufsteigt. Himmelsleuchten taucht den gesamten Horizont dort in ein diesiges Orange, im Süden, Westen und Norden ist er hinter einem grauweißen Schleier verschwunden, der alle tiefstehenden Sterne auslöscht. Nur direkt über mir sehe ich vielleicht vier Dutzend, nicht mehr: Orion, die Plejaden, den Hundestern Sirius. Es wirkt wie Nacht, so wie die Nacht hier eben ist. Aber es ist keine, zumindest nicht die Nacht, die es ohne all diese Lichter sein könnte.[3]

Wir schlüpfen wieder durch das Loch im Zaun und laufen zurück nach Hause, gebadet im Licht der Laternen an den Straßenecken und der 100-Watt-Glühbirnen in den typischen messinggefassten Lampen vor den Haustüren. Diese Kombination aus Hausbeleuchtungen, Straßenlaternen und dem von der Stadt abgestrahlten Himmelsleuchten erhellt sämtliche vier Blocks dieser Straße und macht jedes Detail von jedem Haus sichtbar – eine Szenerie, die sich von wenigen Ausnahmen abgesehen in allen vier Himmelsrichtungen in jedem Vorort Amerikas wiederholt. Abermillionen von Amerikanern sind in solchen Stadtrandsiedlungen aufgewachsen und haben dort gelernt, was »dunkel« ist, Abermillionen von Amerikanern wohnen derzeit in Vorstädten, von denen aus man nie die Milchstraße sieht, oder Sternschnuppen, oder einen Himmel, der van Goghs Nachthimmeln auch nur nahe kommen würde. Der Vorort meiner Kindheit hätte Glück, wenn er in seinen dunkelsten Nächten eine 7 auf der Bortle-Skala erreichen würde. Trotzdem haben die Bewohner dieser Straße vor ein paar Jahren eine stärkere Straßenbeleuchtung gefordert.

In den vierzig Jahren, die meine Eltern hier wohnen, gab es niemals irgendein Problem mit Einbrechern. Das heißt, mit dem Verbrecher, vor dem wir uns so fürchten: dem Fremden, der vor dem Fenster herumschnüffelt, sich durch die Hintertür ins Haus schleicht und uns ein Leid antut. Dennoch haben ihre Nachbarn eine Petition bei den Behörden eingereicht. Kurz darauf wurden fünf hohe, kerzengerade, von gelben Kutscherlampen gekrönte Metallpfosten im Abstand von fünfundvierzig Metern in die Straße gerammt. Von einer Nacht zur nächsten verschwand auch das, was noch übrig geblieben war von der Straße, die meine Mutter sich ausgesucht hatte, weil es sie dort so an die dunklen Landstraßen von Ohio erinnert hatte, wo sie in den 1950er Jahren aufgewachsen war. »Ich war dagegen«, sagt sie, »wurde aber überstimmt.«

»Warum?«, frage ich.

»Na ja«, antwortet mein Vater, *»safety and security.«*

Wenn man über künstliches Licht spricht, wird man in den Vereinigten Staaten früher oder später – normalerweise eher früher – auf das Thema *safety and security* kommen. Tatsächlich kann man Gift darauf nehmen, dass die erste Frage nach einem Vortrag über Lichtverschmutzung in etwa lauten wird: »Ja, es ist phantastisch, den Nachthimmel sehen zu können und so, aber wir brauchen Licht zu unserer Sicherheit.« Ich merke gerade, dass das gar keine Frage ist, außerdem fällt mir erst jetzt auf, dass solche »Fragensteller« üblicherweise nie Fragen stellen, sondern schlicht etwas konstatieren, das uns letztlich allen beigebracht wurde, so als sei es eine unwiderlegbare Tatsache. Und oft schwingt bei solchen Äußerungen ein Subtext von der Art mit: »Weniger Licht auf den Straßen bedeutet mehr Vergewaltigungen, mehr Raubüberfälle, mehr Morde. Es ist wunderbar, wenn du in deinem Garten sitzen und den Krebsnebel im Himmel sehen kannst, aber es ist auch wunderbar, wenn du auf der Straße laufen kannst, ohne von einem Gewalttäter überfallen zu werden.«[4]

Man braucht nicht lange zu suchen, um festzustellen, wie allgegenwärtig die Vorstellung ist, dass Dunkelheit und Gefahr ein und dasselbe seien. Ergo gilt das im Umkehrschluss auch für Helligkeit und Sicherheit. Der stellvertretende Polizeichef von Oakland, einer Stadt mit siebenunddreißigtausend Straßenlaternen, behauptet, dass mehr Licht zur Verringerung von Gewalttaten beitragen würde, weil »die meisten Gangster, die ein Verbrechen planen, es im Dunkeln verüben wollen«. In Boston, einer Stadt, die siebenundsechzigtausend Straßenlampen ihr Eigen nennt, erklärt ein Professor für Kriminologie an der Northeastern University, dass Licht der »natürlichen Überwachung« diene und Verbrechen um 20 Prozent reduzieren könne. In Los Angeles, der Heimstatt von mehr als zweihundertvierzigtausend

Straßenlaternen, sprechen die Stadtbehörden von einem 17-prozentigen Rückgang der Gang-Kriminalität in und um Parks, die zusätzlich beleuchtet wurden. Und hier in Minneapolis rät die Polizei: »Schützt eure Familien, euren Besitz und eure Nachbarschaft, indem ihr das Licht über euren Eingängen und Gärten anschaltet. Denkt daran, Verbrecher lieben die Dunkelheit, also stellt sicher, dass euer Haus von einer Menge Licht umgeben ist!«[5]

Mit Sicherheit wird dieser Ratschlag vielen Amerikanern erteilt. Dass unsere Welt alljährlich heller wird, liegt natürlich auch an den stetig wachsenden Bevölkerungen, die sich vor allem auf Ballungszentren konzentrieren. Aber proportional dazu steigt auch der Lichtverbrauch pro Kopf. In England zum Beispiel hat sich der allgemeine Lichtdurchsatz in den vergangenen fünfzig Jahren verdoppelt, während sich der Anteil am Strom, der pro Kopf für Licht verbraucht wurde, in derselben Zeit jedoch vervierfachte. Wir beleuchten nicht nur mehr Dinge, wir haben auch beschlossen, jedes Ding heller zu beleuchten.[6]

Zweifelsohne kann uns Licht in der Nacht zur Sicherheit dienen, sei es der kreisende Strahl eines Leuchtturms, der Schiffe von felsigen Küsten fernhält, sei es ein Licht überm Bürgersteig, das uns davor schützt, über ein Hindernis zu stolpern. Doch immer mehr Lichttechniker und Lichtdesigner, Astronomen und Dark-Sky-Aktivisten, Ärzte und Rechtsanwälte und Polizisten erklären, dass die Menge des eingesetzten Lichts – und die Art und Weise, wie wir es einsetzen – oft weit über das hinausgeht, was für unsere Sicherheit notwendig wäre. Wenn es um Licht, Dunkelheit und Sicherheit geht, schließen wir uns gerne der Mehrheitsmeinung an, obwohl die Dinge in Wahrheit gar nicht derart schwarz-weiß sind.

An erster Stelle steht immer der Gedanke: Wenn etwas Licht unsere Sicherheit etwas erhöht, dann muss mehr Licht unsere Sicherheit mehr erhöhen. Ich werde diese Vorstellung auf meiner Reise in die Nacht wieder und wieder kritisiert hören. Ein Beleuchtungsprofi erklärte mir zum Beispiel: »Zu viel Licht hat einen negativen Effekt, denn wenn du in ein Licht blickst, kannst du gar nichts sehen, auch nicht, was sich dahinter verbirgt.« Dann hielt er kurz inne und starrte mich von seinem Schreibtisch aus an. »Das Licht zwischen uns beiden müsste nur hell genug sein, und schon könnten wir uns nicht mehr sehen, dabei sitzen wir einander gegenüber!«

Der Himmel über Concord, dieser berühmten Stadt in Massachusetts mit ihren heute sechzehntausend Einwohnern, rund zwanzig Meilen von Boston entfernt, erinnert mich an den Himmel über meinem Elternhaus in Minneapolis: verwaschen. (Der Optiker Alan Lewis, dessentwegen ich hierhergefahren bin, nennt ihn »den großen gelben Himmel«). Das war natürlich nicht immer so. Ralph Waldo Emerson schrieb über die »himmlischen Körper« über Concord:

Aus den Straßen der Städte gesehen, wie großartig sind sie! Wenn die Sterne in tausend Jahren nur in einer einzigen Nacht erschienen, wie würden die Menschen glauben und bezeugen und durch viele Generationen die Erinnerung an die Gottesstadt bewahren, die sie erblicken durften! Aber diese Boten der Schönheit erscheinen jede Nacht und erleuchten das Universum mit ihrem mahnenden Lächeln.[7]

Fast möchte man meinen, man hätte hier eine Passage aus einem antiken Text vor sich – Sterne »aus den Straßen der Städte gesehen«?! Emerson wollte seinen Lesern in diesem Teil seines Essays »Nature« ganz bewusst etwas am Beispiel eines natürlichen Phänomens verdeutlichen, das die Menschen zu alltäglich fanden, um es noch wahrzunehmen. Er wollte seinen Lesern vergegenwärtigen, dass sie die Natur ebenso selbstverständlich hinnahmen wie das Leben als solches. Und welches bessere Beispiel hätte er im 19. Jahrhundert dafür finden können als den allgegenwärtigen sternenübersäten Nachthimmel über dem von Öllampen beleuchteten Concord?

Ich hätte nicht eigens nach Concord fahren müssen, um zu wissen, dass im Himmel über der Stadt heute sehr viel weniger »Boten der Schönheit« zu sehen sind als zu Emersons Zeiten. Aber ich wollte mit Lewis sprechen, um mehr Antworten zu bekommen auf die Frage, wie genau sich zu viel Licht negativ auf unsere Augen auswirkt. Lewis, wie gesagt Optiker und der ehemalige Präsident der *Illuminating Engineering Society of North America* (IESNA) – dem Dachverband für Fachleute, die mit Licht zu tun und eine Menge über die Art und Weise zu sagen haben, wie wir unsere Welt beleuchten –, hat die letzten vierzig Jahre damit zugebracht, »Lichtleuten beizubringen, wie das menschliche Sehen funktioniert«.

Das Design von Straßenlaternen, sagt er, ist fast immer dazu angetan, mehr Probleme zu schaffen als zu lösen.

»Eine schlecht konzipierte Straßenlaterne, wie wir sie vermutlich in achtzig Prozent aller Fälle haben, ist eine Blendungsquelle. Das heißt, in Wirklichkeit reduziert sie den Kontrast der Dinge, die man zu sehen versucht, anstatt ihn zu verstärken. Die physiologische Blendung entsteht durch die vermehrte Lichtstreuung im Auge.«

Physiologische Blendung durch schlecht konzipierte Außenbeleuchtungen ist die Hauptursache für die großen Probleme, die vor allem ältere Autofahrer auf nächtlichen Straßen haben. Im Zuge des Alterungsprozesses beginnen sich Proteine in den Linsen unserer Augen anzureichern und Häute zu bilden, die unsere Sicht verschleiern. Ähnlich wie eine kristallklare neue Windschutzscheibe im Laufe der Jahre durch winzigste Ablagerungen und Kratzer undurchsichtiger wird, reduzieren diese Proteine die Transparenz des Auges, weil sie das einfallende Licht streuen. Das Licht trifft nicht mehr durch die Linse fokussiert auf die Netzhaut auf, sondern wird über die Netzhaut verteilt, wodurch »eine verschleierte Leuchtdichte« entsteht, wie Lewis erklärt, die den Kontrast erheblich reduziert.

Um die Sehkraft zu optimieren, sei es entscheidend, den Kontrast zu maximieren – den Helligkeitsunterschied zwischen dem, was man zu erkennen versucht, und dem, was sich Drumherum befindet – und zugleich die Lichtmenge zu minimieren, die in das Auge einfällt. Denn auch wenn Licht direkt ins Auge dringt, wird der größere Teil davon gestreut. »Du willst nicht wirklich, dass helles Licht von irgendeinem anderen Objekt als dem eindringt, das du sehen möchtest«, erklärt Lewis. »Ich spreche von jeder zusätzlichen Lichtquelle da draußen, von einem Straßenlicht, das dir direkt in die Augen scheint, oder von den Scheinwerfern, die dir entgegenkommen, oder von irgendwelchen Blendungsquellen an Gebäuden, die es dir einfach schwerer machen, Dinge vor dir zu erkennen.«

Der zweite Hauptfaktor für eine gute (oder schlechte) Sicht bei Nacht ist die Adaption, das heißt die Möglichkeit des Auges, sich im Wechsel von einem helleren in ein dunkleres Areal anzupassen. Angesichts der üblichen Positionierung von Straßenlaternen sind unsere Augen ständig gefordert, hin und her zu wechseln. »Wenn du auf einer Straße bist, die von Laternen relativ gleichbleibend beleuchtet wird, bleibt auch der Adaptionsprozess relativ konstant, und das ist okay. Wenn du aber irgendwo bist, wo die Straßenbeleuchtung aufs Geratewohl verteilt wurde und du unregelmäßig von einer hellen an eine dunkle Stelle kommst, funktioniert das mit der Adaption nicht mehr, und deine Sicht ist tatsächlich schlechter, als sie wäre, wenn es dort gar keine Beleuchtung gäbe.« Lewis vergleicht diese Situation mit dem Betreten eines Kinosaals, wo es immer ein paar Momente dauert, bis die Augen sich angepasst haben. »Wenn du also aus einem beleuchteten in ein unbeleuchtetes Areal kommst, wird deine Sicht normalerweise schlechter. In vielen Fällen ist ein gleichmäßiges Dunkelheitsniveau besser als dieser ständige Wechsel von Hell-Dunkel, Hell-Dunkel.«

Vor dieses Problem stellen jedoch nicht nur die Straßenbeleuchtungen. Die schlimmsten Übeltäter, sagt Lewis, sind so grell beleuchtete Orte wie Tankstellen und Parkplätze. Vor rund zwanzig Jahren hat man in Amerika begonnen, Tankstellen mit hellerem Licht zu bestücken, und das nicht etwa aus irgendwelchen Sicherheitsüberlegungen heraus, sondern aus Gründen des Marketings. (»Menschen mögen Licht, sie werden davon angezogen, keine Frage«, sagt er.) »Du fährst also rein und füllst deinen Tank unter einem Baldachin, der aus Marketinggründen grell beleuchtet wurde, also um dich anzulocken, nicht aber, damit du besser siehst. Dann fährst du wieder raus auf eine dunkle Straße, und da kann es schon ein, zwei Minuten dauern, bis du dich wieder an die Dunkelheit gewöhnt hast, was sehr gefährlich ist.«[8]

»Weil jemand in dich reinfahren könnte?«

»Du bist normalerweise gut dran«, lacht er, »du sitzt ja im Auto. Sorgen machen müssen sich eher die Leute, die dann gerade zu Fuß unterwegs sind.«

Es geht also um Profit. Man versucht, dich zum Anhalten zu bewegen, damit du etwas kaufst. Amerikas Tankstellen, Shoppingmalls oder Autohändler sind nicht, wie wir ja so gerne glauben, in erster Linie aus Sicherheitsgründen so grell beleuchtet. Denn wäre Sicherheit ihre Hauptsorge, müssten sie nach allem, was Lewis und andere mir über die Adaption und Blendung des Auges erklärt haben, viel schwächer beleuchtet sein. Das Problem ist nur: Wenn ein Betrieb die Helligkeit auf seinem Gelände verstärkt, sehen sich die anderen gezwungen, es ebenfalls zu tun, weil ihre Geschäfte im Vergleich dazu sonst kaum zu sehen wären und uneinladend wirken oder sogar geschlossen erscheinen würden.

Dieses Szenario findet sich in allen Bereichen unserer Gesellschaft. Je heller wir alles um uns herum beleuchten, umso mehr gewöhnen wir uns an dieses Helligkeitsniveau, weshalb uns alles von gedämpfterer Beleuchtung außerordentlich schummrig oder sogar dunkel erscheint. Es ist der Prozess, der im Zuge der Entwicklung von künstlichen Lichtquellen seit jeher abläuft. Die einst so gepriesenen Öllampen wirkten wie funzeliger Schrott, als die wunderbare Gasbeleuchtung aufkam, die dann ihrerseits von dem Moment an unerträglich stinkend und haltlos trübe erschien, als der Mensch das elektrische Licht erblickte. Kurzum, wenn wir erst einmal helleres Licht gesehen haben, wollen wir auch sofort nur noch dieses hellere Licht.

Der Lichtdesigner Roger Narboni hatte mir in Paris dieses Prinzip am Beispiel einer eigenen Erfahrung erläutert: Er wurde angeheuert, die Beleuchtung in dem sehr großen, sehr alten Pariser Fischmarkt zu verändern, wo der Handel zwischen ein und drei Uhr nachts stattfindet.[9]

»Der Plan war, 400 Lux auf den Fisch zu richten. Als die Fischhändler dieses Licht dann sahen, fanden sie es viel zu düster und meinten, sie könnten den Fisch überhaupt nicht mehr sehen. Sie waren an diese riesigen Halogenlampen gewöhnt – die sehr heiß wurden, was schrecklich schlecht war für den Fisch, aber so hatten sie es eben gekannt. Mit dem neuen Licht hatte sich die Atmosphäre völlig verändert, aber sie fanden das nicht gut. Also fragten sie uns, ob wir die Helligkeit noch etwas hochschrauben könnten, und wir sagten, klar, und sie fragten, ums Doppelte? Und wir sagten, Wow, ums Doppelte? Na, okay.« Er lachte und erzählte, dass sie dann auf 800 Lux gingen, aber als die Fischhändler zur Arbeit kamen, fragten sie, ob überhaupt irgendwas verändert worden sei. »Ich nahm meinen Belichtungsmesser raus und zeigte es ihnen: 800 Lux. Und sie fragten, ob ich sicher sei, dass das Licht überhaupt an sei. Können wir noch mehr haben? Also gingen wir auf 1200, dann auf 1600, 1800 rauf, aber sie waren nie zufrieden. Sie fanden es immer wieder zu düster und wollten es noch heller. Schließlich sagte ich, okay, vergesst es, denn wir werden schlicht nicht auf 3000 oder 5000 Lux oder gar auf Tageslichtstärke gehen. Das ist verrückt, ich werde das nicht tun. Und dann schmiss ich den Job hin. Ich erklärte ihnen, dass ihre Augen nicht verstehen können, was da vor sich geht, und selbst wenn wir noch höher gingen, könnten sie es nicht mit dem alten Licht vergleichen, sie würden immer noch mehr und mehr und mehr von mir fordern, so wie Süchtige. Aber sie haben das einfach nicht kapiert.«[10]

»Na ja, ein Fischmarkt mitten in der Nacht ist eine Sache«, sagte ich, »aber was ist mit der Stadt selbst?«

»Das gilt auch für den urbanen Raum. Sobald du es aus Sicherheitsgründen heller machst, sagen die Leute meist sehr bald, sie würden nicht genug sehen, das Licht funktioniere gar nicht, es gebe immer noch Überfälle und Probleme, deshalb sollten wir es noch heller machen. Und dann gehen wir höher und höher und höher. Es gibt keine Grenze nach oben, denn sobald sich das Auge daran gewöhnt hat, brauchen wir mehr.«

Das Faszinierende ist jedoch, sagte Narboni, dass es auch umgekehrt funktioniert.

»Wenn du in die Dunkelheit gehst, weiten sich deine Pupillen stark, du kannst besser fokussieren, selbst in einer sehr dunklen Umgebung kannst du sehr gut sehen.«

Die meisten von uns sind sich dieser Tatsache gar nicht bewusst, wissen gar nichts von der unglaublichen Fähigkeit des menschlichen Auges, sich an die unterschiedlichsten Lichtverhältnisse anzupassen, selbst an solche, die wir üblicherweise als sehr düster empfinden. Zwar wird das menschliche Auge nie dem Vergleich mit den Augen echter Nacht- und Dämmerungstiere standhalten, aber auch unsere Pupillen weiten sich unter schwachen Lichtbedingungen, die Iris entspannt ihre Muskelkontraktion und lässt dreißig Mal mehr Licht in unser Auge eindringen. Vor hellem Licht schützt sich das Auge, indem sich die Pupillen zusammenziehen und die Iris dichtmacht. Gibt man dem Auge Zeit, sich an ein geringes Umgebungslicht anzupassen – an Lichtstärken, die uns die Sterne in den Himmel zurückbringen und unsere Straßen sicherer machen würden, weil es keine Blendungsquellen mehr gäbe –, können wir tatsächlich ziemlich gut sehen.

»Ich versuche das den Politikern klarzumachen, sage ihnen, sie sollen es doch einfach selbst mal ausprobieren, sollen selbst den Unterschied sehen«, erzählte Narboni. »In Berlin ist es so, da gibt's fünf Lux und basta. Man sieht die Straße, man sieht den Bürgersteig, man kann friedlich vor sich hin laufen.«

Dann erklärte mir Narboni, was ich auch schon von Allen Lewis gehört hatte: »Im Wesentlichen werden wir vom Kontrast gesteuert. Das ist das Eigentliche, wenn es um Beleuchtung geht. Richtest du sehr helle Lichtquellen ein, dann ist der Kontrast sehr gering und du wirst dich nicht wohlfühlen. Aber wenn du Lichtquellen so einrichtest, dass sie den Kontrast verstärken, dann wirst du dich sogar im Dunklen sicher fühlen.«

Es ist schwer, sich im Dunkeln sicher zu fühlen, wenn man sich bereits an so hohe Lichtintensitäten gewöhnt hat. Bob Mizon, der Vorsitzende der »Campaign for Dark-Skies« (CfDS) von der *British Astronomy Association,* sagt: »Wir haben eine ganze Generation – sogar Leute meines Alters, und ich bin Sechzig-plus –, die mit einer Menge Licht aufwuchsen, mit einer Menge *schlechtem* Licht. Darum halten die Leute nicht bloß die heute allgemein übliche Beleuchtung für die Norm, sie halten wirklich den gleißendsten Mist für die Norm.«[11]

Allerdings finden sich immer mehr Groß- und Kleinstädte in den Vereinigten Staaten und Europa, die bereit sind, mit der zeitweiligen Abschaltung wenigstens einiger ihrer Außenbeleuchtungen zu experimentieren, um Energie, also Geld zu sparen. Und entgegen aller Unkenrufe, dass sich damit die Kriminalitätsrate erhöhen würde, macht man vielerorts inzwischen die gegenteilige Erfahrung. Die Polizei im englischen Bristol zum Beispiel berichtete von einem 20-prozentigen Rückgang krimineller Delikte, andere Städte in England haben sogar einen 50-prozentigen festgestellt, seit sie ihre Außenbeleuchtungen nach Mitternacht abschalteten. Als man in Rockford, Illinois, beschloss, 15 Prozent der kommunalen Straßenbeleuchtung abzuschalten, war das nur dem Polizeichef zu verdanken, der dem Stadtrat versichert hatte, dass keine einzige Studie einen Zusammenhang zwischen Beleuchtung und Verbrechen nachgewiesen habe und er selbst überzeugt sei, dass keine Art von Licht einen Einfluss auf die Kriminalität habe. Im kalifornischen Santa Rosa beschloss man, sechstausend der vorhandenen fünfzehntausend städtischen Straßenlaternen abzubauen und dreitausend weitere von einem Timer zwischen Mitternacht und halb sechs Uhr morgens abschalten zu lassen. Die Stadt hofft, auf diese Weise Energiekosten in Höhe von vierhunderttausend Dollar jährlich einsparen zu können. Auf der Website des *Street Light Reduction Program* ist nachzulesen: »Es wurden mehrere wissenschaftliche Studien über den Zusammenhang von Straßenbeleuchtung und Kriminalität veröffentlicht. Keine einzige konnte einen direkten Zusammenhang zwischen einer verstärkten Straßenbeleuchtung und einer Reduktion des Verbrechens nachweisen. Einige Forschungsarbeiten legen sogar das genaue Gegenteil nah ...«[12]

Andere Kommunen hatten weniger Erfolg mit solchen Initiativen – und das gewiss nicht, weil sich ihre Bürger vor Sparmaßnahmen gefürchtet hätten: Nachdem man in Concord zwei Drittel der Straßenlaternen abgeschaltet hatte, kam ein derartiger Aufschrei aus der Bevölkerung, dass der Stadtrat erst jüngst dafür stimmte, sie wieder einzuschalten, »obwohl die meisten dieser Lampen eine ziemlich schlechte Beleuchtung liefern«, erzählt Lewis.

Welchen Sinn macht es, einer schlechten Beleuchtung den Vorzug vor der Einsparung von Geldern zu geben?

»Viel rührt von der Überzeugung der Leute her, dass es grundsätzlich sicherer dort sei, wo es Licht gibt. Sie wissen gar nicht, wonach sie Ausschau halten sollten, sie wissen nicht, was eine gute Beleuchtung ist, sie wissen nicht, was eine schlechte Beleuchtung ist. (Später meinte Lewis: »Wenn man den Leuten etwas über schlechte Beleuchtung beibringen will, kann man wenigstens eine Menge guter Beispiele anführen.«) Also glauben sie einfach, wenn man das Licht abdreht, steige die Kriminalitätsrate, oder sie seien dann nicht mehr sicher. Aber nichts davon stimmt, in vielen Fällen macht eine Straßenbeleuchtung die Dinge schlechter anstatt besser.«[13]

»Man braucht sich bloß mal die Leserbriefe im Lokalblatt anzusehen: Ihr habt das Licht abgedreht und ich fühle mich jetzt nicht mehr sicher genug, wenn ich auf der Straße bin, also dreht das Licht wieder an, damit ich mich wieder sicher fühlen kann. Und das sagen sie, obwohl sie niemals auf der Straße sind.«

Ich bin sprachlos, weil Lewis hier ja von Concord spricht, das zwar eine berühmte revolutionär-gewalttätige Geschichte im Unabhängigkeitskrieg gespielt hatte, aber doch keine Geschichte als eine Stadt um sich greifender Gewaltverbrechen hat. Wenn sich die Menschen schon an einem Ort wie

Concord nicht sicher fühlen – wo dann? Wir vergessen, dass das Verbrechen immer dazu neigt, sich auf einige wenige Orte zu konzentrieren, und dass die meisten Orte völlig frei davon sind, was insbesondere auf besagte Gewaltverbrechen zutrifft, vor denen wir uns am meisten fürchten. Für mich ist Concord ein freundliches neuenglisches Städtchen, kein Ort, an dem man erwarten würde, von einem »Gewalttäter« überfallen zu werden. Und doch gibt es hier diese gleißenden Straßenlaternen, die meine Sicht mindestens so stark beeinträchtigen wie sie mir den Weg erhellen. »Sie könnten die Beleuchtung im innerstädtischen Bereich gut und gerne um fünfzig Prozent reduzieren«, sagt Lewis, »und würden immer noch über sehr, sehr helles Licht verfügen.«

Einen halben Kontinent von Concord entfernt, an der Chequamegon Bay des Lake Superior in Wisconsin, liegt das Städtchen Ashland (achttausend Einwohner). Die Leute tragen Shirts ihres Footballteams Green Bay Packers, neon-orange Jagdwesten, Tarnhüte, Tarnhosen, Tarnjacken, und zu praktisch jeder Mahlzeit wird Bier und Käse serviert. Dank der einstigen Holzfäller-, Bergbau- und Eisenbahnaktivitäten hier im Northwood hatte früher geschäftiges Treiben in diesem Ort geherrscht. Heute erinnert nur noch ein Erzdock daran, das seit 1965 ungenutzt in die Bucht hinausragt und aussieht wie ein verfallener römischer Aquädukt. Ein Bio-CoOp, eine Bäckerei und das Black Cat Café teilen sich den Häuserblock an der einzigen Hauptstraße. So mancher Einwohner meint, dass man auch nicht mehr bräuchte, außer vielleicht Tetzner's Dairy draußen bei Washburn, zu dem man abends fährt, um sich ein Schoko-Eis aus der Tiefkühltruhe zu nehmen und das Geld dafür in die Kaffeekanne neben der Tür zu werfen. Aus der bewaldeten Umgebung betrachtet, oder von einer der nahegelegenen Apostle Islands aus, oder noch besser: aus einem still dahintreibenden Segelboot auf dem See, sind die Nächte hier noch dunkel genug, um einen willkommenen Blick auf die Milchstraße in all ihren strahlenden Details werfen zu können.

Im Städtchen aber herrscht das Licht. Neben der Route 2, die hier am See entlangführt, verströmen reihenweise eichelförmige »Acorn«-Laternen ihr Licht, jene viktorianischen Lampeninstallationen, die überall dort aufzutauchen pflegen, wo Entscheidungsträger einen nostalgischen Look kreieren wollen. Und vor den Einfamilienhäusern findet man jede Menge dieser in ganz Nordamerika gebräuchlichsten Außenbeleuchtungsanlagen für Wohn- und Geschäftsgebäude: die gleißenden *Security Lights* und diese *Wall Packs* genannten Wandstrahler.

Ob in den Gässchen oder Vorplätzen, in den Hintergärten, Vorgärten oder Einfahrten – das weiße, 175 Watt starke, von der Abend- bis zur Morgendämmerung eingeschaltete Sicherheitslicht ist allgegenwärtig. Fährt man aufs Land, sind solche *Security Lights* oft die einzigen Lichtquellen, die man zu sehen bekommt. Ich erinnere mich noch gut an meine Kindheit, als ich mit meinen Eltern von Minneapolis ins südliche Illinois zu fahren pflegte, wo meine Großeltern lebten. Wenn wir sie über Weihnachten besuchten, fuhren wir oft viele Stunden im Dunkeln. Ich presste meine Nase an die Fenster der Rückbank, legte meine Hände rechts und links an die Augen und starrte zu den Sternen hoch. Die vereinzelten weißen Lichter, mit denen die ansonsten schwarze Landschaft übersät war, schienen mir untrennbar zu dieser romantischen Szenerie zu gehören, wie Sternenkrümel, die vom Himmel gefallen waren.

Doch die Romantik dieser Szenerie verbarg die Wahrheit. Die Tatsache, dass ich diese weißen Lichter schon aus Kilometern Entfernung sehen konnte, sagt eine Menge über das gleißende Licht aus, das diese Sicherheitsbeleuchtungen in alle Richtungen streuen, weit über die Grenzen der Grundstücke hinaus, deren Sicherheit sie garantieren sollen.

Während der drei Jahre, die ich an dem kleinen College von Ashland unterrichtet hatte, wohnte ich einen kurzen Fußweg von meinem Büro entfernt und lief die fünf Blocks dorthin meist durch eine Hintergasse zu Fuß Dabei kam ich immer direkt unter einem *Security Light* vorbei, ganz offensichtlich angebracht, um eine Einfahrt und einen Basketballkorb über der Garage zu schützen. Jedes Mal stellte ich mir das vorbeizischende Geräusch und den holzsplitternden Aufprall der Kugel eines einsamen Scharfschützens vor, der es auf das Netz abgesehen hatte. Aber ich sah nie einen. Ich sah bloß immer schon aus mehreren Blocks Entfernung diesen Strahler, der sein grelles Licht auch auf die Gärten und Häuser der Nachbarn warf und dort ein regelrechtes Licht- und Schattenspiel veranstaltete. Näherte ich mich ihm, musste ich meine Augen schützen, trotzdem war ihre Anpassung an die Dunkelheit perdu. Ich habe die Nachbarn nie gefragt, was sie von diesem Licht hielten. Aber ich kann es mir vorstellen: Sie waren so daran gewöhnt, dass sie es nicht einmal mehr bemerkten.

Dass wir grelles Licht gar nicht mehr wahrnehmen, trägt natürlich unmittelbar zur Lichtverschmutzung bei. Doch was unsere Sicherheit betrifft, würden wir es in all diesem Gleißen gar nicht mehr mitkriegen, wenn sich irgendwas Ungewöhnliches tut. Tatsächlich würde es uns nicht einmal im Traum einfallen, aufzustehen und nachzusehen, falls wir etwas hören. Davor fürchten wir uns. Aber wenn niemand mehr nachsieht, trägt eine Beleuchtung praktisch null zur Sicherheit bei.

Man denke zum Beispiel an die vielen Industrie-Lagerhäuser vor den Toren jeder Groß- und Kleinstadt, die Wochenende für Wochenende unbeaufsichtigt sind. Von wenigen Ausnahmen abgesehen sind sie deshalb umringt von Strahlern, viel zu oft von besagten *Wall Packs,* diesen rechtwinkligen Leuchtkörpern, die in ganz Amerika an den Hauswänden angebracht werden und ihr grelles Licht horizontal auf Parkplätze, Plazas, Innenhöfe abstrahlen und weit über diese hinaus. Doch wenn kein Mensch da ist, wenn keiner das Gebäude bewacht, dann tun diese Strahler nichts anderes, als einem Kriminellen das Licht anzubieten, das er braucht. David Crawford, Gründer der IDA, nennt solche *Wall Packs* nicht umsonst eine »verbrecherfreundliche Beleuchtung«.

In London hörte ich jemanden feixen, dass auch Kriminelle vorzugsweise in gut ausgeleuchteten Arealen ihrer Arbeit nachgehen, weil auch sie sich dort sicherer fühlten. Tatsächlich haben Studien das belegt: Verbrecher lieben das Licht, weil es ihnen erlaubt, sich ihre Opfer auszusuchen, ihre Fluchtrouten zu planen und ihren Arbeitsbereich zu sehen. Als man verurteilte Einbrecher für eine Studie befragte, wovon ihre Entscheidung für oder gegen ein Haus beeinflusst wurde, erklärten sie einhellig »jemandes Anwesenheit im Haus« zum stärksten Abschreckungsmittel, dann folgten der Reihenfolge nach »von außen sichtbare Alarm- oder Videoanlagen« und »offenkundig starke Schließsysteme an Türen und Fenstern«. Kein einziger von ihnen hat eine Außenbeleuchtung unter den wirksamen Abschreckungsmitteln auch nur erwähnt.

»Das ist ein zweischneidiges Schwert«, sagt Bob Mizon vom CfDS zu mir. »Die Leute, die immer behaupten, Licht sei von Vorteil, versetzen sich nie in die Lage von Verbrechern – fragen sich nie, welche Voraussetzungen diese vermutlich brauchen. Welche Umstände muss ein Einbrecher vorfinden, welche ein Vergewaltiger, welche ein Straßenräuber? Sie müssen ihre Opfer einschätzen können, müssen sehen können, was sie tun. Ich meine, wer profitiert denn von einem riesigen Sicherheitslicht um drei Uhr in der Früh? Ist das der Bewohner, der drinnen fest schläft, oder ist es der Einbrecher, der unter dem Licht sein Werkzeug sortieren kann?«

Macht Sinn, sage ich. Aber als ich auf der Website der Polizeistation des Vororts nachsehe, in dem meine Eltern wohnen, steht als Punkt Eins unter den Vorsichtsmaßnahmen, die den Hausbesitzern empfohlen werden: »Das Haus ist von einer Außenbeleuchtung illuminiert.«

Mizon erzählt, dass die Polizei in seiner Heimatstadt die gleiche Botschaft verbreite: »Man müsse das Licht anmachen, um Verbrechen zu verhindern. Als ich sie nach der Quelle dieser Information fragte, nach den Daten, hatte sie keine. Sie geht einfach davon aus, dass es stimmt. Die Polizei steckt im selben Sumpf der Ignoranz fest wie die Gesellschaft.«

Das heißt nicht, dass die »Campaign for Dark Skies« gegen künstliches Licht wäre.

»Ist ja nicht so, als wollten wir, dass die Leute in mittelalterlicher Dunkelheit herumstolpern«, lacht er. »Will sagen, wir machen keine Kampagne für *kein* Licht. Das wäre ja auch Nonsens. Wenn die Menschen Licht wollen, sollen sie es haben. Wir leben in einer Demokratie, Menschen kämpften und starben für sie. Nehmen wir mal an, jeder Bewohner eines Dorfes stimmt für eine Straßenbeleuchtung. Prima, sollen sie kriegen. Aber es muss das richtige Zeug sein. Und das ist es, was die meisten Menschen nicht kapieren – dass es solches Licht und solches Licht gibt.«

Den Leuten das verständlich zu machen, ist ein wesentlicher Bestandteil von Bobs Aufgaben.

»Ich erkläre ihnen, schaut mal, es gibt Tausende von kleinen Dörfern in England ohne auch nur eine einzige Straßenlaterne – sind sie deshalb Hotspots des Verbrechens? Nein, sind sie nicht. Und wenn ihr Verbrechen in den Fernsehnachrichten seht, wenn ihr Krawallmacher in den Städten randalieren seht, oder Leute, die vor Überwachungskameras überfallen werden, oder die auf den Gehweg kotzen, sind das dann etwa dunkle Orte? Nein, sie sind strahlend ausgeleuchtet. Es sind die hellsten Plätze in ganz Großbritannien – und das sind genau die, die am häufigsten vom Verbrechen heimgesucht werden. Was ist also die Schlussfolgerung? Beugt Licht dem Verbrechen vor? Natürlich nicht, das ist doch völliger Unsinn.«

Im Großen und Ganzen bestätigen die vorhandenen Studien und Statistiken die Behauptungen von Bob Mizon und den diversen anderen Fachleuten, mit denen ich im Laufe der Zeit sprach: Der Begriff *Security Light* ist schlicht und einfach ein Oxymoron, weil er einen Zusammenhang zwischen Sicherheit und Licht unterstellt, der von der Forschung nicht bestätigt wird.

1977 veröffentlichte das amerikanische Justizministerium einen Bericht, demzufolge »es keinen statistisch signifikanten Nachweis gibt, dass Straßenbeleuchtungen das Verbrechensniveau beeinflussen.« 1997 kam die ministeriumseigene Forschungseinrichtung *National Institute of Justice* in einem Bericht zu dem Schluss: »Man kann davon ausgehen, dass Beleuchtung an einigen Stellen effektiv, an anderen ineffektiv und an wieder anderen kontraproduktiv ist.« Im Jahr 2000 ließ die Stadt Chicago eine Studie durchführen, in der Absicht, »die Kriminalitätsrate durch verbesserte Straßen- und Nebenstraßenbeleuchtungen zu senken«. Die Studie ergab jedoch, dass »das Ergebnis einer verstärkten Nebenstraßenbeleuchtung nicht zu einem Unterdrückungseffekt des Verbrechens geführt zu haben scheint.« 2002 nahm der australische Astronom Barry Clark eine erschöpfende Revision aller vorliegenden Forschungen zu diesem Thema vor und kam zu dem Schluss, dass es keinen »überzeugenden Nachweis« für eine Reduktion der Kriminalitätsrate durch Licht gibt, sondern vielmehr »gute Beweise dafür, dass Dunkelheit Kriminalität reduziert«.[14]

Ende 2008 wurde die *Pacific Gas and Electric Company* (PG&E) vom kalifornischen Gesetzgeber beauftragt, Mittel und Wege zu finden, die Energieausgaben zu senken und dabei den Abbau von Straßenlaternen ins Kalkül zu ziehen. Eine vom Unternehmen bestellte unabhängige Revision aller

Ein Nachweis, wie durch die Abschirmung von Licht (siehe die Hand unten) Blendung verhindert und unser Sehvermögen verbessert wird (© George Fleenor)

vorliegenden Forschungen »hinsichtlich jedweden Zusammenhangs zwischen nächtlichen Außenbeleuchtungen und Sicherheit« fand keine einzige Studie, die »ausreichende Nachweise für einen Kausalzusammenhang zwischen nächtlicher Beleuchtung und Kriminalität« erbracht hätte, und kam zu dem Schluss, dass »die vorliegenden Befunde ein gemischtes, statistisch meist zu vernachlässigendes Bild positiver und negativer Auswirkungen von Beleuchtungen auf die Kriminalitätsrate zeigen. Das legt entweder nahe, dass es keinen Zusammenhang zwischen Licht und Verbrechen gibt, oder dass dieser Zusammenhang zu unterschwellig oder zu komplex ist, um sich angesichts des begrenzten Ausmaßes der vorgenommenen Studien auf diese Daten niederzuschlagen.«

Barry Clark hatte 2002 erklärt: »Wo zur Befürwortung [von Licht] mit der Prävention von Kriminalität argumentiert wird oder wo dies impliziert wird, scheinen [Beleuchtungssysteme] eine reine Verschwendung von öffentlichen und privaten Mitteln zu sein.« Als er 2011 sein Gutachten auf den neuesten Stand brachte, sah er seine einstigen Befunde bestätigt: »Angesichts der Nichtexistenz von Nachweisen für einen günstigen Effekt, und angesichts eindeutig vorliegender Gegenbeweise, lässt sich das Eintreten für eine Beleuchtung zum Zweck der Kriminalitätsprävention mit dem Eintreten für den Einsatz einer brennbaren Flüssigkeit zum Zweck der Brandbekämpfung vergleichen.«

Doch solche Studien haben sich kaum auf die allgemeine Auffassung ausgewirkt, nächtliche Verbrechen ließen sich mit Licht vermeiden oder mehr Licht würde mehr Kriminelle abschrecken. Vielleicht ist dem so, weil die meisten von uns noch nie etwas von diesen Forschungen gehört haben und deshalb auch nie angeregt wurden, den eigenen Standpunkt zum Thema Licht und Sicherheit zu hinterfragen. Wenig hilfreich ist gewiss auch, dass eine Handvoll Studien, die direkt oder indirekt von der Beleuchtungsindustrie oder von Energieversorgern finanziert wurden, trotz immer neuer wissenschaftlicher Gegenbeweise nach wie vor die Behauptung aufstellen, dass Licht der Abschreckung von Verbrechen diene. Natürlich hat diese Industrie und haben diese Versorger am meisten dort zu gewinnen, wo man beschließt, die hellstmöglichen Lampen einzusetzen. Die weit verbreitete Ignoranz in diesem Zusammenhang trägt ebenso viel dazu bei, dass sich nur so schwer etwas verändern lässt, wie die Publikation von fragwürdigen Forschungsarbeiten.

Hinzu kommt noch, dass sich durch die Erkenntnisse, die Clark und andere Wissenschaftler gewonnen haben, wohl kaum jemand eines Besseren belehren lassen dürfte, der mit solchen Sätzen argumentiert wie: »Dann schick deine Frau und deine Kinder doch mal raus in die Dunkelheit und warte ab, was passiert«, oder »Frag doch mal das Vergewaltigungsopfer, was es davon hält.« Man braucht bloß einmal öffentlich die Vorstellung in Frage zu stellen, dass wir solche Unmengen von grellen Lichtern zu unserer Sicherheit bräuchten, um sich sofort »ziemlich aggressiven Reaktionen« ausgesetzt zu sehen. »Denn in Wirklichkeit geht es hier um unsere Urangst vor der Dunkelheit, nicht wahr?«, sagte Martin Morgan-Taylor von der »Campaign for Dark Skies« in London zu mir.

Diese älteste aller menschlichen Ängste beherrscht uns seit undenklichen Zeiten, erklärt der Historiker Roger Ekirch. Die Nacht war das erste unvermeidliche Übel des Menschen, sie ist unser ältester und bedrohlichster Schrecken. Die Gründe für unsere Angst vor nächtlicher Dunkelheit waren vielgestalt und oft durchaus rational: Wir konnten von wilden Tieren angefallen oder von Räubern und Wegelagerern überfallen werden, wir konnten im unwegsamen Gelände oder bei Feuersbrünsten zu Tode kommen. Zu diesen Gründen addiere man dann noch unseren Hang zu irrationalen Ängsten vor Geistern, Hexen, Werwölfen und Vampiren, und schon sieht man eine Menge Gründe für die Furcht vorm Dunkel. Aber unabhängig davon, welche Ängste im Zuge unserer Evolution zuerst da gewesen waren – die rationalen oder die irrationalen –, steht fest, dass sie am Leben erhalten wurden durch die begrenzte Sehfähigkeit des menschlichen Auges im Dunkeln und durch die nur allzu ausgeprägten Fähigkeiten der menschlichen Phantasie, uns in der Nacht überall Dämonen erblicken zu lassen. Und als dann das Christentum aufkam und auch noch behauptete, dass die Gegenwart Christi durch das »ewige Licht« angezeigt werde und Satan der »Fürst der Finsternis« sei, bekamen diese tiefsitzenden Urängste neue Nahrung. Der Kirchenlehre zufolge »umarmt« der Teufel die Dunkelheit.[15]

Indem er das Licht von Gottes Wort zurückwies, gab sich der Teufel – wörtlich wie metaphorisch – der Dunkelheit anheim. Die Nacht allein vergrößerte seine Macht und bestärkte ihn in seinem Tun. […] Die Dunkelheit war in der Tat zu Satans unheiliger Heimstatt auf Erden geworden, ein Schattenreich, aus dem heraus er seinen unaufhörlichen Krieg gegen das Reich Gottes führen konnte.[16]

Heute kennen die meisten von uns keine Angst mehr vor dem nächtlichen Angriff wilder Tiere oder einem tödlichen Sturz in unwegsamem Gelände, und es dürfte sich wohl auch kaum jemand an seine letzte Begegnung mit einem Wegelagerer erinnern. Und was Geister, Hexen und Werwölfe betrifft, so mögen wir uns vielleicht gerne von ihnen im Kino begruseln lassen, fürchten uns aber nicht mehr vor nächtlichen Begegnungen mit ihnen – oder geben das zumindest nicht mehr zu.

Nein, heute fürchten wir uns voreinander.[17]

Drei Meilen nordwestlich von Winston-Salem in North Carolina liegt in einer stillen Gegend, eingebettet zwischen Anwesen auf parkartigen Grundstücken, der Campus der Wake Forest University, einer Bildungsstätte von anerkanntem Niveau mit mehr als siebentausend Studenten. Hier arbeite ich, und hier erlebe ich regelmäßig die Dunkelheit der Nacht. Etwa wenn ich bei der früh einsetzenden winterlichen Dämmerung mein Büro verlasse, oder wenn ich nach dem Abendessen in die Uni zurückkehre, um eine Gastvorlesung zu hören, oder wenn ich spätabends mit Luna Gassi gehe. Das Blätterdach aus Magnolien und Ahornen bedeckt Fußwege und Straßen und autofreie Plätze, rechts und links gesäumt von Hartriegel und Kiefern, dazwischen die Backsteingebäude im georgianischen Stil. Wait Chapel, die Kirche der Universität, erhebt sich am Nordende des College-Parks. Spotlights sind auf ihren Turm gerichtet, die übrige Beleuchtung setzt sich aus alten und neuen Anlagen zusammen, *Security Lights* und *Wall Packs* und *Cobraheads* zwischen abgeschirmten Energiesparleuchten, den eichelförmigen, »dark-sky-freundlichen« Acorn- und anderen viktorianischen Laternen. In einer jüngst in Auftrag gegebenen Untersuchung zur Campus-Beleuchtung wird »die Beibehaltung der intimen Atmosphäre des Campus« als Ziel postuliert.

»Das bedeutet, ein Gleichgewicht von Schatten und Licht zu wahren« sagt Jim Alty, der stellvertretend für die Gesamtanlage der Universität zuständig ist. »Wenn du mit deiner Freundin spazieren gehen willst, oder wenn du dich mit einem Kollegen oder Kommilitonen unterhalten willst, dann willst du nicht an einem grell erleuchteten Ort sein, wo du die Augen zusammenkneifen musst. Deshalb stellen wir uns zwar vor, gut ausgeleuchtete Wege anzubieten, es aber abseits von ihnen nicht wie auf dem Times Square aussehen zu lassen.«

Die örtliche Polizeichefin Regina Lawson erklärt mir allerdings, dass »wir aus Sicht einiger Eltern den Campus gar nicht hell genug erleuchten könnten«. Auch einer Befragung der Campus-Gemeinde selbst konnte sie entnehmen, dass »die Leute Angst und das Gefühl haben, es sei nicht sicher, im Dunkeln über den Campus zu laufen«. Da scheint es dann keine Rolle zu spielen, dass »wir in Wirklichkeit bis zum Gehtnichtmehr bei hellem Tageslicht ausgeraubt werden«, sagt sie. »Man ist einfach überzeugt, dass man sich in der Nacht fürchten muss.« Ihrer Meinung nach trägt auch der heutige Sensationsjournalismus eine Menge zu unseren Ängsten bei. »Als ich im College war, gab es den noch nicht. Wir fühlten uns ziemlich unangreifbar, weil uns nicht immer und immer und immer wieder diese Bilder von Gewalttaten vorgeführt wurden.«

Wie so viele Campus in den Vereinigten Staaten ist auch dieser übersät mit den silbergrauen Pfosten des »Blaulichtsystems«. Wer sich in Gefahr glaubt, der braucht bloß zum nächsten Pfosten zu rennen und den roten Knopf zu drücken, um Hilfe zu holen. Doch gleich nachdem dieses System Mitte der 1980er Jahre erstmals auf mehreren College-Geländen eingeführt worden war, hatte die Autorin Katie Roiphe seine Effektivität infrage gestellt. Denn ihrer Meinung nach bietet es den Studenten keinerlei wirkliche Sicherheit, vielmehr erschaffe es eine neue Kultur der Angst, weil es den jungen Menschen ebenfalls, nur auf andere Weise beibrächte, sich vor der Dunkelheit, vor Fremden, vor der Nacht zu fürchten. Oder wie sie es formulierte: »Rot bedeutet Stopp, Grün bedeutet Geh, und Blau bedeutet Fürchte Dich.«[18]

Ich frage mich, ob sie recht hatte damit. Im Jahr 2000 erklärten Forscher am *National Institute of Justice* in ihrem Bericht »The Sexual Victimization of College Women«, dass »die Mehrzahl von Sexualverbrechen, insbesondere von Vergewaltigungen und erzwungenen Sexualkontakten, in den Wohnquartieren geschieht«. Mit einem Wort also nicht, wenn das Opfer nachts über den Campus läuft. »Fast sechzig Prozent« aller Vergewaltigungen am Campus fanden in der Studentenbude des Opfers statt, 31 Prozent in Wohnheimen auf dem Campus und 10,3 Prozent in den Räumen einer Studentenverbindung. Ob es nun um die Campusbeleuchtung oder das Blaulichtsystem geht, so sagen uns die Statistiken auch in diesen Fällen, dass wir uns nachts im Freien nicht zu fürchten brauchen. Trotzdem haben wir Angst, nach Einbruch der Dunkelheit über den Campus zu laufen.[19]

»Ich finde, wir verängstigen die Studenten unnötigerweise zusätzlich«, sagt Alty. »Ja, es gibt auch am Campus kriminelle Delikte, aber nicht viele. Warum ermahnen wir unsere Studenten dann ständig und immer wieder zur Vorsicht? Verängstigen wir sie, oder sensibilisieren wir sie damit? Diese Grenze ist ziemlich verschwommen für mich.«

Von sehr wenigen Ausnahmen abgesehen, werden wir Amerikaner aus der Dunkelheit in grell beleuchtete Säle hineingeboren und wachsen in grell beleuchteten Städten und Vororten auf, wo wir unsere Nächte dann drinnen wie draußen noch zusätzlich elektrisch erhellen. Bis wir ins College gehen, wissen wir längst, wie die Nacht auszusehen hat, also akzeptieren wir gleißende Lichter auf dem Campus und gehen davon aus, dass sie uns schützen, falls wir uns in der Dunkelheit nach draußen wagen müssen. Viel eher würde es uns jedoch schützen, wenn wir uns unserer eigenen Verhaltensweisen bewusster wären und mehr darauf achteten, was in unserem Umfeld geschieht. Und ach, was für eine vertane Chance! Anstatt die Zeit im College zu nutzen, um die Schönheiten der Nacht kennen und schätzen zu lernen und mehr zu erfahren über den Wert der Dunkelheit, verbringen wir diese vier Jahre damit, uns unser altes Vorurteil von der Gefährlichkeit der Nacht und den Bedrohungen des Dunkels bestätigen zu lassen.

Das soll nicht heißen, dass die Nacht keinerlei Gefahren berge, oder dass wir keinerlei Gründe hätten, uns zu fürchten. Eine besonders bedrückende Feststellung über die moderne amerikanische Kultur betrifft die Lage von

Frauen, denn vor allem ihnen wird beigebracht, dass sie allen Grund hätten, nachts im Freien nervös zu sein.

»Als Frau hältst du ständig Ausschau und versuchst deinen Sicherheitsabstand zu wahren«, gesteht Tiffany Bourelle, eine Professorin an der Arizona State University. »Ich glaube nicht, dass das jemand verstehen kann, der noch niemals einer derart angstbesetzten Situation ausgesetzt war.«

Tiffany und ihr Mann Andy klettern mit mir den »Tempe Butt« hinauf, einen Hügel auf dem Universitätsgelände – von den Bewohnern auch ›A‹ Mountain genannt –, um den Mond über der Region »Greater Phoenix« aufgehen zu sehen. Der Osten liegt im dunkelvioletten Schatten, der Westen im Orange der untergehenden Sonne, aus dem Tal dringt das geschäftige Brummen der abendlichen Stadt zu uns hoch. Im Himmel reiht sich eine bis zum Horizont gespannte Kette von Flugzeugen. Wenn ihre hochglänzenden, lang gestreckten Aluminiumkörper mit röhrenden Triebwerken direkt über unsere Köpfe hinweg zur Landung am Flughafen von Phoenix ansetzen, streift uns der Kegel ihrer Landelichter. So weit das Auge reicht: Lichter, unterbrochen nur von den Hügeln, die sich aus dem Wüstenboden erheben. Lichter in allen Richtungen, im Rosa-Orange der Hochdruck-Natriumdampflaternen, im grellen Grün der Stopplichter, im gleißenden Weiß leerer Parkplätze, und auf einem Bergrücken in der Ferne das stetige rote Blinken eines Waldes von Sendemasten.

»Wenn ich spätabends allein in eine Tiefgarage gehe«, setzt Tiffany das Gespräch fort, »halte ich immer den Schlüssel in der Hand, und zwar genau unter dem gestreckten Zeigefinger, weil das vermutlich meine einzige Chance wäre. Ihr Männer kommt auf so eine Idee wahrscheinlich gar nicht.«

Als ich Tiffany das sagen höre, fällt mir sofort Rebecca Solnit ein, die in ihrem Buch *Wanderlust* über »die verheerendste Entdeckung meines Lebens« schrieb, nämlich die Tatsache, dass sie »draußen vor der Tür kein wirkliches Recht auf Leben, Freiheit und das Streben nach Glück« habe, und dass sie »wie fast alle Frauen auf der Straße wie ein Beutetier zu denken« gelernt habe. Einer von ihr zitierten Umfrage nach haben zwei Drittel aller amerikanischen Frauen Angst davor, im Dunkeln allein durch das eigene Wohnviertel zu laufen. Einer englischen Umfrage zufolge fürchtet sich die Hälfte aller britischen Frauen davor, nach Einbruch der Dunkelheit das Haus zu verlassen, 40 Prozent von ihnen, weil sie sich »sehr große Sorgen« machen, vergewaltigt zu werden.[20]

Doch wie beim Thema der Campus-Beleuchtung stellt sich auch hier die Frage: Ist diese Gefahr real oder eingebildet? Jennifer K. Wesely und Emily Gaarder erforschten für ihren Artikel »The Gendered ›Nature‹ of the Urban Outdoors: Women Negotiating Fear of Violence«, welchen Beitrag

> *die genderspezifische Anlegung von öffentlichen Räumen, insbesondere von naturbelassenen Außenbereichen und stadtnahen Erholungsgebieten, zu der Art und Weise leistet, wie Frauen ihre Verletzlichkeit und Ängste selbst beurteilen oder die ›Geografie ihrer Ängste‹ betrachten. [...] Gewalt gegen Frauen im privaten Bereich übersteigt bei weitem die im öffentlichen Raum verübte, sexueller Missbrauch, Vergewaltigungen und Misshandlungen finden überwiegend hinter verschlossenen Türen statt. [...] Vermutlich bleibt zahllosen Frauen der heilsame Genuss der Natur aus Angst vor Vergewaltigern hinter jedem Busch und jeder Ecke verwehrt – eine Angst, die jeder Frau in dieser Kultur schon mit Rotkäppchen und dem bösen Wolf eingeimpft wurde.[21]*

Andererseits, was immer die Statistiken sagen: Wir gedenken der kalifornischen College-Studentin, die aus dem Apartment einer Freundin in Reno verschleppt und Wochen später erdrosselt am Stadtrand aufgefunden wurde, wir gedenken der Vorsitzenden der Studentenverbindung an der University of North Carolina, die gekidnappt und ebenfalls ermordet wurde.[22] Dass solche Verbrechen selten sind, kann unsere Ängste offenbar nicht verringern. Wir erinnern uns an all die Fälle, die Schlagzeilen gemacht haben, und fürchten uns. Die Tatsache, dass alljährlich vierzigtausend Amerikaner allein bei Verkehrsunfällen ums Leben kommen, lehrt uns keine Furcht vorm Autofahren, aber eine einzige Vergewaltigung oder ein einziger Mord dienen uns als Bestätigungen unserer Ängste vor dem Dunkel der Nacht und lassen uns die Entscheidung treffen, mit Anbruch der Dunkelheit nicht mehr nach draußen zu gehen.[23]

»Das ist nichts, was Licht heilen könnte«, erklärt Tiffany. »Es sind diese Geschichten, die überall herumschwirren, jede Frau kennt eine andere, die einmal angegriffen wurde. Da spielt es keine Rolle, wie hell man einen Ort beleuchtet – die Nacht wird immer finster bleiben und es wird immer Schatten geben und es wird immer eine Frau unter einer Million anderer geben, die im Dunkeln draußen vergewaltigt wurde. Das wird einfach nicht zu umgehen sein, also fühlst du dich in der Nacht angreifbar.«

Mir fällt Bonnie ein, eine Freundin aus Albuquerque, die sich eines Neujahrs vor ein paar Jahren selbst das Versprechen gegeben hatte, im darauffolgenden Jahr in jeder einzelnen Vollmondnacht rauszugehen und sich den Mond anzusehen. Es genügte ihr nicht mehr, ihm aus dem Küchenfenster zuzuwinken, Bonnie wollte raus, irgendwohin, wo es dunkel genug war, um ihren eigenen Mondschatten sehen zu können. Ihre langjährige Beziehung war gerade zu Ende gegangen, sie wollte den Teil von sich selbst wiederfinden, den sie aufgegeben zu haben glaubte, und sie wollte sich eine Möglichkeit schaffen, den Lauf der Zeit zu feiern, anstatt einfach zu Hause zu sitzen und darauf zu warten, dass es ihr wieder besser gehen würde. Ob in den Sandia Mountains östlich von Albuquerque oder den Bosque genannten Waldgebieten des North Valley, ob beim Mountainbiking in Südcolorado oder beim Skilanglauf in der Nähe von Santa Fe, Bonnie machte es sich zum Prinzip, hinauszugehen in die Dunkelheit.

»Die Leute haben mich ständig gefragt, ob ich denn gar keine Angst hätte, oder sie wollten mich davon abhalten, indem sie mir klarmachten, dass das nicht sicher sei, oder wollten wissen, ›Was willst du denn überhaupt da draußen in der Nacht?‹ Alle halten die Nacht für sooooooo gefährlich. Dabei ist es viel wahrscheinlicher, dass du nachts in deiner eigenen Wohnung überfallen wirst als draußen in der Dunkelheit.«

Dann erzählte sie mir: »Frauen wird von klein auf beigebracht, sich zu fürchten. Das fängt mit diesem ganzen Gerede über den geheimnisvollen weiblichen Körper an, vor dem sich die Kerle dann fürchten, weil es ihnen so beigebracht wird. Aber in Wirklichkeit wird auch uns Frauen beigebracht, uns vor ihm zu fürchten. Man lehrt uns, ihn zu verstecken, uns seiner zu schämen, ihn nicht anzunehmen.« Dass Frauen auch beigebracht wird, sich vor der Nacht zu fürchten, weil da schlimme Dinge geschähen, sei nur Teil dieser Grundeinstellung, erklärte Bonnie. »Es ist ja auch viel einfacher, Menschen zu kontrollieren, die so viel Angst haben, dass sie das Haus gar nicht mehr verlassen. Es ist diese künstlich fabrizierte Angst, die diese Vorstellung erweckt, dass dir garantiert irgendwas ganz Schreckliches zustoßen wird.«

Die Wahrheit ist, sagte sie, dass du dann zu Hause sitzt und Fernsehen guckst und »dir *tatsächlich* etwas ganz Schreckliches zustößt – du wirst krank und verpasst das Leben.«

Sind wir überhaupt in der Lage, uns zu fragen, was wir verpassen oder verlieren, indem wir der Nacht die Dunkelheit austreiben, wenn wir nicht zugleich über all die Ängste nachdenken, die unsere Realität bestimmen, und wenn wir nicht versuchen, in Erfahrung zu bringen, wie wir sie abbauen können? Was verlieren wir – Frauen wie Männer –, wenn wir uns so vor der Dunkelheit fürchten, dass wir es niemals wagen, ihre Schönheit zu erleben? Wenn wir nie zu verstehen lernen, welchen Wert sie für unsere Welt hat, und es deshalb zulassen, dass wir uns mit immer hellerem Licht umgeben?

Wenn mehr und immer helleres Licht unser Leben tatsächlich sicherer machen würde, dann wäre das eine Sache. Doch wie Eddie Henry mir erklärte – er ist für die Beleuchtung eines der problematischsten Londoner Viertel verantwortlich –, hat Sicherheit »etwas mit der richtigen Menge an Licht und der richtigen Art von Licht und der richtigen Farbe von Licht am richtigen Ort zu tun, nicht aber damit, einfach nur tonnenweise Licht anzubringen!«

Die Beleuchtung unserer Nächte zum Zweck der Maximierung unserer Sicherheit und die Kontrolle unseres Lichts zum Zweck der Minimierung unserer Verschmutzung sind alles andere als widersprüchliche Ziele. In Wahrheit gehen sie Hand in Hand. Denn eines der bestechendsten Argumente für die Kontrolle unserer nächtlichen Beleuchtung ist der hier nun schon so oft konstatierte Punkt, dass wir bei *weniger* Licht sicherer sind. Oder anders formuliert: Wenn wir uns wirklich Sorgen über die Sicherheit unserer Frauen, Töchter und Mütter (dito Männer, Söhne und Väter) machen, dann werden wir begreifen müssen, dass uns die Art und Weise, wie wir Licht bisher einsetzen, nicht mehr, sondern weniger Sicherheit garantiert. Und das nicht nur, weil wir damit unsere Sehfähigkeit behindern und

Schatten erschaffen, in denen sich »Übeltäter« verbergen können, sondern vor allem – und das ist vielleicht das stärkste Argument –, weil wir uns damit, ohne uns dessen wirklich bewusst zu sein, bloß die Illusion von Sicherheit erschaffen.

Ja, Licht kann dazu beitragen, unser Leben sicherer zu machen, aber wirkliche Sicherheit entsteht nur dann, wenn man seine Umgebung bewusst wahrnimmt und gute Entscheidungen trifft, nicht aber dadurch, dass wir unsere natürlichen Ängste vor der Dunkelheit vorschieben, um unsere Nächte über jede Grellheit hinaus auszuleuchten.

Und was ist mit dieser natürlichen Urangst vor der Dunkelheit? Nun, ich kenne sie gut.

Ich fürchte mich seit frühester Kindheit vor dem Dunkel. Nicht vor der Dunkelheit in einer Stadt, oder wenn ich im Dunkeln mit einem vertrauten Menschen zusammen bin. Aber jeden Sommer, wenn ich an unseren See im Norden von Minnesota zurückkehre, kommt die Erinnerung. Als Junge hatte ich mit allen Mitteln Campingnächte am See zu verhindern versucht, schlief immer mit einem Nachtlicht im Zimmer und legte den Weg zwischen dem nächsten Nachbarn und unserem Haus nur rennend zurück. Und selbst heute noch, nach allem, was ich über die Dunkelheit gelernt habe, passiert es mir manchmal, dass ich stehen bleibe an der Stelle, wo der Schotterweg hinter unserem Haus anzusteigen und sich durch den Wald zu schlängeln beginnt, weil meine Knie schlottern und meine Beine keinen Schritt weitergehen wollen. Bei Tageslicht ist das ein Spaziergang, aber nachts, wenn meine Hand bereits Zentimeter vor den Augen im Dunkeln verschwindet, kann ich keinen einzigen Schritt weitergehen.

Vor ein paar Jahren entschied ich: Wenn ich mich traue, diesen Weg in einer mondlosen Nacht weiterzugehen, werde ich meine Angst überwinden. Natürlich kannte ich alle rationalen Gründe, weshalb ich nichts zu fürchten hatte, also fand ich es an der Zeit, endlich erwachsen zu werden und meine irrationalen Ängste vor der Dunkelheit meinem Willen zu unterwerfen – und diese Ängste hatten ehrlich gesagt wenig mit Pumas, Bären oder Wölfen zu tun, aber eine Menge mit irgendeinem Geistesgestörten, den es irgendwie auf diesen Waldweg in die Northwoods verschlagen haben könnte.

Ich brach das Experiment fast augenblicklich ab, und ich erinnere mich noch ganz genau an den Moment, an dem ich es tat: Ich stand barfuß am Steg und betrachtete gerade den Schein des abnehmenden Mondes über der südlichen Bucht, und wie er sein Licht auf die kleinen Wellen warf, die die einzig wahrnehmbare Bewegung weit und breit waren. Da hörte ich von weit hinter dem Haus ein wundervoll unheimliches Heulen – einen Laut, den ich noch niemals zuvor hier am See gehört hatte. Zuerst dachte mein Hirn: *Kojote*. Dann, gerade als es zu kombinieren begonnen hatte und erst einmal zu dem Schluss gekommen war, *kein Kojote, aber was sonst?,* glitt ein Schauder von den Haarwurzeln bis zu den Fersen an mir herab.

Ich stand rund zwanzig Meter von unserer Haustür entfernt und der Wolf irgendwo tief im Wald. Mein Verstand wusste, dass ich nicht in Gefahr war, und dass kein Wolf daran interessiert wäre, mich oder irgendwen sonst anzufallen. Doch meine Urangst – vor uns beiden – blieb. Und irgendwie ließ mich das hoffen.

Das sollte ich wohl erklären.

Es gibt vermutlich kein zweites Tier, das so sehr mit satanischer Finsternis gleichgesetzt und deshalb so schrecklich behandelt wurde wie der Wolf. Aus Westeuropa waren die Wölfe schon verschwunden, da wurden diese intelligenten, sozialen Geschöpfe in den Vereinigten Staaten einem Vernichtungsfeldzug ausgesetzt, der jedes Vorstellungsvermögen sprengt. Zwischen 1680 – dem Jahr, in dem ein gewisser William Wood schrieb, dass es in Neuengland (!) viel zu viele Wölfe gäbe, um ihrer jemals Herr werden zu können – und dem späteren 20. Jahrhundert wurde die Wolfspopulation in den *Lower 48* auf eine Handvoll Rudel reduziert (man stellte ihnen Fallen, erschoss sie, vergiftete sie, steinigte sie, verbrannte sie, räucherte sie aus und ertränkte sie). Derzeit leben dank des amerikanischen Bundesschutzgesetzes und des intensiven Engagements von Aktivisten wieder mehrere tausend Wölfe in Nord-Minnesota. Aber man darf mit Sicherheit behaupten, dass sie ohne diese Hilfe sogar noch aus ihren letzten Zufluchtsplätzen vertrieben worden wären und nach wie vor getötet würden.[24]

Ich will gerne zugeben, dass ich mich noch immer im Dunkeln fürchte, vor allem in stürmischen Nächten oder bei Gewitter. Aber ich bin dahintergekommen, dass ich, um die Dunkelheit würdigen zu können, meine Ängste nicht besiegen, sondern akzeptieren muss. Tatsächlich ist meine Furcht vor der Dunkelheit – oder jedenfalls die Reaktion, die sie in mir auslöst – sogar etwas, das ich zu schätzen gelernt habe. Wenn ich auf besagtem Weg am Fuß des Hügels stehe, ist das für mich, als stünde ich an einer offenen Flugzeugtür, meilenhoch über den quadratischen Feldern. Mein Herz beginnt zu rasen bis das Blut in den Ohren rauscht. All das Adrenalin, diese Aufregung, all diese Ängste geben mir das Gefühl, lebendig zu sein. Wenn meine Beine trotzdem das Kommando »Halt« bekommen, dann von meinem Reptiliengehirn. Ich selbst möchte keine Angst erleben, die so stark ist, dass sie mich lähmt. Aber es gibt eine Furcht, die sich immer dann bemerkbar macht, wenn man aufmerksam genug ist, um zu begreifen, dass da etwas ist, das stärker ist als du, etwas, das lange vor dir da war und noch lange nach dir da sein wird.

Das ist einer der Gründe, weshalb ich gerade von Berglöwen umgeben in einem dunklen Wüstencanyon stehe, Ken Lamberton neben mir. Ich hatte Ken schon in Arizona besuchen wollen, seit ich seinen Essay über die fehlende Dunkelheit während seiner zwölfjährigen Haft im Gefängnis gelesen hatte. Ich wollte ihn fragen, was es bedeutet, wenn man dir die Dunkelheit nimmt, dich buchstäblich vor ihr wegsperrt. Ich wollte mit ihm über Freiheit reden und über das, was wir verlieren – so wir denn etwas verlieren –, wenn wir keinen Zugang mehr zur Dunkelheit haben. Und ich wollte wissen, was es für ihn bedeutet, jetzt in diesem dunklen Wüstencanyon zu leben.[25]

»Einer der Vorteile vom Leben hier draußen ist, dass du diesen Nachthimmel hast«, sagt Ken, während das Mondlicht sein gelocktes schwarzes Haar und seinen Schnauzbart silbern strähnt. »Als Kind lernte ich sämtliche Sternbilder und Sterne. Mit meinem ersten Teleskop, da muss ich zwölf oder dreizehn gewesen sein, hatte ich immer nur nach den hellen Objekten im Himmel gesucht, aber dann hab ich es einmal auf etwas anderes gerichtet, und als ich durchs Okular sah, war da ein Planet mit Ringen drumherum … Oh Mann! Saturn! Da war's um mich geschehen. Hier draußen zu sein ist so, als erlebte ich nochmal meine ganze Kindheit.«

Wir stolpern und gleiten auf dem losen Kies eines Trampelpfads hinab, die Steinchen springen vor uns her und rollen unter unseren Schuhsolen hinweg. Tief im westlichen Himmel hängt ein abnehmender Halbmond und wirft unsere Schatten auf die Felsen und die stachligen Feigen- und Cholla-Kakteen.

»Als ich eingesperrt war, hab ich die Sterne wirklich vermisst. Wenn es mal so eine seltene Gelegenheit gab, wenn sie uns mal aus irgendeinem Anlass aus den Zellen holten und man Sterne sehen konnte, dann war es, als sei ich entlassen worden, als sei ich in Freiheit. Ich meine, raufsehen und die Sterne beobachten zu können und dabei kein Stück Stacheldraht sehen zu müssen, keine einzige dieser Mauern, und zu wissen, dass da nichts ist als Lichtjahre von Raum …«

Ich kenne nur einen Teil der Geschichte, die Ken ins Gefängnis brachte, habe gehört, dass er einen Fehler gemacht und dann vor einem Richter gestanden hatte, der offenbar ein Exempel statuieren wollte. Aber ich weiß, dass Ken in seinen Büchern auch über das Gefängnis schrieb. Und ich weiß, dass seine Frau Karen ihm die ganze Zeit über treu zur Seite stand, dass sie drei erwachsene Töchter haben, und dass Ken der Natur mit Einfühlsamkeit und Umsicht begegnet. Und ich weiß, dass ich noch nie darüber nachgedacht hatte, wie es wäre, keinerlei Zugang zur Dunkelheit zu haben, oder gezwungen zu sein, ständig im Licht zu sein, bis ich Kens Story las. Er schildert, wie die Flutlichter im Gefängnishof eine »Dunstwolke an Licht« erschufen, Lichter, die »mit einem Wimmern ansprangen, sobald sich die Dämmerung über unseren abgeriegelten Wüstenhinterhof im Süden von Tucson legt …«:

> *Wurde das Licht in meiner Zelle gelöscht, dann war das nur ein Wechsel zu dem grellen Licht, das aus dem Gang durch das Fenster meiner Tür drang und sich wie eine kreideweiße Alabastersäule über mein Gesicht legte. Verhängte ich das Fenster, riskierte ich eine Disziplinarstrafe. Bedeckte ich mein Gesicht, forderte ich bloß dazu auf, rüde geweckt zu werden. Nur allzu oft wurde ich durch das Pochen einer Taschenlampe am Glasfenster der Tür aus dem Schlaf gerissen, weil der Wachmann, der Nachtdienst schob, mich dazu bringen wollte, ein Stück Haut zu zeigen, um sehen zu können, ob wirklich ich da liege, oder ob es eine ausgestopfte Decke ist.*

Nicht einmal im dreifach gesicherten Zellenblock gab es ein Entrinnen vor der Sicherheitsbeleuchtung.[26]

Wir beginnen unsere Wanderung bei Kens und Karens kleinem Steinhaus, laufen in nördlicher Richtung an ein paar anderen Häusern vorbei, schirmen mit den Händen die Augen vor dem einzigen grell erleuchteten Anwesen ab und laufen dann ohne jede künstliche Außenbeleuchtung im Mondlicht weiter. Ken sagt: »Wenn du eine Weile wirklich im Dunkeln laufen willst, dann könnten wir den alten Maultierpfad hier runterklettern und unten in der Schlucht weitergehen.«

Ich bin ganz dafür, solange es den Löwen nichts ausmacht.

Zuvor hatte Ken mir Fotos von Löwen gezeigt, die von einem Remotesensor ausgelöst worden waren. »Als ich den ersten Film in Tucson entwickeln ließ und Karen die Abzüge abholte, fragte sie bloß: *Wo war das nochmal genau?* Aber ich dachte, das glaub ich jetzt nicht, hundert Meter von unserem Haus entfernt gibt's Berglöwen!«

Je tiefer wir zwischen den Büschen und Bäumen in die Schlucht absteigen, desto schmaler wird der Streifen Himmel über uns, in dem sich so viele Sterne zusammendrängen. Die Dunkelheit beginnt uns völlig zu umhüllen. Ich versuche direkt hinter Ken zu bleiben, während der Wind durch die Wacholdersträucher pfeift und der Kies unter unseren Stiefeln knarzt.

Ich denke dabei an den Essay »Escudilla« aus dem *Sand County Almanac* des amerikanischen Ökologen Aldo Leopold.[27] Es ist die Geschichte eines Berges, nicht sehr weit von hier, auf dem ein Grizzlybär lebte, bis ein Trapper ihn im Auftrag der Regierung tötete. Als ich das Buch zum ersten Mal las, lebte ich gerade in Albuquerque. Und sobald ich Zeit dafür fand, fuhr ich zu diesem Berg und wanderte über den Escudilla-Trail durch die Abgeschiedenheit und bergige Schönheit der Landschaft im südlichen Arizona. Ich begegnete keinem einzigen Menschen. Luna, meine Freundin Rachel und ich waren mutterseelenallein zwischen all den Kiefern und Espen. Und ich weiß noch, dass ich dachte, wie anders ich mich fühlen würde, wenn ich wüsste, dass ich den Berg mit einem Grizzly teile.

»Yep«, sagt Ken, »wir sehen sie nicht, aber sie sehen uns.«

Die Angst, die uns dazu verleitet, unsere Nächte gleißend zu erhellen und damit in etwas zu verwandeln, das der ursprünglichen menschlichen Natur völlig fremd ist, verhindert auch, dass wir den Wert von Furcht kennenlernen. Ebenso wenig wie ich an einem Bungee-Seil hängend von einer

Canyon-Brücke springen würde, würde ich mein Glück in einem Stadtviertel herausfordern, das für seine Gangs berüchtigt ist. Aber in den Fußstapfen eines Grizzlys einen Berg hochzuklettern, oder in einen Canyon voller Berglöwen hinunterzusteigen, oder sich einen Platz zu suchen, wo man den Vollmond beobachten kann, oder einfach nur bei Nacht durch eine wunderschöne alte Stadt zu schlendern, bedeutet, eine Art von Angst kennenzulernen, die nicht nur belebt, sondern, wie ich finde, auch erleuchtet.

Die Mythologien unzähliger Kulturen sind mit Helden bevölkert, die eine Aufgabe zu erfüllen haben und zu diesem Zweck eine Reise durch eine dunkle Zeit oder dunkle Orte antreten müssen. Viele dieser Heldentaten sind mit einer Botschaft über den Wert der Dunkelheit verknüpft. Sollen wir also glauben, dass diese Helden – an denen sich der Mensch ja orientieren sollte – keinerlei Furcht kannten? Ich wette, dass die mythologischen wie die realen Helden aller Kulturen Angst kannten und kennen. Denn was sollte mich sonst dazu bewegen, ihre Geschichten zu glauben? Warum sollte ich ihrem Vorbild dann folgen? Was würde ich sonst über das wahre Leben lernen, mein Leben, das Leben im Hier und Jetzt, das doch so voller Ängste ist? Mit unseren Lichtern verjagen wir das Dunkel unserer Ängste, aber wenn wir unsere Ängste verjagen, sind wir weniger lebendig.

»Es muss ein armseliges Leben sein«, schrieb Leopold, »das Freiheit gewinnt aus Furcht.«

Das elektrische Licht hat uns die bemerkenswerte Freiheit geschenkt, unserer Arbeit oder unseren Freizeitbeschäftigungen noch lange nach Sonnenuntergang nachzugehen. Niemand wird bezweifeln, dass es uns auch ein Maß an Sicherheit gebracht hat, das wir ansonsten nicht genießen würden. Doch zu welchem Preis verbarrikadieren wir uns hinter unseren Lichtern?

»Wir leben in unseren eigenen kleinen Zellen, unseren selbsterschaffenen kleinen Gefängnissen«, sagt Ken. Obwohl er nur einen Meter von mir entfernt steht, kann ich sein Gesicht nicht sehen. »Wenn du eingesperrt bist, träumst du von Freiheit.« Pause. Dann sagt er – und ich glaube, er spricht damit nicht nur von der Freiheit, die er im Hier und Jetzt in diesem wilden Canyon bei völliger Dunkelheit erlebt: »Mir gefällt die Vorstellung, dass es keine wirklich freie Natur ist, solange es nicht irgendwas da draußen gibt, das dich fressen könnte.«

In dieser dunklen Nacht wandere ich unter einem abnehmenden Halbmond voller Ängste in diese freie Natur hinaus und bleibe stehen, reglos genug, um mein Blut rauschen zu hören, bereit zur Flucht, und dankbar, dass ich diese Reise unternommen habe, hierher zu den Sternen, den Löwen, der Dunkelheit und einem Freund.

Klasse 6

Körper, Schlaf und Traum

Nachtschicht ist ein völlig anderes Leben und kaum verständlich für jemanden,
der diese Erfahrung nicht selbst gemacht hat. Wir leben in einem Zustand
der permanenten Übermüdung, den die meisten Menschen nie erfahren,
geschweige denn erfahren wollen.

Matthew Lawrence (2011)

Mehr Amerikaner als jemals zuvor leben weit entfernt von der natür-lichen Dunkelheit eines Wüstencanyons und sind daher ständig den Gefahren ausgesetzt, die unsere zunehmende Abhängigkeit von künstlichem Licht mit sich bringen. Für Matthew Lawrence und rund zwanzig Millio-nen weitere Landsleute – Tendenz steigend – ist nächtliche Arbeit quälender Alltag. Nicht alle arbeiten wie er in der Schicht von elf Uhr abends bis sie-ben Uhr morgens, aber alle während einer Zeit, in der die meisten von uns im Bett liegen oder es sich zumindest zu Hause gemütlich gemacht haben. Wissenschaftler betrachten solche Arbeitszeiten mit wachsender Sorge, weil sie einen so langen Katalog an möglichen Krankheiten nach sich ziehen – das heißt, der Verlust von Dunkelheit und die ständige Abhängigkeit von künstlichem Licht könnten sich auch radikal auf unsere Körper auswirken. Doch während die *International Agency of Research on Cancer* (IARC), die der Weltgesundheitsorganisation (WHO) untersteht, das Arbeiten in der Nacht mittlerweile als ein wahrscheinliches Karzinogen betrachtet, und während Forscher die Nachtschicht mit Erkrankungen wie Diabetes, Fettsucht und Herzproblemen in Verbindung bringen, ist in Wahrheit *jeder* Mensch in der entwickelten Welt den potenziell gesundheitsschädlichen Auswirkungen einer beleuchteten Nacht ausgeliefert.[1]

Nachdem sich der Mensch über Millionen Jahre hinweg während heller Tage und dunkler Nächte entwickelt hat, wurde dieser uralte Rhythmus binnen nur eines runden Jahrhunderts durchbrochen. Nicht nur Nachtarbeiter verbringen eine konstant erhellte Nacht, jeder von uns, der nach Einbruch der Dunkelheit das Haus verlässt, setzt sich dem ständigen Bombardement von künstlichen Lichtquellen aus. Und wer abends im Haus bleibt, der sorgt selbst dafür, dass in allen Zimmern Licht brennt – inklusive TV- und Computerlicht –, bis zu dem Moment, in dem er sich schlafen legt (und oft darüber hinaus).

Die potenziellen Folgen dieser permanenten Lichtüberflutung sind gewaltig, sagt die Wissenschaft.[2]

Nehmen wir zum Beispiel den Schlaf, oder besser: unseren Mangel an Schlaf. Steven Lockley von der schlafmedizinischen Abteilung der Harvard Medical School erklärt mir: »Im Moment machen wir uns Sorgen wegen falscher Ernährung, Bewegungsmangel, Rauchen und Alkohol als *den* Risikofaktoren für unsere Gesundheit. Doch je mehr wir über die Folgen von Schlafmangel lernen, desto deutlicher wird, dass diese Faktoren in ihrer Gefährlichkeit allesamt vom Licht überholt werden könnten.« Schlafstörungen dürften inzwischen »das am weitesten verbreitete Gesundheitsproblem in der industrialisierten Welt« sein, sagt Rubin Naiman von der University of Arizona, und zwar »mit Auswirkungen quer durch die Gesellschaft«. Aber inwiefern wird der Schlaf von künstlichem Licht schlecht oder von der Dunkelheit gut beeinflusst? Zuerst, sagt Lockley, hatte man erkannt, dass jede »schwerwiegende Erkrankungen auch mit einem gewissen Schlafmangel einhergeht«, dann begann man zu begreifen, dass »kurzer Schlaf gleichbedeutend ist mit langem Licht«.[3]

»Langes Licht«, also Lampen, die bis spät in die Nacht und manchmal sogar die ganze Nacht über brennen, sind eine Realität im modernen Alltag, aber die Konsequenzen dieses nächtlichen Lichts auf die physische Gesundheit des Menschen beginnen wir gerade erst zu verstehen. Sogar in den 1980er Jahren ging die medizinische Forschung noch davon aus, dass der Mensch immun sei gegen die Auswirkungen von elektrischem Licht bei

Nacht (der internationale Fachbegriff dafür ist LAN: *Light at Night*). Neue Erkenntnisse legen jedoch nahe, dass wir alles andere als resistent dagegen sind, sondern vielmehr äußerst sensibel darauf reagieren. LAN bringt unsere innere Uhr aus dem Takt und hindert den Körper an der Produktion des Hormons Melatonin, folglich wirkt es sich auch dramatisch negativ auf unsere uralten Körper-Codes aus. Heute begreifen wir mehr und mehr, dass »Licht bei Nacht vollkommen unnatürlich, dem Menschen ursächlich fremd und deshalb eine starke Belastung ist«, erklärt Lockley. »Denn unser Gehirn glaubt dann, es sei Tag, weil es im Laufe seiner Evolution nie mit hellem Licht in der Nacht konfrontiert war.«[4]

Da wir unsere Nächte erst in der jüngsten Zeit unserer Evolutionsgeschichte verändert haben, und das derart rapide, beginnen wir die Folgen dieses gewaltigen fortlaufenden Experiments, das wir an uns selbst und insbesondere an denjenigen von uns durchführen, die nachts arbeiten, auch nur sehr allmählich zu verstehen.

In den vergangenen zwei Jahrzehnten ist die Dienstleistungsindustrie regelrecht explodiert, und mit ihr der Bedarf an nächtlicher Arbeit. Die meisten Menschen in Dienstleistungsberufen haben gar keine andere Wahl, entweder, weil ihre Arbeitgeber (Restaurants, Fabriken, durchgängig geöffnete Läden usw.) von den nächtlichen Öffnungszeiten und Arbeitsschichten profitieren, oder weil es sich um öffentliche Bereiche handelt (Polizei, Krankenhaus), deren Betrieb von der Gesellschaft rund um die Uhr erwartet wird. In den Industriestaaten sind mittlerweile fast 20 Prozent aller Erwerbstätigen nachts beschäftigt. Einige dieser Nachtarbeiter bezeichnen sich zwar selbst als »Nachteulen«, doch Umfragen zufolge haben nur zwölf Prozent von ihnen aus »persönlicher Präferenz« diese Wahl getroffen. Acht Prozent entschieden sich dafür, um »mehr für die Familie« oder die »Betreuung der Kinder« da sein zu können, sieben Prozent wegen der Nachtzuschläge, die von einigen Arbeitgebern bezahlt werden. Doch die überwiegende Mehrheit nimmt Nachtschichten in Kauf, weil ihr nichts anderes übrig bleibt, und setzt sich somit unfreiwillig einem größeren Risiko aus, physisch und psychisch ausgelaugt oder krank zu werden. Millionen von Menschen, vorwiegend aus dem Niedriglohnbereich, zahlen den

Preis für unsere Abhängigkeit vom Licht – in einigen Fällen tun sie das zum Wohle unserer Sicherheit, in den meisten Fällen aber einfach nur zugunsten unserer Bequemlichkeit.

Als ich das erste Mal mit Matthew Lawrence gesprochen hatte, erzählte er, dass die Wake Forest University, wie so viele andere amerikanische Bildungsstätten, jüngst zu einem neuen Reinigungsplan übergegangen sei: Es werde nun von jeder Reinigungskraft nur noch ein einziger Arbeitsgang verlangt (wieder und wieder und wieder), anstatt ihr die Verantwortung für einen bestimmten Gebäudekomplex oder für ein ganzes Gebäude zu übertragen. So wird man beispielsweise plötzlich zu einer »Staubsaugfachkraft« oder »Waschraumfachkraft«. Er fügte allerdings schnell hinzu, dass die Verwaltung alles daransetze, diese neuen Rollen zu echten »Berufen« zu machen und sie nicht in »Schufterei« ausarten zu lassen. »Wir versuchen einen richtigen Lehrberuf daraus zu machen, der eines gewissen Geschicks bedarf, bei dem eine nachweisliche Leistung erbracht wird und der eine Möglichkeit bietet, sich zu entwickeln und weiterzukommen.« Aber er gestand ein, dass Reinigungstätigkeiten »die vergessenen Berufe, die vergessene Industrie« sind. Als ich ihn fragte, ob es nicht extrem eintönig sei, die ganze Nacht über ein und dasselbe zu tun, lachte er: »Ja, deshalb bin ich ja auch im Nacht-Management.« Er hielt kurz inne, dann: »Nicht nur eintönig, ich würde fast schon sagen: nervtötend. Denn du gehst da rein und legst dich mit aller Kraft ins Zeug, um alles ordentlich und sauber zu hinterlassen, und dann kommen die Kids und versauen dir deine Arbeit sofort wieder. Und in der nächsten Nacht fängst du von vorne an. Nacht für Nacht.«

Daran muss ich denken, als ich an diesem Donnerstag kurz vor elf Uhr abends zum Campus fahre, um mich mit Lawrence zu treffen. Allein schon zu dieser Uhrzeit in die Uni zu fahren, fühlt sich komisch an. Sollte ich nicht eigentlich gerade zu Bett gehen? Auch alle anderen, die mir unterwegs begegnen, scheinen gerade auf dem Weg zum Campus zu sein. Lawrence und das gute Dutzend an Reinigungskräften versammeln sich im Pausenraum. Sie sehen jetzt schon erschöpft aus, jeder schlurft herein, als habe er bereits einen langen Arbeitstag hinter sich, dabei beginnt die Schicht gerade erst. Und man darf mit ziemlicher Sicherheit davon ausgehen, dass sie tagsüber nicht viel Schlaf bekommen haben. Lawrence strahlt zwar Zufriedenheit über sein nächtliches Hiersein aus, es scheint ihm sogar Vergnügen zu bereiten (»Da habe ich das Gefühl, der Campus gehört mir allein!«), aber was mich wirklich fesselt, ist nicht diese Feststellung, sondern seine Schilderung von den körperlichen Torturen, die eine Nachtschicht mit sich bringt.

»Ich hatte fünf Jahre lang Dauerkopfschmerzen«, sagt er. »Du glaubst gar nicht, wie müde du werden kannst. Du musst wirklich erst lernen, wie du damit klarkommst, bis hin zum Atemholen sogar. Die Leute von der Tagesschicht atmen einfach und verschwenden keinen Gedanken daran. Aber wenn du dich abkämpfen musst, um die ganze Nacht über auf den Beinen bleiben zu können, dann beginnst du sogar deine Lunge und deine Arme und Beine bewusst zu bedienen. Und manchmal wirst du so müde. Dann lege ich mich aufs Bett und versinke sofort in einen REM-Schlaf und träume psychedelische Phantasien und wache eine Stunde später so schwitzend und mit so pochendem Herzen auf, als hätte ich einen Dauerlauf gemacht. Das kann nicht gut sein, oder?« Über seine Angestellten sagt er: »Es erschlägt sie. Ein oder zwei finden es das Größte, aber für die meisten ist es eine Riesenqual.«

Ich sage zu Lawrence, dass mich meine Liebe zur Nacht, die ja immer eine »freiwillige« Nacht ist – das heißt, ich kann selbst entscheiden, wann ich aufbleiben und wann ich mich schlafen legen will –, unter diesem Aspekt betrachtet ziemlich nachdenklich macht. Aber …

… Er unterbricht mich schmunzelnd: »Mit Ketten an sie gefesselt zu sein? Ja, das ist schon eine andere Geschichte.«

Ich höre eine ganze Reihe solcher Geschichten, während ich Matthew Lawrence auf seinen Runden begleite. Die erste erzählt Joe, der nun schon seit dreizehn Jahren die »dritte Schicht« übernimmt, wie die Nachtschicht genannt wird. Als ich ihn frage, wie ihm das gefällt, seufzt er: »Gefallen? Es ist okay. Ist eben der Job, den ich bekam. Ich bin ausgebildeter Musiker, Kirchenmusiker, aber da wurde nie genug bezahlt. Es ist letztlich eine Frage der Einstellung. Entweder du kämpfst dagegen an, oder du sagst dir, so ist es eben, und machst es einfach. Ich habe aber auch noch einen Halbzeitjob am Vormittag. Also komme ich erst gegen zwei Uhr nachmittags ins Bett, und um neun stehe ich wieder auf. Wenn alle anderen einen schönen

Nachmittag genießen, kann ich das eben nicht. Ich wache oft abends auf, bevor ich hierherkommen muss, und denke, oh Mann, das soll wohl ein Witz sein!«

Sherry, eine rundliche Frau in ihren Fünfzigern, putzt seit achtzehn Jahren in der Universität, aber erst seit zwei Jahren in der Nachtschicht. »Das war eine echte Herausforderung«, gibt sie zu. »Es ist beschissen.« Und dann sagt sie etwas, das ich in unterschiedlich resigniertem Tonfall noch oft in dieser Nacht hören werde: »Man gewöhnt sich dran.« Als ich sie frage, was für sie das Härteste an diesem Job sei, zögert sie keinen Moment: »Tagsüber schlafen. Ich schlafe nur mit Unterbrechungen. Ich komme nach Hause und versuche zwei, drei Stunden lang zu schlafen, dann stehe ich auf und versuche mich später am Nachmittag nochmal hinzulegen, aber das fällt am schwersten. Die Sonntage sind wirklich hart, denn dann ist die ganze Familie beisammen, und plötzlich musst du ins Bett gehen. Ich freue mich immer schon auf den Freitag- und Samstagabend, weil ich dann schlafen darf. Da freue ich mich richtig darauf, ins Bett zu gehen. Dann schlafe ich am besten. Viele Leute können in ihren freien Nächten nicht schlafen, aber ich geh wirklich aus wie'n Licht.«

Die schlimmste Zeit der Nachtschicht ist zwischen zwei und vier Uhr früh, sagt sie. (»Ja, stimmt«, meint Lawrence, »selbst wenn du feierst, wär die Party um diese Zeit vorbei.«)

»Wie stehst du das durch?«, frage ich Sherry.

»Oh, na ja, man hat so viel zu tun, dass man gar nicht darüber nachdenken kann.«

Das mag ja so sein, aber Charles Szeisler, Professor für Schlafmedizin an der Harvard Medical School, erklärt: »Man kann den Leuten nicht einfach befehlen, nicht erschöpft zu sein, wenn sie nachts arbeiten.« In unserer amerikanischen »Rund-um-die-Uhr«-Gesellschaft, wo der Schienen-, Straßen- und Flugverkehr auch nachts weitergeht, sind eben auch entsprechende Arbeitszeiten gefragt. Und man erfährt ja auch oft genug, welche katastrophalen Folgen solche Erschöpfungszustände haben können.

Hier nur ein paar Beispiele: 2010 stürzte eine Air India mit hundertsechsundsechzig Passagieren an Bord beim Landeanflug auf Mangalore ab. Nur acht Insassen haben überlebt. Die Untersuchungskommission ging davon aus, dass der Pilot, der gerade erst ein Nickerchen gemacht hatte, noch »schlaftrunken« gewesen sei. 2011 landeten zwei Passagierflugzeuge am Reagan National Airport in Washington, D.C., ohne jegliche Beteiligung eines Fluglotsen, denn der war während seiner vierten Nachtschicht in Folge vor seinen Bildschirmen eingeschlafen. Ebenfalls 2011 prallte in Nevada ein Sattelschlepper in einen Amtrak-Zug. Acht Fahrgäste kamen ums Leben, weil der Trucker, wie die Behörden glauben, am Steuer eingeschlafen war. 2009 ergab die Untersuchung eines Massenunfalls auf der Interstate 4 in Florida, bei dem zehn Menschen ums Leben gekommen waren, dass der sechsundsiebzigjährige Fahrer des Sattelschleppers, der auf mehrere Fahrzeuge aufgefahren war, seine Bremsen überhaupt nicht betätigt hatte: Er selbst machte dann eine katastrophale Mischung aus Schlafmangel, Schichtdienst und Schlafapnoe dafür verantwortlich. Schätzungen zufolge schlafen jährlich zwei Millionen Amerikaner nachts auf den Highways am Steuer ein, 20 Prozent aller Autounfälle geschehen, weil ein Fahrer eingeschlafen war. Angesichts dessen sollte man die »Rüttelstreifen« am Fahrbahnrand, die vor dem Verlassen der Spur warnen, vielleicht lieber »Weckstreifen« nennen.

Inzwischen erscheinen in den Zeitungen so häufig Schlagzeilen wie »Übermüdung wahrscheinliche Ursache für tödliches Zugunglück«, dass der *National Transportation Safety Board* (NTSB) nach einem Zugunglück, bei dem der Lokführer und ein Schaffner ums Leben kamen, die *Federal Railroad Association* in seinem Bericht aufforderte, sich endlich mit dem Problem des Schlafmangels zu befassen. »Der menschliche Körper ist nicht für unregelmäßige Arbeitszeiten geschaffen«, sagt Deborah Hersan, die Vorstandsvorsitzende vom NTSB, »vor allem nicht während des circadianen Tiefpunkts.« Damit ist generell die Zeit zwischen Mitternacht und sechs Uhr morgens gemeint, wenn die Energie und Leistungsfähigkeit des Körpers am stärksten nachlässt – die meisten von uns spüren diesen Tiefpunkt am deutlichsten zwischen zwei Uhr nachts und vier Uhr morgens, so wie ich es auch vom Reinigungspersonal an der Wake Forest University erfuhr. Der fünfunddreißigjährige Lokführer Chuck meinte, dass die Züge, die nachts mit Gefahrgut durch schlafende Gemeinden donnern, oft von völlig übermüdeten Männern gefahren werden: »Wenn du einen Lokführer findest, der dir sagt, er sei noch nie bei der Arbeit eingeschlafen, dann hast du einen Lügner vor dir.«[5]

Erschöpfung ist eine von vielen Folgen, wenn man die innere Uhr des Körpers, die sich im natürlichen Takt von hellen Tagen und dunklen Nächten entwickelt hat, durcheinanderbringt. Der Fachbegriff dafür ist »circadiane Dysrhythmie.« Die »circadiane Rhythmik« (wörtlich: »über den ganzen Tag verteilter Rhythmus« oder Tagesrhythmus) stellt sich ungefähr alle vierundzwanzig Stunden neu ein und kontrolliert nicht nur unsere Schlaf-Wach-Zyklen, sondern auch andere Aspekte unserer Physiologie, unseres Verhaltens und unseres Stoffwechsels, darunter die Hormonausschüttung, die Körpertemperatur, den Blutdruck und andere empfindliche innere Vorgänge. Das Gehirn übt die Kontrolle über diese Rhythmik aus, auf der Basis von Signalen, die von den lichtempfindlichen Fotorezeptoren im Augenhintergrund gesendet werden und seit Millionen von Jahren die immer gleiche Information übermitteln, nämlich die Anwesenheit oder Abwesenheit des Sonnenlichts und, je nach Art des Lichteinfalls, die Jahreszeit. Mit einem Wort, das Licht befielt dem Körper aufzuwachen und stellt unsere innere Uhr dann auf die nächste zu erwartende Dunkelheit ein, mit deren Anbruch wiederum das Signal zum Einschlafen einhergeht. Ist der Körper nachts künstlichem Licht ausgesetzt, tickt diese innere Uhr nicht mehr richtig, mit der Folge – und das ist nur eine unter vielen –, dass sich Erschöpfung einstellt.

Wer sich je eine Nacht um die Ohren geschlagen oder einen Jetlag erlebt hat, der hat genau diese Erfahrung gemacht: die innere Uhr geriet aus dem Takt. Der Unterschied zwischen einer Person, die nur gelegentlich gegen diese Art von Erschöpfung ankämpfen muss, und einer, die regelmäßig im Nachtdienst arbeitet, ist, dass Letztere ihrem Körper diese Erfahrung wieder und wieder zumutet und ihrer inneren Uhr nie die Chance gibt, sich wieder auf ihren natürlichen Takt einzustellen. Und als wäre das Resultat – Erschöpfung – nicht schon problematisch genug, hat die Wissenschaft auch noch herausgefunden, dass dieser Zustand nur ein Punkt auf einer langen Liste von Gesundheitsproblemen ist, die durch nächtliche Wachheit bei Licht verursacht werden. »Denn dabei pfuschen wir auch am Zusammenspiel all unserer inneren Uhren herum«, erklärt Steven Lockley. Jedes einzelne unserer Organe besitzt seine eigene Uhr und folgt somit einem eigenen Rhythmus. »Das heißt, es gibt zwar eine Kontrolluhr im Gehirn, sozusagen den Dirigenten des Orchesters, der aber nur dafür sorgt, dass alle Organe im Körper im Gleichklang spielen. Der Takt, den sie einhalten müssen, wird ihnen also von der Kontrolluhr vorgegeben, aber zugleich müssen sie auch ihren jeweils eigenen Rhythmus beibehalten, um sicherzugehen, dass ihre lokalen Funktionen korrekt ausgeführt werden. Ergo ist dieses Herumpfuschen an unseren inneren Uhren ziemlich ungesund, denn es greift in die Funktionsweisen von Systemen ein, die evolutionär gelernt haben, effizient zusammenzuarbeiten. Wenn wir anfangen, an diesen Systemen herumzudoktern, dann riskieren wir, dass sie kaputtgehen.«

Wie würde sich das äußern? Der Harvard-Epidemiologin Eva Schernhammer zufolge wurden unter Nachtarbeitern (abgesehen von Erschöpfung, der daraus resultierenden Schlaflosigkeit und den wiederum mit ihr verbundenen Unfällen und Verletzungen, inklusive des Zusammenpralls von Zügen und Sattelschleppern, von Lastwagen, die im Graben landen, von Schiffen, die havarieren, oder von unzähligen rasenden Autos, die sich überschlagen) »zunehmend mehr kardiovaskuläre Risiken, Magengeschwüre, höhere Schwangerschaftsabbruch- und Fehlgeburtenraten, gesunkene Schwangerschaftschancen, gestiegene Medikamentenmissbrauchsraten, mehr Depressionen […] und ein höheres Körpergewicht aufgrund anormaler Essgewohnheiten« festgestellt.[6]

Gefährdeter noch als Menschen, die regelmäßig Nachtdienst schieben, scheinen jedoch solche mit »rotierenden« Dienstplänen zu sein – die also manchmal Nachtschichten und manchmal Tagesschichten übernehmen. Denn vor allem ist es dieses ständige Hin und Her von Schlafen bei Tag und Schlafen bei Nacht, das eine Anpassung des Körpers verhindert und es der circadianen Rhythmik unmöglich macht, sich an den neuen Zeitplan zu gewöhnen. Erschwerend hinzu kommt noch, dass die große Mehrheit aller Nachtarbeiter ihren Biorhythmus noch zusätzlich unter Druck setzt, weil sie an ihren freien Tagen wieder zum Schlaf in der Nacht zurückkehrt. Lockley erklärt: »Die innere Uhr kann sich nicht schnell genug anpassen. Es dauert durchschnittlich etwa einen Tag, um eine Stunde [in der circadianen Rhythmik] zu verschieben. Ein einziger Wechsel von einer Tages- zu einer Nachtschicht bedeutet also eine zwölfstündige Verschiebung, was wiederum bedeutet, dass der Körper bei einer einstündigen Angleichung pro Tag mindestens zwölf Tage bräuchte, um sich wieder angepasst zu haben. Wenn man dann von der Nachtschicht wieder zur Tagesschicht wechselt, dauert die Umgewöhnung erneut zwölf Tage. Aber natürlich arbeiten nur sehr wenige Menschen zwölf Nachtschichten hintereinander, normalerweise liegen dazwischen arbeitsfreie Tage. Und an solchen Tagen kehren sie für gewöhnlich zu ihren üblichen Tagesaktivitäten zurück.« Das Ergebnis, so Lockley, »ist im Wesentlichen, dass sich kein Schichtarbeiter je an seinen nächtlichen Arbeitsplan anpassen kann«.

Folglich ist ein Nachtarbeiter wach, wenn ihm seine biologische Uhr Nacht anzeigt und ihn seine Physiologie schlafen schickt. Es lohnt sich, hier einen Moment innezuhalten und sich bewusst zu machen, was das bedeutet. Unser biologischer Drang zu schlafen ist nichts, was uns zur freien Wahl steht, auch nichts, was wir überlisten könnten. Wir können es versuchen und literweise Kaffee oder Energy Drinks in uns hineinkippen, wir können uns mit brutaler Willensgewalt einreden, dass wir quietschfidel seien, und das kann sogar ein paar Stunden lang funktionieren. Aber irgendwann kommt der Moment, an dem der Schlaf den Willen besiegt.[7]

Und wenn man Nacht für Nacht diese Schlacht gegen das Schlafbedürfnis kämpft, wird der Körper schließlich der Verlierer sein.

»Die Frage ›Warum machst du diese Arbeit?‹ steht immer unausgesprochen im Raum, nicht wahr?«, frage ich Lawrence nach unserer ersten Runde.

»Stimmt, sie glauben nicht, dass sie eine andere Option in unserer Wirtschaft hätten«, antwortet er. »Aber die meisten tun es zum Wohle ihrer Familie oder ihres Familienlebens.«

Das sagt nicht nur Lawrence (»Ich liebe es«, behauptet er, »es ist die einzige Möglichkeit, die ich bisher gefunden habe, um sämtliche Bedürfnisse meiner Familie zu befriedigen«), das bekomme ich auch von anderen Nachtarbeitern zu hören, vor allem von Frauen, die das tägliche Zusammensein mit den Kindern als den eigentlichen Grund für ihre Entscheidung angeben, im Nachtschichtdienst zu arbeiten. Eine Frau erzählt: »Es macht deinen Körper völlig irre. Ich habe dreißig Pfund verloren, seit ich das tue, dabei hatte ich nicht viel zum Verlieren. Dein Körper fühlt sich abgewirtschaftet an, müde, ausgelaugt. Aber ich habe eine Familie, deshalb versuche ich wenigstens am Wochenende zu einem normalen Tagesplan zurückzukehren.«

»Hast du dich angepasst?«, frage ich.

»Ich glaub nicht, dass ich das jemals werde.«

Ironischerweise sind Frauen, die der Familie zuliebe im Nachtdienst arbeiten, sehr viel häufiger mit Familienkonflikten konfrontiert als Frauen mit einem Tagesjob. Man sollte doch glauben, dass ihre Anwesenheit bei Tag die Familie reibungsloser funktionieren lassen würde, doch die meisten Nachtarbeiter haben Partner mit einem Tagesjob, was die Zeit für Gemeinsamkeiten natürlich drastisch reduziert. Und selbst wenn sie Zeit miteinander verbringen, ist der Partner, der nachts arbeitet, meist völlig erschöpft. Einige Frauen, mit denen ich sprach, konnten darüber noch lachen, so wie die Krankenschwester in Nevada, die mir erzählte, dass ihr Mann der Meinung sei, sie kämen viel besser miteinander zurecht, »seit wir uns nicht so oft sehen«. Sehr viel häufiger bekam ich jedoch zu hören, dass diese Situation »manchmal schwierig« sei.

»Ich habe fünfundvierzig Jahre lang die erste Tagesschicht gearbeitet«, erzählt der grauhaarige Mr. Singletary, »und jetzt musste sich dieser Körper mit einem Mal umstellen, weil ich plötzlich die Friedhofsschicht übernehmen sollte – jetzt weiß ich endlich, warum man sie so nennt. Jeder schläft, aber ich bin hellwach. Essgewohnheiten? Die sind den Bach runter! Ich frühstücke nicht mehr, denn wenn ich nach Hause komme, ist meine Frau schon zur Arbeit gegangen.« Mr. Singletary erinnert mich an meinen Großvater, nicht nur wegen seines Alters, auch wegen der Art, wie er nach fast jedem Satz vor sich hin gluckst. Und als wären Lawrence und ich gar nicht da, murmelt er noch die Frage vor sich hin, wann er jetzt eigentlich noch den Rasen vor der Kirche, den örtlichen Footballplatz und seinen eigenen Garten mähen soll.

»Na ja, Sie werden einfach das Schlafen einstellen müssen«, scherze ich.

»Irgendwas werde ich mir wohl einfallen lassen müssen«, seufzt er, »aber ich weiß wirklich nicht, was.« Dann, leiser: »Gott wird mir einen Ausweg zeigen. Er wird mit den Weg weisen.«

Wie so viele andere Reinigungskräfte, die nachts an dieser Universität im Südwesten der Vereinigten Staaten arbeiten, ist auch Mr. Singletary *African-American*. Der Mann, der mir erzählt, dass er »daran gewöhnt« sei, weil er jahrelang von fünf Uhr früh bis fünf Uhr nachmittags in einer

Erdnussfabrik gearbeitet habe? African-American. Die Frau, die mir erzählt, dass sie seit achtzehn Jahren mit zwei, drei Stunden Schlaf pro Tag auskommen muss? African-American. Der Mann, der bloß sagt: »Manche Leute sind nicht geschaffen für die dritte Schicht«? African-American. Als ich ihn frage, wie sich das anfühlt, schweigt er einen Moment, und dann: »Hast du jemals die dritte Schicht gearbeitet? Ah, na ja, dann brächte es auch nichts, wenn ich's dir erkläre.«

Dahinter verbirgt sich eine weitere Wahrheit über Nachtarbeit in den USA: Einige Bürger tragen mehr Lasten unserer Gesellschaft als andere. Fast 20 Prozent aller Schwarzen in den Vereinigten Staaten arbeiten nachts, mehr als Weiße und Amerikaner lateinamerikanischer oder asiatischer Herkunft. Ebenso wie die heruntergekommenen armen Stadtviertel unverhältnismäßig grell »gegen das Verbrechen« ausgeleuchtet sind, sind es auch Angehörige der armen Bevölkerungsschichten – oder Vertreter der Bevölkerungsminderheiten –, die unverhältnismäßig viele Jobs im Nachtdienst übernehmen. Und da die Wissenschaft mehr und mehr Zusammenhänge zwischen der nächtlichen Überflutung mit elektrischem Licht und einer langen Liste an gesundheitlichen Problemen bestätigt, ist bereits abzusehen, dass die Folgen solcher krank machenden Nachtschichten, unter denen bestimmte Segmente der Bevölkerung unmittelbarer zu leiden haben als andere, früher oder später zu einem Thema im öffentlichen Gesundheitswesen werden wird.

Als ich mich von Lawrence verabschiede ist es fast halb zwei Uhr früh. Ich war um sieben Uhr morgens aufgestanden, hatte meinen üblichen Arbeitstag hinter mich gebracht und bin jetzt so müde, dass ich mich nicht mehr auf meine Fragen oder seine Antworten konzentrieren kann. Auch das Gähnen kann ich nicht mehr unterdrücken – ich gähne derart herzzerreißend, dass es mir die Tränen in die Augen treibt. Ich kenne eine Krankenschwester, die nach einer Arbeitsnacht ihren Pferdeschwanz im Schiebedach ihres Autos einklemmt, damit ihr der Kopf hochgerissen wird, falls sie auf der Heimfahrt am Steuer einschläft.

Ich will Erschöpfung, Fettleibigkeit, Diabetes, kardiovaskuläre Risiken, höhere Fehlgeburtenraten, Medikamentenmissbrauch, Depressionen und all die vielen anderen, hier gar nicht weiter erwähnte Folgen von Nachtschichten wirklich nicht verharmlosen, aber letztendlich ist es doch der Krebs, vor dem wir uns alle am meisten fürchten. Und deshalb wird es wohl auch der Krebs sein, der die Aufmerksamkeit schlussendlich auf unsere erleuchteten Nächte lenken wird.

In den vergangenen zwanzig Jahren lieferten immer mehr wissenschaftliche Studien schlagende Beweise für den Zusammenhang von Licht, Nacht und Krebs, insbesondere bei hormonell beeinflussten Krebsarten wie Brust- und Prostatakrebs. An erster Stelle scheint dabei zu stehen, dass Licht in der Nacht die Produktion des Hormons Melatonin unterdrückt, weil es der Körper nur im Dunkeln produzieren kann. Und Melatonin spielt offenbar eine Schlüsselrolle beim Wachstum dieser Krebsarten. Mondlicht, Sternenlicht, Kerzenlicht oder der Schein eines offenen Feuers sind nicht hell genug, um diese Hormonproduktion zu stoppen. Diese Macht hat nur elektrisches Licht.

Das bedeutet: Stehst du mitten in der Nacht auf und machst das Licht im Badezimmer an – Schluss mit Melatonin. Dein Hirn mag vielleicht denken: »Toilette!«, aber die Zirbeldrüse in deinem Hirn denkt: »Tageslicht « Kein einziger Wissenschaftler, mit dem ich sprach, ist zu der Aussage bereit, dass Licht bei Nacht Krebs verursacht – dafür bedarf es noch weiterer Studien, weiterer Daten, weiterer Forschungen und eines deutlicheren Konsens. Aber die Forschung scheint hier doch eindeutig eine bestimmte Richtung eingeschlagen zu haben.

Der erste Anhaltspunkt für einen Zusammenhang zwischen LAN und Krebs wurde 1987 vom amerikanischen Krebsforscher Richard Stevens veröffentlicht.[8] Stevens erzählt mir, dass er eines nachts in seiner Wohnung in Seattle aufwachte und buchstäblich erleuchtet wurde. »Mir wurde mit einem Mal bewusst, dass ich fast eine Zeitung hätte lesen können bei dem Licht, das von der Straße durchs Fenster schien. Zufällig kannte ich jemanden in der Stadt, der gerade über Licht und Melatonin arbeitete, und jemand anderen, der den Zusammenhang von Hormonen und Brustkrebs erforschte. Und das war's dann. Ich dachte, ja Mensch, was, wenn nicht Licht bei Nacht, ist *das* Merkmal der Industrialisierung!« Dieser Moment der Erleuchtung führte ihn schließlich zu seiner Licht-Nacht-Theorie in Bezug auf die Entwicklung von Brustkrebs: »Der steigende Stromverbrauch zur Erhellung der

Nacht führt zu einer circadianen Dysrthythmie, und die trägt nicht nur einen Anteil an der Plage, zu der Brustkrebs in der modernen Welt wurde, sie lässt das Brustkrebsrisiko mittlerweile auch schon in den Entwicklungsländern stetig ansteigen.« Diese Theorie führte ihn dann ihrerseits zu zwei entscheidenden Prognosen: Frauen, die beim Nachtdienst künstlichem Licht ausgesetzt sind, müssten demnach einem höheren Krebsrisiko ausgesetzt sein als Frauen, die nicht nachts arbeiten, wohingegen im Umkehrschluss blinde Frauen grundsätzlich einem geringeren Risiko ausgesetzt sein müssten. Beide Prognosen konnten mittlerweile bekräftigt werden.

In den Anfangsjahren war Stevens mit seiner Theorie noch auf wesentlich mehr Skeptiker als Befürworter gestoßen. Damals reagierte er darauf mit seinem Artikel »Electric Light Causes Cancer? Surely You're Joking, Mr. Stevens«, eine wunderbar geschriebene Chronologie der Entwicklung »vom elektrischen Licht zum Brustkrebs«. 2001 veröffentlichte er mit einem Co-Autor ein Forschungspapier, in dem sie »ein signifikant erhöhtes Risiko von Brustkrebs bei Frauen mit einer Geschichte von Nachtarbeit« nachwiesen – ein Ereignis, das Stevens »den Wendepunkt für das LAN-Brustkrebs-Thema« nennt.

Dem schlossen sich zwei weitere, wichtige neue Erkenntnisse an, nämlich einmal der Nachweis für die dramatischen Auswirkungen, die der Melatoninspiegel im Blut auf das Tumorwachstum hat, und zum zweiten die Feststellung, bei welcher exakten Wellenlänge des Lichts die Melatoninproduktion maximal unterdrückt wird.

Der entscheidende Beitrag zum ersten Forschungsergebnis gelang dem Onkologen David Blask im Jahr 2005. Er wies nach, dass menschliches Blut, das einer Person bei nächtlicher Dunkelheit (hohe Melatoninproduktion) entnommen und anschließend Laborraten injiziert wurde, das Wachstum menschlicher Tumore bei den Ratten stoppen konnte, wohingegen menschliches Blut, das einer Person bei Tag oder bei künstlichem Licht in der Nacht (geringe Melatoninproduktion) entnommen wurde, das Tumorwachstum bei den Ratten in keinem Fall verlangsamen konnte. Damit gelang der Nachweis, dass die Unterdrückung der Melatoninproduktion durch künstliches Licht bei Nacht zu einer gesteigerten Krebswachstumsrate in Körpern führen kann, die bereits von einem Tumor befallen wurden, respektive dass das Risiko, Krebs zu entwickeln, bei noch von Tumoren freien Körpern gesteigert wird.

»Dieses Experiment«, erklärt Lockley, »kommt einer direkten Überprüfung der Frage, ob LAN das Wachstum von Brustkrebs bei Frauen beeinflusst, so nahe wie ethisch nur möglich.«

2001, vier Jahre vor Blasks Entdeckung, wurde im Zuge eines von George (Bud) Brainard geleiteten Forschungsprojekts am Medical College der Thomas Jefferson University in Philadelphia festgestellt, dass die Wellenlänge des Lichts, welche die Melatoninproduktion bei Probanden am stärksten beeinflusste, im blauen Spektrum lag. Diese Erkenntnis wurde 2002 von David Berson und Kollegen an der Brown University durch eine andere faszinierende Entdeckung ergänzt, nämlich die einer neuen Photorezeptorenzelle in der Ganglienschicht der Retina – einem Teil des Auges, den man für lichtunempfindlich gehalten hatte, bis man ihn in einer Petrischale isolierte und feststellte, dass er äußerst stark auf blaues Licht reagierte. Es war die erste Neuentdeckung auf diesem Gebiet seit hundertzwanzig Jahren. Da das Auge schon seit Tausenden von Jahren studiert worden war, hatten wir geglaubt, alles darüber zu wissen, auch, wie es Licht erkennt. Und wir waren überzeugt, dass es letztendlich nur einen einzigen Weg gebe, auf welchem Licht in den Körper eindringen kann – durch besagte Stäbchen und Zapfen, die uns unsere Sehfähigkeit verleihen. Aber bereits Brainards Experimente hatten diesem Wissen widersprochen und nahegelegt, dass es noch einen ganz anderen, von unserem Sehsystem völlig unabhängigen Weg der Lichterkennung geben müsse. Die neu entdeckten Zellen, genannt photosensitive retinale Ganglienzellen (ipRGCs), haben mit dem Sehen als solchem nichts zu tun, sondern dienen vielmehr der stetigen Neujustierung des circadianen Rhythmus, indem sie anhand des Lichteinfalls die Tageszeit und die Jahreszeit bestimmen. Brainard fand heraus, dass zwar »jede Art von Licht Melatonin unterdrücken« kann, aber »Licht, das aus blauen Wellenlängen besteht, die Ausschüttung von Melatonin besonders effektiv verlangsamt«. Und wie sich herausstellte, liegt die Spitzenempfindlichkeit dieser photosensitiven retinalen Ganglienzellen bei einem Wellenlängenbereich von rund 480 nm, was der Farbe eines klaren, blauen Morgenhimmels entspricht. Aus evolutionärer Perspektive betrachtet ist es gewiss kein Zufall, dass die Fähigkeit unseres Körpers, Tag von Nacht zu unterscheiden, derart fein auf diese Wellenlänge abgestimmt ist.

Das Problem ist nun aber, dass wir überall und auch zunehmend mehr blaues Licht einsetzen – Computerbildschirme, Handydisplays, Innen- und Außenbeleuchtungen. Allein 2011 wurden mehr als 1,5 Milliarden neue Computer, Fernseher und Handys verkauft, und immer mehr Glühbirnen werden durch energiesparende und oft blauere LEDs ersetzt. »Blau« bezieht sich hier auf ein bestimmtes Lichtspektrum, das heißt, wir sehen Farben (oder manchmal auch nicht: man denke an Röntgenstrahlen oder Infrarotlicht) aufgrund der unterschiedlichen Spektralzusammensetzung des Lichts. Unseligerweise stellte sich aber heraus, dass die Wellenlänge des Lichts, die den schädlichsten Einfluss auf unsere nächtliche Melatoninproduktion hat, genau die ist, die wir in unserer modernen Welt zunehmend häufiger zu sehen bekommen.

Sollten sich all diese Zusammenhänge bewahrheiten, dann wären die Auswirkungen wirklich gewaltig. Man stelle sich nur einmal vor, dass wir das Leuchten von dem blauen Licht eines Computerbildschirms oder Fernsehers in der Dunkelheit mit Brustkrebs in Verbindung bringen könnten – über dessen Ursachen sich die Wissenschaft ja noch immer den Kopf zerbricht. Allein in den Vereinigten Staaten wird alljährlich bei zweihunderttausend Frauen Brustkrebs diagnostiziert, und rund vierzigtausend von ihnen sterben daran. Richard Stevens meint, dass 20 bis 30 Prozent davon im Zusammenhang mit blauem Licht stehen könnten: »Ich sage nicht, dass das der Fall ist, aber es könnte so sein.« George Brainard stimmt dem zu: »Selbst wenn Licht nur die Wurzel von zehn Prozent dieses Übels Brustkrebs wäre, könnte das, was wir gerade erforschen und herausfinden, Abertausenden von Frauen helfen.«[9]

Vielleicht werden uns diese neuen Erkenntnisse über das blaue Lichtspektrum noch rechtzeitig dazu bewegen, unsere Gewohnheiten zu ändern, aber letztendlich warnen uns die Forscher, dass die Wurzel des Übels nicht die spezifische Art einer nächtlichen Beleuchtung, sondern die Tatsache ist, dass es überhaupt künstliches Licht bei Nacht gibt. Oder wie Steven Lockley sagt: »Jetzt machen sich die Leute Gedanken über die Wellenlängen von Licht, dabei sollten sie sich über den Einsatz von Licht bei Nacht als solchem Gedanken machen. Sie haben das Wesentliche nicht begriffen. Blaue LEDs oder weiße LEDs haben ihre Daseinsberechtigung, wie jedes andere

Licht auch. Aber in der Nacht müssen alle Lichter reduziert werden. Man ist besorgt, dass der Wechsel zu LEDs Probleme nach sich ziehen könnte, aber das eigentliche Problem gibt es doch längst – unsere Nacht ist nicht mehr dunkel.«

Menschen, die im Nachtdienst arbeiten, leiden am heftigsten unter circadianen Dysrhythmien, doch in den Industriestaaten sind alle Menschen irgendwelchen Lichtquellen bei Nacht ausgesetzt und haben alle deren Konsequenzen zu befürchten. Schernhammer fand zum Beispiel heraus, dass nicht nur bei Frauen, die im Nachtdienst arbeiten, ein zu niedriger Melatoninspiegel nachzuweisen ist, sondern mittlerweile auch bei allen anderen Frauen (und Männern: andere Studien haben auch einen Zusammenhang zwischen LAN und der steigenden Prostatakrebsrate hergestellt). Das heißt, auch wenn wir nicht nachts arbeiten, pflegen wir heute länger aufzubleiben und unseren Körper dabei einem Maß an Licht auszusetzen, das er evolutionär nie zu bewältigen gelernt hat.[10]

Die Frage ist also für jeden für uns, wie viel beziehungsweise wie wenig Licht nötig ist, um die circadiane Rhythmik des eigenen Körpers zu stören und seine Melatoninproduktion zu unterbinden. Bringen wir uns sogar zu Hause, ja, selbst in unseren Schlafzimmern in Gefahr? Verheißt es bereits nichts Gutes, wenn wir in einem Zimmer schlafen, durch dessen Fenster Licht einfällt oder durch dessen Türspalt Licht dringt? Wissenschaftler erklären, dass die verschiedenen Lichtintensitäten von Nachttischlampen, Computerbildschirmen, Tablet-Screens usw. erwiesenermaßen vom Gehirn ermittelt werden, das daraufhin entscheidet, die Melatoninproduktion zu unterbinden. Aber diese Forschung befände sich noch in einem sehr frühen Stadium, weshalb der entscheidende Nachweis für einen direkten Zusammenhang zwischen unserem übersteigerten Einsatz von Licht bei Nacht, der so viel Lichtverschmutzung nach sich zieht, und den diversen Gesundheitsrisiken, die als Folgen davon betrachtet werden, noch ausstehe.

Als ich Stevens danach frage, erklärt er: »Bis 1980 war man der Meinung gewesen, dass der Mensch anders geartet sei, das heißt, dass sein Körper nicht anfällig sei für Licht bei Nacht, ganz egal wie hell, und demnach natürlich auch, dass sein Melatoninrhythmus völlig in Ordnung sei. 1980 erschien dann das bahnbrechende Papier in *Science,* mit dem sich alles änderte. Aber darin wurde nur sehr helles Licht behandelt. Seither wurde die Schwelle der Lichtstärke, ab der nach einhelliger Meinung der Wissenschaftsgemeinde die Melatoninproduktion unterdrückt wird, zwar laufend niedriger und niedriger angesetzt, aber wir wissen noch immer nicht, ob die dauerhafte Einwirkung eines schwachen Lichtscheins, wie etwa der einer Straßenbeleuchtung oder irgendeiner anderen Quelle, die von außen ins Zimmer dringen kann … wir wissen immer noch nicht, welche Auswirkungen der hat.«

Wir haben noch nicht einmal begonnen, all die gesundheitlichen Probleme zu begreifen, die durch diese nächtliche Lichterflut ausgelöst werden, unter der wir alle leben und an die wir uns so gewöhnt haben, dass es kaum noch jemandem einfällt, sie infrage zu stellen. Doch von dem Moment an, in dem uns ein eindeutiger Nachweises vorliegen würde, dass elektrisches Licht bei Nacht Krebs verursacht oder doch zumindest sehr gesundheitsschädlich ist, würde sich mit Sicherheit alles ändern. Ich frage Lockley aus Harvard, ob er persönlich glaubt, dass es auf Basis unseres heutigen Wissens gerechtfertigt sei, an einen solchen Zusammenhang zu glauben.

»Ich halte es für gerechtfertigt. Aber als Wissenschaftler kann ich nur veröffentlichen, was ich experimentell bestätigen konnte, und solche Experimente wurden noch nicht gemacht. Deshalb verwende ich Begriffe wie ›möglich‹ oder ›wahrscheinlich‹. Doch die Studien über Nachtarbeit, die hier einen Zusammenhang nahelegen, sind – in Kombination mit den vorhandenen Labordaten – bereits ein ziemlich guter Nachweis, dass hier ein Zusammenhang besteht, auch wenn noch keine eindeutigen Ergebnisse durch klinische Versuche vorliegen. Die Weltgesundheitsorganisation hat mit ihrer Einstufung von Nachtarbeit zu einem potenziellen Karzinogen bereits die schwerwiegendste Aussage getroffen, die ohne faktischen Nachweis – der auch nicht den Schatten eines Zweifels mehr zurücklässt – bei der Frage möglich ist, ob Nachtarbeit Krebs verursacht.«

Natürlich kennen wir einige Krebsverursacher. Wir wissen zum Beispiel zweifelsfrei, dass Asbest Mesotheliome verursacht, deshalb hat es die WHO ja auch unter die Risikostufe 1 eingeordnet. Zur Risikostufe 2, unter welche die WHO auch die Nachtarbeit einordnet, zählten bis vor Kurzem auch das

Einatmen von Benzindämpfen und die Bestrahlung mit UV-Licht, zwei Risiken, die mittlerweile in die Risikostufe 1 verschoben wurden.

Dass die Wissenschaft nach wie vor zögert, Nachtarbeit zur Risikostufe 1 zu zählen, liegt schlicht daran, dass es kein Verfahren gibt, mit dem sich dieses Risiko definitiv nachweisen lässt. Den Zusammenhang von UV-Licht und Hautkrebs akzeptieren wir jedoch ohne auch nur den geringsten Nachweis dafür zu haben – den wir auch nie bekommen werden, weil es, wie Lockley erklärt, unethisch wäre, eine Studie durchzuführen, »bei der man Menschen absichtlich dem UV-Licht ausgesetzt und dann beobachtet, wie sie Krebs bekommen«. Wir akzeptieren den Zusammenhang in diesem Fall sogar so weitgehend, dass allein in den Vereinigten Staaten eine Sonnenschutzcreme-Industrie im Wert von rund 1,7 Milliarden US-Dollar (2010) blühen und gedeihen kann.

Wie auch immer, jedenfalls meint Lockley: »Im Moment kann ich dir nicht beweisen, dass sich künstliches Licht, das durchs Fenster einfällt, schädlich auf dich auswirkt, aber das ist ja auch gar nicht nötig, denn es gibt doch gar keinen Grund dafür, ein solches Risiko einzugehen.«

In Minnesota fahre ich von der Interstate 694 im Norden von St. Paul ab und steuere auf das grellrot leuchtende *Emergency*-Schild an einem dunklen Backsteingebäude rechterhand zu. Eine Frau schiebt im pink-orangen Licht der Hochdruck-Natriumdampflampen einen Mann in einem klapprigen Rollstuhl über dem Parkplatz, zwei Teenager im neben mir geparkten Wagen lassen Death Metal aus den offenen Fenstern dröhnen. Im Wartezimmer blicke ich auf angeschwollene und blau verfärbte Fußgelenke unter einem bedruckten Klinikkittel, der Boden glänzt und verströmt penetranten Ammoniakgeruch, in einer Ecke kichern drei halbwüchsige Mädchen. Hinter dem Empfangstresen hütet eine zierliche Blondine das Telefon und drückt auf blinkende Tasten, zwei riesige Wachmänner schieben ihre Bäuche in eng sitzenden schwarzen Uniformen vor sich her und halten Ausschau nach Trouble.

Seit ich von den Studien weiß, die einen Zusammenhang zwischen Nachtdienst und Brustkrebs bei Krankenschwestern herstellen, wollte ich eine Notaufnahme in der Nacht besuchen, wollte Schwestern fragen, was es für sie bedeutet, nachts zu arbeiten, und ob sie diese Studien kennen. Denn ich finde es doch ziemlich ironisch, dass ausgerechnet Frauen, die im Gesundheitswesen arbeiten, zu den bekanntesten wissenschaftlichen Beispielen für die gesundheitsschädlichen Auswirkungen von künstlichem Licht zählen. Nachdem ich bereits eine Nacht mit der Putzkolonne am Campus verbracht habe, bin ich neugierig, was ich nun von Menschen erfahre, die vermutlich mehr berufliche Auswahlmöglichkeiten gehabt hätten, jedenfalls aber definitiv mehr verdienen.

Bald darauf schwingt die Flügeltür zur Notaufnahme auf und Michelle, meine Ansprechpartnerin und seit zwanzig Jahren Krankenschwester, bringt mich in den Aufenthaltsraum des Personals, wo ich meine Jacke ablegen kann und Kaffee, Slushies, Energydrinks, Limo und Kekse bereitstehen, um mir durch die Nacht zu helfen. Die Notaufnahme verfügt über dreizehn abgeteilte Kabinen (die Nr. 13 bleibt grundsätzlich unbelegt), alle um ein Quadrat gruppiert, in dessen Mitte sich die Schwesternstation und die Schreibtische der Ärzte zusammendrängen. Um mich herum lauter weiße Kittel und Tennisschuhe und Leute, die auf Computerbildschirme starren. Oben an jeder Wand hängen digitale »Schwarze Bretter«, auf denen die eingewiesenen Patienten vermerkt sind, jeweils versehen mit einer Zahl zwischen 1 und 5: 1 heißt »stirbt«, sagt Michelle, 2 »schwerkrank« (»Schmerzen im Brustkorb« sind eine 2, erklärt sie), 3 »ziemlich typisch, muss dringend angesehen werden«, und 4 dasselbe wie 5: gebrochene Knochen oder kleinere Verletzungen. Dadurch soll jeder jederzeit wissen, was noch getan werden muss oder gerade getan wird, sagt Michelle. Heute Abend wurde noch keine 1 eingeliefert.

Michelle, blond, 43 und zweifache Mutter, ist norwegischer Herkunft und kommt aus Minnesota. Sie steht in bequemen Hosen und einem hellbraunen Sweater vor mir, das Band mit ihrer ID-Karte und ein Stethoskop um den Hals, und erzählt, dass sie es immer schon liebte, nachts zu arbeiten. »Bevor ich Kinder hatte, war ich eine eingefleischte Nachteule. Wenn ich mitten in einem Buch war, das ich nicht aus der Hand legen konnte, dann las ich eben die ganze Nacht, bis halb sechs in der Früh, und sprang aus dem Bett, wenn die Zeitung durch gesteckt wurde. Ich war schon immer ein Nachtmensch.«

Als »Nachteulen« hatten sich nun schon viele bezeichnet, mit denen ich sprach, aber noch niemand hat seine Vorliebe für die Nacht so offen zugegeben wie Michelle (»Nicht jeder ist so in die Nacht verliebt wie ich«, sagt sie). Aber womit hat das zu tun? Ist das Nachteulenhafte bei manchen Menschen angelegt? Nun, wie sich herausstellt, ist da etwas Wahres daran (ebenso wie an der Veranlagung zum Morgenmenschen, der »Lerche«). Der Takt der biologischen Uhr variiert etwas von Mensch zu Mensch. Bei manchen hat der biologische Tag 23,8 und bei anderen 25 Stunden; Erstere tendieren dazu, Morgenmenschen zu sein, Letztere zum Nachtmenschen.

Auch das Alter hat viel damit zu tun. Ein klassisches Beispiel ist der Unterschied zwischen einem neunzehnjährigen Studenten, der zu kämpfen hat, um pünktlich zum Seminarbeginn um neun Uhr in der Uni zu sein, und seinem fünfzigjährigen Professor, der ohne große Probleme schon seit fünf Uhr früh wach ist. Man weiß, dass es einem Teenager von der Natur vorgegeben ist, erst um zwei, drei oder vier Uhr früh ins Bett gehen zu wollen, was bedeutet, dass er es als einen ebenso grässlichen Zwang empfindet, tagtäglich um sieben Uhr morgens aufstehen zu müssen, um pünktlich in der Schule zu sein, wie ein Vierzigjähriger, der um drei Uhr nachts aufstehen müsste. So weit, so gut, aber die Tatsache, dass jemand eine »Nachteule« ist, immunisiert ihn oder sie noch nicht vor den Auswirkungen durchwachter Nächte. »Es gibt individuelle Unterschiede«, sagt Steven Lockley, »manche passen sich besser an als andere. Aber ich wette, dass sich kein einziger Schichtarbeiter jemals wirklich anpassen kann. Sie sind vielleicht etwas weiter unten im Kontinuum [der circadianen Dysrthythmie] angesiedelt als die Menschen, die sich nicht so leicht an Nachtarbeit anpassen können, aber irgendeine Auswirkung bekommen auch sie zu spüren.«

»Sag ihm, was du wirklich denkst«, sagt Michelle, als sie mich Chris vorstellt und dann verschwindet, um nach den Patienten zu sehen. »Denn ich zeichne doch ein ziemlich glorreiches Bild vom Nachtdienst«, ruft sie noch. Die braunhaarige Chris, ebenfalls Krankenschwester, steht im blauen Kittel vor mir und erklärt, dass auch sie zu den Menschen gehöre, die gerne nachts arbeiten. Zumindest sei das bis vor zwei Wochen so gewesen, denn da habe man ihre alte Schicht, die von sieben Uhr abends bis halb vier Uhr morgens gedauert hatte, auf neun bis halb acht verschoben. Seither fühle sie sich miserabel. »Letzte Nacht dachte ich, ich sterbe«, gesteht sie. Ich antworte, dass es mir garantiert ebenso gehen würde bei ihrem Dienstplan, aber sie müsse doch daran gewöhnt sein? »Ich arbeite seit einundzwanzig Jahren nachts, aber das halte ich wirklich für eine neurotische Lebensweise. Ich glaube nicht, dass das normal ist. Ich bin Diabetikerin, deshalb würde es mir gesundheitlich bestimmt besser gehen, wenn ich nicht nachts arbeiten würde. Mein Arzt hat mir das ziemlich deutlich gemacht. Es ist echt nicht normal, nicht gut. Wenn ich die ganze Nacht aufbleibe, hat mein Blutzucker ganz andere Werte. Und wie macht man es mit der Medizin – wie soll man sie einnehmen, wie ein Tagesmensch oder eher wie ein Nachtmensch? Das wurde ein ziemliches Thema. Dann kommt noch hinzu, dass deine Motivation wirklich nachzulassen beginnt. Ich sage seit zehn Jahren, dass ich zurück an die Uni will. Aber ich kriege gerade mal den normalen Alltag gebacken, Geschirrspülen, Waschmaschine anstellen, die Kinder rumfahren. Ich halte mich nicht unbedingt für nachlässig, mir ist bloß nicht danach, viel zu tun.«

»Ich kenne es gar nicht anders«, sagt eine andere Krankenschwester, Marilyn, die sich zu uns gesellt hat. »Ich habe damit angefangen, weil es einfach zweckdienlich war, damit ich tagsüber bei meinen Kindern sein konnte, als sie noch klein waren. Tatsache aber ist, dass ich inzwischen besser am Tag als in der Nacht schlafe. Bloß sind die Kinder jetzt keine Babys mehr.«

»Hast du keine Angst, dass ein Vierjähriger das Haus abfackelt?«, lacht Chris.

»Nein, da mach ich mir keine Sorgen«, lächelt Marilyn. »Ich schlafe den ganzen Tag neben den Hunden. Es macht mir nicht das Geringste aus. Ich habe mich wohl einfach daran gewöhnt. Es ist eben eine ganz andere Lebensweise. Wer nie so gelebt hat, kann das nicht verstehen. Meine Kids haben nie etwas anderes kennengelernt. Für sie wäre es ulkig, wenn ihre Mom jeden Abend und das ganze Wochenende über zu Hause wäre. So ging es bei uns ja schon immer zu.«[II]

»Ich mache es, weil's mir selbst was gibt«, sagt Chris. »Geld wäre keine gute Motivation für Nachtschichtler.«

»Oh nein, nein, nein, Geld hat damit gar nichts zu tun«, fällt Marilyn ein.

»Manche Leute sagen, na ja, ihr Nachtmenschen kriegt eben bessere Gehälter als wir.«

»Aber deshalb tun wir's nicht.«

»Das wär's nicht wert«, sagt Chris.

»Das wär's nicht wert«, wiederholt Marilyn. »Wer es tut, der *will* zu dieser Zeit arbeiten. Niemand tut es wegen der Kohle, das ist mal sicher. Die wär's nicht wert, glaub mir!«

Chris verlässt uns (sie ist heute Nacht für die Schwerkranken zuständig, außerdem ist es an der Zeit für ein Update der Bulletin Boards). Ich frage Marilyn, was es *dann* sei, das der Nachtarbeit wert sei.

»Ich liebe diese Atmosphäre, Leute, die nachts arbeiten, sind andere Typen. Außerdem ist das Teamwork besser, weil weniger los ist. Es geht viel entspannter zu. Da rennen nicht ständig irgendwelche Verwalter herum. Plus«, sagt sie, »ich bewundere Menschen, die um fünf Uhr früh aufstehen und zur Arbeit gehen können, aber ich selbst würde lieber die ganze Nacht wach bleiben als um fünf Uhr früh aufzustehen. Außerdem bin ich gerne tagsüber zu Hause und erledige meine Einkäufe, wenn alle anderen arbeiten.«

Inmitten all dieser blinkenden Lichter und Pieptöne, der Kommandos aus der Gegensprechanlage und all dieses Gewirrs aus Fragen und Antworten, aus denen die Klanglandschaft einer Notaufnahme bei Nacht besteht (mir fällt auf, dass nirgendwo im Hintergrund Musik zu hören ist – nicht, dass ich es erwartet hätte, und welche Art von Musik hätte das denn auch sein sollen?), ist das an- und abschwellende jämmerliche Wimmern einer Frau zu hören. Niemand von den Krankenschwestern und Ärzten scheint dem Beachtung zu schenken. Als man dann eine Männerstimme brüllen hört: *»Halt endlich die Klappe!«,* hält Marilyn kurz inne und sagt dann leise: »Ich glaube, ihr Mann unterhält sich gerade mit ihr.«

»Na ja, man ist schon müde«, fährt sie fort, »und viele sagen, dass sie gar nicht merken, wie schlecht sie sich fühlen, bis sie dann irgendwann ein paar freie Nächte haben. Und das haben mir Leute gesagt, die schon lange nachts arbeiten. Du musst dich zwingen, auf die Beine zu springen und loszulegen. Im Grunde bist du immer müde und möchtest dauernd nur rumliegen. Du trottest eben einfach weiter. Ich meine, ich habe zwanzig Jahre lang nur nachts gearbeitet, und ich weiß jedes Mal schon vorher, dass ich müde sein werde, wenn ich die Nacht durchgearbeitet habe. Man gewöhnt sich einfach daran, müde zu sein.«

Das höre ich oft von Leuten, die behaupten, Nachtarbeit vorzuziehen oder zumindest »daran gewöhnt« zu sein. Doch wie viel auch dran sein mag an der Vorstellung, eine geborene Nachteule zu sein, so ist die biologische Wahrheit doch, dass Eulen Eulen und Menschen Menschen sind, und dass die Evolution für uns, im Gegensatz zu den Nachtvögeln, keine durchwachten Nächte eingeplant hat. Jeanne Duffy von der Harvard University sagte einmal: »Man kann seine Biologie nicht außer Kraft setzen.«

Was uns aber natürlich nicht daran hindert, es zu versuchen.

»Wir haben schreckliche Essgewohnheiten«, sagt Marilyn und spricht damit eine der härtesten biologischen Herausforderungen an, vor denen Nachtarbeiter stehen. »Neulich sah mich ein Arzt und fragte mich, wann ich das letzte Mal etwas gegessen hätte, und ich sagte: Abendessen um drei in der Früh.«

Marilyn kehrt zu ihrer Arbeit zurück und ich schlängle mich durch zu Steve, der seit mehr als dreißig Jahren als *nurse*[12] nachts arbeitet und gerne behauptet, wie mir eine seiner Kolleginnen erzählte, dass er hundert Pfund leichter wäre, wenn er keine Nachtschichten schieben würde. Steve wird im Sommer sechzig und hat, ja, einen voluminösen Körper.

»Ich glaube schon, dass Gewicht ein Thema ist«, sagt er. »Als ich vor fast vierzig Jahren in diesem Bereich angefangen habe, war ich ein dürrer Junge. Aber es ist ziemlich schwer, das Gewicht zu halten. Ich weiß nicht, ob es das Cortisol ist, oder was auch immer. Wenn ich mehrere Nächte hintereinander arbeite, bin ich ständig hungrig, was mir nie passiert, wenn ich tagsüber arbeite.«

Fast jeder meiner vielen Gesprächspartner aus dem Nachtdienst hat dieses Problem angesprochen. Wenn nicht viel los ist, isst man, um wach zu bleiben, und wenn es rund geht, hat man keine Zeit zu essen und grapscht sich irgendwann schnell »eine Tüte Chips oder sowas«. Wie auf Kommando, oder wie für mich bestellt, fällt ein Wachmann über den Keksteller her, während ich mit Steve im Pausenraum rede.

Steve Lockley aus Harvard führt nächtliches Essen als ein gutes Beispiel für das »Herumpfuschen an unserer inneren Uhr« an, beziehungsweise in diesem konkreten Fall: mit unserem Stoffwechselrhythmus. »Wenn du um zwei Uhr nachts Pizza isst, sind Verdauungsstörungen sehr viel wahrscheinlicher, als wenn du um zwei Uhr mittags Pizza isst. Denn die innere Uhr in unserem Körper ist nicht auf eine maximale Verdauungsreaktion in der Nacht eingestellt, maximal ist sie am Tag.« Setzt man einer Person also nachts dieselbe Mahlzeit wie am Tag vor, »wird man anschließend in ihrem Blut einen höheren Fettspiegel, einen höheren Insulinspiegel und einen höheren Glukosespiegel feststellen – und das sind die Risikofaktoren für Diabetes und kardiovaskuläre Erkrankungen, denen Nachtarbeiter ergo in viel höheren Maßen ausgesetzt sind.«

Nahezu jeder Nachtarbeiter gab in den Gesprächen mit mir zu, dass es Probleme mit der Müdigkeit gibt, aber kaum einer, nicht einmal einer aus dem Gesundheitsbereich, wusste von der Forschung, die nahelegt, dass Müdigkeit nur ein Teil dieser Geschichte ist. Die Zeiger der Uhr wandern an der 1 vorbei. Ich warte darauf, dass Michelle zurückkehrt, und denke an ein Gespräch, das ich mit Catherine, einer Krankenschwester aus Albuquerque, geführt hatte. Ich hatte sie gefragt, ob sie jemals mit ihren Kollegen über diese Risiken sprechen würde.

»Nein«, hatte sie geantwortet. »Niemand spricht über so was. Ich habe kein Problem, meiner Chefin zu sagen, dass ich gerne eine Tagesschicht hätte, sobald eine frei wäre, aber wenn ich ihr sagen würde, dass ich das will, weil ich mich vor dem größeren Brustkrebsrisiko oder so fürchte, würde sie mich völlig verständnislos ansehen. In meinem Beruf erwartet man, nachts arbeiten zu müssen. Nicht für immer und ewig, aber in der Krankenpflege gehört es einfach zur Kultur, dass man zuerst nachts eingeteilt wird. Wenn du dann ein höheres Dienstalter hast, kannst du dich für eine Stelle in der Tagesschicht bewerben, sobald eine frei wird. Ich habe mich nie mit den Konsequenzen befasst, denn wenn man als Krankenschwester in einer Klinik arbeiten will, gehört das einfach dazu. Das rechtfertigt natürlich nicht, dass man sich der Risiken nicht bewusst ist. Aber die gehören eben auch zum Job.«

Im Unterschied zu den meisten anderen, mit denen ich sprach, hatte Catherine jedoch begonnen, sich über die Risiken zu informieren, seit ihr eine Kollegin einmal einige Artikel darüber geschickt hatte. Als alleinerziehende Mutter Anfang vierzig hatte sie ziemlich zu kämpfen mit den nächtlichen Arbeitszeiten. »In den letzten Monaten wurde es immer schwieriger, ich fühlte mich immer mehr aus dem Gleichgewicht geraten. Ich weiß nicht, ob du jemals eine Waschmaschine mit einer Unwucht gesehen hast. Sie dreht sich und dreht sich und wackelt völlig aus dem Rhythmus geraten rum. So fühle ich mich oft, als würde ich rumgeschleudert werden und schaffte keine gleichmäßigen Drehungen mehr. Da habe ich dann das Gefühl, dass ich wirklich eine Veränderung bräuchte, aber ich kann das nicht rechtfertigen, wegen des Geldes – denn es ist doch ein ganzes Stück mehr Geld. Also denke ich, dass ich es eben einfach durchstehen muss. Doch mit diesen Artikeln hatte ich erstmals genau die Informationen erhalten, die noch ausstanden und die ich brauchte, um einen klaren Kopf zu bekommen und mir zu sagen: Es gibt einen Grund, weshalb du dich so fühlst. Es gibt einen Grund, weshalb du so deprimiert bist. Es gibt einen Grund, weshalb du Tag für Tag so erschöpft bist und dich oft gar nicht gut fühlst. Und da ist es dann das ganze Geld nicht mehr wert.«

Es sind solche Geschichten von Erschöpfung, die mir in Erinnerung bleiben. Teils, weil ich während meiner Gespräche mit Menschen im Nachtdienst wenigstens den Hauch einer Ahnung bekam, wie sich das anfühlt – ich brauche bloß an dieses kiefernausrenkende Gähnen denken, das mich in der Nacht mit der Putzkolonne überfallen hatte –, mehr noch aber, weil ich es schon kaum ertrage, mir einfach nur anzuhören, was diese Leute von ihren nächtlichen Torturen berichten.

»Wie soll ich es am besten beschreiben?«, sagt eine andere Krankenschwester, Heather, auf meine Nachfrage, was sie meine, wenn sie sagt, sie fühle sich »total gerädert«. »Das ist so wie: ich bin da, ich weiß, was ich tue, aber wenn ich zwei Stunden später an irgendwas zurückdenke, dann frag ich mich, *meine Güte, hab ich das wirklich getan?*, so als könnte ich mich gar nicht erinnern. Ich glaube, ich wäre ganz da, bin aber nicht wirklich ganz da. So wie es mir auch teuflische Angst einjagt, in der Früh nach Hause zu fahren, weil man zu Hause ankommt und keine Ahnung hat, wie man dorthin gekommen ist. Also echt, *das ist wahrscheinlich gar nicht gut.*«

Catherine gestand, dass sie immer ein rezeptpflichtiges Medikament in der Tasche habe, um sich wachzuhalten. »Noch ein Grund, warum ich diesen Dienstplan nicht mag. Ich habe das Gefühl, dass ich etwas bräuchte, um wach bleiben zu können, und dann brauche ich wieder etwas, damit ich einschlafen kann, selbst wenn ich total erschöpft bin. Am schlimmsten ist es normalerweise immer dann, wenn ich nach Hause fahre. Die Fahrt dauert etwa eine halbe Stunde, und ich habe die ganze Zeit über das Gefühl, dass ich da etwas wirklich Gefährliches tue. Es gibt regelmäßig Tage, an denen ich fast am Steuer einschlafe.«

Hier in der Notaufnahme frage ich mich, wie sich die Nachtschicht verändern würde – wenn man sie denn verändern würde –, falls sich die Nachweise über ernsthafte Gesundheitsschäden häufen würden. Natürlich brauchen wir Menschen, die bereit sind, in der Nacht zu arbeiten, tatsächlich verlangt die Gesellschaft diese »dritte Schicht« sogar. (Michelle meint: »Du kannst ja nicht einfach sagen, ›ach was, Sie hatten einen Herzinfarkt und sterben? Sorry, die Klinik schließt um zehn.‹«) Aber wie hoch ist der Anteil, den unsere Bequemlichkeit oder unser Profitstreben an den Risiken trägt, denen wir Nachtarbeiter aussetzen? Wie viel Nachtarbeit wird gefordert, bloß weil es für die Verwaltungen der einfachste Weg ist, die Dinge erledigt zu bekommen? Wie viel Nachtarbeit müssen Ärzte allein wegen dieser völlig überholten Tradition von Dreißigstundenschichten pro Woche leisten?

»Was das betrifft, könnten wir heute noch auf demselben Stand wie in den fünfziger Jahren in puncto Rauchen sein«, sagt Steve Lockley. »In den Fünfzigern hielten nur wenige das Rauchen für ungesund, aber da gab es ja auch noch keine öffentlich zugänglichen Forschungsergebnisse. Erst im Laufe der nächsten dreißig, vierzig Jahre häuften sich die Nachweise, dass Rauchen zu Lungenkrebs führt. Vor dreißig Jahren wäre es undenkbar gewesen, Rauchen in der Öffentlichkeit zu verbieten, hättest du es gefordert, hätte man dich ausgelacht. Aber es ist geschehen. Und geschehen ist es vor allem wegen der Auswirkungen des Passivrauchens auf Nichtraucher. Du selbst hast das Recht, dich zu Tode zu qualmen, wenn du willst, aber du hast kein Recht, einen anderen Menschen umzubringen. Also hat die Gesellschaft beschlossen, dass wir eines Gesetzes bedürften, um die Risiken zu minimieren, die Risiken des Passivrauchens, und an dieses Gesetz sind wir heute alle gebunden.‹

»So etwas könnte im Hinblick auf Licht oder Schlafmangel auch auf uns zukommen«, fährt er fort. »Auch das Licht aus dem Garten meines Nachbarn kann mir gesundheitliche Probleme bereiten, nicht anders als das Rauchen des einen zum Lungenkrebs beim anderen führen kann. Menschen, die nach einer Nachtschicht völlig übermüdet nach Hause fahren, können am Steuer einschlafen und sich umbringen, was schon schlimm genug ist, aber völlig inakzeptabel wird es, wenn sie einschlafen und jemand anderen umbringen, der zufällig auch auf der Straße ist. Die Folgen von Passivlicht oder Passivschlaflosigkeit sollten ebenso ernst genommen werden wie die Folgen vom Passivrauchen. Nur ein Umdenken in dieser Richtung wird dafür sorgen, dass sich wirklich etwas ändert.«

»Genau so sieht's auch am Tag hier aus«, sagt Michelle, als sie zurückkehrt. »Die Lichtstärke ist die gleiche.« Wie aufs Stichwort beginnt eine Krankenschwester in der Nähe gewaltig zu gähnen, dann entfleucht ihr ein gutes, altes, leises minnesotarisches *uff da* (Wiki sagt, und ich kann das bestätigen: »*Uff da* ist gebräuchlich [...] im Upper Midwest als Ausdruck der Reizüberflutung. Es kann ein Ausdruck der Überraschung, des Erstaunens, der Erschöpfung, der Erleichterung und manchmal auch der Bestürzung sein«). Bloß weil ich weiß, dass es nicht Tag hier drinnen ist, erwarte ich praktisch schon bald jeden mit Tränen in den Augen gähnen zu sehen. Andererseits ist es erst dreiviertel zwei, noch nicht die Zeit zwischen zwei und vier in der Früh, in der es am schwersten fällt, wach zu bleiben. Also sehe ich auch kein Gähnen.

Entscheidender aber ist, was ich ebenfalls nicht sehe: Dunkelheit, nirgendwo ist die natürliche Dunkelheit einer natürlichen Nacht. Die Notaufnahme hat keine Fenster, man hat keine Ahnung, was in der Nacht draußen vor sich geht. Man fühlt sich wie in einem Bunker tief unter der realen Welt. Über diese künstliche Abspaltung von der natürlichen Nacht denke ich nach, während ich quer durch die Stadt zurückfahre. Ich sehe die Welt jetzt mit anderen Augen: Mit einem Mal bin ich mir all dieser grell erleuchteten Fenster und all der vielen Menschen, die gerade hinter ihnen arbeiten, schrecklich bewusst.

Schlaf. Wir brauchen ihn wie Nahrung und Wasser. Schlaf ist eine biologische Notwendigkeit, die wir nicht abschaffen können, jedenfalls nicht für lange Zeit. Und doch bekommen so viele, viele von uns nicht ausreichend davon. Siebzig Millionen Amerikaner leiden unter Schlafstörungen oder Schlaflosigkeit, und unter diesen wiederum 60 Prozent an einer chronischen Erkrankung. Zwischen 20 und 40 Prozent aller Amerikaner machen irgendwann im Laufe eines Jahres eine Phase der Schlaflosigkeit durch, jeder dritte Amerikaner einmal im Leben. Im Jahr 2005 stellte die *National Sleep Foundation* fest, dass 75 Prozent aller erwachsenen Amerikaner während mindestens einiger Nächte pro Woche Symptome von Schlafstörungen aufweisen.

Es gibt jede Menge Bücher über Schlaf und Schlafstörungen, aber kaum eines, das sich dabei auf die Bedeutung der Dunkelheit für einen guten Schlaf konzentriert, oder das sich mit den möglichen Zusammenhängen von einer kurzen Schlaf- und einer langen Lichtphase befasst. Könnten letztendlich alle Schlafstörungen, welche anderen Gründe sie auch noch zusätzlich haben mögen, in einem direkten Zusammenhang mit dem allgemein herrschenden Mangel an Dunkelheit stehen? Manchmal scheint das auf der Hand zu liegen – denn jeder von uns kennt Schlafstörungen, und wir ertrinken alle in Lichtern. Doch die medizinische Schlafforschung lässt sich wirklich reichlich Zeit, sich mit diesem Zusammenhang zu befassen, geschweige denn damit, ihn anzuerkennen. Es gibt eine Menge Krankenhäuser in den Vereinigten Staaten, die über ein Schlafzentrum verfügen, aber in kaum einem davon erforscht man die Auswirkungen von Licht bei Nacht.

Das könnte sich vielleicht bald ändern. Ich sprach mit zwei Schlafforschern, die gleichermaßen überzeugt sind, dass unser Kampf um Schlaf viel mit unserer Achtlosigkeit gegenüber der Dunkelheit zu tun hat.

»Die Herausforderung, vor der zumindest wir Amerikaner stehen, ist der Versuch, uns wieder wohlzufühlen im Dunkeln«, sagt Vaughn McCall, Chef des Schlafzentrums im Wake Forest Baptist Medical Center. »Wir wissen nicht, was wir im Dunkeln mit uns anfangen sollen, also bleiben wir wach.« In seinem breiten Carolina-Akzent erzählt mir McCall, dass er »einen Haufen« Schlafloser kenne, die sich ständig mit der Frage unter Druck setzten: »Warum bin ich bloß mitten in der Nacht wach?« Dabei seien solche Wachphasen in der menschlichen Evolutionsgeschichte vermutlich etwas ganz Normales gewesen, wir hätten das mit dem Aufkommen des elektrischen Lichts nur vergessen. »Wenn man sich Tagebücher aus dem 19. Jahrhundert durchliest, dann stellt man fest, dass die Menschen vor hundertfünfzig Jahren ins Bett gingen, wenn es dunkel war, und aufstanden, wenn es wieder hell wurde. Sie ließen sich mehr oder weniger von den natürlichen Photoperioden bestimmen und lagen dann vielleicht neun oder zehn Stunden am Stück im Bett, erwarteten aber nicht notwendigerweise auch, dass sie diese ganze Zeit über schlafen würden.«

Genau das stellte auch der Historiker Roger Ekirch fest, als er für sein Buch *At Day's Close (In der Stunde der Nacht)* die Geschichte der Dunkelheit in Europa und dem kolonialisierten Nordamerika vom späten Mittelalter bis zum frühen 19. Jahrhundert recherchierte: In vorindustriellen Zeiten gingen die Menschen mit dem Schwinden des Tageslichts zu Bett und standen auf, wenn das Licht zurückkehrte, und keiner ging davon aus, dass er die ganze Zeit ohne Unterbrechungen durchschlafen würde. Ekirch schreibt:

> *Bis zum Ende der frühen Neuzeit gab es bei den Westeuropäern in den meisten Nächten zwei längere Schlafabschnitte, die von einer stillen Wachphase von einer Stunde oder mehr unterbrochen wurden. [...] Der anfängliche Schlafabschnitt wurde meist als [...] erster Schlaf bezeichnet [...]. Der anschließende Schlafabschnitt war der »zweite« oder der »Morgenschlaf [...]. Aus der Art, wie die Menschen über die beiden Schlafabschnitte sprachen, wird deutlich, dass das Erwachen inmitten der Nacht etwas Selbstverständliches war, das keiner Erklärung bedurfte.[13]*

Kurzum, niemand geriet in Panik wegen dieses unterbrochenen Schlafmusters, im Gegenteil, die Menschen nutzten diese Perioden »stiller Wachphasen«, um mit ihren Partnern zu plaudern, Liebe zu machen, einem Hobby nachzugehen, oder sogar, um beim Nachbarn vorbeizusehen. Vielen bot diese Zeit der nächtlichen Wachheit eine Gelegenheit und die Freiheit, etwas zu tun, wofür sie tagsüber keine Zeit fanden, insbesondere den Frauen, die endlich Zeit für sich selbst hatten, befreit von der Plackerei, den Problemen, den patriarchalischen Hierarchien und all den anderen Lasten des Alltags.

Auf einen Amerikaner heutiger Zeit, wie mich, wirkt die Vorstellung, ins Bett zu gehen und sich in aller Gelassenheit auf einen von mehreren Wachphasen unterbrochenen Schlaf einzurichten, ziemlich abwegig, vielleicht sogar ein bisschen dekadent. Ein gutes Buch (bei Kerzenlicht?), ein geliebter Mensch neben dir, mit dem du Liebe machen willst (vor allem bei Kerzenlicht oder womöglich gar neben einem offenen Kamin!). Vielleicht schläfst du ja sogar im Freien und schenkst deine Aufmerksamkeit dem Nachthimmel? Heute, im 21. Jahrhundert, würde es nicht überraschen, wenn es für diesen »Zustand« sogar einen medizinischen Fachbegriff gäbe. Jedenfalls aber gälte es hierzulande geradezu als unamerikanisch, so viel freie Zeit unproduktiv zu vertrödeln. Im Bett zu liegen und nicht schlafen zu können ist etwas, das uns Amerikaner gewaltig unter Druck setzt. Da hilft es wenig, sagt McCall, zu wissen, dass der Schlaf ebenso idealisiert wurde wie so viele andere Aspekte des menschlichen Verhaltens.

»Nehmen wir zum Beispiel Sex. So, wie er in Film und Fernsehen dargestellt wird, kann dich das schon ziemlich unter Druck setzen. Du denkst sofort: ›Mein Sexleben sieht ganz anders aus, was sagt das über mich?‹ Und was den Schlaf anbelangt: Wenn du den überidealisierst und deshalb glaubst, dass irgendwas gewaltig schieflaufe bei dir, nur weil du nicht genau wie erwartet schläfst, dann orientierst du dich an einer falschen Norm. Wir schüren falsche Erwartungen.«

Ich schlafe ziemlich gut, erzähle ich McCall, allerdings fühle ich mich definitiv besser, wenn ich acht Stunden abbekommen habe. Trotzdem träume ich schon lange von einem idealen Nachtplan. Ich wünschte, ich könnte bis ein Uhr aufbleiben und die Stille und Einsamkeit im dunklen Haus, am See oder im Garten genießen, um dann um fünf Uhr wieder aufzustehen und mich an der Morgendämmerung zu erfreuen. Ich liebe die Nacht, ich liebe den frühen Morgen, und ich wünschte, ich könnte nachmittags schlafen.

»Du solltest nach Spanien ziehen«, sagt er.

Genau. Das ist eine tolle Vorstellung, bloß dass die spanische Siesta-Tradition auch schon dahinschmilzt im Feuer der globalen kapitalistischen Erwartung, wonach wir rund um die Uhr arbeiten müssten, jedenfalls mal mit Sicherheit am frühem Nachmittag und möglichst auch über Mittag.

Wie würde unsere Welt aussehen, wenn wir in die entgegengesetzte Richtung steuerten und einander ermunterten, ein paar Stunden mitten am Tag freizunehmen, um ein köstliches Essen zu genießen, dann Liebe und anschließend ein Nickerchen zu machen?[14]

Leider ist das nicht der Weg, den wir eingeschlagen haben. Tatsächlich haben wir uns wirklich etwas angetan, sagt McCall, als wir künstliches Licht in unsere privaten Nächte und Schlafzimmer brachten. »Aus rein verhaltenswissenschaftlicher Sicht betrachtet ist dieses Licht der paradiesische Apfel, der uns auf den Weg der Versuchung zu all den schlafhemmenden Verhaltensweisen führt, auf die wir uns wirklich nicht einzulassen bräuchten, ob es nun ums Fernsehen oder ums Surfen im Internet geht. Durch das elektrische Licht haben wir die Möglichkeit, länger aufzubleiben und unsere Zeit im Bett zu verkürzen. Deshalb wird es auch plötzlich etwas Anormales, mitten in der Nacht wach zu sein.«

McCall vermutet, dass diese »Möglichkeit« auch zu solch ernsthaften Schlafstörungen wie zum Beispiel der Schlafapnoe führt, die sich ja geradezu epidemisch verbreitet hat. »Üblicherweise gilt Fettleibigkeit als der größte Risikofaktor für Apnoe, ergo werden wir in den Vereinigten Staaten proportional immer dasselbe epidemische Maß an Fettleibigkeit wie an Schlafapnoe haben. Und warum haben wir epidemische Fettleibigkeit? Aus vielen, vielen Gründen. Aber wie wirkt sich die Präsenz von künstlichem Licht auf unsere Essensgewohnheiten aus, also darauf, was wir wann zu essen pflegen? Ist das ein Faktor bei Fettleibigkeit? Wer vor hundert Jahren in einer stockdunklen Holzhütte in Minnesota gelebt hat, der hatte keinen Kühlschrank, über den er herfallen konnte, aber der hätte auch gar keinen Grund gehabt, sich einen Becher Eiscreme zu schnappen und damit vor den Fernseher zu setzen.«[15]

Ich hatte McCall von der Hütte meiner Familie an besagtem See in Nord-Minnesota erzählt, daher sein Beispiel. Und er hat natürlich recht mit dem Zusammenhang zwischen LAN und Fettleibigkeit – der jüngsten Forschung zufolge gehen nicht nur Nachtarbeiter ein höheres Risiko zur Fettleibigkeit ein. Auch eine Studie mit Mäusen konnte diesen Zusammenhang herstellen. Das Problem ist nicht, wach zu sein in der Nacht, das Problem ist, wach zu sein in einer erhellten Nacht.

McCall will seinen Patienten wieder beibringen, »sich im Dunkeln wohl-zu fühlen und sich nicht aufzuregen« über Wachphasen. Eine von vielen möglichen Lösungen des Problems Schlaflosigkeit sieht er schlicht in unse-rer Bereitschaft, zu akzeptieren, dass eine gewisse Anzahl von Wachphasen in der Nacht ganz normale Ereignisse sind. Deshalb hilft er seinen Patienten auch, ihre Denkmuster zu verändern. »Es soll weniger um die Frage der Ursachen dafür gehen als um die Frage, was ich in dieser Zeit mit mir an-fangen kann. Mir wird eine Gelegenheit geboten, also wie nutze ich sie?«[16]

Auch Rubin Naiman, klinischer Psychologe und Schlafforscher an der Uni-versity of Arizona, sieht in der epidemischen Schlaflosigkeit eine Chance, unsere Einstellungen zur Nacht und Dunkelheit zu revidieren. Wir treffen uns in einem Restaurant in Tucson, wo Naiman inmitten der riesigen Saguaro-Kakteen der Sonora-Wüste lebt. Ich erkenne ihn sofort anhand eines Fotos – das volle weiße Haar und der weiße Spitzbart sind unverkennbar. Wir sitzen in einer Nische an einem groben Holztisch, vor uns zwei Schalen Miso und zwei Schalen mit asiatischem Gemüse.

»Interessant ist, dass die Leute glauben, Dunkelheit sei die Abwesenheit von Licht. Ich glaube, Licht ist die Abwesenheit von Dunkelheit«, sagt er. »Man kann es so oder so sehen.«

Naiman meint, dass »unser ständiger übermäßiger Einsatz von LAN der wichtigste übersehene Faktor bei den epidemischen Schlaf- und Traumstö-rungen ist«, mit der Folge, »dass wir heute unter den ernsthaften Kompli-kationen einer psycho-spirituellen Nachtblindheit leiden – unter der folgen-schweren Unfähigkeit, die Bedeutung der Nacht in unserem Leben und für unsere physische und psychische Gesundheit zu verstehen«. In seinem Buch *Healing Night* bezeichnet er seine Arbeit als den Versuch, »unseren Nächten die Bedeutung von etwas Heiligem« zurückzuerobern und unser »Nachtbewusstsein« zu verbessern.[17]

Nachtbewusstsein? Diesem Begriff sollte ich plötzlich immer häufiger begegnen. Wir denken einfach nicht viel über die Nacht nach. David Craw-ford, Gründer der *International Dark-Sky Association,* erzählte mir zum Bei-spiel, dass er nicht bloß »jedem auf der Welt« etwas über die Lichtver-schmutzung beibringen, sondern den Menschen auch schlicht und einfach wieder bewusst machen wolle, »dass es eine Nacht gibt und dass die Nacht wirklich wunderschön und für jeden wertvoll ist«. Dieser erste Schritt, diese Aufforderung, uns wieder der Phase oder des eigenen Zustands bewusst zu werden, in der und in dem wir die Hälfte unseres Lebens verbringen, nimmt auch Rubin Naimans Arbeit ganz in Anspruch, etwa indem er mit Krebspatienten Träume von Tod und Sterben analysiert oder Soldaten hilft, die nach ihrer Rückkehr aus Afghanistan und dem Irak unter Albträumen leiden. Von der traditionellen medizinischen Schlafforschung ist er frustriert, weil sie Nacht, Schlaf und Traum in das enge Korsett streng objektiver und wissenschaftlich identifizierbarer Phänomene presse und alles Persönliche oder Subjektive, ganz zu schweigen von allem Heiligen oder Spirituellen, herausfiltere.

»Auf philosophischer Ebene betrachtet machen Schlafstörungen durchaus Sinn«, behauptet er. »Wir diskriminieren die Nacht enorm. Wir unterdrücken sie und verdrängen sie. Ein Grund dafür ist, dass wir dort nichts von Wert zu finden glauben. Viele Wissenschaftler versuchen zum Beispiel bloß herauszufinden, warum wir schlafen, und legen das ganze Thema dann ad acta. Das ist wirklich nervtötend. Wir müssen lernen, *wie* wir unsere Batterien wieder aufladen können.«

Das erinnert mich an die Figur »Seven of Nine,« ein weibliches Crewmitglied der Voyager aus der alten *Star-Trek*-Serie, halb Borg, halb Mensch, und an eine wiederholte Szene, die uns die Zukunft unseres Schlafverhaltens vor Augen führen sollte: Wenn sie nicht geschlafen hat, ging sie einfach zum Frachtraum 2 und stellte sich in ihren Energie-Alkoven, wo dann diese grüne elektrische Energie in ihren Nacken strömte. »Sie hat ihre Batterien aufgeladen«, lacht Naiman. »Aber das war etwas völlig Unpersönliches. Das ist wirklich eine sehr mechanistische, seelenlose Sicht vom Menschen. Man geht davon aus, dass es nichts in der Nacht oder im Dunkeln gebe, was es wert wäre, erlebt zu werden.«[18]

In Wahrheit, sagt er, gibt es dort Traummaterial und einen Grad an Selbstvergessenheit, die wir nicht verstehen. »Wenn man einfach nur mal die Möglichkeit in Betracht zieht, dass es da etwas gibt, dann ist es wirklich interessant, loszulassen und einzuschlafen. Aber die meisten Menschen peilen diese Tiefen nicht an, wenn sie in die Gewässer des Schlafes abtauchen – sie haben bereits die Morgenküste des Erwachens im Visier. Sie kommen nie wirklich zum *Schlafen*. Das Ganze könnte eine geheimnisvolle nächtliche Entdeckungsreise sein, aber sie denken lieber sofort daran, was ihnen der nächste Tag bringen wird.«

Naiman erzählt, dass die Menschen, mit denen er über dieses Thema spricht, letztlich noch nie auf den Gedanken gekommen waren, dass es beim Schlaf vielleicht nicht bloß um ein paar Stunden Abschalten geht. Zum ersten Mal lassen sie die Vorstellung zu, dass sie eine Art Beziehung mit der Nacht eingehen können, »mit all ihren Dämonen und Engeln und all den anderen Dingen, die dort auf einen lauern können«.

Eine Ahnung davon bekommt man, wenn man gewillt ist, sich von der Natur berühren zu lassen, sagt Naiman, und führt als Beispiel die Passage aus Thoreaus *Walden* an, in der er schildert, wie er im Mondlicht angelt. »Da gibt es eine großartige Szene, wo er auf dem See ist und die Sterne darin gespiegelt sieht und plötzlich nicht mehr weiß, was oben und was unten ist ...«

Ich kenne diese Szene. Thoreau war gerade in philosophische Träumereien versunken, als plötzlich ein Fisch an der Angel zog:

> *Es war ein eigentümliches Gefühl, besonders in dunklen Nächten, wenn die Gedanken zu weiten weltschöpferischen Themata in andere Sphären gewandert waren, dieses leichte Zerren zu spüren, welches das Träumen unterbrach und mich wieder an die Natur kettete. Ich hatte das Gefühl, als ob ich demnächst ebensogut meine Angel hinauf in die Luft werfen könnte wie nieder in das kaum dichtere Element. So fing ich zwei Fische mit einer Angel.*[19]

»Eine wunderbare Szene«, sagt Naiman, »und zugleich die Schilderung einer Bewusstseinsveränderung. Man kann sie mithilfe der Natur vollziehen, man findet dieses Andere aber auch in sich selbst, wenn man denn bereit ist, zu glauben, dass da etwas drin ist.«

Ich bewundere die Beharrlichkeit, mit der Naiman an der Idee festhält, dass die Nacht ihre besonderen Eigenschaften habe und etwas sei, das sich völlig vom Tag unterscheide – dass sie eben nicht bloß ein Tag ohne Licht sei.

Er nickt. »Es gibt da diese Vorstellung, dass nur das leben könne, was ständig in Bewegung sei. Aber das stimmt nicht. Ich laufe jeden Tag den Hügel hinter meinem Haus rauf und runter, und nicht nur die Steine, auch die Saguarokakteen sind immer vollkommen still und rühren sich nicht. Aber wenn du wieder und wieder zu denselben Stellen gehst, im Frühling und im Sommer, an den Herbstmorgen und an späten Winternachmittagen, entdeckst du Bewegung im Unbewegten, Lebendigkeit, weil du es dann im Tanz mit dem Licht und mit den Wolken siehst. Alles ist lebendig, es bewegt sich nur ein jedes auf andere Art. Ich glaube, dasselbe gilt für die Frage vom Leben in der Nacht und ob du es sehen kannst. Um es zu können, musst du ihr zu ihren eigenen Bedingungen begegnen, und du musst lernen, wirklich ganz gelassen dabei zu sein, damit du sie hören kannst, fühlen kannst, damit du spüren kannst, dass sie lebt.«

Klasse 5

Die Ökologie der Dunkelheit

Auch der Mensch ist ein Tier, und es gibt keinen Grund, eine höhere Position
in der Rangordnung aller Dinge und Wesen für uns zu beanspruchen.
Wenn also Hell-Dunkel-Zyklen die jahreszeitlichen Muster von Bäumen oder
die Brutzyklen von Amphibien durcheinanderbringen können, wie es meiner
Ansicht nach ausreichend belegt wurde, dann haben wir demnach auch keinen
Anlass zu der Annahme, dass wir von solchen Auswirkungen verschont blieben.

Steven Lockley (2012)

Der Wald in Massachusetts, dort, wo Henry David Thoreau von Mitte 1845 bis Mitte 1847 lebte, um Eindrücke für *Walden* zu sammeln, wurde nicht lange nach seinem Weggang gerodet. Die einzimmrige Holzhütte wurde an Farmer verkauft, welche sie zuerst als Kornlager benutzten und dann abrissen, um Brennholz daraus zu machen – kein sehr verheißungsvoller Beginn für das Nationaldenkmal *(National Historical and Literary Landmark),* zu dem die Überreste dann erklärt wurden. Der Wald ist inzwischen glücklicherweise wieder nachgewachsen, auch der Grundriss der Hütte auf dem Gebiet der heutigen *Walden Pond State Reservation* wurde rekonstruiert.

Ich kann es kaum erwarten, diesen Ort nach Einbruch der Dunkelheit mit eigenen Augen zu sehen. Die Dämmerung hat gerade eingesetzt. Ich parke vor einem Einkaufszentrum am Stadtrand, laufe an einem Restaurant vorbei, springe über den Zaun vor den Bahnschienen und folge dem Trampelpfad Richtung See.[1]

Ich hoffe, Henry wäre stolz auf mich:

Es war ein äußerst angenehmes Gefühl, wenn ich, nachdem ich bis spät in die Nacht im Städtchen geblieben war, mich, besonders wenn es draußen dunkel und stürmisch war, aus einem hellen Lese- und Besuchszimmer mit einem Pack Roggen- oder Weizenschrot auf der Schulter, wieder in die Nacht hinaus schob und meinem gemütlichen Hafen im Walde zusegelte ...²

Ich bin zwar von einem Parkplatz und keinem Lesezimmer losmarschiert, stelle ich mir aber vor, seinen Fußstapfen in Richtung seines Waldes zu folgen. Schnell spüre ich die Einsamkeit, der er ein ganzes Kapitel gewidmet hat. Jedes Haus, an dem ich vorbeilaufe, kehrt den Schienen und mir den Rücken zu und hält sich die Eisenbahn mit Zäunen vom Leib. Ich drehe mich um und blicke den Geleisen nach, bis sie in einer Kurve verschwinden, überhaupt drehe ich mich viel öfter um als nötig, so allein wie ich bin, begleitet nur von den aufblitzenden Lichtern der Hundertschaften an grüngelben Glühwürmchen, die aus den Büschen neben den Geleisen auffliegen und in der Luft herumhüpfen.

Wie anders war doch die »Finsternis« Mitte der 1840er Jahre gewesen, als Thoreau solchen Pfaden folgte. Im zwanzig Meilen entfernten Boston waren gerade erst Gaslaternen eingeführt worden, und die konnten die Nacht hier draußen gewiss nicht beeinträchtigen, derweil es in Concord noch kaum Laternen gegeben hatte, die heller leuchteten, als es der Tran harpunierter Wale zuließ:

Ich habe von Leuten gehört, die sich selbst in den Dorfstraßen verirrten, als die Finsternis so dicht war, daß man sie schneiden konnte, wie man zu sagen pflegt.³

Ich weiß, dass ich nicht sehen werde, was er gesehen hatte, dass ich stattdessen den »großen gelben Himmel« im Osten über Boston zu erwarten habe. Erst jetzt, während ich die letzten Lichter von Concord hinter mir lasse, beginnen sich meine Augen auf Nachtsicht umzustellen. Die Wanderkarte in der einen und eine Beschreibung in der anderen Hand – die mir versichert, dass ich von Glück reden könne, wenn ich hier irgendwo einen Himmel finden würde, der einer 5 auf der Bortle-Skala auch nur nahe käme – laufe ich weiter, frage mich aber, ob mir die Wälder um Walden Pond letztendlich nicht doch eine ganz andere Geschichte erzählen werden.

Thoreau hatte den Wald nach Einbruch der Dunkelheit ganz für sich gehabt. »Nie kam nachts ein Wanderer an meinem Haus vorbei«, schrieb er, »der schwarze Kern der Nacht wurde nie durch menschliche Nähe entweiht.« Und das offenbar aus demselben Grund wie noch heute:

Ich meine, die Menschen fürchten im allgemeinen noch immer ein wenig die Dunkelheit, obgleich die Hexen alle gehenkt und die Kerzen und das Christentum in die Welt eingeführt wurden.[4]

Furcht. Wie wahr, wie wahr. Aber nun muss ich doch ein wenig lächeln, als ich unter dem Highway 3 hindurchlaufe und spüre, wie sich mir regelrecht die Haare im Nacken aufstellen. Und als ich den Weg in den Wald einschlage, habe ich keinen anderen Gedanken als: *Ich hoffe doch, dass ich hier richtig bin.*

Der allgemeinen Vorstellung nach verschwand Thoreau hier in den Wäldern und hauste in einer Hütte, Ende der Geschichte. In Wahrheit hat er der Zivilisation nie ganz den Rücken gekehrt: Regelmäßig wanderte er nach Concord zurück, um dort zu Abend zu essen, Nachschub zu kaufen und seiner Mutter die schmutzige Wäsche zu bringen. Damit dürfte er aus Sicht von nicht Wenigen seine Reinheit als Naturheiliger befleckt haben: Wenn Thoreau denn wirklich wie Thoreau hätte sein wollen, dann hätte er sein Säckel schnüren, sich irgendwohin ins Nirgendwo verziehen und aus eigenen Kräften überleben müssen. Thoreau hatte jedoch weniger der Zivilisation entfliehen als sich bewusst ein Stück von ihr entfernen wollen, um seinen Blick zu schärfen. Er selbst erklärte immer bereitwillig, dass er von Anfang an vorgehabt habe, zurückzukehren, was er nach zwei Jahren, zwei Monaten und zwei Tagen denn ja auch tat. In *Walden* geht es mindestens so sehr um das Leben in der Zivilisation wie um das Leben im Wald, vielleicht sogar mehr noch um Ersteres.

Thoreaus Aussage »Ich zog in den Wald, weil ich den Wunsch hatte mit

Überlegung zu leben « hielt ich immer im Wesentlichen für einen Ausdruck der Sehnsucht nach einer Lebensweise, die die eigene Achtsamkeit und Sensibilität gegenüber der Umwelt schärft – gegenüber der menschlichen Natur wie der Natur als solcher.[5] Das Amerika der 1840er Jahre ähnelte in so mancher Hinsicht bereits dem Amerika von heute. Alles war schnell und wurde immer schneller, war laut und wurde immer lauter, überall tauchte neue Technik auf, die völlig veränderte, wie der Mensch seinen Alltag lebte, und es dürfte wohl auch damals schon kaum noch Zeit gegeben haben, »mit Überlegung zu leben«.

Eine der besten und zugleich problematischsten Erfahrungen, wenn man nachts draußen ist, um Sterne, Geräusche und Gerüche in sich einzusaugen, ist die Erkenntnis, dass die Nacht ihren eigenen Rhythmus hat. Der Mond steigt auf, wenn er aufsteigt, Sternschnuppen kündigen nicht an, dass sie gleich durch den Himmel schießen werden, selbst die Geräusche und Gerüche sind mit einem Mal einfach da oder weg. Man kann nichts und niemandem etwas anschaffen. Thoreau ging in den Wald, um dem »irrwitzigen« Tempo und dem Lärm und all den neuen Erfindungen seiner Zeit zu entkommen und die Ruhe zu finden, die er brauchte, um die ersehnte Achtsamkeit und den erhofften genauen Blick für seine Umwelt zu entwickeln und dann mit den neu gewonnenen Erkenntnissen (»was sie mich lehrte«) nach Concord zurückzukehren. Das ist der Mythos vom klassischen Helden, den jede Kultur in jedem Zeitalter kannte, von einem Menschen, der sich auf eine Reise begeben und Herausforderungen bestehen muss (wozu wie gesagt immer auch ein dunkler Ort oder eine dunkle Zeit zählen), um dann mit seinem neuen Wissen und/oder neuen Reichtümern nach Hause zurückzukehren.

»Es ist selbst an gewöhnlichen Nächten dunkler im Wald als die Meisten glauben möchten«, warnte Thoreau.[6] Da hatte er recht. Es dauert nicht lange, da bekomme ich dieses *Blair-Witch*-Gefühl und bin überzeugt, dass ich im Kreis herumstapfe. Entlang der Geleise hatte es noch genügend Licht gegeben – den Lichtschein von Boston und anderen Orten im Osten, der mich den Weg erkennen ließ. Doch hier im Wald hüllt mich mit einem Schlag das Dunkel ein, meine Stirnlampe wirft nur ein surreal blutrotes Licht auf die toten Blätter vor meinen Füßen. Aber wie dankbar bin ich doch für diese Lichtquelle, ein Accessoire, das Thoreau nicht hatte zu Hilfe nehmen können:

Ich mußte oft nach der Öffnung der Bäume über dem Pfad emporsehen, um meinen Weg zu finden, und [ ] mit meinen Füßen die leichte Spur, welche ich getreten hatte, fühlen …[7]

In diesem Punkt habe ich ihm also etwas voraus. Dafür schlug er mich insofern um Längen, als ich keine Ahnung habe, wohin ich gerade gehe, und mein Orientierungssinn irgendwie überhaupt nicht funktioniert. Ständig glaube ich, der See müsse direkt hinter dem nächsten Hügel oder gleich hinter der nächsten Biegung auftauchen. Und sobald der Pfad abfällt oder eine Biegung macht, denke ich: *Endlich!* Doch nein. Aber jetzt kommt's: Selbst wenn ich hier bei Tageslicht hindurchstolpern würde, hätte ich keine Ahnung von der Richtung, die ich einschlagen muss – *wäre aber nicht so schrecklich nervös*. Ich würde mir nicht andauernd vorstellen, dass plötzlich ein Bösewicht aus dem Gebüsch springt. Ich würde nicht glauben, jeden Moment stolpern und hinfallen zu müssen, weil irgendein Ast nach mir greift und mich zerkratzt. Ich wäre nicht schweißgebadet und würde nicht ständig gereizt denken: *Blödmann, Idiot, warum nur …?*

Dann höre ich die Frösche. Den Jubelgesang der Sommerfrösche in der dunklen Juninacht.

Und so finde ich schließlich den Walden Pond: immer dem Quaken nach.

Ich kauere mich ans Ufer des glatten schwarzen Sees. Der einzige Lichtschein weit und breit stammt von einem einsamen *Security Light* beim Besucherzentrum am Ostufer, höchstens streift hie und da noch der weit entfernte weiße Doppelstrahl von den Scheinwerfern eines Autos durch das nächtliche Dunkel, begleitet vom fernen Surren der Reifen auf Asphalt. Doch der gelb-weiße Schein, der hinter mir aus Boston aufsteigt, macht die Nacht am See heller als die Dunkelheit, durch die ich gerade im Wald gestiefelt war. Aus dem Wasser steigen sommerliche Klänge auf, da plätschert es und quakt es, und immer wieder ist das »Plopp« von platzenden Luftblasen zu hören. In der Ferne bellt ein Hund. Eine Fledermaus flattert vorbei. Dann höre ich eine Eule und nicke zufrieden.

Ich freue mich darüber, daß es Eulen gibt. Sie stellen das Dämmerdunkel dar, die unbefriedigten Gedanken, denen wir alle unterworfen sind.[8]

Thoreau hatte eine Menge zu sagen über die Dunkelheit und das, was das Erlebnis der Nacht in diesen Wäldern in ihm auslöste. In seinem posthum veröffentlichen Essay »Night and Moonlight« schrieb er:

Ist die Mitternacht nicht wie Zentralafrika für die meisten von uns? Sind wir nicht versucht, sie zu erforschen …?⁹

Es heißt, kurz vor seinem Tod habe er noch ein Buch geplant, in dem er genau diese Art von Forschungsreise habe schildern wollen. Damals muss er am See einen Himmel der Klasse 1 und über Concord eine Klasse 2 vorgefunden haben. Ich frage mich, wie er ihn erforscht und was er darin entdeckt hätte, und schirme meine Augen vor dem Bostoner Himmelsleuchten ab. Dann schließe ich sie und wünschte, ich könnte die Nacht erleben, die er kannte.

Und dennoch … dieser Rausch der Gefühle, als ich zuerst die Frösche hörte, dann den See zu spüren begann und schließlich an sein Ufer trat: Allein schon die Tatsache, hier zu sein, in der Nacht, ganz für mich und in dem Wissen, dass auch Thoreau hier ganz für sich seine Nächte verbrachte … Ich will nicht behaupten, dass ich seinen Geist spüre, doch während ich vom Ufer zurücklaufe, hinauf zu der Stelle, an der seine Hütte stand (ihre Fläche von den Maßen 3,5 x 4,5 Meter wurde mit niedrigen Steinpfeilern markiert), kann ich gar nicht anders als seine Gegenwart empfinden. Hundertfünfzig Jahre lang hat dieser Ort Abertausende von Tagesbesuchern gesehen, aber sehr, sehr viel weniger Menschen bei Nacht.

Diese dunkle Einsamkeit ermöglicht mir eine Zeitreise in die Vergangenheit. Ich stelle mir vor, wie Thoreau ebenso mutterseelenallein wie gerade ich an derselben Stelle saß und dachte:

Es ist ein wunderbarer Abend, an dem der ganze Körper nur ein Sinn ist und Wonne einsaugt durch jede Pore. Ich gehe und komme mit einer seltsamen Freiheit in der Natur.¹⁰

Thoreaus Schriften sind ein Quell an einprägsamen Sätzen, doch vermutlich wurde keiner berühmter als der Satz aus seinem Essay »Walking (»Vom Spazieren«: »In Wildness is the Preservation of the World«/»Die Wildheit ga-

Die mit Pfeilern markierte Stelle, an der Thoreaus Hütte mit Blick auf Walden Pond stand (© Paul Bogard)

rantiert die Erhaltung der Welt«.[11] Leider wird dieser Aphorismus oft falsch wiedergegeben, das heißt, aus Thoreaus *wildness* (Wildheit) wird gerne eine *wilderness* (Wildnis) gemacht, so wie aus Paris, der »Stadt des Lichts«, oft die »Stadt der Lichter« wird. Nun kann man sich natürlich fragen, ob das wirklich ein so gravierender Unterschied ist. Doch, ist es. Durch *wildness*/Wildheit wird diese Äußerung unendlich viel kraftvoller. Denn unter *wilderness*/ Wildnis verstehen wir normalerweise eine bestimmte Art von unberührter Natur, wohingegen *wildness* eine Eigenschaft ist, die auf vieles bezogen werden kann (Thoreau selbst erklärte, *wildness* in bestimmten Büchern und bei bestimmten Tieren oder Menschen gefunden – oder vermisst – zu haben). Dass Wildheit in der Wildnis zu finden ist, leuchtet ein, aber wir vergessen, dass wir sie auch in unseren Städten oder in unseren Gedanken, in unseren Entscheidungen und selbst in unserem domestizierten Alltag finden können. Die Geschichte der abendländischen Kultur ist angefüllt von Versuchen, Wildheit auszurotten – das Unbekannte, das Geheimnisvolle, das

Schöpferische, das Feminine, das Animalische, das Dunkle. Thoreau beklagte mit seiner Wortwahl zugleich eine Gesellschaft, die unerbittlich entschlossen war, jede Spur von Wildheit auszugrenzen, auszumerzen, zu verheizen, niederzutrampeln, auszusperren – die entschlossen war, Wildheit zu etwas Unmoralischem zu erklären, das in einem anständigen Leben nichts zu suchen habe.[12]

Aber wenn Wildheit den Erhalt der Welt garantiert, was garantiert dann den Erhalt von Wildheit? In dem Kapitel aus *Walden,* dem Thoreau die Überschrift »Solitude« (»Einsamkeit«) gab, bietet er eine mögliche Antwort:

> *Es ist jetzt dunkel, aber noch immer weht der Wind und rauscht durch den Wald, die Wellen plätschern und ein Geschöpf singt das andere zur Ruhe. Die Ruhe ist nie vollkommen. Das Wild ruht jetzt nicht, sondern geht auf Beute aus; der Fuchs, der Skunk und das Kaninchen durchstreifen furchtlos die Wälder und Felder. Das sind die Nachtwächter der Natur – Glieder, welche die Tage des wachen Lebens mit einander verbinden.*[13]

Auf der anderen Seite des amerikanischen Kontinents, drüben in Los Angeles, haben Travis Longcore und Catherine Rich hundertfünfzig Jahre nach Thoreaus Tod die *Urban Wildlands Group* ins Leben gerufen, die sich dem »Erhalt der Arten, Lebensräume und ökologischen Prozesse in urbanen und sich urbanisierenden Räumen« verschrieb und Licht in der Nacht ganz oben auf die Liste ihrer vielen Bedenken setzte.

»Wenn man im Jahr 2002 die ›Auswirkungen von Licht auf die Tier- und Pflanzenwelt‹ googelte«, sagt Longcore zu mir, »oder ›Nachtlicht und Natur‹, dann kam gar nichts, außer vielleicht Vögel und Meeresschildkröten.« 2006 beschlossen Longcore und Rich das zu ändern und trugen Beiträge für ihr Buch *Ecological Consequences of Artificial Night Lighting* zusammen: Essays über den gegenwärtigen Stand der Forschung hinsichtlich der Auswirkungen der Lichtverschmutzung auf die Ökologie. Neben Artikeln über Vögel und Meeresschildkröten finden sich darin Geschichten über Fledermäuse, Nachtfalter, Glühwürmchen, Reptilien, Amphibien, Salamander, Fische und Meeresvögel. Doch was mich am meisten bei dieser beeindruckten Anthologie fasziniert, ist die Tatsache, dass sie so bemerkenswert kurz ist.

Der Teil über »Säugetiere« zum Beispiel enthält nur zwei Artikel, die Kapitel über »Fische« und »Pflanzen« sogar jeweils nur einen einzigen. Denn obwohl »die natürlichen Muster der Dunkelheit für das Funktionieren des Ökosystems ebenso wichtig sind wie das Tageslicht«, schreiben Longcore und Rich, haben »professionelle Umweltschützer diesen Zusammenhang im Großen und Ganzen noch immer nicht erkannt«.[14]

Angesichts der Tatsache, dass mindestens 30 Prozent aller Wirbeltiere und mehr als 60 Prozent aller wirbellosen Tierarten auf der Welt Nachttiere – und viele andere Arten Dämmerungstiere – sind, dürften die Auswirkungen von Licht in der Nacht enorm sein. Während die meisten von uns im Haus sind und schlafen, ist die Nacht draußen hellwach – da finden Paarungen statt, Wanderungen, Bestäubungen und Fütterungen, kurzum, all die grundlegenden Aktivitäten, die die Artenvielfalt auf Erden am Leben erhalten. Die Lichtverschmutzung bedroht diese Vielfalt, indem sie natürlichen Lebensräumen und Lebensmustern, deren Evolutionen in Abhängigkeit von Licht bei Tag und Dunkelheit bei Nacht stattfanden, plötzliche Veränderungen aufzwingt. (Um nur ein Beispiel zu nennen: Über besagte photosensitive Zellen, auf die auch wir Menschen angewiesen sind, verfügt die Retina von Wirbeltieren seit mindestens fünfhundert Millionen Jahren.) Die Evolution eines jeden Geschöpfs auf Erden, einmal abgesehen von der Entwicklung dieser verrückt aussehenden uralten Fische und ihrer Ökosysteme auf dem Grund der Ozeane (oder von den Evolutionen der Höhlen- und Erdlochbewohner), hat im Rhythmus von hellen Tagen und dunklen Nächten stattgefunden. Keinem Geschöpf stand die evolutionäre Zeit zur Verfügung, derer es bedürfte, um sich diesem Blitzkriegbombardement mit künstlichem Licht anpassen zu können.[15]

Longcore und Rich unterscheiden deutlich zwischen »astronomischer« und »ökologischer Lichtverschmutzung«, wobei sie Letztere als »ein künstliches Licht« definieren, »das die natürlichen Muster von Licht und Dunkel in den Ökosystemen verändert«. Longcore erklärt: »Wir mussten [diese Unterscheidung] treffen, weil ›Lichtverschmutzung‹ hauptsächlich im Fokus der Astronomie und von Astronomen steht. Doch selbst ein Licht, das die Dunkelheit des Himmels nicht beeinträchtigt – weil es nach unten gerichtet ist –, kann eine Menge Schaden in den Ökosystemen anrichten.«

Licht bei Nacht wirkt sich auf fünf grundlegende Lebensmuster der Tier- und Pflanzenwelt aus: die Orientierung, das räuberische Verhalten, das Konkurrenzverhalten, die Reproduktion und die circadiane Rhythmik. Wem überhaupt schon einmal irgendwas zum Zusammenhang von Licht in der Nacht und einer Schädigung der Natur zu Ohren kam, der dürfte aus diesem Katalog höchstens etwas über die Orientierung gehört haben. Denn sie ist das Problem von Insekten, die vom Straßenlicht angezogen werden, von Zugvögeln, die sich zu hell erleuchteten städtischen Gebäuden oder blinkenden Sendemasten hingezogen fühlen, oder von Meeresschildkröten, die ihre Geburtsstätten im Sand statt in Richtung Wasser in die Gegenrichtung verlassen, auf Straßenbeleuchtungen und Hotelreklamen zu, um dann unter Autoreifen zu enden oder leichtes Spiel für Beutegreifer zu sein.[16]

Kaum wird künstliches Licht in einer Umwelt installiert, die sich seit Milliarden von Jahren bei Tageslicht und Nachtdunkelheit entwickelt hat, wird die eine Spezies zunehmenden häufiger von der räuberischen anderen bedroht – was dazu führt, dass Beutetiere die Dauer ihrer Futtersuche einschränken. Ein plötzlich vorhandenes nächtliches Licht setzt neuartige Rivalitäten unter den Arten in Gang, weil es immer einige geben wird, die sich schneller und besser anpassen als andere. Künstliches Licht bringt Reproduktionszyklen durcheinander, beispielsweise weil es den Leucht-Lockruf der Glühwürmchen überstrahlt, oder bringt die biologischen Uhren aus dem Takt, von denen Vögel, Fische, Insekten und Pflanzen ebenso gesteuert werden wie der Mensch. Von solchen Auswirkungen auf einzelne Spezies einmal abgesehen, ziehen die neuen Licht-Dunkel-Rhythmen aber auch saisonale Veränderungen nach sich, zum Beispiel beim Migrationsverhalten. Ganze Ökosysteme beginnen sich unter den künstlich herbeigeführten Veränderungen der natürlichen Lichtverhältnisse in Frühling, Sommer, Herbst und Winter umzustellen. Ein Biologe erklärte mir: »Wir haben Lichtstärken, die Hunderte und Tausende Male höher sind als das natürliche Licht bei Nacht. Was würde geschehen, wenn wir den Tag abänderten und das Tageslicht um ein Hundert- oder Tausendfaches verringerten? Natürlich wäre der Schaden noch größer. Aber das ist Metrik. Man kann einfach nicht die Hälfte der Zeit abändern und keine Folgen erwarten.«

Manch einer mag sich nun fragen, warum das auch für den Menschen eine so große Rolle spielt. Nun, wenn wir von ökologischer Lichtverschmutzung sprechen, dann sprechen wir von der Gesundheit des Ökosystems, und wir Menschen sind Teil dieses Systems. Ganz egal wer wir sind oder wo wir leben, wir sind Teil einer Einheit. Unser ökologisches Wissen ist in Wahrheit auch eines über unsere eigene Gesundheit.[17]

»Ich pflegte umfassende Einführungskurse zu geben«, erzählt Longcore. »Da habe ich dann zum Beispiel gesagt: Hebt eure Hand, wenn ihr drei Arten von Frühstücksflocken kennt. Alle Hände schossen hoch. Dann: Hebt eure Hand, wenn ihr drei Fernseh-Sitcoms kennt. Zweihundert Leute im Kurs, alle Hände gingen hoch. Dann: drei Vogelarten auf dem Campus. Ähh die schwarzen? Drei Pflanzen. Ähh Gras?« Longcore lacht. »Ich mache mich nicht lustig über die Leute, wir wachsen eben einfach so auf. Wir sind alle urban. Wenn mal jemand die Antwort auf solche Fragen weiß, dann ist er garantiert auf dem Land aufgewachsen. Menschen, die in Städten aufwuchsen, haben so ein Wissen nie gebraucht.«

Aus Longcores Sicht verheißt das nichts Gutes für die Zukunft. Seit seiner Arbeit für die *Urban Wildlands Group* in Los Angeles, einer Stadt, die er »das Aushängeschild der Lichtverschmutzung« nennt, zählt er die diversen Aspekte von Dunkelheit zum unbedingten Bestandteil eines fundierten ökologischen Wissens. »Solange wir der Natur nicht auch in den Regionen Beachtung schenken, in denen Menschen wohnen, wird es niemanden geben, der sich für die Natur in den Regionen einsetzt, in denen keine Menschen wohnen. Leute, die in einer Gegend aufwuchsen, wo sie niemals Gelegenheit hatten, auf einem unbebauten Stück Land mit behaarten Raupen zu spielen, oder zu beobachten, wie sich ein Schwalbenschwanz entpuppt, oder die Milchstraße zu sehen, können einfach nicht diese tiefe Verbundenheit mit der ländlichen Welt und der Natur entwickeln, aber davon hängt es in unserer Kultur ab, ob man sich dem Umweltschutz widmet oder nicht.«

Jedes einzelne Jahr in meinem Leben fuhr ich zu »unserem« See in Nord-Minnesota. In einer meiner frühesten Erinnerungen stehe ich mit meinem Vater auf dem Steg und beobachte einen Satelliten, der sich langsam in gerader Linie durch ein Sternenmeer wie aus lauter Zuckerkörnern bewegt. Oder ich liege auf dem knirschenden Weiß des überfrorenen Sees und betrachte mir den Mond durch mein neues Handteleskop. Zur Zeit meiner Kindheit – in den 1970er Jahren – entsprach die Nacht hier vermutlich einer 2 auf der Bortle-Skala, einem »Ort mit sehr dunklem Himmel«. Jedenfalls erinnere ich mich mit Gewissheit, dass die Sterne vor dreißig Jahren wesentlich dichter gesät waren als heute. Meiner Erinnerung nach traf das sogar vor rund zehn Jahren noch zu. Unsere dunkelsten Nächte könnten hier noch immer der Klasse 3 angehören, aber über den lokalen Beleuchtungen von Brainard, Longville, selbst über dem winzigen Remer, schlittert er bereits deutlich auf eine 4 zu. Ich mag mir gar nicht vorstellen, wo das enden wird.

Dennoch herrscht hier noch immer die Nacht, die ich am besten kenne. Vom Ende unseres Stegs aus, oder vom Waldrand aus, oder auf der überdachten Veranda sitzend, beobachte und lausche ich. Und in den Nächten, in denen der See still und ruhig daliegt, ziehe ich das alte Aluminiumkanu unter den Kiefern hervor und schiebe es ins Wasser, das so schwer schwappt wie Schmieröl, obwohl es sauber und klar und kalt ist. Dann paddle ich es aus dem dunklen Schatten des Ufers heraus, drifte mitten durch die Sterne und lasse einen goldenen Mond direkt aus den Bäumen emporsteigen. Hier ist der Mond noch so, wie man ihn überall sehen sollte: groß, strahlend und schön. Er durchläuft im uralten Rhythmus seine sieben Phasen (oder acht, wenn man die des Neumonds dazuzählt) und zieht still seine Bahnen, bis er über dem Wald hinter unserem Haus aufgeht und den See überquert. Sein Licht ist ein Geschenk der Sonne, die Reflexion unseres Sterns, der gerade die andere Seite der Erde bescheint. Erstaunlicherweise werden von der grauen Asche und den Felsen auf dem Mond nur sieben Prozent des Lichts zurückgeworfen, das auf ihn selbst fällt – ungefähr so viel, wie ein Bürgersteig reflektiert –, aber dieses bisschen reicht aus, um unseren Wald zu erhellen und all die Gerüche und Geräusche von fliegenden, jagenden, singenden, atmenden nacht- und dämmerungsaktiven Tieren aus ihm aufsteigen zu lassen. So geschieht es in allen Ökosystemen der Welt: Die Dunkelheit bietet Deckung, der Mond bietet Licht, und während wir Menschen daheim in unseren Kisten liegen und in das flimmernde Licht aus unseren Kisten starren, erhalten die Nachtgeschöpfe unsere Natur am Leben.

Am Ufer, auf dem Steg, im Boot auf dem klaren Wasser: der See ist meine Schule. Ich warte auf den Mond, dann gehe ich raus in die Nacht.

Das Kanu glänzt – ich könnte lesen bei diesem Licht. Ich bin sogar froh, dass ich mein Baseballcap von den Minnesota Twins trage und mir ins Gesicht ziehen kann, um meine Augen zu schützen, während ich hinaus in die Mitte des Sees paddle. Über dem Horizont taucht Perseus auf, direkt über mir ist das Sommerdreieck. Ich lege mich auf den Rücken und lasse das Kanu machen, was es will. Es dreht sich vom Mond weg. Ein Plätschern reißt mich aus meinen Gedanken. Sicher ein Fisch. Dann wieder Stille. Als ich über der Sandbank treibe, schrammt etwas unter dem Boden des Kanus entlang. »Schliiiiiingpflanzen!«, pflegten wir als Kinder zu schreien. Ein unheimliches Geräusch, sofort stoße ich mich wieder in tieferes Gewässer ab. Stille. Und dann das Geräusch eines Trucks von der Highway 6, eine Meile entfernt. Das Knattern und Spucken des Motors und die verschieden hohen Töne der Gänge werden von der glatten Wasseroberfläche verstärkt und schweben über ihr, bis der Truck hinterm anderen Horizont verschwunden ist.

Vom Ufer ertönt das Hu-huuu einer Eule, im Wasser gurgelt und blubbert es, Frösche singen und Fische springen. Im See pulsiert das Leben. Ich höre die Luftblasen vom Grund des Schilfs aufsteigen und zerplatzen und stelle mir vor, wie die Glasaugenbarsche und Hechte unter dem Boot hin und her flitzen. Ein Schnabeltaucher gibt einen derart schwermütigen Klagelaut von sich, dass ich ihm zu Hilfe eilen möchte, wüsste ich es nicht besser.[18]

Eines Sommers in meiner Kindheit schwammen mein Cousin und ich mit Taschenlampen hinaus. Die kerzengeraden weißen Strahlen durchschnitten das schwarze Wasser wie Schwerter. Wir hatten die Geschichte von zwei Freunden gehört, die im Winter zuvor mit Schneemobilen über den See gefahren, eingebrochen und ertrunken waren, und ich machte mich darauf gefasst, im Strahl meiner Taschenlampe zwei Skelette zu entdecken, die noch immer an den versunkenen Schneemobilen festgezurrt waren.

Jorge Luis Borges sagte einmal, man sollte in jede Geschichte den Gedanken einweben, dass man sich der Dinge nicht immer so gewiss sein dürfe, denn das sei die Wahrheit. In der Wildheit dieser Nacht über dem See gibt es so viel, dessen man sich nicht gewiss sein kann. Eulen, die vollkommen geräuschlos im Dunkeln jagen und fliegen, Wölfe, die durch die Wälder driften wie Nebel, der sich beim ersten Anzeichen der Sonne in Nichts auflöst.

»Huhuuuuuuuuuuuuuuuuuuuuuuu«… Die Eule hinter unserem Haus stößt ihren langgezogenen Klagelaut aus, immer endet er mit einem absteigenden Tremolo, gefolgt von mehreren abgehackten Hu-hu-huhuus. Prompt kommt die Antwort einer Eule mit tieferer Stimmlage von irgendwo weiter weg.

Ich lausche dem Hin und Her der beiden Eulen, die scheinbar kein Ende finden. Dann … Ich drehe mein Kanu mit zwei sanften Schlägen in Richtung Ufer und ziehe die Paddel sofort wieder ein. Zwei Bewegungen, so leise ich nur konnte, und die Eulen hören sofort auf. *Sie hören mich* dahinten im Wald auf ihren Zweigen im Mondlicht.

»Im Dunkeln hörst du besser«, sagt Joseph Bruchac, Schriftsteller und Lehrer und amerikanischer Ureinwohner, als ich ihn auf unsere Sinne in der Nacht anspreche. »Ein befreundeter Cherokee erzählte mir einmal, was man ihm als Kind beigebracht hatte, eine Tradition aus der Cherokee-Kultur, sie nennen es ›die Nacht öffnen‹. Du gehst an einen dunklen Ort, das kann heute auch der Windfang hinterm Haus sein, und dann sitzt du da und lauschst auf das, was in einem sehr engen Umkreis, auf Armeslänge, um dich herum ist. Darauf konzentrierst du dich, dann verdoppelst du den Durchmesser des Kreises und lauschst auf alles, was darin ist. Und du verdoppelst den Kreis wieder und wieder. Er erzählte mir, dass du dabei einen Punkt erreichst, an dem du dich nachts hinsetzen und Dinge hören kannst, die sich eine Meile entfernt abspielen.«

In den Gesprächspausen muss ich an John Himmelman denken, der mir einmal erzählte, dass er sich gerne auf eine einzige Zikade oder Heuschrecke »einstellt« (er nennt sie »Blätter auf Beinen«), so als versuche man nur ein einzelnes Instrument in einem Orchester herauszuhören. Er ist der Autor von *Cricket Radio: Tuning in the Night-Singing Insects* und diversen anderen Büchern über die Natur, lebt auf fünf Morgen bewaldetem Land und sagt:

»Ich mache das gerne, einzelne Rufe heraushören. Es entführt mich, es erweitert mein Bewusstsein über den Ort hinaus, an dem ich mich befinde. Fast so, als würde ich eine Tour durch den nächtlichen Wald machen.«[19]

Himmelman sagt, dass er nicht nur die Laute von Grillen und Vögeln oder den Chor der Frösche, sondern sogar Raupen hört, »die im Sommer von den Blättern fallen«, oder »das einzelne Raschelgeräusch im Dickicht am Boden eines Waldrands«, weil er sich »bewusst darauf einstellt«, das habe er schon als kleines Kind gelernt. Er macht oft Führungen für Leute, die das Singen von Insekten in der Nacht hören möchten, und erzählt, dass sie dann immer ganz entzückt feststellten, wie viel sie hören können. »Sie sind so daran gewöhnt, irgendwo drinnen zu sein, dass es für sie schon zum Abenteuer wird, wenn sie nur hierher zu mir fahren. Wir machen uns nie vor neun Uhr abends auf den Weg«, die Erwachsenen seien dann immer geradezu kindlich aufgeregt. »Am häufigsten bekomme ich zu hören: ›Mir ist nie bewusst gewesen, dass es das alles hier draußen gibt!‹ Für mich wäre es eine verschenkte Nacht, wenn ich nur ein, zwei Dinge hören würde, aber Leute, die noch nie wirklich eine Nachtwanderung gemacht haben, sind schon davon überwältigt.«

Der amerikanische Schriftsteller Henry Beston, der in den 1920er Jahren Cape Cod erkundete, sinnierte über »diese Trillionen unerklärlicher Leben, all diese krabbelnden, summenden Wesen«:

> *Es fällt mir auf, dass wir nicht hinreichend dankbar sind für die große Symphonie an natürlichen Klängen, welche die Insekten zu der Szenerie der Natur beisteuern. Wir nehmen sie so selbstverständlich hin, dass sie uns gar nicht mehr dazu bewegen, ihnen bewusst unsere ungeteilte Aufmerksamkeit zu schenken. Doch all diese kleinen Fiedeln im Gras, all diese Grillenpfeifchen, diese zarten Flöten, sind sie nicht so lieblich, dass einem die Worte fehlen, wenn man sie in einer Hochsommernacht im Lichte des Mondes hört?*[20]

Himmelman sagt, das Lied der Insekten sei schon immer da gewesen. Es wurden zweihundertfünfzig Millionen Jahre alte versteinerte Vorfahren der zirpenden Langfühlerschrecke *(Ensifera)* gefunden. Somit ist ihr Gesang ein

Geräusch, dass der Mensch seit seinem Urbeginn in seinen Nächten hörte, eine Melodie, die Himmelman mit den Worten beschreibt: »Zwei gehärtete Flügel werden aneinandergerieben, das aber um ein Vielfaches multipliziert.« Grillen und Zikaden singen in der Nacht, weil sie sich tagsüber vor ihren Räubern verstecken, und im Chor singen sie, um ihren nächtlichen Feinden den jeweils eigenen Aufenthaltsort nicht zu verraten. »Ein singendes Insekt ist genötigt, zu singen«, schreibt Himmelman. »Um es zum Schweigen zu bringen, müsste man seine Flügel hinterm Rücken zusammenbinden.« Da sollte man bei diesen Melodien doch lieber an »ein Geschenk« denken, »das uns Menschen gemacht wurde. Wir können uns an solchen Klängen erfreuen. Es spielt nicht immer eine Rolle, warum ein Ton erklingt, oder wer oder was ihn verursacht. Klang bereichert unser Leben.«

Das trifft auch auf Gerüche zu. Und die Nachtluft ist wahrlich voller Düfte. Tagsüber trägt aufsteigende warme Luft die Gerüche von der Erde fort, doch wenn die Temperatur in der Nacht sinkt und die Winde sich legen, bleiben sie in Bodennähe, als Botschaften, die auf Geschöpfe warten, welche sie verstehen können. Bestäuber, Aasfresser, Räuber, Beutetiere – die Gerüche der Erde sind Landkarten ihrer nächtlichen Welten. Sie legen Wanderwege fest, verführen zur Paarung, sagen »Komm, krieg mich doch« oder warnen »Bleib mir bloß vom Leib.« Selbst für uns olfaktorisch so beschränkte Menschen hält die Nacht überwältigende Düfte parat, die uns augenblicklich zu Zeitreisen quer durch ganze Länder und über ganze Ozeane hinweg anregen können.

In dem Haus, in dem ich aufwuchs – mein Zimmer war im ersten Stock, in der Nordwestecke des Hauses –, hatte ich das Bett nahe ans Fenster gerückt, damit ich, sobald das Licht gelöscht war, meine Nase ans Fliegengitter drücken konnte. Dann schloss ich die Augen und stellte mir unsere Hütte am See vor, oder das Haus meiner Großeltern, sogar Gegenden, die ich gar nicht kannte, unerreichbare Orte aus meiner inneren Vergangenheit oder Zukunft – ich wusste nicht, warum, aber dort wollte ich sein.

Die Herbstnächte erzählten von offenen Feuerstellen und dem Duft von brennendem Holz, derweil im schwarzen Franklin-Eisenofen meiner Eltern die Holzscheite der Birken und Eichen vom See glimmten und den Duft des Sommers mit dem des Herbsts verschmolzen und in der ganzen Nachbarschaft verströmten. Im Winter erzählte die Luft von dem Schnee und der Kälte, die bereits in den Wäldern und Seen nördlich unserer Staatsgrenze Einzug gehalten hatten und bald auch zu uns kommen würden. Bei den ersten Anzeichen des Frühlings öffnete ich die Fenster einen Spalt und sog die frische, feuchte Kühle der neuen Jahreszeit ein, die noch irgendwo im Süden verweilte, während die Schwarzkehlchen und die Rotkehlchen mit dem rostfarbenen Brustgefieder ihr Lied jeden Tag schon ein Stück näher bei uns sangen. Ich presste die Nase an den Spalt und konnte es kaum aushalten – der Duft war so voller berauschender Versprechen, dass ich regelrecht zurückwich.

Für Motten sind die Duftbotschaften der Nacht alles – Lebensweisheiten, Auslöser des Paarungstriebs, vielleicht sogar Musen. Wir machen uns meist lustig über die Anziehungskraft, die eine offene Flamme, ein Feuer, ein elektrisches Licht auf sie ausübt. Denn wir kennen sie ja meist nur so, wie wir auch alle anderen nachtaktiven Wildtiere kennen: tot. Es sind die Falter, die unter unseren Lampen herumliegen oder unter einer zusammengerollten Zeitschrift ihr Leben ließen. Dabei ist es wirklich eine schlechte Ironie, dass wir so schnell bei der Hand sind, Nachtschwärmer umzubringen, denn sie tragen ungemein viel dazu bei, unsere Welt am Leben zu erhalten. Es lebt zwar jeder einzelne Falter nur ein bis zwei Wochen lang, doch kollektiv bestäuben sie rund 80 Prozent der globalen Fauna. Man schätzt, dass es weltweit zwischen hundertfünfzig- und zweihundertfünfzigtausend Nachtschwärmerarten gibt. Egal wo du lebst, sie teilen das Leben mit dir.

Einige Mottenarten können der Landwirtschaft echte Probleme bereiten, aber das sind nur ein Prozent, die die übrigen in Verruf bringen. Alle anderen sind harmlos. Nur weil sie in der Nacht aktiv sind, ignorieren wir sie, fürchten wir sie und zerquetschen wir sie gedankenlos. Und wegen ihrer Vorliebe für Licht erleiden sie Nacht für Nacht ungeheure Verluste. Dabei sind Motten, abgesehen von ihrer unersetzlichen Rolle als die Bestäuber von Blumen, Büschen, Kakteen und all der übrigen Pflanzen und Bäume, von denen wir profitieren und die uns so gefallen, auch ein lebenswichtiger Bestandteil der Nahrungskette in unseren Ökosystemen. Mottenfressende

Tierarten mögen vielleicht einen momentanen Nutzen aus der Anziehungskraft ziehen, die das Licht auf ihre Opfer ausübt – man denke an den Luxor-Strahl in Las Vegas –, aber in Wahrheit haben diese Lichter die Wirkung von Staubsaugern: Sie saugen gewaltige Mengen an Proteinen aus den Ökosystemen, aber Proteine sind der Kraftstoff, den alle Geschöpfe auf höheren Ebenen der Nahrungskette zum Überleben brauchen.

Ökologen beginnen die langfristigen Folgen dieses Phänomens gerade erst zu verstehen. Himmelman bezeichnet eine Welt ohne Motten allerdings längst schon als eine »trostlose«, und das nicht nur des ökonomischen Nutzwerts dieser Insekten wegen. So schreibt er zum Beispiel über die Lunamotte:

Ihre Schönheit ist ätherisch und ihre Natur ist flüchtig; sie lebt nicht viel länger als ein oder zwei Wochen. Sie entpuppt sich im Laubstreu aus ihrem Kokon, paart sich und legt bereits innerhalb der ersten achtundvierzig Stunden ihre Eier. Von da an hat sie die restlichen Nächte ihres Lebens nichts zu tun. Sie erfüllt keinen Zweck mehr. Sie isst nicht. Sie trinkt nicht. Ihre gesamte Energie bezieht sie aus den Blättern, die sie als Raupe gefressen hatte. Und diese Energie ist endlich und kann nicht aufgeladen werden. Sie ist wie ein Spielzeugflugzeug, das von einem aufgedrehten Gummiband angetrieben wird. Hat sich das Gummiband abgedreht, bewegt sich der Propeller nicht mehr und das Flugzeug fällt zu Boden.

Weil das ein nächtliches Geschehen ist, bekommen es die meisten von uns nie zu Gesicht. Die Lunamotte mit ihren schillernd grünen, schwanzartig verlängerten Flügeln ist ein Schmetterling des Mondlichts und erfüllt in der Zeit, in der sie sich die Welt mit uns teilt, bis ihre Batterie leer ist, keinen anderen Zweck, als Schönheit zu verbreiten. Wäre Schönheit tatsächlich nur von Nutzwert, dann müsste man doch annehmen, dass sie gleich nach der Paarung sterben würde. Stattdessen aber fliegt sie noch mehrere Nächte herum. Mir gefällt der Gedanke, dass dieses schmetterlingsartige Nachtgeschöpf aus keinem anderen wahrnehmbaren Grund herumflattert als dem, diese Welt um ein Vierflügelfaches schöner zu machen.

Einmal fand ich in unserem Haus am See eine kleine braune Motte in meinem Schlafzimmer. Mein erster Impuls war, sie zu zerquetschen. Doch ich hielt an mich und begann sie zu beobachten: vier Flügel, zwei auf jeder Seite, winzige Augen und Fühler. Ein Freund, der sich mit Nachtfaltern beschäftigt, nennt diese kleinen Motten mit den abgeschrägten Flügeln »Fighter Jets«. Dieser kleine Düsenjäger war jedenfalls gerade auf dem Rollfeld meiner Schlafzimmertür gelandet, deshalb fand ich heraus, dass er Dinge tun konnte, zu denen Kampfflugzeuge nicht in der Lage sind. Nachdem ich die Motte eine Weile in der hohlen Hand gegen meine Brust gehalten hatte, entließ ich sie schließlich wieder in die Nacht. Als sie aufstieg, enthüllte sie mir eine herbstlich orange leuchtende Unterseite. Sie gehörte zur Art der *katucala nupta,* den »Roten Ordensband«-Faltern. Andere Falter haben »Augen« auf ihren Flügeln entwickelt, um Räuber nachzuahmen, oder grelle Farben, um zu warnen: »Giftig!« Dieses rote Ordensband hat sich vermutlich ebenfalls entwickelt, um Räuber abzuschrecken. Aber diesmal schreckte es mich auf … so viel verborgene Schönheit in der wilden Nacht am See!

Ich erinnere mich an einen Sommer, da hatten sämtliche Lokalnachrichten aufgeregt die Geschichte vom Zusammenstoß eines Motorradfahrers mit einem Grauwolf berichtet. Beide kamen dabei ums Leben, der zweiundsechzigjährige Mann wurde in den Graben geschleudert und der Wolf unbekannten Alters unter dem Motorrad gefunden. Der Unfall war kurz vor Tagesanbruch ganz in der Nähe des Sees passiert, beide müssen gleichermaßen voreinander erschrocken sein. Ich könnte den Wolf in der Nacht noch gehört haben, könnte auch das Motorrad vorbeischnarren gehört haben. Ob der Mann einen Helm trug, weiß ich nicht. Der Wolf jedenfalls trug gerade sein Sommerfell und war vielleicht intuitiv einen Moment stehen geblieben, als er die Landstraße betrat. Irgendein Geruch war ihm in die Nase gestiegen, etwas hatte seine Aufmerksamkeit erregt, vielleicht das niedrige Pulsieren des abnehmenden Halbmondes gleich überm Horizont. Also hatte er kurz innegehalten auf der Straße, wohingegen er vor jedem anderen Tagesanbruch weitergetrottet war über den schwarzen Asphalt und die durchbrochene gelbe Linie, um wieder zwischen den Kiefern und Eichen des mondbeschienenen Waldes zu verschwinden, der sein Zuhause war. In dem Fall hätte sich der Mann auf dem Motorrad in die Kurve gelegt und gerade noch die Hinterläufe des großen Grauen gesehen, oder vielleicht ein

Aufblitzen der bernsteinfarbenen Augen in dem kurzen Moment, in dem sich der Wolf dem lärmenden Gefährt zugewandt hätte. Stattdessen hatte der Motorradfahrer vielleicht gerade zum Mond hochgeblickt, sich vielleicht gefragt, wieso er ihn zu so früher Morgenstunde noch sehen konnte. Möglicherweise war das sein letzter Gedanke gewesen. Vielleicht war sein letzter Gedanke aber auch: *Oh mein Gott, wie schön!*

Tagtäglich sterben allein auf amerikanischen Straßen eine Million Vögel und andere Wildtiere, und weil es so viele nacht- und dämmerungsaktive Arten gibt, findet fast die Hälfte dieses Blutbads bei Nacht statt. Auch den Menschen kommen solche nächtlichen Kollisionen teuer zu stehen. Tatsächlich ist Rotwild statistisch betrachtet deshalb weit gefährlicher für uns Menschen als ein Berglöwe oder ein Bär, und als ein Wolf sowieso. Alljährlich sterben in den Vereinigten Staaten mehr als zweihundert Autofahrer bei einer Kollision mit Rotwild. Das sind die dramatischsten Folgen unter den mehr als einer Million Unfällen dieser Art, die jedes Jahr passieren. Sie ziehen zehntausend verletzte Autofahrer und mehr als eine Milliarde Dollar Sachschaden jährlich nach sich (und dem Rotwild ergeht es dabei natürlich auch nicht gut). Studien haben nachgewiesen, dass sich verstärkte Highway-Beleuchtungen zur Prävention solcher Unfälle als unwirksam erwiesen haben, ja, es für nachtaktive Wildtiere sogar sehr viel schwieriger machen, im Dunkeln und in der Abend- oder Morgendämmerung Zusammenstöße zu vermeiden. Tieraugen, die dank ihrer wesentlich höheren Zahl an Stäbchen und Zapfen im Dunkeln oder im Dämmerlicht so vorzüglich sehen, werden von den Scheinwerfern und Straßenlichtern extrem geblendet. »Was das Thema der Highway-Beleuchtung zur Verringerung der Straßentode von Tieren betrifft«, schreibt der Biologe Paul Baier in seinem Beitrag zu *Ecological Consequences of Artificial Night Lighting*, »reicht unser Wissen über die Sehfähigkeit von Säugetieren aus, um schlussfolgern zu können, dass aus der Perspektive des Tieres weniger mehr ist.«[21]

Weniger Licht auf unseren Landstraßen, weniger Straßenlaternen, und alle Lampen weniger grell, ist nicht nur besser für Wildtiere, sondern auch sicherer für uns, denn wenn wir uns allein auf die Scheinwerfer unserer Autos verlassen müssten, würden wir nicht so schnell und so unaufmerksam fahren.

Aber wie sähen sie aus, diese blendfreien Lampen auf unseren Straßen? Ein innovatives Konzept stammt zum Beispiel von einer Design-Kooperative aus San Francisco, die sich *Civil Twilight* nennt. Ihre preisgekrönte Idee sind Straßenleuchten, die auf das Mondlicht reagieren. Sie nennen sie *Lunar-resonant Streetlights*. Ausgestattet mit LEDs und hochsensiblen Photosensoren passt sich die Helligkeitsstärke dieser Lampen den jeweiligen Lichtstärken des Mondes an. Ob in Nächten ohne Mond, oder bei Halbmond, diese Straßenlampen würden immer genug Licht für Fußgänger und Autofahrer abgeben. In Vollmondnächten dimmen sie sich herunter und glimmen kaum noch. *Civil Twilight* schätzt, mit dieser Idee nicht nur mehr als Dreiviertel der Mittel einsparen zu können, die derzeit für Straßenbeleuchtungen ausgegeben werden, sondern glaubt damit auch die Stimmung des Mondlichts zurück in die Stadt und auf die Straße bringen zu können.[22]

Diese Idee baut allerdings auf einer schon wesentlich älteren auf. Im 18. und 19. Jahrhundert waren Straßenbeleuchtungen noch aufs Engste mit dem saisonalen Wechsel der Lichtverhältnisse und mit den Mondphasen verknüpft gewesen. In Paris waren sogar nach dem Aufkommen der Gaslaterne in den 1840er Jahren noch weitere Laternentypen in Gebrauch gewesen, eine, die die ganze Nacht über brannte, und eine andere, die nur angezündet wurde, wenn der Mond nicht genügend Licht auf die Straßen fallen ließ. Sogar im frühen 20. Jahrhundert setzten noch viele Kommunen die Zeiten, in denen sie ihre Straßen beleuchten wollten, ins Verhältnis zum Mondlicht. Lange bevor Paris zur Stadt des Lichts wurde, war auch sie eine Stadt des Mondlichts gewesen.

Und das gewiss mit zauberhafter Wirkung. James Attlee erklärt in seinem Buch *Nocturne: a Journey in Search of Moonlight:* »Wie auf einer Schwarz-weiß-Fotografie lässt der Mangel an Farben, die bei Mondlicht sichtbar sind, die Struktur einer architektonischen Landschaft wesentlich stärker in den Vordergrund treten.«[23] Goethe erlebte das 1787 in Rom:

Von der Schönheit, im vollen Mondschein Rom durchzugehen, hat man, ohne es gesehn zu haben, keinen Begriff. Alles Detail wird von den großen Massen des Lichts und des Schattens verschlungen, und nur die größten, allgemeinsten Bilder stellen sich dem Auge dar. Seit drei Tagen haben wir

die hellsten und herrlichsten Nächte wohl und vollständig genossen [...]
So muß man das Pantheon, das Kapitol beleuchtet sehn, den Vorhof der
Peterskirche und andere große Straßen und Plätze. Und so haben Sonne
und Mond, eben wie der Menschengeist, hier ein ganz anderes Geschäft als
anderer Orten ... [24]

Heute können wir das kaum noch irgendwo erleben, schon gar nicht in einer Stadt, die in einer künstlichen Lichterflut ertrinkt. Heute zieht der Mond unbemerkt seine Bahn über Städte wie Rom. Deshalb haben wir die wilde Schönheit seines natürlichen Lichts auch fast schon vergessen.

Es ist Abend, ich stehe auf der Congress Avenue Bridge in Austin, Texas, und habe die Gelegenheit, etwas von Merlin Tuttle zu lernen, dem bekanntesten Fledermausforscher der Welt. Wir haben uns hier zur Dämmerstunde eingefunden, um gemeinsam zu beobachten, wie zwischen siebenhundertfünfzigtausend und eineinhalb Millionen mexikanischer Bulldoggfledermäuse unter der Brücke hervorkommen und in die Nacht auffliegen werden, ein wirklich wilder Anblick inmitten einer Stadt mit fast derselben Zahl an menschlichen Bewohnern. Tuttle, Gründer von *Bat Conservation International* (BCI), versucht seit mehr als dreißig Jahren in aller Welt Verständnis für diese faszinierenden Säugetiere zu wecken. In der weltweiten Artenschutzgemeinde ist der Name Merlin Tuttle längst gleichbedeutend mit Fledermaus. [25]

Nicht zuletzt, weil wir sie untrennbar mit Dunkelheit verbinden, haben Fledermäuse unter einer unbeschreiblichen Hetzjagd der Menschen leiden müssen. Auch zu dieser Verfolgung waren und werden wir von unseren irrationalen Ängsten getrieben, etwa weil Fledermäuse Tollwut übertrügen (was nur auf ein halbes Prozent ihrer Gesamtpopulation zutrifft), sich in unseren Haaren verfingen (was bei einem Tier, dessen Echoortung ein einzelnes menschliches Haar aufspüren kann, niemals geschehen würde, »es sei denn auf deinem Kopf wuselten Gurkenkäfer herum«, heißt es auf einer Website des *Ohio Department of National Resources*), oder weil sie Menschen »angriffen« (Tuttle sagt, dass er in seiner vierzigjährigen Laufbahn noch nie eine Fledermaus gesehen habe, die aggressiv auf Menschen reagiert hätte).

Rational betrachtet säubern Fledermäuse die Luft von Moskitos und anderen Stechmücken, bestäuben die Blumen und die Früchte, an denen wir uns so erfreuen, und übernehmen damit Aufgaben, die uns Menschen nicht nur in ökonomischer Hinsicht enorm zugutekommen. Und doch wurde auf der ganzen Welt – jedoch nirgendwo so schonungslos wie in den Vereinigten Staaten – eine Fledermauskolonie nach der anderen mit Waffen, Feuerwerkskörpern, Dynamit, Feuer, Napalm, Gift, Tennisschlägern, Hockeyschlägern und anderen Gerätschaften ausgerottet. Und das einfach nur, weil wir diese kleinen nachtaktiven Säugetiere so fürchten. Um hier nur ein Beispiel aus den frühen sechziger Jahren zu nennen: Die weltweit größte Fledermauskolonie im südlichen Arizona wurde von dreißig Millionen auf dreißigtausend Tiere reduziert. Die Hügel vor ihrer Höhle sind übersät mit Patronenhülsen.

Doch mit seinem unermüdlichen Einsatz gelingt es Tuttle immer wieder, etwas zu bewirken. Er erzählt zum Beispiel die Geschichte eines Farmers aus Tennessee, der ihn die Fledermäuse in einer Höhle auf seinem Grund und Boden erforschen ließ, doch nur unter der Bedingung, dass Tuttle, wenn er schon da reinging, »so viele wie nur möglich tötet«. Als Tuttle den Höhlenboden dann übersät mit den Flügeln von Kartoffelkäfern vorfand – die für den Farmer die reinste Pest waren –, änderte dieser sofort seine Einstellung zu den Tieren. Zu Beginn seiner Forschung hatte Tuttle immer mindestens zehn Minuten seiner Vortragszeit darauf verwenden müssen, Mythen zu widerlegen. Inzwischen, sagt er, frage ihn kaum noch jemand nach Tollwut, oder nach den Vampiren, die einem das Blut aussaugten, oder wolle wissen, wie hoch die Chancen stünden, dass nichts ahnende amerikanische Städte dem Massenangriff von Fledermäusen ausgesetzt sein könnten.

Als Tuttle 1986 nach Austin zog, hatte es noch Einwohner gegeben, die glaubten, dass ein solcher Massenangriff unmittelbar bevorstand. Die Congress Avenue Bridge war damals erst sechs Jahre alt gewesen, aber bereits einige hundert Fledermäuse hatten entdeckt, dass ihr Unterbau einen perfekten Schlafplatz abgab. Und das hatte einige Bewohner von Austin so aufgeregt, dass sie die sofortige Vernichtung der Tiere forderten. »USA Today machte damals mit der Schlagzeile auf: ›Hunderttausende tollwütige Fledermäuse fallen in Austin ein und greifen Bürger an.‹ Und im *Austin American*

Statesman stand: ›Fledermauskolonie verbeißt sich in die Stadt.‹ Heute hat dieselbe Zeitung eine Fledermaus als Maskottchen und eine Hotline, bei der man anrufen und erfahren kann, zu welcher Zeit die Fledermäuse fliegen.« Tuttle lacht: Wer heute eine Story über damals schreiben will, könnte niemanden mehr finden, der bereit wäre, zuzugeben, dass er damals die Ausrottung der Fledermäuse gefordert hatte.

Während wir auf der Brücke warten, versammeln sich Menschen aller Altersgruppen am Geländer. Auf dem Colorado River darunter schaukeln kleine Sightseeing-Boote voller Touristen, die Köpfe erwartungsvoll in den Nacken gelegt, um sie herum Kajakfahrer, die wasserdichten Kameras schussbereit. Am Ende der Brücke rät eine Leuchtreklame zum Bacardi Tequila einer Firma, die sich die Fledermaus zum Logo erkoren hat. Daneben werden »Bat Watchers« von einer riesigen schwarzen Fledermausstatue begrüßt und von einem Schild informiert, dass diese Brücke die »weltweit größte städtische Fledermauskolonie« beherbergt. Gelegentlich steigt einem auch der weltweit beißendste »Duft« des Guano in die Nase, so als wollten die Fledermäuse unter der Brücke uns wissen lassen, dass sie sich bereit machen.

Der verschwindende Prozentsatz von Fledermäusen, die Tollwutträger sind, kann den Hass, mit denen ihnen die Menschen begegnen, gewiss nicht rechtfertigen. Tuttle erzählt, dass keine andere Säugetiergruppe jemals derart intensiv nach Krankheitserregern erforscht wurde wie die Fledermäuse, und nach wie vor könne man nur feststellen, dass sie in dieser Hinsicht zu den harmlosesten Tieren unserer Umwelt gehören. »Für mich ist der Fall hier mit Austin abgeschlossen«, erklärt er. »Die Gesundheitsbehörde sagte, die Fledermäuse würden Menschen angreifen und mit Tollwut verseuchen, und fast hätte die Stadt sie ausgerottet. Ich sagte, sie sind nützlich, und wenn ihr sie in Ruhe lasst, lassen sie euch in Ruhe. Fast dreißig Jahre später warten wir immer noch auf den ersten Fledermausangriff.«

Ein Weg, auf dem Tuttle es gelang, die Einstellung der Menschen zu verändern, war die Fotografie, eine Kunst, die er sich aus der Not geboren selbst aneignete. Nachdem er einen Artikel für *National Geographic* geschrieben hatte, »in dem ich aufzeigte, was für niedliche und harmlose Tiere Fledermäuse sind, ganz im Gegensatz zum Aberglauben der Menschen«, fuhr er nach Washington, um sich in der Redaktion die zur Verfügung stehenden Fotos zur Bebilderung seines Artikels anzusehen, musste aber feststellen, dass das Magazin nur Bilder von zähnefletschenden Fledermäusen besaß – eine Selbstverteidigungsgeste, die man auslösen kann, wenn man einer Fledermaus ins Gesicht bläst, damit sie ihre Augen öffnet. »Das lässt sie entsetzlich aussehen, wahrlich nicht wie etwas, das man lieben könnte.« Tuttle erklärte den Leuten vom Magazin daraufhin: »Wisst ihr, das würdet ihr keinem anderen Tier antun. Und Menschen würden einen Anfall kriegen, wenn man sie zu irgendeiner solchen Grimasse provozieren würde, bevor man sie fotografiert.« Also begann Tuttle selbst zu fotografieren. Seither werden seine Bilder in aller Welt gezeigt, Fotos von langen Hängeohren oder Stummelöhrchen, von fröhlichen Knopfaugen, von schwarzen, fast durchsichtigen Flügeln – mit anderen Worten von Tieren, die man wirklich nicht hassen kann.

Es gibt mehr als tausend Fledermausarten – ein ganzes Viertel aller Säugetierspezies auf der Welt sind Fledermäuse –, deshalb ist es auch so schwer, sie zu generalisieren. Das hindert mich jedoch nicht daran, Aaron Corcoran um genau das zu bitten. »Fledermäuse sind erstaunliche, ganz erstaunliche Geschöpfe«, sagt der Doktorand, der gerade eine Dissertation über das Verhältnis von Fledermäusen und Motten schreibt. Als ich ihn frage, was er am Erstaunlichsten an ihnen findet, lacht er. »Da müsstest du jetzt eine Stunde Zeit haben. Ich weiß nicht, ob ich da irgendwas hervorheben kann. Als erstes fällt mir ihr sensorisches Umfeld ein, und die Welt, in der sie leben, und die Schnelligkeit, mit der sie auf ihr Umfeld reagieren. Ein Tier, das über eine Echoortung verfügt, stößt zwischen zehn und zweihundert Echolotimpulse pro Sekunde aus und kann binnen einer Zehntelsekunde – oder einer noch kürzerer Zeit, die zwischen dem Moment vergeht, in dem der Ortungsruf von einer Fledermaus ausgestoßen wird, und dem Moment, in dem sie das Echo hört – sämtliche Informationen aufnehmen, verarbeiten und dann auch noch entscheiden, was als nächstes zu tun ist. Ihr Zeitmaßstab ist einfach unglaublich. Einige von ihnen produzieren Töne zwischen 20 und 120 Kilohertz, was das Sechsfache unserer Hörgrenze ist, und das in einer Dreitausendstel Sekunde. Und dann hören sie diesen Ton auch noch rasend schnell zurückkommen und können allein anhand der Eigenschaften dieses zurückgeworfenen Tons die Beschaffenheit eines Objekts erkennen und in Erfahrung bringen, wie weit es entfernt ist und in welcher Richtung es sich befindet. Damit können sie wirklich sehr schnell feststellen, ob es sich um eine Beute handelt, die es sich zu jagen lohnt, oder ob es uninteressant für sie ist.«

Donald Griffin, der Ende der 1930er Jahre Fledermäuse zu studieren begann und dem zugeschrieben wird, ihre Echoortung entdeckt zu haben, sagte einmal, dass das Studium von Fledermäusen für ihn der Entdeckung einer Zauberquelle gleichgekommen sei. Sechzig Jahre lang sei er immer wieder zu dieser Quelle zurückgepilgert, und sie habe ihm unaufhörlich die unglaublichsten neuen Erkenntnisse offenbart.

Eine der bemerkenswertesten Fähigkeiten von Fledermäusen ist, dass Mütter zur Nahrungssuche eine Höhle verlassen können, in der eine Million oder mehr Tiere hausen, und bei ihrer Rückkehr keinerlei Schwierigkeiten haben, auf einer mit Jungtieren vollgepackten Fläche von zwanzig bis fünfzig Quadratmetern unter buchstäblich Tonnen von Baby-Fledermäusen ihre eigenen Kinder wiederzufinden. Tuttle erzählt, dass Fledermäuse der jüngsten Forschung zufolge die gleiche beständige Sozialstruktur haben wie höhere Primaten und Elefanten. Forscher fanden bei Langzeitbeobachtungen heraus, dass die Fledermäuse zwar jeweils in ganz unterschiedliche Gebiete zum Überwintern flogen, aber einander sofort individuell wiedererkannten, wenn sie ein halbes Jahr später zurückkehrten, ja, sogar unterschiedliche Grade von »Freundschaften« miteinander pflegten. »Das kann man nennen, wie man will«, sagt Tuttle, »aber es dürfte kaum etwas anderes sein als das, was wir haben. Sie sind ziemlich smart.«

Als die Fledermäuse in Grüppchen oder langen Schwärmen in die Nacht von Austin auffliegen, kommt kaum noch hörbarer Beifall auf. Selbst Erwachsene beginnen bei diesem Anblick zu kichern. Ich sehe, dass Tuttle, der dieses Schauspiel schon so oft miterlebt hat, nicht ganz so beeindruckt ist (»Sollte noch besser werden«, sagt er), aber mich, der ich ja schon beim Anblick einer einzigen Fledermaus außer mich gerate, lässt diese Ebbe und Flut von Tausenden nur noch ehrfürchtig staunen und irgendwas Banales vor mich hin murmeln. Ich sehe Tiere vor mir, die trotz aller Versuche des

Hunderttausende von mexikanischen Bulldoggfledermäusen steigen von ihren Schlafplätzen unter der Congress Avenue Bridge in Austin, Texas, auf. (© Randy Smith Ltd.)

Menschen, ihnen das Existenzrecht abzusprechen, unter einer Brücke hervor wirbeln und dabei so aussehen, als hätten sie richtig Freude am Fliegen. Ich sage zu Tuttle: »Vielleicht ist dir das nicht gut genug, aber für mich ist es atemberaubend.« Er lacht. »Wenn es gut ist, dann ist es eins *der* Naturschauspiele in der Welt. Man kann ihre Säulen kilometerweit sehen.«

Die Fledermäuse fliegen in lockenartig gedrehten schwarzen Trichtern auf den östlichen Horizont zu, in Richtung des Farmlands, um sich an Maiseulen und Heerwurmeulen satt zu fressen, zwei Nachtfalterarten, die, wie Tuttle mir erklärt, der texanischen Wirtschaft alljährlich einen Milliardenschaden zufügen. Einer jüngsten Studie zufolge retten insektenfressende Fledermäuse allein die amerikanische Landwirtschaft alljährlich vor einem Drei-Milliarden-Dollar-Schaden. Während sie die Nacht über fressen, vernichten sie ganze Tonnen an Schädlingen und ersparen den Farmern damit die Kosten für Pestizide. Tatsächlich ist die Zahl von drei Milliarden sogar noch äußerst konservativ, denn in Wahrheit dürfte sich die Ersparnis sogar auf rund fünfzig Milliarden Dollar belaufen, weil bei besagter Studie nicht auch die Folgekosten berücksichtigt wurden, die durch den Einsatz von Pestiziden entstehen würden, gäbe es die Fledermäuse nicht – darunter nicht zuletzt die Kosten, welche die entsprechenden Gesundheitsschäden beim Menschen nach sich ziehen würden, oder der Mehraufwand, der durch eine Resistenzentwicklung bei den Schädlingen nötig würde. In aller Welt bestäuben Fledermäuse Früchte und Blumen und fressen die Schädlinge, die ansonsten ganze Ernten vernichten würden. Ironischerweise dürfte der enorme Nutzen, den sie somit für die Menschheit haben, im Verhältnis zu dem enormen Hass und den enormen Ängsten stehen, mit denen wir ihnen immer noch begegnen.[26]

Trotz des Engagements von Tuttle und anderen Forschern bedürfen Fledermäuse also nach wie vor verzweifelt unserer Hilfe. Denn abgesehen von der Verfolgung durch den Menschen wurden zum Beispiel Millionen von Höhlen-Fledermäusen östlich des Mississippi von einer Seuche hingerafft – dem »Weißnasen-Syndrom« (ein weißer Pilzbewuchs vor allem um die Nase) –, die sich immer weiter verbreitet. Außerdem haben Fledermäuse keinen eingebauten Schutz vor den Windturbinen, auf die sie bei ihren Zügen treffen und welche Schätzungen zufolge bis zum Jahr 2020 allein in den Vereinigten Staaten für den Tod von sechzigtausend ihrer Art verantwortlich sein werden. Denn im Gegensatz zu Vögeln, die typischerweise durch direkte Kollisionen mit den Turbinenblättern getötet werden, kommen Fledermäuse durch ein »Barotrauma« ums Leben, eine Druckverletzung, die sich mit dem Dekompressionsschock von Tauchern vergleichen lässt: Der rapide Luftdruckabfall um die Turbinenblätter lassen die Lungen der Fledermäuse einfach platzen. Auch das Licht dürfte bei diesen Unfällen eine Rolle spielen, denn um ein Barotrauma zu erleiden, müssen die Fledermäuse den Turbinenblättern ziemlich nahe kommen, und wie viele andere Flugtiere lassen auch sie sich von den Insekten anziehen, die ihrerseits vom Licht der Turbinen angelockt werden. Und als ob das alles noch nicht ausreichte, haben neue Studien aus Europa auch noch nachgewiesen, dass mit dem üblichen Blend- und Streulicht unserer künstlichen Lichtquellen der Lebensraum von Fledermäusen noch zusätzlich verringert und ihr ohnedies schon gestresstes Leben noch mehr unter Druck gesetzt wird. Während die Wissenschaft also um Mittel und Wege ringt, um das Weißnasen-Syndrom zu bekämpfen und eine Lösung gegen die tödlichen Windturbinen zu finden, wäre es für uns ein Leichtes, unsere Beleuchtungsanlagen so zu gestalten, dass den Geschöpfen, die uns eine so große Hilfe sind, geholfen werden kann.

Tuttle engagiert sich immer noch in aller Welt. Als ich ihn zu Hause besuchte, bevor wir zur Brücke aufbrachen, lernte er gerade Sätze auf Spanisch für ein bevorstehendes Gespräch auf Kuba auswendig (und arbeitete an einem Artikel mit der Überschrift: »Trotz allem, was wir über Fledermäuse gelernt haben, berichten Zeitungen immer noch, dass sie gefährlich sind«). Zum Abschluss des heutigen Abends verlassen wir die Brücke und fahren zu den Hügeln rauf, um uns die Roten Fledermäuse anzusehen, die über den Lichtern der texanischen Hauptstadt Nachtfalter jagen – sie schnappen sich die Insekten geschickt im Flug, und uns flattern die Flügel der Motten vor die Füße. Tuttle hat seinen »Fledermausdetektor« mitgebracht, ein Gerät, das wie ein Transistorradio aussieht und stottert und piept und brummt, während es die Fledermausaktivitäten übersetzt. Wir stehen da und lauschen und gucken in den Nachthimmel hoch, da kommt eine junge Frau vorbei, lächelt, und fragt mit einem Kopfnicken Richtung Detektor: Redet ihr etwa mit den Fledermäusen?

Merlin Tuttle beantwortet diese Frage nun schon seit so vielen Jahren mit einem: Ja, welche Sprache dazu auch nötig ist!

In einer klaren Abenddämmerung Ende Juni stelle ich das Auto auf einem Parkplatz der *Cape Cod National Seashore* ab und wedle mich durch einen Mückenschwarm hindurch zum Strand hinunter (eine Frau, die gerade hoch kommt, sagt zu ihrem Begleiter: »Jesus, diese Mücken sind wie tollwütige Füchse«). Ich liebe es, draußen herumzustromern und die Nacht zu begrüßen, das sagte ich wohl schon, aber auf diese Nacht freue ich mich, seit ich zum ersten Mal Henry Bestons *The Outermost House* gelesen habe. Strandfeuer vor und hinter mir, Vogelgezwitscher um mich herum, das Donnern und Rauschen der Brandung, im Westen zieht sich allmählich der Vorhang der Dunkelheit überm Meer zu. Ich bin auf Bestons Strand.

Ich wüsste niemanden, der eloquenter über die Nacht geschrieben hat als Henry Beston. In seinem 1928 veröffentlichten Buch schildert er das Jahr, in dem er allein in einem kleinen, zweiräumigen Beach House lebte, das er selbst entworfen hatte. Er hatte das Cape schon in vielen Sommern besucht, im Herbst 1926 aber festgestellt, dass er es einfach nicht über sich brachte, wieder abzureisen: »Die Schönheit und das Rätselhafte dieser Erde und des Meeres am Outer Cape hatten derart von mir Besitz ergriffen, dass ich nicht davon ablassen konnte.« Eine Rolle bei seiner Entscheidung, dort zu bleiben, um sein Buch zu schreiben, dürfte allerdings auch das Ultimatum gespielt haben, das ihm seine Freundin als besonderen Anreiz gestellt hatte: »Kein Buch, keine Hochzeit.« In den anschließenden vier Jahreszeiten schenkte er seine ganze Aufmerksamkeit »den großen Rhythmen der Natur, die heutzutage so stumpfsinnig missachtet werden« – und dabei vor allem den Momenten, in denen der Tag zur Nacht wird und das Licht zum Dunkel. Er wollte seinen Lesern wieder ins Bewusstsein rufen, von welch grundlegender Bedeutung all diese natürlichen Rhythmen sind.

Unsere grandiose Zivilisation hat den Kontakt zu vielen Aspekten der Natur verloren, aber zu keinem so grundlegend wie zur Nacht. […] Mit Licht und immer mehr Lichtern treiben wir die Heiligkeit und Schönheit der Nacht zurück in die Wälder und auf das offene Meer.[27]

Dass Beston sich bereits 1926 der Probleme von »Licht und immer mehr Lichtern« bewusst gewesen war, ist bemerkenswert und war auch bemerkenswert vorausichtig, denn es sollte ja noch Jahrzehnte dauern, bis das elektrische Licht auch ins ländliche Amerika Einzug hielt. Könnten heutige Amerikaner einen Blick zurück auf ihr damaliges Land werfen, würden wohl die meisten ihren Augen nicht trauen, so dunkel war es noch gewesen. Und doch klingt Bestons Ansprache an seine Zeitgenossen, als spräche er hier von uns, den Nachfahren:

Die heutige Zivilisation ist von Menschen geprägt, die nicht die geringste Vorstellung vom Wesen oder von der Poesie der Nacht haben oder die noch niemals je die wahre Nacht sahen. Auf solche Weise zu leben, nur künstliche Nacht zu kennen, ist so absurd, als kennte man nur einen künstlichen Tag.[28]

Beston, der in tiefstem Einklang mit dem »lebenserhaltenden und poetischen Geist der Natur« stand, brachte Stunden am Strand damit zu, über das Schauspiel des Lebens nachzudenken, das ihm dort vorgeführt wurde – inklusive eines manchmal sternenklaren, manchmal mondbeschienen, aber immer dunklen Himmels.

In Einklang stand Beston vor allem mit den Vögeln auf Cape Cod. Im zweiten Kapitel verwandelte er seine Betrachtungen von »Autumn, Ocean, and Birds« in eine der denkwürdigsten Passagen seines Buches, angesichts des

> *allerliebsten Anblicks der Gruppe, welche sich augenblicklich in ein Vogelbild verwandelt, in eine flüchtige Plejade, deren lebenden Sterne ihre zufälligen Positionen beibehalten. [...] Sollen wir wirklich glauben, dass diese Vögel, alle von ihnen, machinae seien, wie Descartes vor langer Zeit so beharrlich behauptete? [...] Wir bedürfen einer weiseren und vielleicht auch mystischeren Vorstellung von den Tieren. [...] Durch eine Welt, die älter und makelloser ist als die unsere, bewegen sie sich mit meisterhafter Vollendung, begabt mit erweiterten Sinnen, welche wir verloren oder nie erworben haben, gelenkt von Stimmen, die wir niemals hören werden.*[29]

Für ihn war es gar keine Frage, dass Vögel über erweiterte Sinnesgaben verfügen, lange bevor sich Naturwissenschaftler diesem Thema auch nur zuzuwenden begannen, und das einfach nur, weil er den Vögeln ebenso viel Aufmerksamkeit schenkte wie allem anderen in seiner Welt.

Eines Nachts um zwei Uhr, sein Zimmer »strotzte nur so vor April-Mondlicht und es war so still, dass ich das Ticken meiner Uhr hören konnte«, lief er zum Wasser runter und hörte »diesen lieblichen, pulsierenden glockenartigen Chor – das Geräusch eines großen Schwarms von Wildgänsen, die in einer stillen Nacht unter dem Mond Richtung Norden fliegen«. Er nannte es den »Strom des Lebens«, der »in dieser Nacht durch den Himmel floss« Er wusste natürlich, dass er gerade den Frühjahrszug von Großvögeln beobachtet hatte, die wie alle Nachtzugvögel seit Jahrtausenden im Schutz der Dunkelheit in ihre Winter- oder Sommerquartiere flogen:

Es gab kleine Schwärme und große Schwärme, es gab Zeiten, in denen der Himmel leer erschien, es gab Zeiten, in denen er von einem gewaltigen Geschrei erfüllt war, das über dem Meer langsam abebbte. Nicht selten hörte ich nur das Geräusch von Schwingen, und ab und an konnte ich die Vögel auch sehen – sie fliegen sehr schnell –, doch kaum hatte ich sie ausgemacht, schrumpften sie schon zu einem Punkt im mondbeschienenen Himmel.[30]

Würde Beston heute noch leben, wäre er vermutlich nicht überrascht zu erfahren, dass unsere »grandiose Zivilisation« alles daran setzt, diesen »Strom des Lebens« versiegen zu lassen. Allein in den Vereinigten Staaten verenden Schätzungen zufolge mindestens hundert Millionen Vögel alljährlich durch die Kollision mit Gebäuden. Bob Zink, Kurator der ornithologischen Abteilung des Bell-Museums an der University of Minnesota schreibt, dass »die Schätzungen bei zwischen hundert Millionen und einer Milliarde Vögel pro Jahr liegen, was letztendlich bedeutet, dass wir keine Ahnung haben«. (»Die meisten Beobachtungsstätten werden nicht aufgesucht, um nach toten Vögeln Ausschau zu halten«, erklärt Travis Longcore, »und die meisten von denen, die unter Beobachtung stehen, werden nur sporadisch aufgesucht.«) Wir wissen jedoch, dass rund fünfundsiebzig Millionen Sendemasten (Tendenz steigend) auf den Rücken unserer Landschaften aufgestellt und die meisten davon beleuchtet und mit Spanndrähten verzurrt wurden, oder dass Land und Wasser mit Leuchttürmen, Ölplattformen, Industrieschloten und Windturbinen übersät sind. Am gravierendsten wirken sich jedoch die Hochhäuser in unseren Städten aus, weil sie für jeden Vogel, der vom Kurs abgekommen ist, ein unlesbares Labyrinth darstellen. Und all diese Strukturen zusammen ergeben einen tödlichen Hindernisparcour, den kein einziger Vogel in seiner Evolution zu überleben gelernt hat, ganz besonders nicht bei Nacht.[31]

»Die nächtlichen Verhaltensweisen von Vögeln sind Milliarden von Jahren alt«, sagt Andrew Farnsworth von der Cornell University. »Die Auswirkungen anthropogenen Verhaltens, wie zum Beispiel die Illuminierung des Nachthimmels, der erst vor hundert Jahren noch dunkel gewesen war, können dramatisch und sehr ernst sein.« Licht bei Nacht scheint Vögel magisch anzuziehen und zugleich zu verwirren, es zwingt sie regelrecht zu Kollisionen mit unseren Bauten.

Zu den dramatischsten Begebenheiten zählen: Eine einzige Nacht im Jahr 1954, in der fünfzigtausend Vögel zu Tode kamen, weil sie dem Leitstrahl eines Flughafens in Georgia direkt bis in die Landebahn gefolgt waren; oder ein Wochenende im Jahr 1981 in Ontario, an dem zehntausend Vögel mit Industrieschloten kollidierten; oder die weiteren zehntausend Vögel, die an einem einzigen Wochenende im Jahr 1998 an Sendemasten in Kansas verendeten; oder die mehr als tausendfünfhundert Lappentaucher, die in einer Nacht im Jahr 2011 über das südliche Utah zogen und sich auf Parkplätzen zu Tode stürzten, die sie wegen des Lichtschimmers, der von den angestrahlten Wolken über der Stadt auf sie zurückgeworfen wurde, offenbar für Teiche gehalten hatten. Dankenswerterweise scheint solches Massensterben noch die Ausnahme zu sein. Es ist die Häufung all der vielen einzelnen Unfälle, ein Vogel hier, eine Handvoll Vögel dort, auch mal hundert in einer sehr schlechten Nacht, die diesen hohen Blutzoll ergibt. Natürlich kann man nicht den Tod eines jeden Vogels unter dieser gewaltigen Zahl direkt mit künstlichem Licht in Verbindung bringen, außerdem beginnen wir ja gerade erst die genauen Zusammenhänge von künstlichem Licht und Vogelsterben zu begreifen, aber, sagt Sidney Gauthreaux von der Clemenson University, »alles deutet darauf hin, dass der gesteigerte Einsatz von künstlichem Licht bei Nacht negative Auswirkungen auf die Vogelpopulationen im Allgemeinen und auf Nachtzugvögel im Besonderen hat«.

Allein in Nordamerika gibt es zwischen vierhundert und fünfhundert Arten, die nachts ziehen, sagt Farnsworth. »Das umfasst eine taxonomische Bandbreite von Reihern über Watvögel und Kuckucke bis hin zu Singvögeln. Sogar einige Möwen und Seeschwalben migrieren nachts, so wie auch viele Wasservögel, Seetaucher und Lappentaucher.« Viele dieser Arten sind primär tagaktiv und werden nur während der Zugsaison nachtaktiv. Aber Farnsworth erklärt, dass sich diese »Saison« letztlich über fast das ganze Jahr erstreckt, bedenkt man die vielen verschiedenen Vogelarten, die hier involviert sind. »Das heißt, auch wenn wir immer nur an den Vogelzug im Frühjahr und im Herbst denken, findet ein Großteil davon in Wirklichkeit außerhalb der Monate April und Mai oder September und Oktober statt – letztendlich kann es fast das gesamte Jahr über zu nächtlichen Vogelzügen kommen. Und da spreche ich jetzt nur von Nordamerika. Wenn man sich das weltweite Geschehen betrachtet, vervielfacht sich ihre Zahl natürlich um ein Entsprechendes.«

Die Zahl der getöteten Vögel ist zwar dramatisch, aber die der verschiedenen Arten unter ihnen potenziell noch verheerender. Denn wenn wir zum Beispiel den Tod von fünftausend Tauben verschulden, dann ist das eine Sache, wenn es aber fünftausend einer bestimmten Grasmückenart sind, ist das etwas ganz anderes. »Wenn man Nacht für Nacht einen beträchtlichen Teil einer bedrohten Art tötet«, sagt Farnsworth, »im Vergleich zu beispielsweise der Katzendrossel oder der Scharlachtangare, oder einem anderen Vogel, den es häufiger gibt und der weiter verbreitet ist, dann ist das schon ein ganz anderes Szenario.« Genau deshalb versuchen Farnsworth und seine Kollegen auch so viele Verzweigungen wir nur möglich in dem »Strom des Lebens« zu entdecken, der über unsere Köpfe hinwegfließt. Mit dem Einsatz von Radargeräten war es zwar möglich geworden, nächtliche Vogelzüge zu verfolgen, nicht aber auch, herauszufinden, um welche Vogelarten es sich dabei jeweils handelte. Erst die Weiterentwicklung der akustischen Überwachungstechnik – mit Mikrofonen werden die Vokalisationen der Zugvögel aufgezeichnet, anschließend werden die Laute mithilfe von Computern entschlüsselt – bot den Forschern die Möglichkeit, auch die Zusammensetzungen der nächtlichen Vogelzüge zu definieren. »Jede Spezies hat eigene Lautäußerungen für ihre Nachtaktivität«, erklärt er. »Man kann ihnen also in Echtzeit zuhören, oder man zeichnet die Daten auf und bearbeitet sie dann mit den diversen Algorithmen, die uns zur Verfügung stehen und uns Anhaltspunkte für die Zusammensetzung eines nächtlichen Vogelzugs geben.«

Kürzlich haben Farnsworth und einer seiner Kollegen ein solches Monitoring in der Nähe des New Yorker *Tribute in Light*-Lichtdenkmals gemacht, das zum Gedenken an den 11. September auf dem Areal installiert wurde, auf dem die Türme des World Trade Center gestanden hatten: achtundachtzig Scheinwerfer, die wie zwei Türme in den Himmel ragen. In einer Nacht wurden derart viele Vögel von dem Licht angezogen, dass man die Installation komplett ausschalten musste. »Tausende von Vögeln waren in diesen

Lichtsäulen«, erzählt Farnsworth, »da war wirklich ein gewaltiges Rufen im Gange. Kaum war das Licht aus, sanken die Rufe auf nahezu null.« Für Farnsworth war es ein »faszinierendes Beispiel dafür, wie dramatisch sich die verschiedenen Aspekte eines Migrationsverhaltens unter dem Einfluss von Licht verändern«.

Michael Mesure aus Toronto, Gründer des *Fatal Light Awareness Program* (FLAP), erzählt mir, dass der Fernsehturm der Stadt, der Canadian National Tower, nach seiner Einweihung im Jahr 1976 jahrelang von Spotlights angestrahlt wurde. »Ich war zu mehreren Gelegenheiten vor Ort gewesen und sah Hunderte, wenn nicht Tausende Vögel den Turm umkreisen, gefangen in diesen Lichtbündeln. Es waren derart viele, dass einige direkt gegen den Beton prallten oder miteinander kollidierten. Und als die Lichter dann gegen ein Uhr nachts erloschen, begannen sämtliche Vögel, die in dem Licht gefangen gewesen waren, einfach zu Boden zu flattern – es hagelte rundherum Vögel. Da begriff ich, dass es ihnen genauso ergeht wie uns, wenn wir in einem hell erleuchteten Zimmer sind und jemand plötzlich das Licht ausmacht: Es dauert eine Weile, bis sich die Augen wieder angepasst haben. Einer nach dem anderen rappelten sie sich dann wieder auf und flogen davon in die Dunkelheit.«[32]

Es dürfte wohl niemanden geben, der mehr für nachtaktive Zugvögel in urbanen Gebieten getan hat als Michael Mesure von FLAP.

»Ich hatte von dem Problem gehört und konnte es einfach nicht glauben«, sagt er. »Ich musste es mit eigenen Augen sehen. Also stand ich eines schönen Morgens, das war 1989, sehr früh auf. Und siehe da – noch vor Tagesanbruch las ich tote Vögel von den Straßen in Toronto auf.« Seit seiner Gründung im Jahr 1993 hat FLAP mit seiner Kampagne gegen das Vogelsterben in Toronto Beträchtliches geleistet, zum Beispiel, indem es Richtlinien für Architekten, Bautechniker und Bauherren entwickelte, verbindliche Antikollisionsmaßnahmen bei allen Neubauten durchsetzte und auch zur Entwicklung von ästhetisch ansprechenden Fensterfolien für Bürogebäude beitrug. Inzwischen haben sich Aktivisten nach dem Vorbild von FLAP auch in New York, Chicago, Minneapolis und Calgary zusammengefunden. Mesure erklärt, dass die Mortalitätsrate von Vögeln, die bei Tag mit

Gebäuden kollidieren, zwar höher sei als die durch nächtliche Kollisionen, FLAP aber festgestellt habe, dass ein direkter Zusammenhang zwischen beidem besteht: »Die Massen an toten Vögeln, die wir nach Tagesanbruch von der Straße auflasen, hingen direkt mit der Anzahl von Vögeln zusammen, oder es handelte sich um dieselben Vögel, die in der Nacht zuvor von diesem urbanen Umfeld angezogen worden waren und es geschafft hatten, die Erschöpfung durch den Irrflug zwischen all den beleuchteten Gebäuden zu überstehen und einer Kollision mit ihnen zu entgehen. Aber am nächsten Tag war es ihnen dann nicht mehr gelungen, mit all den reflektierenden Oberflächen zurechtzukommen.«

Mesure verwendet zwar Begriffe wie »Babyschrittchen« oder »Geduld«, wenn er über den erreichten Fortschritt und die Arbeit spricht, die noch bevorsteht, glaubt aber, dass die Tatsache der steigenden Energiekosten für das Beleuchten ganzer Gebäude und die Bereitschaft des Business, neue Wege zu gehen, durchaus Grund dazu gäben, optimistisch zu sein. Zum Beispiel verabschiede man sich zusehends von »der herkömmlichen Methode, ein Gebäude zu reinigen, das heißt von einer Reinigung, die nach dem Ende des Arbeitstages beginnt und dann von oben bis unten durchgezogen wird, mit dem Ergebnis, dass die halbe Nacht über im gesamten Gebäude das Licht brennt.« Inzwischen werde zunehmend auf Tagesreinigung umgestellt. Und das hat natürlich zur Folge, dass eine nächtliche Beleuchtung unnötig wird.

Außerdem glaubt Mesure, dass das Problem des Vogelsterbens in Stadtgebieten gar nicht so schwierig zu lösen ist. »Wenn ein See verunreinigt oder ein ganzer Wald am Absterben ist, bedarf es jahrelanger harter Arbeit und hoher Mittel, um diesen See oder jenen Wald wieder zum Leben zu erwecken. Unser Problem könnten wir jedoch über Nacht lösen. Wie oft kann man das schon behaupten?« Denn jeder Mensch, der Büroflächen in einem Hochhaus anmietet, habe die Macht, zu diesem Wandel beizutragen, indem er verlangt, dass die Gebäudebeleuchtung verändert wird. In Toronto gehört das Thema Vogelfreundlichkeit für den potenziellen Mieter eines Gebäudes längst zum Alltag. »Es ist nur noch eine Frage der Zeit, bis es bei jedem Gebäude ein bestimmender Faktor sein wird«, sagt er.

Mesures Traum ist es, in allen Städten von Kanada beziehungsweise von ganz Nordamerika verbindliche Maßnahmen zum Schutz der Zugvögel einzuführen, bei Neubauten wie bei bestehenden Gebäuden. Etwas von diesem Traum sah er bereits realisiert, jedenfalls genug, um ihm Ansporn für seine künftige Arbeit zu sein. »Aber jedes Mal, wenn ich wieder anfange, unterschiedlichste Vogelarten von den Straßen aufzulesen, die die meisten Menschen noch nie im Leben zu Gesicht bekommen haben, erwischt es mich von Neuem und erinnert mich schmerzhaft daran, warum ich das alles tue.«

Warum spaziere ich über Bestons Strand? Wer die Welt, die er geschildert hat, wirklich erleben möchte, der muss sie nach Einbruch der Dunkelheit suchen. Natürlich wird mir eine einzige Nacht auf Cape Cod (selbst eine Woche, ein Monat, oder ein ganzes Jahr à la Beston) nicht voll und ganz vermitteln können, wie die Nacht gewesen war, die er gekannt hatte. Denn wer weiß, wie viel von ihr noch geblieben ist, oder ob sie sich inzwischen vielleicht schon bis zur Unkenntlichkeit verändert hat. Auch um das herauszufinden, fuhr ich hierher.

Der Himmel, unter dem ich über diesen Strand laufe, liegt am anderen Ende von Bostons »großem gelben Himmel«, den ich am Walden Pond hinter mir leuchten gesehen hatte, weshalb der Lichtdom hier über dem gesamten westlichen Horizont schwebt und die Sterne dort bis weit in den Himmel hinauf ausmerzt. Und wenn ich mich gen Süden wende, dann sehe ich an einem entfernten Küstenstreifen zwei Dutzend grelle *Security Lights* und wundere mich, dass eine Kommune, die sich derart dem Naturschutz verschrieben hat wie Cape Cod, bedenkenlos eine solche Beleuchtung zulässt. (Aber auch das hier ist letztendlich Amerika. Der Schriftsteller David Gessner erzählt in seinem fesselnden Essay »Trespassing on Night« von einem neuen Nachbarn auf dem Cape, der unerbittlich auf der Umsetzung seines Plans bestanden hatte, »uns zu erleuchten – fünfunddreißig unterschiedliche Spotlights, Bodenlampen und Poollampen«. Er verteidigte sein Recht auf eine ihm genehme Beleuchtung seines Besitzes ebenso vehement wie das Recht auf das Anlegen der von ihm bevorzugten Kleidung – »das niederträchtige Mäntelchen des Patriotismus«. Gessner und seine Frau hatte es wegen dieses »Eindrucks von Wildheit« ans Cape gezogen, doch nun ...:

»Was haben all diese neuen Lichter meiner wilden Nachbarschaft angetan? Sie haben sie gezähmt.«[33])

Dankenswerterweise gibt es wenigstens an diesem Abschnitt unserer Küstenlinie noch keine direkte Lichteinstrahlung, und ich hoffe doch sehr, dass ich mich hier nicht gezähmt fühlen werde. Nach einer Weile erlöschen sogar die kleinen Strandfeuer. Nachdem ich einen langen Umweg durch das Sumpfgebiet von Nauset gemacht habe, vorbei an aufgebrochenen Krabbenpanzern und den ausgefransten Federn um die Überreste lange verendeter Vögel, dann weiter um den Strand herum, der zum Schutz des Lebensraums von Flötenregenpfeifern und Zwergseeschwalben geschlossen wurde – Vogelarten, die Beston mit Sicherheit beobachtet hatte –, bin ich fast alleine hier. Nur zwei junge Angler teilen sich noch den Strand mit mir, ihre Angelruten in den Sand gesteckt, die Schnur weit in die Brandung ausgeworfen, dorthin, wo ganze Schulen von Felsenbarschen sich nach Einbruch der Dunkelheit tummeln. Am Ende der Landzunge stapfe ich durch die Spuren von Dutzenden Watvögelkrallen im nassen, weichen Sand, Y-artige Dreizacke, die hierhin und dorthin verlaufen.

Noch weiter nach Süden kann man nicht laufen – die Stelle, an der Beston auf diesem Strand hauste, liegt heute unter Wasser, fortgeschwemmt von den Gezeiten und den Zeiten. 1964 war auch sein Haus, das fast direkt am Wasser gestanden hatte, zum Nationaldenkmal *(National Literary Landmark)* erklärt worden. Beston war gemeinsam mit seiner Frau Elizabeth Coatsworth (ihre Bedingungen für eine Ehe hatte er da schon viele lange Jahre zuvor erfüllt gehabt) ein letztes Mal nach Cape Code gereist, um an der Zeremonie teilzunehmen. Vier Jahre darauf starb er. Nur zehn Jahre später, 1978, wurde das Haus von einem gewaltigen Wintersturm aufs Meer hinausgeblasen.

Der Horizont ist jetzt bloß noch ein dunkler Strich unter dem dunklen Himmel. Still und leise steigen Sterne aus der wogenden See und der Brandung auf. Aus dem Norden trifft regelmäßig der kreisende Lichtstrahl des Nauset-Leuchtturms ein, im Osten tanzen die Laternen von ein paar Fischerbooten im schwarzen Wasser auf und ab, im Süden erheben die *Insecurity Lights* Anspruch auf die Uferklippen und im Westen hängt das allgegenwärtige Bostoner Himmelsleuchten. Aber alles in allem ist dies immer noch ein dunkler Ort, dunkel genug, um einen Blick in die Tiefen der Milchstraße zu gestatten, die sich fast parallel zum Strand über das Meer wölbt.

Gegen Ende seines Buches, gegen Ende seines Jahres hier, nachdem er die »großen Rhythmen der Natur« über fast vier Jahreszeiten hinweg intim kennengelernt hatte, erklärte Beston, wie viel es ihm bedeute, dass

> *die Schöpfung noch immer im Werden ist, dass die Schöpfungskräfte heute so großartig und so aktiv sind wie eh und je und dass die Frühe auch morgen noch so heroisch sein wird wie alles auf Erden.*[34]

Auch wenn ein Teil seines Strandes samt seines Hauses und eines Teils seines Himmels fortgespült wurde, fühlt es sich an diesem Ort in der Dunkelheit doch immer noch so an, wie die Nacht damals gewesen sein muss. Ich wollte diesen Strand entlanglaufen, um festzustellen, ob ich noch die Anziehungskraft der alten Welt spüren kann, die Beston gekannt hatte. Nun, auch wenn sie schwächer geworden ist, ist sie doch immer noch da – die Vogelschwärme ziehen noch immer durch die Nacht, die Fischschulen kreuzen noch immer in Küstennähe das Meer und die Milchstraße wölbt sich wie eh und je. Ich wollte herausfinden, ob die Nacht hier noch immer dunkel genug ist, um wild zu sein, ob es noch immer möglich ist, allein durch einen Raum zu wandeln, in dem unsere kommende Welt noch immer im Werden ist. In der Dunkelheit dieses Himmels, dieses Strandes und dieses Meeres kann ich diese Nacht noch immer spüren. Beston schrieb:

> *Lerne die Nacht zu verehren und lasse die gemeine Angst vor ihr zurück. Denn mit der Verbannung der Nacht aus dem Erleben des Menschen entschwindet auch ein erhabenes Gefühl, eine poetische Stimmung, die dem Abenteuer des Menschseins Tiefe verleiht.*[35]

Wenn ich mich zurücklege und die Augen schließe, dann fühlt es sich hier, auf der äußersten Zunge des Strandes direkt am Meer so an, als läge ich unmittelbar neben einem riesenhaften atmenden Wesen. Der Basstrommelton der donnernden Brandung vibriert durch den Sand. Wer hier draußen lebt, allein und ohne Licht, der kann seine Sinne den Jahreszeiten, den Rhythmen, der Witterung und den Klängen der Natur nur öffnen. Hier, unmittelbar am Meer, unmittelbar unter diesem Himmel, ist es, als läge man der Haut eines geliebten Menschen so nahe, um durch sie hindurch das Blut und den Atem und den Herzschlag zu hören.

Klasse 4

Kenne das Dunkel

Aber die Dunkelheit hält alles an sich:
Gestalten und Flammen, Tiere und mich,
wie sie's errafft,
Menschen und Mächte

Rainer Maria Rilke, (1899)[1]

Zwanzig Kilometer waschbrettartige Schotterpiste sind die Zielgerade zum *Chaco Culture National Historic Park* in New Mexico. Das Auto ist in eine staubweiße Wolke gehüllt, während ich auf das Naturschutzgebiet zurumple, das jeder nur »Chaco« nennt. Ich komme gerade noch rechtzeitig vor Einbruch der Dunkelheit an, um beim letzten Tageslicht durch den Canyon fahren zu können. Chaco liegt dreieinhalb Fahrtstunden nordwestlich von Albuquerque und ist berühmt wegen der Kultur, die sich Mitte des 9. Jahrhunderts für rund dreihundert Jahre hier angesiedelt hatte. Touristen kommen hierher, um zwischen den Ruinen der Großhäuser und »Kivas« genannten Zeremonien- und Versammlungsräume herumzuwandern, die über das ganze Tal verstreut stehen, darunter das Pueblo Benito, das größte aller Großhäuser, ein Halbkreis mit einst mehr als sechshundert Räumen, viele davon drei- oder vierstöckig aufeinandergestapelt. Die kreisförmig angelegte Straße durch den Canyon macht die Hauptgebäude leicht erreichbar, doch die abgelegene Lage von Chaco sorgt dafür, dass die Anzahl der Besucher gering bleibt und man sich mutterseelenallein dort wiederfinden kann, wo vor zehn Jahrhunderten eine geschäftige Stadt gewesen

195

war. Von der Casa Rinconada aus, einer großen, kreisförmigen Kiva, beobachte ich, wie die untergehende Sonne die alten Gemäuer und die Felsen des Canyons in flammendes Orange taucht. Und während der tiefblaue Himmel sich immer tiefer blau verfärbt, beginnen die ersten Zikaden ihr Lied und beenden die letzten Vögel das ihre. Ich frage mich, wie wohl die Nacht hier unten ist. Wie muss es sich anfühlen, inmitten dieser Ruinen und umgeben von den Geistern all der Menschen, die vor tausend Jahren hier lebten? Wie würden sie aussehen, all diese Winkel und Geviere und Rondelle, diese kleinen Räume und diese Steine, nur vom Mondlicht beschienen?[2]

Unglücklicherweise wird der Canyon bei Sonnenuntergang geschlossen und alle Besucher müssen sich auf der jenseitigen Seite des Tors einfinden, das anschließend sofort verschlossen wird. Verständlich. Die Ranger müssen sich keine Sorgen um Touristen machen, die sich in diesem sogar tagsüber unbeaufsichtigten Canyon verirrt oder verletzt haben könnten; die Ruinen werden vor Vandalismus geschützt; und niemand braucht einen Cent für Strom auszugeben. Trotzdem ist es eigenartig und bedauerlich, dass die Behörde just eines Nationalparks, der eine Kultur feiert, für die der Nachthimmel eine so große Rolle gespielt hatte, den nächtliche Zutritt zu diesem Canyon verwehrt. Ich habe wirklich das Gefühl, eine gute Gelegenheit zu verpassen. Jedenfalls empfinde ich das jetzt, am Beginn dieses Abends noch so.

Zum ersten Mal war ich vor fünfzehn Jahren in Chaco gewesen, kurz nachdem ich von Minnesota nach New Mexico übersiedelt war. Damals versuchte ich noch aus dieser Wüste schlau zu werden – aus diesen *mesas* genannten Tafelbergen und Plateaus, aus diesen vom Wasser ausgewaschenen rostfarbenen Canyons, aus diesen kobaltblauen Morgenhimmeln und, natürlich, aus diesen grünen Chilis. Irgendwann begann ich das alles zu lieben, und ich liebe es noch immer. Doch während ich die Holperfahrt der letzten Kilometer bis Chaco gewiss noch gut in Erinnerung hatte, merke ich nun, dass ich völlig vergessen hatte, wie einzigartig diese Ruinen im Zusammenspiel mit der Wüste, diesen Felsen, dieser Luft und diesem besonderen Licht sind. Man hat das Gefühl, dass es hier von jeher so ausgesehen hat und die

Bewohner ihre Häuser gerade eben erst verlassen haben. Ich bin glücklich, dass ich das wieder genauso empfinde, denn diesmal bin ich hierhergekommen, um an einem Ort auf Erden zu sein, der einst von einer Kultur bewohnt wurde, die um ein Vielfaches inniger mit der Dunkelheit vertraut gewesen war als wir.

Einer der stärksten Anziehungspunkte von Chaco ist der Eindruck, dass fast alle Gebäude astronomisch und lunar ausgerichtet worden seien und viele Piktogramme an den Fels- und Hauswänden astronomische Ereignisse darzustellen scheinen, darunter die bekannte Felszeichnung einer »Supernova«, von der man annimmt, dass sie ein Ereignis aus dem Jahr 1054 festhielt. Wirklich wissen kann das natürlich niemand. Deshalb ist die eigentliche Attraktion auch das Mysterium, das diese ganze Anlage umgibt.

»Man sollte es wohl besser das ›Vielleicht-Supernova-Piktogramm‹ nennen, denn man kann sich da leider nicht sicher sein«, sagt Angie Richman, eine Archäoastronomin des National Park Service. Das heißt, sie erforscht die Rolle, die der Sternenhimmel in solchen alten Zivilisationen wie der Chaco-Canyon-Kultur (einer lokalen Ausprägung der Anasazi-Kultur) spielte. Allerdings, meint Richman, »gibt es hier in Chaco genügend Anzeichen, die darauf hindeuten, dass sie den Himmel genau genug beobachtet haben, um Veränderungen wahrnehmen zu können. Es gibt Felsenkunst, die möglicherweise Kometen und Sonnenfinsternisse zeigt, außerdem hat der Himmel auch eine große Rolle in ihrem Alltag gespielt – um den Ablauf der Zeit im Auge behalten zu können und um zu wissen, wann sie säen und wann sie ernten mussten. Aber er war gewiss auch etwas Spirituelles. Der Blick in den Himmel, die Beobachtung der Sonne und des Mondes und deren Identifikation mit Göttern, oder die Betrachtung der Sterne als Leitfiguren waren tief verwoben mit jedem Aspekt ihres Seins.«

Die Ruine der Casa Rinconada steht dem Pueblo Benito am östlichen Ende des Canyons gegenüber. Es war eine der größten Kivas der Südwestkultur und ist ein Musterbeispiel für die vermutete architektonische Ausrichtung an der Sonne. Im Inneren des Rundbaus reihen sich achtundzwanzig kleine quadratische Nischen um die Außenmauer, die beiden T-förmigen Öffnungen für die einstigen Tore liegen sich auf einer exakten Nord-Süd-

Achse gegenüber. Bei jeder Sommersonnenwende fiel der Sonnenstrahl durch eine Öffnung im Osten der Rundmauer direkt in eine dieser achtundzwanzig Nischen. Und genau diese offenkundige Sonnenausrichtung zieht Besucher aus aller Welt hierher, wiewohl niemand weiß, ob die Chaco-Kultur dieses Ereignis wirklich bewusst herbeigeführt hatte oder ob es nur ein zufälliger Effekt gewesen war. Außerdem sind die Kiva-Wände nicht mehr original, das heißt, sie wurden in den 1930er Jahren grundlegend rekonstruiert (von Indiana-Jones-Doppelgängern in schlabbrigen Khakihosen und Fedora-Hüten). Nun mag man ja einige architektonische Meisterleistungen hier bemerkenswert finden für eine Kultur, deren Blütezeit so lange zurückliegt, aber dass ein Volk, welches seine ganze Existenz von der Fähigkeit abhängig gemacht hatte, die Bewegungen von Sonne, Mond und Sternen zu verstehen und zugleich ins Verhältnis zu den Jahreszeiten zu setzen, so manches dabei herausfand, das uns heutigen Erdbewohnern mysteriös erscheint – weil solche Himmelsbewegungen für uns praktisch irrelevant wurden –, liegt doch irgendwie sehr nahe.

Die Casa Rinconada im Chaco Canyon bei Nacht, eingefangen mit langer Verschlusszeit (© Tyler Nordgren)

Chaco lässt sich zwar nicht mit den Ausmaßen und gewaltigen Felsformationen anderer Canyons im Südwesten der Vereinigten Staaten vergleichen, doch um den Himmel zu beobachten, dürfte man wohl kaum einen besseren Ort finden. Der Canyon verläuft von Ost nach West, verengt sich an beiden Enden und weitet sich in der Mitte, an beiden Seiten flankiert von tafelartig abgeflachten Sandsteinfelsen vergleichbarer Höhe. Ergo gehen Sonne und Mond während des längsten Teils des Jahres am einen Ende auf und am anderen unter, wobei das Tal trotz der Felsen, die rundum den Horizont bilden, breit genug ist, um den Blick in einen sehr viel größeren Himmelsausschnitt zu erlauben als in den engeren, tieferen Canyons. Man hat hier das Gefühl, als befände man sich in einem Stadion, das eigens zur Himmelsbeobachtungen errichtet wurde, oder in einem riesigen, uralten Planetarium. Ich stelle mir sofort vor, wie die Bewohner sich nachts auf den Rücken legten, das dreidimensionale Universum über sich betrachteten und zusahen, wie Sterne auf die Erde fielen oder vom einen Ende des Canyons zum anderen schossen.

Die Verwaltung des Nationalparks konzentriert sich von jeher auf den Schutz der Ruinenstätte, doch mittlerweile hat man auch den Erhalt der Nachweise, die für eine besondere Beziehung der Chaco-Kultur zu den Gestirnen sprechen, als etwas Schützenswertes anerkannt. »GB« Cornucopia, der seit mehr als fünfundzwanzig Jahren als Ranger in Chaco arbeitet, trug gemeinsam mit Angie Richmond entscheidend dazu bei, dass diesem Aspekt von Chacos Erbe ein besonderer Anreiz für Besucher verliehen wurde: Seit 1998 organisieren sie mithilfe von engagierten Amateurastronomen und gestifteten Teleskopen mehrmals pro Woche nächtliche Astronomieveranstaltungen in der Nähe des Besucherzentrums vor den verschlossenen Parktoren.

Heute Nacht unterhält GB mehrere Dutzend Besucher mit Zeitraffervideos vom Mondzyklus, die wie die Aufnahmen eines pulsierenden Herzens wirken. Und jeder kann einmal durch das größte Teleskop einen Blick auf den Kugelsternhaufen M13 werfen, einer Anhäufung von rund fünfhunderttausend Sternen, die wie ein federleichter, glitzernder Schneeball dort oben schweben. Der Sternenhimmel scheint hier direkt aus der schwarzen Silhouette der Canyonwand hinter uns emporzuwachsen. Cornucopia nennt ihn »unser direktestes Verbindungsglied« zur alten Chaco-Kultur, denn es »ist noch derselbe Himmel wie vor tausend Jahren«, da Chaco trotz der zunehmenden Lichtverschmutzung durch die Kommunen in der Umgebung » immer noch ein sehr dunkler Ort ist«. Wenn man die Nacht dort unten zwischen den Ruinen verbringe, sei das manchmal fast schon unheimlich, weil man dann plötzlich »nicht mehr weiß, in welchem Jahrhundert man sich befindet«.

Ich bin gewiss nicht der einzige Besucher, der sich gerade wünscht, dort unten sein zu können. Doch je länger ich hier bin, desto richtiger fühlt es sich an, diese Stätte nachts in Ruhe zu lassen – vor allem, wenn Cornucopia recht hat und Chaco in der Nacht seinem einstigen Wesen wirklich am nächsten kommt –, aus Respekt vor den Menschen, die einmal hier gelebt haben, aber auch, weil es Chaco noch anziehender macht, wenn man dem Pueblo Bonito oder der Casa Rinconada ihre Geheimnisse im Mondschein unter dem üppigen Sternenhimmel nicht zu entlocken versucht. Am Walden Pond hatte es sich richtig und überhaupt nicht respektlos angefühlt, die Nacht dort zu verbringen, wo Thoreaus Hütte gestanden hatte, dort hatte ich vielmehr das Gefühl, als würde mir die Möglichkeit geboten, in Kontakt mit einem Teil von mir selbst zu treten. Hier spüre ich hingegen – so froh ich auch bin, hier zu sein –, dass dieser Ort nicht der meine ist. Deshalb fühlt es sich letztendlich auch nicht bedauernswert an, oder wie eine verpasste Gelegenheit, dass ich nicht selbst dort unten sein kann.

Als sich die Menge zerstreut und die Teleskope wieder verpackt werden, blicke ich in den Westen des Canyons hinunter und stelle mir noch einmal vor, wie sich die Menschen von Chaco im Dunkeln die unendlichen Tiefen des Himmels betrachtet haben. Eine verpasste Gelegenheit wäre es nur dann, wenn wir immer bekämen, was wir wollen, und nie dazu gezwungen wären, der Nacht wenigstens einen Teil von sich ihr selbst zu überlassen.

Der japanische Schriftsteller Tanizaki Jun'ichirō schrieb in seinem langen Essay »Lob des Schattens«, dass das Abendland auf seiner unermüdlichen Suche nach immer hellerem Licht – von der Kerze zur Öllampe, von der Öllampe zum Gaslicht, vom Gaslicht zum elektrischen Licht – keine Mühen scheute, auch noch den kleinsten Schatten zu vertreiben. Er brachte diese

Kritik 1933 zu Papier, in einer Zeit, als auch Japan erstmals von elektrischem Licht überflutet wurde und die lebendige Rolle, die der Schatten in der japanischen Kultur spielt, darin unterzugehen drohte. »Lob des Schattens« liest sich, als sei es gestern geschrieben. Nicht, dass Tanizaki Jun'ichirō gegen moderne Annehmlichkeiten wie Strom, Heizung oder Toilette gewesen wäre (die er als einen kontemplativen Ort der spirituellen Ruhe bezeichnet), vielmehr wollte er, dass sein Leser erkennt, wie sinnlos und verschwenderisch er Licht einsetzt und wie unbedacht er dabei die Schönheit der Schattenwelt vernichtet. Mich fasziniert jedoch nicht nur Tanizaki Jun'ichirōs Kritik an unserer westlichen Mentalität, sondern vor allem seine Frage ob die Fakten, die mittlerweile auch in seiner Kultur über das Wesen und die Funktion von Licht gelehrt wurden, nicht ganz andere wären, hätte Asien denn seine eigene Wissenschaft entwickelt.[3]

Der Gedanke, dass eine andere Kultur auch ganz andere Vorstellungen von der Dunkelheit haben kann als unsere abendländischen, lässt mich nicht mehr los. Dabei müssen wir Amerikaner gar nicht weit über unseren Tellerrand hinausblicken – weder zurück in die Zeit noch über die Meere –, um völlig andere Einstellungen zur Nacht und zum Dunkel zu finden.

Natürlich kann man unmöglich verallgemeinern, wenn man über die Philosophien von mehr als fünfhundert verschiedenen Völkern spricht, aber alles in allem lässt sich doch sagen, dass die Kulturen der nordamerikanischen Ureinwohner ein ganz anderes Verständnis von der Nacht haben. Abendländer haben Jahrhunderte lang Türen und Fenster vor den natürlichen wie den übernatürlichen Schrecken der Nacht verschlossen (Werwölfe. Vampire, usw.), wohingegen das Dunkel für uramerikanische Kulturen von jeher mit einer tiefen Spiritualität verbunden war. Der Schriftsteller Joseph Bruchac, Angehöriger des Stammes der Abenaki, erzählt mir: »Wenn wir zum Beispiel in die Schwitzhütte gehen, dann gehen wir ins Dunkel. Wir kehren in den Mutterleib zurück, zurück in eine Dunkelheit, die uns umfängt und schützt. Und wenn wir in den Nachthimmel blicken, dann sehen wir in der Milchstraße den Sternenweg der Seelen, den Weg vom Diesseits ins Jenseits.« Bruchac, ein Geschichtenerzähler und Autor von mehr als siebzig Büchern, sagt, dass die Nacht in den uramerikanischen Kulturen traditionell als eine Zeit der Heilung betrachtet werde, weshalb auch viele

Zeremonien und Rituale nur nachts stattfänden. Der Nachthimmel eröffne ungemein viele Möglichkeiten: »Wenn wir in den Sternenhimmel blicken, dann sehen wir viele, viele Dinge, suchen aber gewiss nicht nach irgendeiner Gestalt, die den Mond verfinstert und zu uns runterkommt, um uns das Blut auszusaugen«, lacht er.[4]

Während abendländische Kulturen immer das Gute dem Bösen gegenüberstellten, »neigen die indianischen Kulturen Amerikas von jeher zu Mehrdeutigkeiten«, erklärt Bruchac, »oder zumindest dazu, die Rollen der verschiedenen Geschöpfe und Dinge aus einer breiteren Perspektive zu betrachten. Selbst Grau hat seine Schattierungen, und es käme niemand auf den Gedanken, dass irgendwas von Grund auf oder ausschließlich böse sein könnte. Etwas ist vielleicht nicht absolut gut, aber doch niemals ausschließlich böse im abendländischen Sinne von etwas unwiderruflich Inakzeptablem.« Sogar die Vorstellung von Dunkel und Licht als etwas voneinander Getrenntem ist häufig eine andere: Schwarz ist nicht immer schlecht und Weiß nicht immer gut. »Beide halten sich die Waage. Das ist fast dasselbe wie bei Yin und Yang. Gluskabe, der Held aus der Abenaki-Überlieferung, wird oft von einem weißen Wolf an der einen und einem schwarzen an der anderen Seite begleitet. Einer ist der Tag, der andere die Nacht, und beide sind von gleich wichtiger Bedeutung als Wächter und Gefährten, für ihn wie für alle Menschen.«

Natürlich weiß Bruchac, dass sich diese traditionell innige Beziehung zur Nacht nicht einfach auf moderne Zeiten übertragen lässt. Tatsächlich ist sie inzwischen auch den Ureinwohnern in vielerlei Hinsicht abhanden gekommen. »Heute ist sie nichts Grundlegendes mehr. Da gibt es Reservate draußen im Westen, wo man sich lieber Banden anschließt als den Abend mit der Familie zu verbringen.« Man brauche bloß ins Canyon de Chelly im Osten von Arizona zu fahren, sagt er (ein Nationalmonument, berühmt wegen der uralten Siedlungen, die in die langgestreckten Spalten der Canyonwände hineingebaut wurden). Heute lebt dort eine moderne Navajo-Gemeinschaft »im Einklang mit einer Landschaft von großer historischer und spiritueller Bedeutung«, wie es in einer Broschüre heißt. Doch dann stößt man dort verblüfft auf die gleichen unabgeschirmten *Security Lights* wie in ganz Amerika. Dass die Navajo hier mit einer Landschaft von »spiritueller Bedeutung« im

Einklang leben, scheint sie für das Problem der Lichtverschmutzung kein bisschen sensibler gemacht zu haben als uns.

Und doch scheint diese Tradition für viele Ureinwohner lebendig geblieben zu sein. Der Schriftsteller Doug George, ein Mohawk und somit Angehöriger der Irokesen-Konföderation, erzählte mir: »Wir haben die Nacht, damit die Erde ruhen kann. Wir haben die Nacht, damit wir den Sternenweg sehen können, den man ansonsten als Milchstraße bezeichnet, und unsere Anfänge bis zu den Sieben Tänzern, den Plejaden, zurückverfolgen können. Wir haben die Nacht, damit die Geister umherwandern und das körperliche Leben erspüren können, aus dem sie kamen. Wir haben die Nacht, damit wir unseren Geist befreien und mit ihm durch Raum und Zeit reisen können, um andere Geister zu besuchen und uns ihren Rat einzuholen. Nachts queren wir in andere Welten, in andere Zeiten aus Vergangenheit und Zukunft. Unsere physischen Körper müssen träumen, denn die irdische Realität ist nur eine von unzähligen Realitäten, und nur mithilfe des Traums können wir unseren Frieden mit dieser Tatsache schließen. Aber wir sind nie allein, und es gibt auch keine körperlichen Grenzen für uns, sofern wir die Nacht nutzen, um unseren Platz auf Erden aus der richtigen Perspektive zu sehen.«

Zu dieser Perspektive gehört nach den uramerikanischen Traditionen auch, wie Bruchac mir erklärt, die spirituelle Wahrnehmung der Dunkelheit als einer Vervollkommnung des Lichts. »Du musst in der Lage sein, dich in die Dunkelheit fallen zu lassen, aber du musst auch in der Lage sein, am anderen Ende wieder herauszuklettern und zu erkennen, dass es ein Kreis ist, nicht anders als der Tag, der zu Nacht wird, und die Nacht, die zum Tag wird. Der Zyklus währt ewig. Auch wir Menschen müssen ihn durchleben. Wenn wir versuchen, die Dinge für uns, für unsere Kinder, für unsere Kulturen allzu einfach zu machen, dann ist das ein großer Fehler. Ein Ältester der Cheyenne sagte einmal zu mir: ›Das Leben muss hart sein, sonst würden wir es nie schätzen.‹«

Der amerikanische Literaturwissenschaftler Eric G. Wilson ist so erfolgreich, wie man als amerikanischer Professor nur sein kann. Obwohl erst Mitte vierzig, ist er bereits Ordinarius, Inhaber eines Stiftungslehrstuhls und hat schon mehrere Bücher auf der Habenseite. Und er ist vehement gegen das Glück. Das möchte zumindest der Titel seines Buchs *Against Happiness: In Praise of Melancholy (Unglücklich glücklich: Von europäischer Melancholie und American Happiness)* den Leser Glauben machen. Wilson stemmt sich gegen dieses ständige, suchtartige Streben nach Glück, das eine so vorherrschende Rolle in den Vereinigten Staaten spielt. So fragt er sich zum Beispiel, ob sich Melancholie, dieses »süße Leid«, eines Tages schlicht erledigt haben wird, weil amerikanische Ärzte so ungemein großzügig Antidepressiva verschreiben, oder ob Amerikaner sich bald »zu einer Gesellschaft des selbstgefälligen Lächelns« entwickelt haben werden. »Mit honigsüßen Mienen werden wir durch pastellige Flure stolzieren. Blendendes Neon wird unser Rampenlicht.« Mit künstlichem Licht, schreibt er, »löschen wir just in diesem Moment die Melancholie«.[5]

Was meinen wir, wenn wir von »Melancholie« sprechen? In der griechischen Antike verstand man unter *melancholia* »Schwarzgalligkeit«, moderne Wörterbücher bieten Synonyme wie »Seelenschmerz«, »Trübsal«, »Schwermut« oder gar »Depression« an – allesamt Zustände, die heutzutage von den Ärzten mit Pillen behandelt werden: Amerika, die Prozac-Nation. Aber das war nicht immer so. Wenn man eine Ausgabe des *Diagnostic and Statistical Manual of Mental Disorders* (DSM) aus den 1950er oder 1960er Jahren zur Hand nimmt – das Handbuch, das die American Psychiatric Association zur Klassifikation von psychischen Störungen herausgibt –, findet man jede Menge Einträge zu so natürlichen menschlichen Emotionen wie der Trauer in all ihren Facetten, dem Zustand einer völlig natürlichen Melancholie also. Kritiker wie Wilson behaupten nun, dass solche natürlichen Gemütsverfassungen inzwischen nur allzu oft ebenfalls als klinische Depressionen behandelt und einfach »wegmedikamentiert« werden. »Entweder du bist glücklich, oder du bist klinisch depressiv«, sagt Wilson. »Es gibt keinen Raum mehr für den Mittelweg, der von so offensichtlicher Bedeutung ist. Für mich ist Melancholie etwas Unumgängliches. Und diesen Boden wollte ich mir vom Glück wieder zurückerobern.«[6]

Wilson, der die Literatur der Romantik lehrt, verwebt seine Gedanken gerne mit Hinweisen auf Dichter aus dem späten 18. und frühen 19. Jahrhundert, die er jahrelang studiert hat: William Blake, William Wordsworth,

Emily Dickinson, John Keats. Als ich ihn während meiner Vorbereitungen auf dieses Buch erstmals kontaktiert hatte, dachte ich: Welchen besseren Ort für ein Gespräch mit ihm könnte es geben als sein Arbeitszimmer, umgeben von all den Werken, die er so liebt. Ich ging natürlich davon aus, dass die Kulisse einem Gelehrten, der sich mit Melancholie befasst, angemessen sein würde, stellte mir vor, dass ich anklopfen und die Tür zu einem Studierzimmer öffnen würde – Kerzenlicht, der Duft von alten Büchern, die wehenden Klänge einer Orgelfuge aus eingestaubten Lautsprechern, ein ramponierter Schreibtisch, auf dem sich lose Blätter mit alten Versen stapeln, der schwermütige Professor tief über die Worte gequälter Geister gebeugt. Doch Wilson schlug sofort ein Treffen in einem trendigen Straßencafé im Künstlerviertel der Stadt vor, draußen im Freien, umgeben von jungen Freischaffenden, die den Abend genießen. Wer hätte gedacht, dass der Mann – der den Satz schrieb, »nur nach Glück in einer zweifellos tragischen Welt zu streben, bedeutet den Verlust von Authentizität und das Begnügen mit unrealistischen Abstraktionen, die konkrete Situationen negieren« – ein gutes Bier zu genießen weiß.

Tatsächlich deckt sich unser Treffen in der Öffentlichkeit, umgeben von lauter fröhlichen Menschen, perfekt mit Wilsons Behauptung, dass Melancholie »ein wesentlicher Bestandteil eines erfüllten Lebens« sei. Anstatt Melancholie als eine Art von Versagen oder als eine missliche krankhafte Veranlagung zu betrachten, sollten wir das Element der Freudlosigkeit seiner Meinung nach vielmehr als etwas erkennen, das dem menschlichen Leben ebenso eingeschrieben sei wie der Natur die Dämmerung, die gerade um uns herum aufsteigt. Und wolle man den gesteigerten Wert definieren, den die Romantiker der Melancholie zuschrieben, dann dürfe man nicht übersehen, dass sie auch eine Reaktion auf die Exzesse der Aufklärung war. ›Aus dem Blickwinkel der Literaturgeschichte betrachtet war das späte 18. Jahrhundert die Zeit, in der die Dichter sagten, hört mal, wenn ihr immer nur die Vernunft in den Vordergrund stellt, dann verschließt ihr euch all den tiefen, reichen Erfahrungen, die uns den Sinn des Lebens offenbaren. Blake war entsetzt von Newton, weil Newton glaubte, man könne die Natur auf Atome reduzieren, die sich mit mathematischer Vorhersehbarkeit durch die Leere im Raum bewegen. Demnach wäre die Natur eine Maschine. Die

Romantik beruhte natürlich auf einem ganz anderen literarischen Konzept. Ich will nicht sagen, dass sie nicht auch mehr war als das, aber doch, dass es den meisten ihrer bedeutenden Vertreter um Empfindsamkeit, Gefühl, Melancholie, Dunkelheit, Chaos, Möglichkeit, Freiheit ging – und diese Ideen haben allesamt etwas mit der Dämmerung oder der Nacht zu tun.«

Wilson selbst definiert Melancholie als die »lebhafte Sehnsucht nach einer Beziehung zur Natur, die inniger ist, als wir sie bislang genossen«. Als Beispiel führt er die »Ode on Melancholy« (1819) des englischen Dichters John Keats an. »Keats sagt, die einzige Möglichkeit, die Natur in all ihrer Komplexität und Schönheit wirklich schätzen zu können, sei im Zustand der Trauer über die Unabwendbarkeit der Vergänglichkeit von allem. Deshalb ist die Porzellanrose in meiner Hand nicht so schön wie die echte Rose. Warum ist eine echte Rose schön? Weil sie vergänglich ist, fragil, zart, weil sie direkt vor unseren Augen welkt.« Bei Keats entwickelte sich der ästhetische Wohlgefallen an der Natur aus dem tiefen Gefühl heraus, dass alles »in die Dunkelheit vergeht«, wie Wilson es nennt, deshalb sehnten wir uns danach, hier zu verweilen und nicht sterben zu müssen. Und mit dieser Sehnsucht nach der Unsterblichkeit aller Natur gehe das Verlangen einher, sie zugleich inniger zu umschlingen. Für jeden romantischen Dichter sei »Melancholie im Angesicht des Vergehens der Zeit der einzig angemessene Standpunkt, um Schönheit zu schauen«.

Wenn Wilson Melancholie als einen »Dämmerzustand« zwischen dem künstlichen Licht des süchtigen Strebens nach Glück und dem »tiefen, vernichtenden« Dunkel der Depression bezeichnet, dann weiß er, wovon er spricht. Denn mit seinem enormen beruflichen Erfolg und seinen erfolgreichen Rollen als Ehemann und Vater geht eine Depression einher, mit der er schon fast sein ganzes Leben zurechtzukommen versucht. In seinen Memoiren *The Mercy of Eternity* schildert er eine »so tiefe Verzweiflung«, dass er sich »schlimmer dran fühlte als tot. Ich war weder tot noch lebendig, weder in mich zurückgezogen noch dynamisch. Ich schwebte irgendwo dazwischen, ein Geist.« Seit ich das über ihn erfahren habe, finde ich seine Reflexionen über die Melancholie noch bedeutsamer. Es ist immer einfach, Klischees von sich zu geben wie »Was dich nicht umbringt, macht dich stark«, doch die Wahrheit, die sich hinter ihnen verbirgt, lässt sich nicht so einfach abschütteln – es sind immer unsere schwierigsten Lebenserfahrungen, die uns die tiefsten Einsichten in das Leben bescheren. »Ich fühle mich authentisch, wahrhaftig, lebendig«, schreibt Wilson über den Zustand der Melancholie. »Alles Künstliche fällt von mir ab, ich stehe im Mark des Lebens.«

Vom Wert des metaphorischen Dunkel finden wir überall berichtet, wenn wir nur Ausschau danach halten – in der Dichtung, Religion, Literatur, Kunst. Doch das Schlüsselwort ist hier »wenn«. Jedes menschliche Leben erfährt das Dunkel schwerer Zeiten, so nicht in Gestalt einer Depression, dann als eine dieser unendlich vielen Möglichkeiten, Verlust zu empfinden, wozu auch der tagtägliche Verlust von Zeit gehört. Wer Melancholie – diese natürliche Reaktion auf das Nebeneinander von Schönheit und Sterblichkeit – für das Gleiche hält wie eine klinische Depression, der liegt wirklich auf tragische Weise falsch. Begriffe wie »traurig«, »trübselig« oder »depressiv« lassen keinen Raum für die variantenreiche Beschaffenheit des Dunkels der Melancholie. Ich habe Melancholie immer als das feine Gespür für die Veränderungen betrachtet, aus denen unser Leben sich von Sekunde zu Sekunde zusammensetzt, als ein intuitives Erspüren der Tatsache, dass alles und jeder sterben wird, was und den wir lieben. Und ich habe immer geglaubt, dass uns mit dieser Bewusstwerdung vor allem auch die Möglichkeit geschenkt wird, Dankbarkeit zu zeigen, solange wir noch die Zeit dazu haben.

»Ich glaube, es fühlt sich immer traurig an, wenn uns etwas tief bewegt«, sagt Wilson. »Dabei muss es gar nicht um etwas ursächlich Trauriges gehen … Ich liebe zum Beispiel diese Folkband Carolina Chocolate Drops und ihre altmodische Stringbandmusik. Ich hörte sie vor zwei Wochen in Greensboro, bei ein paar ihrer Songs bekam ich tatsächlich feuchte Augen. Das war wirklich so ein Gefühl wie: Das Leben ist so *fucking large* und wundervoll und verrückt, und ich kapier's auch nicht einmal annähernd. Aber auch das liebe ich. Es fühlt sich so an, als öffne sich irgendwas Tiefes und Unergründliches für uns, sobald wir etwas Schönes sehen. Dann kommt sofort der Gedanke: Das ist vergänglich. Es wird niemals wieder sein. Und damit drängt sich augenblicklich ein weiterer Aspekt auf, eine Art von Verfinsterung, die dir suggeriert, dass es da noch etwas anderes gibt, eine Art

Terra incognita, eine unbekannte Region auf deiner Landkarte. Ich glaube, so kann man dieses Dunkel beschreiben: Wir haben Orte in uns, die wir niemals kartieren werden können.«

Am South Rim des Grand Canyons war ich schon gewesen. Ich habe die Aussicht gesehen, habe den Smog bemerkt, habe gedacht, *Mist, das ist nicht gut,* und bin dann wieder meiner Wege gegangen. Aber am North Rim war ich war noch nie, schon gar nicht, um mich in diesem grandiosen Naturschutzgebiet auf die Suche nach der Nacht zu begeben.

Ich hatte die Fahrt zeitlich so geplant, dass ich den aufgehenden Vollmond begrüßen kann, und mir geschworen, auf gar keinen Fall zu spät einzutreffen. Ich reise aus Richtung Norden an, fahre durch das herrliche Grasland auf dem Kaibab-Plateau, vorbei an Bison-Herden und Gelbkiefern, finde einen Zeltplatz, lasse den Canyon im Kreis der spätnachmittäglichen Besucher auf mich wirken, genieße kurz vor Sonnenuntergang ein Abendessen in der Lodge und schlendere dann einen gepflasterten Weg zu dem gen Osten gerichteten Aussichtspunkt, verlasse ihn wieder und klettere den rauhen, sandfarbenen Fels entlang immer höher, muss ziemlich kraxeln, bis ich die gewünschte Stelle erreicht habe, unweit der Lodge mit den mittlerweile bernsteingelb erleuchteten Fenstern vor dem verblassenden Blau des Zwielichts. Im Westen wölbt die Nacht den Tageshimmel zu einer kleinen Halbkuppel, meine Fleecejacke fühlt sich gut an. Die paar Lichter aus dem South Rim scheinen die gleiche Größe wie die Sterne zu haben, bloß dass sie im Pink der Hochdruck-Natriumdampflampen leuchten. Sie und der Kondensstreifen eines blinkenden Flugzeugs sind die einzigen Anzeichen von menschlichem Leben.

Der Mond taucht als ein oranges Lodern hinter dem Horizont der Tafelberge auf, rollt wie ein rosaroter Ball auf mich im Westen zu und scheint dabei den Wald zu verschlingen. Eigentlich sind wir es, die uns mit rund 1 600 Stundenkilometern der Nacht zudrehen, aber das bemerken wir nicht. Was wir bemerken, wenn wir dem Ganzen denn Beachtung schenken, ist das Tempo, in dem der Mond aufsteigt: langsam genug, um dich ungeduldig zu machen, falls du noch auf künstliche Menschenzeit eingestellt bist, und schnell genug, damit du es live beobachten kannst. Als schließlich die ganze leuchtende Mondkugel ein gutes Stück überm Horizont steht und die raue Felslandschaft in ein sandfarbenhelles Licht taucht, wirkt sie kleiner als sonst und der Himmel gewaltiger als üblich, weil ich praktisch 360 Grad um mich herum nur flache Horizonte sehe. Bloß in meinem Rücken, dort, wo die Lodge steht, versperren einige Felsen und Kiefern einen kleinen Teil der Sicht auf dieses konstante flache Rund. Ansonsten fühlt es sich auf meinem Hochsitz so an, als kauerte ich im Mastkorb eines Schiffes auf hoher See, nichts als flache Horizonte um mich herum und eine umgedrehte Schüssel voller Sterne über mir. Der Blick macht mich schwindlig und lässt meine weichen Knie schlackern. Ich lehne mich gegen die Felsen zurück, in denen man bei Tageslicht so viel versteinertes Meeresgetier entdecken kann, lege mich auf den Grund dieses Ozeans und blicke in die Sterne.

Bei Tag hatte ich die Aussicht mit fettleibigen Amerikanern genossen, die sich beschwerten, weil sie ein paar Meter hatten laufen müssen, einem jungen französischen Pärchen mit Baby im Rucksack und einem kleinen englischen Mädchen, das sich an einen goldbraunen Teddybären klammerte und ihm befahl, nicht runterzusehen. Doch jetzt, in der Nacht, bin ich fast alleine, nur zwei Paare teilen sich mit mir den Anblick dieses grandiosen Mondaufgangs über dem Canyon, aber selbst ihre Anwesenheit merke ich nur durch das gelegentliche Klicken und Aufblitzen ihrer Kameras. Im natürlichen Licht der Nacht sind die einzelnen Felsschichten deutlicher zu erkennen und das Gefühl von Ewigkeit stärker: Der uralte Mond scheint auf das uralte Gestein und wir sind einen Wimpernschlag lang dabei.

Und dann diese Wüstenstille. Stille ist eng mit dem Dunkel verwoben. Jedenfalls sollte es so sein. Denn wo Lichtverschmutzung ist, ist sehr wahrscheinlich auch Lärm.

Mir ist die Stille der Nacht schon vor Langem zum Freund geworden doch selbst künstliche nächtliche Geräusche können mich zum Träumen animieren. Am College pflegte ich Radio zu hören, sobald ich das Licht gelöscht hatte, und mein Ohr dabei direkt an den Lautsprecher zu pressen, um meinen Zimmergenossen nicht zu wecken. Arthur Hain vom Minnesota Public Radio moderierte mit seiner tiefen, ruhigen, perfekt für Nachtsendungen geeigneten Stimme von elf Uhr abends bis fünf Uhr morgens *Music through the Night*. Und während ich lauschte, reiste ich in Gedanken über ganze Ozeane aus Wasser und Zeiten hinweg zu anderen Nächten, wie denen, die ich einst als Junge im Souterrainschlafzimmer des Hauses meiner Großeltern in Süd-Illinois erlebte. Oder ich bummelte nochmals wie damals als Achtzehnjähriger durch tausend Jahre alte europäische Straßen, oder stand wieder unter dem Sternenhimmel auf dem Steg am See im amerikanischen Norden. In der Sonne schmolz der ganze Zauber dahin. Am Tag klang die Musik aus dem kleinen Radio uninspiriert blechern nach Konserve, in der Nacht brachten mir dieselben gequetschten Klänge aus den winzigen Lautsprechern mit jedem Ton zauberhafte Bilder zurück, so als lauschte ich, das Ohr an die Holzplanken auf dem Boden gelegt, anregend geheimnisvollem Geflüster aus dem Raum darunter.

Die drei winzigsten Knochen im menschlichen Körper – Hammer, Amboss und Steigbügel – vollbringen den ganzen Tag über akustische Wunder. Am Tag nehmen wir alle Geräusche als gegeben hin, doch bei Nacht habe ich sie zu beachten gelernt. Im Laufe der vielen Nächte, die ich im Freien verbrachte, habe ich erfahren, dass die natürlichen Geräusche der Nacht zuerst immer als Solitäre zu hören sind, einzeln hervorgehoben, bevor sie in den Chorus übergleiten. Und manchmal scheinen sie nur meinen Ohren bestimmt zu sein.

Das erinnert mich an das wunderbare Buch *The Meadow* von James Galvin. Er schreibt, sein Nachbar »Lyle erzählte, er könne in den stillsten, kältesten Winternächten die verschiedenen Töne einzelner Sterne hören. Er meinte sogar, er könne sagen, welcher Ton von welchem Stern kommt, aber nicht immer, nur in Winternächten. Dann, als er sechzig war, erzählte er traurig, dass er sie nicht mehr hören könne. Das Alter, nehme ich an.«[7]

Manchmal, in einer Wüstennacht wie dieser, oder in einer klaren Winternacht am See, wenn die Sterne in all ihrer dreidimensionalen Schönheit über mir stehen – die nähergelegenen noch näher, die entfernteren noch ferner, und es fühlt sich an, als könnte ich sie mit meinen Händen ergreifen oder als würde ich in sie hineinfallen, falls ich vom Rand der Erde fallen würde –, kann ich mir gut vorstellen, dass es Menschen gibt, die die Sterne hören können. Und ich frage mich dann immer, ob mir das nicht vergönnt _st, weil ich nicht oft genug in die dunkle Natur hinausgehe, oder weil ich ständig von Lärm umgeben bin, oder vielleicht auch einfach nur, weil ich ihnen immer noch nicht genug Beachtung schenke.

Unsere Welt ist voller Lärm, was uns nicht nur ihrer Schönheiten beraubt, denn unter den Gesundheitsproblemen, die durch die Umwelt verursacht werden, rangiert Lärm an zweiter Stelle nach der Luftverschmutzung. Die Beschallung mit starkem Lärm kann erwiesenermaßen den Blutdruck ansteigen lassen, Schlafstörungen verursachen und uns so stressen, dass wir krank werden. Die Europäische Kommission hat darauf mit Richtlinien für eine maximale Lärmbelastung bei Nacht reagiert: durchschnittlich, je nach Umgebungssituation, 50 Dezibel (ein leises Gespräch in einer Bibliothek wird mit 40 Dezibel gemessen). In den Vereinigten Staaten liegen wir noch weit zurück, was den Schutz nächtlicher Ruhe anbelangt. Präsident Ronald Reagan hatte 1982 das Lärmschutzprogramm der Umweltschutzbehörde EPA abgeschafft, und keine Bunderegierung ist seither wirklich ernsthaft aktiv geworden, um die Stille der Nächte in diesem Land zu schützen.[8]
Wir sind in unseren Städten vierundzwanzig Stunden lang, den ganzen Tag und die ganze Nacht über, vom Hintergrundgetöse unzähliger Motoren und Maschinen umgeben, selbst in den Wäldern und auf den Bergen und in abgelegenen ländlichen Regionen wird die natürliche Stille vom einsamen Brummen eines Fahrzeugmotors oder eines überfliegenden Flugzeugs durchbrochen. In puncto unzumutbarer Lärmbelästigung aus der Nachbarschaft wird die Polizei sofort auf jeden Hilferuf reagieren, beim Licht sind wir noch längst nicht so weit.
Zumindest in einer Nacht wie dieser an einem Wüstenort wie diesem – der zum Wohle jedes Menschen auf Erden geschützt wird – herrscht noch Stille.

David Saetre begegnete ich, als ich nach Ashland in Nord-Wisconsin zog, um an dem kleinen College zu unterrichten, dessen Campus-Seelsorger und Religionslehrer er ist. Diese Positionen können jedoch kaum vermitteln, welch wichtige Rolle er in der Gemeinde spielt, am Campus wie in der Stadt. Letztes Frühjahr zum Beispiel, als der joviale Dekan des College binnen nur eines Monats nach seiner Krebsdiagnose starb, und als ein beliebter Abschlussstudent, ich kannte ihn gut, von einem Auto erfasst und getötet wurde, während er nach Mitternacht mit Langlaufskiern über die gefrorene Chequamegon-Bay lief, stützte sich die ganze Trauergemeinde auf Saetre. Er ist die Art von Mensch, die man in jeder Kommune Amerikas, der Welt, findet: ein Niemand für den Außenstehenden, aber alles für die Gemeinde. Ich habe ihn als einen ungemein heiteren, stets von seinem Gewissen geleiteten Mann kennengelernt, und mir war schnell klar geworden, dass er es war, mit dem ich mich über das metaphorische Dunkel und Licht unterhalten wollte.

»Ich wuchs am Rand einer Kleinstadt auf, und damals hatte man als Kind in kleinen ländlichen Gemeinden noch eine Freiheit, die inzwischen weitgehend verloren gegangen ist«, erzählt er. »Ich erinnere mich, dass ich von klein auf im Dunkeln spielte und in der Dunkelheit umherstreifen durfte, bis es Zeit war, ins Bett zu gehen. Mir scheint, so etwas würden heute wohl nur noch sehr wenige Eltern ihren Kindern erlauben. Und es gab ja nicht nur diese Freiheit, es gab auch noch diese Vertrautheit mit der Natur. Ich erzähle gerne Geschichten aus dieser Zeit, wenn mich jemand auf die Frage der Fürsorglichkeit im Umgang mit der Natur anspricht. Denn wahre Fürsorge bedarf immer einer Form von Vertrautheit, und diese Vertrautheit muss man ja irgendwie heranbilden können. Da hatte ich Glück, dass ich sie sozusagen mit der Muttermilch aufgesogen habe – im Wald, barfuß auf der Erde, in der freien Natur. Dasselbe lässt sich von der Dunkelheit sagen.«

Mir fällt Richard Louvs Buch *Last Child in the Woods* und seine Behauptung ein, dass amerikanische Kinder heutzutage eine »denaturierte Kindheit« erleben, die zu einem »Natur-Defizitsyndrom« mit ernsthaften Folgen für die Gesundheit des Kindes wie der Gesellschaft führe.[9] Dasselbe könnte man über die Kindheit und die Dunkelheit sagen. Auch Joseph Bruchac hatte zu mir gesagt: »Ich glaube, wir können von einem Dunkelheitsdefizit sprechen, ja.« Wer als Kind nie die Gelegenheit bekommen hat, Dunkelheit zu erleben – etwa beim Spielen draußen im natürlichen Dunkel –, der wächst logischerweise zu einem Erwachsenen heran, welcher weder der natürlichen Dunkelheit unserer Nächte noch dem übertragenen Dunkel unseres Lebens etwas abgewinnen kann.

Ungeachtet seiner beiden offiziellen Rollen hat Saetre eine gespaltene Beziehung zur Religion. »Mein Problem mit dem Christentum, mit jedem religiösen Glauben ist, dass sie immer versucht sind, zu viel zu sagen. Sie behaupten zu viel, vor allem stellen sie zu viel als ein ›unumstößliches Wissen‹ dar, weil sie versuchen, der Vieldeutigkeit gar nicht erst Raum zu geben.« Er nennt das die »Besessenheit mit falscher Eindeutigkeit«, ausgehend von der Vorstellung, dass man alles »in irgendeiner Art von reinem Licht« darstellen könne. Dass er sich trotzdem immer noch zum Religionsstudium hingezogen fühlt, erklärt er als den »Versuch, die Begegnungen mit den paradoxen Vieldeutigkeiten unseres Lebens zu verstehen, die meiner Ansicht nach den wahren Kern aller menschlichen Erfahrungen bilden«. Deshalb sieht er seine Aufgabe in der Gemeinde auch nicht nur darin, ein Bewusstsein zu schaffen für die Möglichkeit, dass es das Heilige im menschlichen Leben gibt, sondern auch darin, »die Dimensionen der Vieldeutigkeit und der Frage zu wahren – der beiden wesentlichen Merkmale des Zweifels«.

Zweifeln. Ungewissheit ertragen. Mehreren Möglichkeiten gegenüber offenstehen. »Die Fragen selbst lieb haben«, wie Rilke schrieb.[10] Saetre sollte lieber kein politisches Amt anstreben, jedenfalls nicht in den Vereinigten Staaten, denn er sagt damit ja aus, dass es in Ordnung ist, »unumstößliches Wissen« infrage zu stellen, auch wenn man uns das ebenso wenig lehrt wie den Zweifel. Wir Amerikaner sind wirklich nicht sehr gut darin, dem Zweifel Raum zu geben, wir halten Ungewissheit nicht wirklich aus. Was wir prima können, ist, unsere Autos mit Aufklebern vollzupflastern, die komplexe Themen auf die simplistischen Nenner von Schwarz-Weiß, Richtig-Falsch, Gut-Böse bringen. Wir wollen Antworten – je kürzer, desto besser.

Hier ein Bumpersticker, den in Amerika jeder sofort versteht: *Light good, Dark bad*. Dahinter verbirgt sich nicht nur die klassische Auffassung frommer Christen von christlicher Theologie, sondern auch genau die »falsche Eindeutigkeit«, die Saetre so besorgt.

In Wahrheit ist diese machtvolle Metapher vom Licht versus Dunkel – Dunkel ist Sünde, Licht ist keusch, Dunkel ist satanisch, Licht ist göttlich – nur zum Teil jüdisch-christlichen Ursprungs. Denn sucht man in den biblischen Geschichten nach Beispielen für das Licht und das Dunkel, dann ergibt sich ein ganz anderes Bild. In der Hebräischen Bibel, dem »Alten

Testament«, findet sich die Nacht oder das Dunkel wiederholt als die Zeit dargestellt, in der Menschen die Gegenwart Gottes erfahren können.

Man denke zum Beispiel an Genesis 32,25–27, wo Jakobs Kampf mit »einem Mann« geschildert wird, der mit ihm rang, »bis die Morgenröte aufstieg«, und schließlich von Jakob forderte, ihn loszulassen. »Jakob aber entgegnete: Ich lasse dich nicht los, wenn du mich nicht segnest.« Darauf der Mann: »Nicht mehr Jakob wird man dich nennen, sondern Israel (Gottesstreiter); denn mit Gott und Menschen hast du gestritten und hast gewonnen.« Dann segnete er ihn. Auch diese Geschichte soll uns aufzeigen, dass die Nacht die Zeit ist, in welcher der Mensch Gott in seiner existenziellsten, lebendigsten und lebensverändernsten Gestalt erfahren kann.[11]

Oder man denke an die Geschichte aus dem dritten Kapitel des ersten Buchs Samuel: »Da rief der Herr den Samuel und Samuel antwortete: Hier bin ich.« Daraufhin lief Samuel zum Priester Eli und fragte, ob er ihn gerufen habe. Diese Szene wiederholt sich drei Mal. »Da merkte Eli, dass der Herr den Knaben gerufen hatte. Eli sagte zu Samuel: Geh, leg dich schlafen! Wenn er dich ruft, dann antworte: Rede, Herr; denn Dein Diener hört.« Auch hier war Gott wieder in der Nacht erschienen, diesmal, auf dass ganz Israel erkennen würde, »dass Samuel als Prophet des Herrn beglaubigt war«.

»In so vielen biblischen Geschichten«, sagt Saetre, »ist die Nacht oder das Dunkel kein Ort des Bösen und der Sünde. Ganz im Gegenteil, es ist die Zeit, in welcher der Mensch mit den großen Mysterien des Seins in Berührung kommt. Da gibt es etwas im Zusammenhang mit dem fehlenden Licht, das es den Figuren in diesen Geschichten erlaubt, Wahrhaftigkeit in ihrer profundesten und heiligsten Form zu erleben.«

Das zeigt ein völlig anderes Bild von der jüdisch-christlichen Tradition. Auch im Neuen Testament gibt es viele Beispiele dafür. Es ist Nacht, als Jesus im Garten Gethsemane die innigste Erfahrung mit Gottvater macht. Und in den Evangelien von Matthäus, Markus, Lukas steht wieder und wieder geschrieben, dass Jesus nachts in die Wüste ging, um zu beten. Selbst in den grandiosesten Geschichten der frühen Hebräer, Passah und Exodus, erscheint der Todesengel wann? In der Nacht.

»Aus der archetypischen jungianischen Sicht«, erklärt Saetre, »geht es in der Geschichte vom Exodus letztendlich um das Sterben der alten Gebräuche, der Sklaverei, und um die Befreiung eines ganzen Volkes.« Mir gefällt diese Formulierung vom »Sterben der alten Gebräuche«. Saetre zufolge gibt uns die Nacht also die Möglichkeit, mit den alten Gewohnheiten zu brechen, die uns versklaven, und ergo die Möglichkeit, unser Leben zu ändern. Oder wie er sagt: »Die Nacht ist die Zeit der Befreiung, die Zeit, in der wir von der erdrückenden Gegenwart des Lichts befreit werden. Oder noch anders ausgedrückt: Manchmal hält uns Licht davon ab, tiefe Wahrheiten zu erfahren.«

Das vielleicht beste Beispiel einer Nacht als der Zeit tiefgreifender Erfahrungen, das uns die Geschichte des Christentums überliefert, stammt aus dem 16. Jahrhundert und findet sich in den Schriften des spanischen Mystikers und Mönchs Johannes vom Kreuz. Ihm verdanken wir den Begriff »die dunkle Nacht der Seele«, und sein berühmtestes Gedicht – das ihm nach eigenen Worten eingegeben worden war – trägt den Titel »Die dunkle Nacht«.[12]

Saetre liebt das Werk des Johannes vom Kreuz. »In seinem Gedicht schrieb er, er habe die Erleuchtung gehabt, ›als schwarz die Nacht einst webte‹ und ›Ruhe schon befriedete mein Haus …‹ Nun, das Haus unseres Lebens erfahren wir größtenteils bei Tag, aber tagsüber findet das Leben der Pflichten statt, das so erdrückend sein kann, dass es bedrückend wird. Um eine bewusstseinstransformierende Befreiung zu erleben – es war die Liebe, die Johannes zutiefst verwandelte, oder wie er selbst schrieb, der Akt ›den Geliebten in den anderen wandelnd!‹ –, brauchen wir die Dunkelheit der Nacht, weil der Tag so beschwert ist von den Lasten unserer Verantwortungen. Das Licht reduziert uns auf all die stereotypen falschen Ichs, die wir uns alle überziehen, reduziert uns auf all diese Masken, die wir tragen, um unsere Pflichten erfüllen zu können.«

Saetre lächelt. »Da müssen wir durch – man kann ja nicht nur nachts leben. Aber unsere Tages-Ichs sind nicht unsere vollständigen Ichs.«

In der abendländischen Kultur herrscht immer noch die Metapher vor, dass Licht gut und Dunkel böse sei. Saetre ist jedoch überzeugt, dass die Nacht (samt ihrem Dunkel) die Zeit ist, in der die Seele dem wahren Ich und der transformierenden Liebe begegnet, und der Tag (samt seines Lichts) die Zeit, in der sich Last und Plackerei und Verantwortung zu einer

»falschen Eindeutigkeit« fügen. Diese Interpretation verknüpft nun aber nicht etwa umgekehrt das Licht mit dem Bösen, vielmehr verweigert sie sich diesem alten Dualismus gänzlich und geht davon aus, dass wir beides brauchen, das Licht wie das Dunkel. Eben weil der Tag die Zeit der Pflicht ist, bedarf es der Nacht, damit jeder sein wahres Ich erfahren kann.

Was aber ist nun mit dem göttlichen Schöpfungsgebot »Es werde Licht«? Saetre erklärt mir, dass diese berühmte Passage aus der Genesis nicht so eindeutig sei, wie es die Frommen gerne hätten. Denn »laut Genesis herrschte vor dem Licht ja die Finsternis, folglich tauchte der schöpferische Impuls all dessen, was wir Gott nennen, aus dieser Finsternis auf, so als sei es das Dunkel, das all die essenziell notwendigen Elemente für den Schöpfungsprozess in sich berge.« Aber können wir daraus auch den Rückschluss ziehen, dass die Genesis uns ermächtigt, die Welt zu erhellen? »Das ist ein falscher Gedankenschritt«, sagt er, »der lässt sich aus der Bibel nicht ableiten.«

Irgendwie habe ich das Gefühl, dass Saetres Botschaft in Spanien noch nicht angekommen ist. Im 16. Jahrhundert waren die Orte, in denen Johannes vom Kreuz lebte und wirkte, so dunkel gewesen wie überall auf Erden, heute erstrahlen sie ebenso wie alle anderen Orte auf Erden unter einer Überfülle an elektrischen Lichtern. Ich folge den Spuren von Johannes zuerst auf den Straßen von Toledo, rund fünfzig Kilometer vor den Toren von Madrid, wo er im Ordensgefängnis des Klosters eingekerkert war – der Ursprung seiner Erfahrung mit der »dunklen Nacht« –, dann im Schatten der Alhambra von Granada, wo er sein Gedicht schrieb, und wünschte mir, ich hätte seine Inspiration zur »dunklen Nacht der Seele« nacherleben können. Obwohl ich durchaus erwartet hatte, diese beiden spanischen Städte dermaßen hell erleuchtet vorzufinden, war ich doch ungemein enttäuscht. Vor allem Toledo – die Stadt auf der felsigen Hochebene über dem Tajo, von der UNESCO zum Weltkulturerbe erklärt, mit ihrer gewaltigen Kathedrale, deren Glockentöne durch die verschlungenen, engen Gassen vibrieren – könnte bei Nacht wunderschön sein, würde man ihre Lichter unter Kontrolle halten. Stattdessen blenden sie einen wie in jeder x-beliebigen Stadt. Einem heutigen Dichter könnte ihr »Dunkel« wirklich keine Inspiration mehr sein. Eine verwaschen milchig-graue Nacht bewirkt etwas anderes als eine »dunkle Nacht der Seele«, und ich frage mich auch, ob heutige Dichter überhaupt noch etwas mit einer solchen Vorstellung anfangen können.[13]

»Damit kommen wir auf die Eingangsfrage zurück, die ich noch nicht angemessen beantwortet habe«, sagt David Saetre. »Wie sehe ich meine Rolle als Seelsorger? Ich sprach davon, dem Heiligen im Alltäglichen Raum geben oder Raum für den Zweifel schaffen zu wollen, weil ich ihn für etwas so Wesentliches in einem religiösen Leben halte, also keineswegs für etwas, das diesem widerspricht – es gibt keinen Glauben ohne den Zweifel. Zweifel ist nicht das Gegenteil von Glaube, das Gegenteil von Glaube ist Gewissheit. Aber da ist noch etwas Drittes, das ich anmerken will. Warum sucht man ausgerechnet mich aus – manchmal, in Momenten der Krise, tut es die Gemeinde, manchmal tun es einzelne Menschen in ihrer Einsamkeit –, um Hilfestellung zu leisten bei der Suche nach Wegen, die uns unsere Trauer, unsere Sorgen, unsere Verluste erklärbar machen und es uns ermöglichen, sie in unsere Reise durch dieses Leben zu integrieren. Wie entgehen wir diesem Zwillingspaar aus Verleugnung und Selbstgefälligkeit und können es uns gestatten, in Momenten der Trauer und des Schmerzes verletzlich zu sein? Nun, ich glaube, sie kommen zu mir, weil es bei der Seelsorge in unserer Zeit genau darum geht. Aber vielleicht war das ja schon zu allen Zeiten so gewesen.«

Ich weiß, dass Saetre gerade über die Trauer spricht, die er wie all wir anderen angesichts der Tode unseres Studenten Bjorn und unseres Dekans empfindet, fühle mich dabei aber auch an den Ökologen Aldo Leopold und eine Passage aus seinem Buch *A Sand County Almanac (Am Anfang war die Erde)* erinnert, in der er die Zerstörung der Natur betrauert. »Zu den Strafen einer ökologischen Bildung gehört«, schrieb er,

> *dass man allein in einer verwundeten Welt lebt. Ein Großteil des Schadens, der dem Land zugefügt wird, bleibt praktisch unsichtbar für den Laien. Ein Ökologe muss sich entweder eine dicke Haut zulegen und so tun als gingen ihn die wissenschaftlich belegbaren Folgen nichts an, oder er muss der Arzt sein, der die Anzeichen des Todes in einer Gemeinschaft konstatiert, die sich für gesund hält und nichts Gegenteiliges hören will.*[14]

Leopold schrieb dieses posthum veröffentlichte Buch in den letzten Jahren seines Lebens (er starb 1948 mit nur 62 Jahren). Es ist ein Protokoll seiner Erfahrungen und seiner Lebensphilosophie. Wir Amerikaner bezeichnen ihn heute als unseren »Vater der Ökologie« oder des Naturschutzes, und mehr als sechzig Jahre nach seinem Tod beeinflusst er unser ökologisches Denken noch immer. Der amerikanische Historiker Roderick Nash überschrieb das Kapitel, das er in seiner Studie *Wilderness and the American Mind* über Leopold veröffentlichte, schlicht mit »Prophet«. Leopold sah, was andere nicht sahen oder nicht sehen wollten. Und dieser Blick war in hohen Maßen mit Trauer gepaart. Wie könnte man denn auch etwas lieben und dessen Zerstörung nicht betrauern?[15]

Interessanterweise hatte Leopold die oben zitierte Passage in seiner Manuskriptfassung noch in der Einführung untergebracht, für den Druck dann aber weit hinten in den Text verschoben, weil er offenbar befürchtet hatte, dass diese ernüchternde Botschaft dem Leser das Buch gleich zu Beginn verleiden würde. Doch für mich, und für Leopold ohnedies, kam es noch nie in Frage, »so zu tun, als ob« es die Realitäten der menschlichen Zerstörungswut nicht gäbe. Unsere Meere stehen kurz vor dem Kollaps, unsere Böden sind mit Gift vollgesogen, unsere Erde erwärmt sich in furchterregendem Tempo: Wie können wir die Natur mit diesem Wissen überhaupt noch unbeschwert genießen?[16]

Meist verbringe ich meine Tage mit einem Gefühl der Ehrfurcht vor der Natur, die noch um uns ist, nicht mit einem Gefühl der Trauer über die Natur, die wir bereits verloren haben. Die Karnevalsmaske des Zedernseidenschwanzes, der ein paar Meter entfernt auf einem blattlosen Ast sitzt, die helle Sonne eines tiefgefrorenen klaren Wintertags, der Aufstieg des Orion am östlichen Abendhimmel – jeden Tag, jede Nacht bin ich dankbar für die Möglichkeit, all das sehen zu können. Ich erblicke überall Schönheit, so viel Schönes, dass ich es oft laut aussprechen muss. So viel Schönes, dass ich oft fröhlich auflache. Und schon ist der Tag gerettet.[17]

Und doch könnte man, so man es denn wollte, sich endlos traurig fühlen. Und hier spreche ich gar nicht von hungernden Kindern oder häuslicher Gewalt oder diesen endlosen Kriegen zwischen angeblich erwachsenen Männern, obwohl all diese Fakten gewiss des Trauerns wert wären. Ich bräuchte bloß daran zu denken, was unserer Natur angetan wird. Da bedürfte auch ich eines Trostes, wie Rainer Maria Rilke ihn bot, wenngleich in einem anderen Zusammenhang:

> *Da dürfen Sie, lieber Herr Kappus, nicht erschrecken, wenn eine Traurigkeit vor Ihnen sich aufhebt, so groß, wie Sie noch keine gesehen haben; wenn eine Unruhe, wie Licht und Wolkenschatten, über Ihre Hände geht und über all Ihr Tun. Sie müssen denken, daß etwas an Ihnen geschieht, daß das Leben Sie nicht vergessen hat, daß es Sie in der Hand hält; es wird Sie nicht fallen lassen.*[18]

Ich spreche mit Saetre über Leopold, über Rilke, und erzähle ihm, dass man in Australien bereits einen medizinischen Begriff für den Seelenschmerz über den Verlust eines geliebten Ortes gefunden hat, den es per se zwar noch gibt, jedoch ohne die einst dort lebenden Vögel, Tiere und Pflanzen: *Solastalgie,* zusammengesetzt aus dem lateinischen Wort *solacium* (Trost) und dem griechischen *algia* (Schmerz), was sich insofern von »Nostalgie« unterscheidet, als es die Sehnsucht nach dem einstigen Zustand des Ortes ist, in dem man nach wie vor lebt, nicht die nach einem, den man verlassen hat und deshalb vermisst. Wir werden diesen neuen Begriff wohl immer häufiger zu hören bekommen, denn egal wo wir leben, das Klima hat sich verändert, oder zumindest ist seine Veränderung bereits absehbar. Abgesehen von meinem eigenen Tod oder dem Tod eines Familienmitglieds ist es dieses Dunkel, das ich am meisten fürchte, diese Trauer über die fortdauernde Zerstörung der wilden Natur.[19]

»Es ist okay«, sagt Saetre, »du kannst auch derart verletzbar überleben. Das kannst du wirklich. Ich glaube, Schmerz und Trauer gehören zum Kern des Menschseins. Und mit Sicherheit sind es grundlegende Komponenten der Liebe. Wenn du nicht weinen willst, dann darfst du nicht lieben.«

Einmal, als David Saetre zehn Jahre alt und gerade im Dunkeln auf dem Nachhauseweg war, ging er in die Lutherische Kirche, der seine Eltern angehörten. Sie war dunkel und menschenleer. Er stellte sich vor den Altar. »Ich war noch ziemlich klein und alles, was ich wusste, war, dass Altare in

Kirchen ›das Heilige‹ sind. Man ging da nicht einfach hin. Ich war überzeugt, dass ich tot umfallen würde, falls ich irgendein heiliges Gebot verletzte. Und ich erinnere mich noch gut an dieses paradoxe zeitgleiche Gefühl von Aufregung und Furcht. Erst viel später, als ich das erste Mal Rudolf Ottos Buch *Das Heilige* las, in dem er die Glaubenserfahrung als ein zeitgleiches »*mysterium tremendum* und ein *mysterium fascinans*« beschreibt – sie lässt dich vor Furcht erbeben und ist gleichzeitig faszinierend, aber sie löst ein so starkes Gefühl aus, dass du dich ihrem Ruf nicht entziehen kannst –, da sagte ich mir, das kenne ich doch! ›Vor Gott‹ zu stehen und zu erbeben und fasziniert zu sein, ohne dass es dich völlig verzehrt, ist nichts anderes als das klassische religiöse Erlebnis von heiliger Furcht.«[20]

»Hat das auch mit unserer Furcht vor dem Dunkel zu tun?«, frage ich.

»Das steht sogar in einem ganz direkten Zusammenhang mit der Art und Weise, wie wir das Dunkel betrachten«, erklärt er. »Denn es ging ja vor allem im Abendland immer um die ultimative Begegnung mit dem Dunkel, und um das Bedürfnis, darin ein klares Licht zu finden, damit wir nicht diese heilige Furcht vor dem Tod erleben müssen. Ich halte sie allerdings für eine notwendige Furcht.«

»Könnte man auch von einer ›guten‹ Furcht sprechen?«

»Ja, von einer guten Furcht, einer wertvollen Furcht. Mich erinnert das an diese *No Fear*-T-Shirts, die vor einer Weile so populär waren. Einmal fragte ich einen Studenten, was ihm das bedeute, warum er dieses Logo trage, woraufhin ein paar seiner Kommilitonen von der Notwendigkeiten sprachen, Risiken einzugehen: Um dich wirklich lebendig zu fühlen, dürftest du keine Furcht haben. Und ich antwortete ihnen: ›Bullshit, wenn du wirklich, wirklich lebendig bist, dann geht dir der Arsch auf Grundeis und du machst es trotzdem. Du steigst trotzdem auf das Surfboard oder kletterst trotzdem diese Wand rauf. Wenn du dich nicht fürchtest, dann nur, weil du unerfahren bist. Also natürlich, geht Risiken ein, geht auf Rucksacktouren, fahrt mit euren Kajaks durchs Wildwasser, lernt die Angst kennen. Tatsächlich solltet ihr euch *Know Fear* auf eure T-Shirts drucken lassen.‹«

»Das könnte man auch auf die Traurigkeit beziehen«, werfe ich ein.

»Ja, statt *No Sadness* sollte auch da *Know Sadness* stehen. Wenn du nicht innig mit Trauer vertraut bist, kannst du auch nicht innig vertraut sein mit dir oder anderen oder der Natur.«

»*Know darkness?*«

»Absolut!«

Manchmal, wenn ich am Morgen hier in Nord-Wisconsin zu meinem Café fahre, um zu frühstücken, sehe ich die Überreste eines Rotfuchses am Straßenrand liegen, oder eines verendeten Rehkitzes, das mit den staksigen Beinen in der Luft und den weißen Flecken im verschrumpelten Fell an einen Dudelsack erinnert, der achtlos in eine Ecke geworfen wurde. Im Frühjahr hat ein Holzlaster einen Bären überfahren. Die dunklen Blutlachen und schwarzen Fellfetzen waren meterlang auf dem Mittelstreifen zu sehen.

Nicht immer ist der Tod hier so dramatisch. Es gibt auch winzige verendete Geschöpfe, Moskitos oder Libellen zum Beispiel, oder kleine, wie Kröten, Hasen und Schildkröten. Am Strand werden Fische angeschwemmt, das Maul im letzten Schnappen nach Luft verharrend. Neben den Doppelgleisen durch den Wald liegt samt Klaue der Vorderlauf eines Vielfraßes.

Doch der Tod eines Menschen bleibt in meiner Kultur weitgehend verborgen. Man geht ähnlich mit ihm um wie mit der Melancholie, der Trauer oder dem Dunkel – das Thema wird gemieden. Niemand macht es zu einem ebenso natürlichen Bestandteil des menschlichen Lebens wie den Mond oder die Gezeiten.

Ich war noch nie an der Seite eines Menschen gewesen, der im Sterben liegt. Meine Großeltern starben weit entfernt von mir. Ich sah sie lebend und das nächste Mal bei ihren Beerdigungen, abgesondert von mir durch einen Wall der Sprachlosigkeit. Ich beklage mich nicht, bin froh, dass der Tod noch ein so seltener Gast in meinem Leben war. Ich weiß, das ist nur eine Frage der Zeit. Eine E-Mail trifft von einer mir nahestehenden Kollegin am anderen Ende des Landes ein, sie teilt mir mit, dass eine seltene und aggressive Form von Krebs bei ihr diagnostiziert wurde und sie deshalb im Herbst mit einer Chemotherapie beginnen wird. Ich senke den Kopf und denke: *Was weiß ich schon über den Tod?*

»Geh nicht zu hart mit dir ins Gericht«, sagt Saetre. »Es geht nicht darum, die Angst zu überwinden, es geht darum, sie kennenzulernen, und wenn du sie dann kennst, bereit zu sein, in ihr zu leben. Ich bin überzeugt, dass man die Angst vor dem Unbekannten des Todes bis hin zu dem Punkt kennenlernen kann, an dem man sie in ihrer Gestalt als ›schlechte Furcht‹ überwindet und als eine Art von ›guter Furcht‹ annimmt. Ich habe das schon viele Male miterlebt. Auch bei Rick Fairbanks.«

Rick Fairbanks, der Dekan des kleinen College, an dem ich auch David Saetre begegnete, hatte mir meinen ersten Lehrauftrag erteilt. Ich war oft in seinem Büro gesessen, oft genug, um eines Tages im Frühjahr seinen dramatischen Gewichtsverlust zu bemerken. Es war diese Art von plötzlicher Magerkeit, die einen sofort vermuten lässt, dass da gerade irgendwas schrecklich schiefläuft. Oh das, sagte mir jemand, na ja, er hat wie ein Wilder Langlauf gemacht. Ach so, dachte ich, und fand das großartig. Aber das war es nicht, sechs Monate später war er tot.

»Er war ein studierter Philosoph und konnte ein Kotzbrocken sein«, sagt Saetre, »aber im Sterben waren seine Reflexionen wirklich profund. Irgendwann hörte er auf, philosophische Werke zu lesen, und begann, so lange er es noch konnte, die Romane wiederzulesen, die er liebte. Einmal sagte er: ›Ich will bloß noch Geschichten über die unendlichen Möglichkeiten und Varianten des Menschseins lesen.‹ Als er dann nicht mehr lesen konnte und ans Bett gefesselt war, wollte er, dass man ihm solche Geschichten erzählt.«

In den ersten Tagen nach seinem Tod kursierte eine Geschichte in der Stadt: An seinem Sterbetag hatte Rick Fairbanks seine Tochter gebeten, ihm etwas übers Paddeln zu erzählen. Also sprach sie über eine Paddeltour, die sie einmal gemeinsam am Lake Superior gemacht hatten. Der See war ruhig und glatt gewesen, als sie ablegten, dann wurde er immer aufgewühlter. Und sie sagte zu ihm: »Das ist ungefähr so wie gerade jetzt. Der See ist aufgewühlt.« Er hatte zu diesem Zeitpunkt fast nicht mehr gesprochen, aber da sagte er: »Das gefällt mir irgendwie.«

Saetre meint: »Ich weiß, dass er sich der Doppeldeutigkeit dieses Kommentars voll bewusst gewesen war. Er war jemand, der sich viele Gedanken übers Sterben machte. Er tauchte regelrecht ab in sie. Er lernte den Tod kennen und verschloss die Augen nicht vor der Furcht, die mit dem Sterben einhergeht, und nur weil er den Tod kannte, konnte er auch in der Angst leben. Es war nicht so, dass es für ihn *NO Fear* gegeben hätte, doch weil es auch das *KNOW Fear* gab, weil er das Wissen um den bevorstehenden Tod und das Wissen um seine eigene Angst zuließ, konnte er das Sterben leben, ohne sich davon kontrollieren zu lassen. Ich glaube, wenn wir von der Furcht vor dem Dunkel reden, oder von unserer Furcht vorm Tod, dann geht es nicht nur um die Angst vor dem Unbekannten, sondern auch um die Angst davor, die Kontrolle zu verlieren.«

Wenn wir ständig alle Gegebenheiten des Dunkels vermeiden, sagt Saetre, dann leben wir in einer falschen Welt, in der wir die Natur zu kontrollieren und manipulieren versuchen, damit wir keine Furcht erleben müssen. »Aber du *wirst* dich im Dunkeln fürchten. Lauf der Angst nicht davon, kenne sie und kenne das Dunkel. Um nochmal auf Rick zurückzukommen, ich glaube, genau das hat er in der Nacht erlebt, in der er starb: ›Ich fürchte mich nicht mehr vor dem Sterben.‹ Was mit anderen Worten heißt: ›Ich wehre mich nicht mehr gegen den Tod. Weiß ich, wie er sein wird? Nein. Es wird vermutlich ein Höllenritt werden, aber ich kann darin leben, und ich kann darin sterben.‹«

Saetre lächelt mich an: »Wäre ich schlagfertiger gewesen, als du sagtest, du wüsstest nicht genug über den Tod, dann hätte ich dir geantwortet, na ja, erzähl mir, was du über das Dunkel weißt, denn das ist eng mit ihm verwoben.«

Klasse 3

Die Lebensgemeinschaft

Ein Naturschutzplan, der einzig und allein auf wirtschaftlichen
Eigeninteressen beruht, ist hoffnungslos einseitig. Er neigt zur Missachtung
und somit schließlich zur Elimination vieler Elemente des Gemeinwesens,
nur weil es diesen an kommerziellem Wert mangelt, während sie jedoch (soweit
wir wissen) wesentlich für die Funktionsfähigkeit einer gesunden Gemeinschaft
sind. Er setzt meiner Meinung nach zu Unrecht voraus, dass die ökonomischen
Teile der biotischen Uhr auch ohne die unökonomischen Teile funktionierten.

Aldo Leopold (1949)

Die Insel Sark ragt wie aus dem Nichts aus dem Ärmelkanal empor,
sechzig Meter hohe, von dunklen Hecken gekrönte Klippen, dahinter
schachbrettartig angelegte Weiden, als habe man ein Stück aus Old England
herausgemeißelt und aufs Meer hinaustreiben lassen. Doch das ist Sark bei
Tageslicht. Bei Nacht, im Dunkeln, verschwindet die Insel fast gänzlich.
Denn es gibt dort keine Straßenlaternen, keine Fahrzeuge, keine grell erleuchteten Tankstellen, nur die Pubs und Höfe und Häuser der sechshundert Bewohner. Sark strahlt so gut wie kein Licht ab. Die Insel, rund siebzig
Seemeilen von England und kaum zwanzig von Frankreich entfernt, hat
eine Fläche von nur 5,1 Quadratkilometern. Doch seit sie 2010 von der International Dark Sky Association zur weltweit ersten *International Dark Sky
Island* ernannt wurde, kommt ihr eine Bedeutung zu, die bald schon weit
über ihre physische Größe hinausreichen dürfte.

Bis dahin hatte ich noch nie etwas von Sark gehört, und ich vermute mal, dass es den meisten der mittlerweile sieben Milliarden Menschen auf Erden so geht. Das *International Dark Sky Places*-Projekt war 2001 mit der Ernennung von Flagstaff in Arizona zur ersten *International Dark Sky City* von der IDA ins Leben gerufen worden (inzwischen wurde diese Kategorie zu »Dark Sky Community« umbenannt), flankiert von Sternenlicht-Reservaten den sogenannten *Dark Sky Parks* oder *Dark Sky Reserves*. Nicht, dass sie den Markt dazu hätte drängen müssen, denn vergleichbare Projekte hatte es bereits gegeben: Kanada hatte schon Sternenparks eingerichtet, und auch die UNESCO hatte ein Programm für Sternenlicht-Reservate ins Leben gerufen. Zwar verfolgen all diese Projekte einen jeweils etwas anderen Ansatz, aber letztendlich dasselbe Ziel: den Schutz der Dunkelheit in einer Welt, die zunehmend von künstlichem Licht erhellt wird.[1]

Was Sark jedoch so besonders macht, ist die Tatsache, dass dies kein Naturschutzpark ist, sondern eine Region, in der Menschen leben, samt ihrer Ängste vor der Dunkelheit, ihren Sicherheitsbedenken und ihren Wünschen nach »Fortschritt«. Denn so wichtig ausgewiesene unbewohnte Areale zum Schutz des sichtbaren Sternenhimmels auch sind, so wird am Ende doch nur der Schutz der Dunkelheit in bewohnten Gebieten unsere Einstellungen zu Licht und Dunkel verändern können.

»Wenn es dir nur um die Erschaffung eines Flickwerks aus sehr dunklen Arealen geht, dann kannst du das nach Herzenslust tun, du könntest die ganze Welt mit Sky Parks übersäen«, sagt Steve Owens, ein Schotte, der den Bewohnern von Sark während des zweijährigen IDA-Prozesses beistand, »aber das würde an keinem einzigen vorhandenen Licht etwas ändern. Auch Sark hat zuerst einmal eine ziemliche Lichtarbeit leisten müssen.« Mit »Lichtarbeit« meint Owens die Maßnahmen, die die Gemeinde von Sark hatte ergreifen müssen, um sich für die IDA-Ernennung zu qualifizieren, darunter eine Inventur aller vorhandenen Beleuchtungsanlagen, der Austausch aller blendenden und in den Himmel abstrahlenden Lampen, und die Verpflichtung, nur noch Leuchtkörper zu installieren, die nicht gegen die Anti-Lichtverschmutzungsregeln verstoßen. Erst als das getan war, entsprach Sark der IDA-Definition einer *Dark Sky Community*, die da lautet: »… ein Ort, eine Stadt, eine Kommune oder anderweitig organisierte Gemeinschaft, die außerordentliches Engagement zum Schutz des Nachthimmels bewiesen hat, und

zwar durch die Inkraftsetzung und Umsetzung aller notwendigen Regeln hinsichtlich der Beschaffenheit von Leuchtkörpern sowie hinsichtlich der Aufklärung der Bevölkerung und deren Rückhalt für die erforderlichen Maßnahmen zur Wiederherstellung eines unverschmutzten Nachthimmels«.

»Letztlich suchen sie Grenzfälle« bei der IDA, erklärt Owens, »Orte, die
gut sein könnten, es aber noch nicht sind, es nach etwas Lichtarbeit aber
werden können. Sie interessieren sich nicht so sehr für Orte, die bereits
beispielhaft sind, weil sie ihr Ziel einer Verbesserung der öffentlichen Be-
leuchtungssituation damit ja nicht erreichen würden.« Jede *Dark Sky Community* soll also ein neues Beispiel setzen, das Verständnis für die Dunkelheit – und für gute Beleuchtungsanlagen – in anderen Kommunen fördern
und anderen Menschen damit vor Augen führt, dass das nicht nur etwas für
Nationalparks oder für Gemeinden im Umkreis von Observatorien ist, sondern etwas Grundsätzliches, etwas, das jede Kommune anstreben kann.[2]

Steve Owens, der im schottischen Inverness am berühmten Loch Ness aufwuchs und sich schon früh für Astronomie interessiert hatte, betrieb einst
ein Wissenschaftstheater, »in dem die Leute Zeug in die Luft fliegen lassen
und in Brand stecken konnten«. Heute bestreitet er seinen Lebensunterhalt
mit dem Versuch, Kommunen zu einer neuen Identität unter dem Nachthimmel zu verhelfen. Sein erster Erfolg war die IDA-Ernennung des Galloway Forest Park im Südwesten Schottlands zum ersten *Dark Sky Park* in
Europa. Und nun hofft er, dass Galloway, dessen Nachthimmel eine 2 auf
der Bortle-Skala für sich beanspruchen kann, nur der erste auf einer langen
Liste von Parks sein wird, die im Vereinigten Königreich zu Sternenlicht-
Reservaten erklärt werden könnten. »Ich finde das nicht zu ambitioniert«,
sagt er. »Vor allem, da die britischen Nationalparks ja ›Großbritanniens
Lungen‹ genannt werden und man Beschaulichkeit als Maßstab für ihren
Erfolg anlegt. Man hat eine Studie nach der anderen gemacht, um zu klären,
was die Leute unter Beschaulichkeit verstehen, und schließlich festgestellt,
dass ein schöner, klarer Sternenhimmel ohne Lichtverschmutzung immer
unter den ersten drei Plätzen zu finden war.«

So wichtig solche offiziellen Ernennungen auch sind, so ist Owens
doch überzeugt, dass es nur dann mehr Regionen mit einem wirklich guten

Sternenhimmel geben wird, wenn die ansässigen Gemeinden dies befürworten. Erst nachdem im Galloway Park astronomische Projekte umgesetzt wurden und die Bewohner immer öfter zu hören bekamen, dass ihre Region für Sterngucker eine der begehrtesten in ganz Europa sei, sagten sie: »Oh, das wusste ich gar nicht, ich lebe also an einem der besten Orte Europas für Astrologen? Ist ja toll!« Owens lächelt. »Und je bekannter das wurde, umso begeisterter engagierten sich auch die Anrainer.«

»Alles eine Frage der Aufklärung«, meint Owens. »Man muss überhaupt erst einmal dafür sorgen, dass sich die Menschen ihres Nachthimmels bewusst werden. Denn das war bis vor relativ kurzer Zeit schlicht nicht der Fall. Ich glaube, der wirkliche Umbruch, der große Vorwärtssprung, kam hier mit den *Dark Sky Parks*. Der Galloway Forest Park könnte im Laufe der nächsten paar Jahre die Einstellung von Hunderttausenden Besuchern ganz grundlegend beeinflussen. Obendrein haben hundertsechzig Millionen weltweit von dem Projekt gehört, jedenfalls mal sicher aus den britischen Medien, und damit wurde das Thema Lichtverschmutzung auf ein ganz neues Tapet gehoben.«

Owen glaubt, dass die Idee, etwas zum Schutz des Sternenlichts tun zu können, nur deshalb populär wurde, weil sie sich auf etwas Positives konzentriert. »Die Medien waren an einer guten Story interessiert, in der es um Umweltschutz, Wirtschaft, Tourismus und Astronomie zugleich geht. Hinzu kommt, dass die Dark-Sky- oder Astronomie-Bewegung in Großbritannien gerade ungemein in Schwung kommt. Und das eben nicht, weil man den Leuten ihre schlechte Beleuchtung vorgeworfen hat, sondern weil man ihnen gezeigt hat: ›Schaut doch bloß mal, wie faszinierend ein schöner Nachthimmel aussieht.‹«

Doch heute Nacht sehe ich unglaublicherweise keinen einzigen Stern. Nachdem ich von Paris mit dem Zug bis St. Malo gefahren war, dann auf die Fähre nach Guernsey umgestiegen und von dort mit einem Schlepper nach Sark gefahren bin, mich dort auf einen Traktor setzte und ins Dorf fahren ließ, mit einem viktorianischen Pferdegespann auf einem Schotterweg vom Dorf eine Strecke bergab kutschiert wurde und dann ein Fahrrad bestieg, um damit schließlich bei Annie Dachinger anzukommen, stehe ich zur Mitternachtsstunde unter einem wolkenverhangenen Himmel ohne auch nur einen einzigen Stern.

»Vielleicht siehst du ja noch einen«, lacht Annie. »Du hättest vor deiner Abreise eine gute Hexe konsultieren sollen.« Sark habe die schlechte Angewohnheit, Besucher an der Nase herumzuführen. »Es kann den ganzen Tag über regnen und nieseln und dann, just in dem Moment, in dem die Leute aufs Boot steigen, um zurückzufahren, kommt die Sonne raus. Ich denke dann immer: Du grausame alte Zicke!«

Auf dem handgemalten Schild am Tor vor Annies kleinem Haus steht *The Witch is In*. Sie erzählt, dass einer der Kutscher immer die Tour ster. vorbeifährt und ihnen erzählt, dass seine Schwiegermutter hier wohne. Annie, um die sechzig, sandfarbenes Haar und raue Stimme, lässt ständig ihr Feuerzeug auf und zu schnappen, während wir uns unterhalten. »Kann ich dir was anbieten?«, fragt sie. »Kaffee, Tee, Whiskey?« Sie gehört zu der kleinen Gruppe von Sark-Bewohnern, die angeregt hatten, eine Dark-Sky-Ernennung anzustreben. »Die Sterne hier sind einfach unglaublich«, sagt sie, während wir aus ihrem Panoramafenster blicken, im Rücken nur das sanfte Licht zweier weißer Kerzen. »Neulich nachts war's wie in van Goghs *Nachtcafé*. Ich weiß nicht, vielleicht hatte ich ein bisschen getrunken, aber sie sahen alle wie riesige Strahler aus. Ich musste mich an der Hauswand festhalten, weil mir so schwindlig wurde.« Sie lacht ihr Reibeisenlachen. »Das Beste, was du in einer wirklich guten Nacht hier machen kannst, ist, auf irgendein Feld zu laufen, dich einfach auf den Rücken zu legen und raufzugucken. Zuerst siehst du vielleicht dreihundert oder vierhundert Sterne, aber je länger du raufschaust, desto mehr siehst du, bis dann der ganze Himmel voll von ihnen ist.«

Sie kam in den 1970er Jahren von London hierher und fand eine Dunkelheit vor, wie sie nie zuvor eine gesehen hatte. »Als ich zum ersten Mal hier war, dachte ich, dass ich fünfhundert Jahre in die Zeit zurückgereist sei. Aber so ist es ja auch. Die Dunkelheit hier ist wie Samt – sie umhüllt dich ganz warm und ist ganz und gar nicht unheimlich. So als würdest du im Wachzustand träumen.«

Nachdem es außer den Traktoren, die am Tag über die Insel tuckern, keine Fahrzeuge gibt, legt sich mit der Dunkelheit zugleich tiefe Stille über die

Felder und Wege. Annie sagt, dass sie manchmal aufwacht und sich über ein Geräusch wundert, bis sie realisiert, dass ihre Wimpern kurz über den Kissenbezug geflattert waren. »Weil es so dunkel ist, kann man sogar so winzig kleine Geräusche wie dieses hören. Wundervoll. Du kommst wirklich zur Ruhe. Du wachst mit der Sonne auf. Du nimmst den eigenen Pulsschlag, deinen eigenen Lebensfluss viel deutlicher wahr.«

Sie liebt Sark, erklärt sie wieder und wieder. »Es ist ein so sicherer Ort zum Leben. Als Frau kann ich alleine zu einem Konzert irgendwo auf der Insel gehen und dann wieder völlig alleine mitternachts nach Hause laufen, zwei Kilometer quer über die ganze Insel, ohne mir die geringsten Sorgen machen zu müssen. Wenn der Mond scheint, laufe ich einfach im Mondlicht. Ansonsten vertraue ich meiner alten Taschenlampe.«

Auf die Frage, wieso Hexe?, antwortet sie: »Ich bin was ich bin, tue was ich tue. *Witch* heißt ›Wissende‹, buchstäblich. Historisch waren es Heilerinnen und Hebammen, Frauen, die sich um die Gemeinschaft kümmerten. Es ist ein uralter Erdglaube, pantheistisch, mit einer Menge Götter. Hier kann ich mitternachts in den Garten rausgehen und wann immer ich will ein bisschen mitreden. Ich kann rausgehen, nackt, und mich einfach bloß mit den Sternen bekleiden.«

Annie findet, dass die Beobachtung des Sternenhimmels für sie die Dinge in die richtige Perspektive rückt. »Da denkst du dann, was bin ich denn schon? Bloß ein Floh auf einem Riesentier. Es weist dir wirklich deinen Platz. Aber wir sind überheblich, wir sind kurzsichtig, wir denken nicht an unsere Zukunft, weil wir auch an die Zukunft von nichts und niemand anderem denken. Ich kriege richtige innerliche Krämpfe, wenn ich daran denke, dass auch ich ein Mensch und deshalb Teil dieses überheblichen Prozesses bin. Wir sind wie missratene Skulpturen. Wer sind nur die Götter, die uns meißeln? Sie machen Monster aus uns, wirklich.«

Dann lacht sie wieder. »Keine Sorge, Paul. So bin ich nur, wenn ich *witchy* bin. So werde ich in dieser nächtlichen Stunde eben.«

Nach meinem Gespräch mit Annie navigiere ich über kleine Wege mitten durch Hecken hindurch auf meinem vorsintflutlichen Fahrrad zurück zu dem Cottage, in dem ich mich eingemietet habe. Hie und da erfasst mich eine steife Brise, Dunkelheit hüllt mich ein. Der größere Teil der Doppelinsel, auf dem Annie lebt, ist Big Sark, mein Bett steht auf Little Sark. Um dorthin zu kommen, muss ich *La Coupée* überqueren, einen hohen, sehr schmalen Grat über der Felsküste, der von deutschen Kriegsgefangenen 1945 zu einem zweieinhalb Meter breiten Weg betoniert wurde. Bevor anlässlich der letzten Jahrhundertwende rechts und links Gitter angebracht wurden, pflegte man in so stürmischen Nächten wie heute auf allen vieren rüberzukriechen, um nicht hundert Meter in die Brandung hinabzustürzen.

Beim Cottage angekommen, stelle ich das Rad ab und bin zuerst erschrocken von den Lichtern, die aus dem rund sieben Seemeilen entfernten Guernsey im Osten herüber strahlen. Doch als ich dann über den nahen Hügel auf ein Feld laufe und der Lichtschein von Guernsey hinter der Kuppe verschwindet, begreife ich, was Sark so einzigartig macht: Der Himmel über der Insel ist beeindruckend dunkel, aber das Land auf ihr ist noch dunkler. Die Wellenbrecher, die Windböen, das Bäääää der Schafe auf dem Feld – ich höre alles, sehe aber nur die Umrisse der verschlafenen Cottages, kein einziges Licht davor oder darin, und dort, wo die Linien ihrer Dächer enden, beginnen die Sterne. Wie Annie es voraussagte – der Himmel über mir hat sich bis zum Horizont aufgeklärt.

Die Sterne direkt überm Horizont, genau dort, wo Himmel und Erde aufeinandertreffen, sind vielleicht am faszinierendsten, weil wir sie so selten zu sehen bekommen, da sie ja normalerweise in der Atmosphäre verschwinden – beziehungsweise heutzutage von der Lichtverschmutzung ausgeblendet werden. Die schmalen Schotterwege zwischen den Heckenreihen, die schlafenden Pferde in den Scheunen, man fühlt sich auf dieser Insel, als sei man in der Zeit zurückgereist, nicht nur wegen der fehlenden Autos, vor allem wegen dieses Sternenhimmels, der rundum unmittelbar am Rand der Erde beginnt.

Je mehr sich meine Augen an die Dunkelheit gewöhnen, desto deutlicher erkenne ich, dass sich die Wolken, die ich direkt über mir sehe, nicht auflösen werden, denn es sind die Sternenwolken der Milchstraße, die sich mir hier offenbaren. Es ist, als kehrte eine Ur-Erinnerung zurück. Meine Seele jubelt: Ja, ich erinnere mich. Und hier oben, umringt von den Rändern der Klippen, fühle ich mich wie auf einem Podest, das mitten in die Sterne hinauferhoben wurde.

Morgen werde ich die schauklige Fahrt nach Guernsey in Dieseldämpfe gehüllt antreten und überall von Kobrakopflaternen, unabgeschirmten Leuchten und dem aufdringlichen Dröhnen der Motoren umgeben sein, die unser Leben beherrschen. Doch heute Nacht liege ich rücklings in einem Feld auf dem stillen Sark und blicke in den Sternenhimmel, der sich über mir und ringsum um mich herum wölbt: ein Mensch und ein Feld, ganz und gar von den Sternen verschluckt.

Als Aldo Leopold seinen *Sand County Almanac* schrieb, fokussierte er sich auf die Umweltethik, die er *land ethic* nannte. Wir Menschen, schrieb er, müssen mit der übrigen Schöpfung auf dieselbe ethische Art und Weise umgehen, in der wir uns selbst von anderen behandelt sehen wollen. Und in den Fokus dieser Umweltethik stellte er den Menschen und die ihn umgebende Natur im Sinne einer »Lebensgemeinschaft«. Leopold war überzeugt, dass die Menschheit nur deshalb so kurzsichtig im Umgang mit der Natur sei, weil sie sich nicht als Teil einer solchen Lebensgemeinschaft mit ihr betrachte. Im Laufe der Jahrhunderte habe der Mensch zwar große Fortschritte gemacht und seine Vorstellungen von der menschlichen Gemeinschaft einer größeren Vielfalt von Ethnien und Hautfarben und Charakteren angepasst, doch seine Vorstellungen von der Natur habe er nie entsprechend überdacht. »Jede bislang entwickelte Ethik beruht auf einer entscheidenden Prämisse, nämlich der, dass das Individuum Mitglied eines Gemeinwesens aus voneinander abhängigen Teilen ist«, schrieb er. »Die Umweltethik erweitert nur die Grenzen dieses Gemeinwesens, indem sie Böden, Gewässer, Pflanzen und Tiere beziehungsweise kollektiv ›das Land‹ einbezieht.« Und es sei gewiss nicht damit getan, nur die Mitglieder einer Gemeinschaft wertzuschätzen, die einen ökonomischen Wert zu ihr beitragen, wie zum Beispiel Rotwild oder Kiefern, da »die meisten Mitglieder der Lebensgemeinschaft Umwelt von keinem ersichtlichen ökonomischen Wert sind«, zumindest von keinem, der sich einfach definieren lasse. Man müsse vielmehr das große Ganze wertschätzen, müsse begreifen, dass jedes Mitglied dieser Lebensgemeinschaft von Wert sei, ob wir diesen gerade verstünden oder nicht, und müsse dementsprechend handeln:

Betrachten wir doch einmal jede Frage hinsichtlich dessen, was ethisch und ästhetisch richtig ist, und dann hinsichtlich dessen, was ökonomisch zweckmäßig ist. Richtig ist etwas dann, wenn es tendenziell zur Wahrung der Integrität, Stabilität und Schönheit des biotischen Gemeinwesens beiträgt. Falsch ist es, wenn es dies tendenziell nicht tut.

Leopold, der in den ersten Jahrzehnten des 20. Jahrhunderts in der Wüstenregion im Südwesten der Vereinigten Staaten arbeitete, muss eine fantastische Dunkelheit gekannt haben. Selbst als er 1924 nach Wisconsin zog, muss er um die Hütte, in die er sich vierzig Meilen von Madison entfernt zurückzuziehen pflegte, noch echte Nacht erlebt haben. Er thematisierte die Dunkelheit zwar nicht expressis verbis in seinen Schriften, hätte aber gewiss verstanden, was es bedeutet, sie zu verlieren. Wenn wir die Dunkelheit wertschätzen, dann folgen wir nur seinem Wunsch, die Grenzen unserer Lebensgemeinschaft zu erweitern. Aus ökologischer Sicht ist das sogar absolut überlebensnotwendig: Erst wenn wir zum Beispiel die nacht- und dämmerungsaktiven Geschöpfe wirklich schätzen, werden wir verhindern, dass künstliches Licht ihre Lebensräume vernichtet. Aber auch auf die Nacht selbst treffen Leopolds Gedanken zu, denn auch der ökonomische Wert von Dunkelheit ist nicht immer sofort erkennbar. Wie können wir den Wert einer Dunkelheit bemessen, in deren Schutz Meeresschildkröten wandern oder Watvögel ziehen? Oder den Wert einer Dunkelheit, die einen Sternenhimmel hervorbringt, welcher den nächsten van Gogh inspirieren könnte?

Wir haben immer noch nicht gelernt, im Leopold'schen Sinne über künstliches Licht nachzudenken – im Sinne einer ethischen Entscheidung also. Kümmert es uns, dass das Licht unserer Lampen in die Schlafzimmer unserer Nachbarn scheint? Kümmert es uns, dass unsere Lichter die Dunkelheit verwässern, von der zum Beispiel Fledermäuse und Nachtfalter und Zugvögel abhängen? Werden wir weiterhin von immer mehr unserer Landsleute – und unter ihnen vorrangig von den Angehörigen der Minderheiten – fordern, die ganze Nacht hindurch zu arbeiten, wohl wissend, welche Gesundheitsrisiken damit einhergehen? Ich glaube, wir nehmen künstliche Beleuchtungen inzwischen derart unbedacht hin, dass wir nicht nur vergessen, wie erstaunlich und schön die Dunkelheit sein kann, sondern uns nicht einmal mehr darum kümmern, wie stark unser Einsatz von Licht alle Mitglieder unserer Lebensgemeinschaft beeinträchtigt.

Das vorzufinden hatte ich nicht erwartet.

Es ist hier in fast jeder Hinsicht besser, als ich es mir vorgestellt hatte. Die bergige Landschaft wird von einem dichten Wald aus Zuckerahorn und Gelbbirken, Tannen und Kiefern bedeckt, in dem, obwohl sich hier und dort ein Wanderweg hindurchzieht, so ephemere Geschöpfe wie die Lunamotte und so majestätische wie der Elch heimisch sind. Doch in einer entscheidenden Hinsicht ist es schlechter als erwartet: Es gibt keine Sterne, obwohl eine schier unfassbare Dunkelheit herrscht. Als ich mit meinem Gastgeber aus dem Observatorium trete, kann ich die Hand vor Augen nicht sehen. Selbst nachdem wir uns zwanzig Minuten im Stockdunkeln unterhalten haben, ist er, der einen knappen Meter von mir entfernt steht, nur ein vager Schatten. Denn leider ist *La Réserve internationale de ciel étoilé du Mont-Mégantic* (RICEMM) total im Nebel versunken. Es gießt in Strömen, die Wolken sind dick wie Wollknäuel. Ich werde keinen einzigen Stern sehen, solange ich hier bin. Andererseits werde ich mit dem Gedanken abreisen, dass Mont-Mégantic in vielerlei Hinsicht der beeindruckendste Ort ist, an dem ich je war.

Der *Parc National du Mont-Mégantic* liegt im Süden von Quebec direkt an der Grenze zu Maine und war das erste Dark-Sky-Reservat der IDA (2008). In ihrer Ernennungsurkunde bezeichnete sie dieses Areal als den »Inbegriff der IDA-Mission«: ein Reservat, das sich der »Bewahrung eines inneren Kerns« verschrieben habe, »welcher seines natürlichen Lichtes wegen wertvoll ist, und das Kommunen in der gemeinsamen Aufgabe verbindet, ein öffentliches Bewusstsein für die notwendigen Umrüstungsmaßnahmen zum Wohle einer Wiederherstellung des Nachthimmels zu schaffen.« Diese allgemeingültige Definition der IDA klingt, als habe man sie erst formuliert, nachdem man sich Mont-Mégantic zum Vorbild hatte nehmen können. Jedenfalls wurde dieser Park zu einem Modell für künftige Initiativen zum Schutz der Dunkelheit und des Sternenhimmels, und das vor allem auch, weil man es dort auf eine Weise tut, die den umliegenden bewohnten

Regionen die Erfüllung der Bedürfnisse menschlicher Gemeinwesen im 21. Jahrhundert nicht streitig macht.

Es ist wirklich ein ganz anderes Land hier oben im Norden. Kaum hat man die Grenze von den Vereinigten Staaten nach Kanada überquert, ist alles anders. Jeder spricht Französisch, sogar die Straßenschilder. Natürlich wusste ich, dass es so sein würde, und ich finde das auch sehr vergnüglich. Doch hinter der anderen Sprache verbirgt sich auch eine andere Mentalität, die sich nicht zuletzt auch auf die Namensgebung dieses Naturschutzareals niederschlug: Auf dem Schild steht nicht, wie in den Vereinigten Staaten, *Dark Sky Reserve,* also *Nacht*himmel-Reservat, sondern *Réserve Internationale de ciel étoilé,* Internationales *Sternen*himmel-Reservat. Die Leute vom Parc National du Mont-Mégantic finden einfach, dass das viel weniger sachlich und viel positiver klingt. Aber entscheidender noch sind die letztendlich einzigartigen Anstrengungen, die hier unternommen wurden und werden. Im Verlauf eines knappen Jahrzehnts gelang es der Parkverwaltung, sich die Unterstützung von mehr als sechzehn umliegenden Kommunen für ihr Nachtprojekt zu sichern. Nachdem man ihnen die Auswirkungen der Lichtverschmutzung verdeutlicht hatte, wurden gemeinsame Beleuchtungsregeln verabschiedet und mehr als dreitausend Beleuchtungskörper in den Gemeinden ausgetauscht, wovon schließlich auch rund fünfhunderttausend Besucher profitierten, weil es damit gelang, dem Himmel über dem Park die Klasse 3 auf der Bortle-Skala zurückzuerobern – obwohl er nur rund hundert Meilen von Montreal entfernt liegt (der zweitgrößten Stadt Kanadas und der siebtgrößten in Nordamerika). Das Sternenhimmel-Reservat verfügt über ein wissenschaftliches Observatorium (1978 errichtet und nach wie vor das größte und leistungsstärkste an der nordamerikanischen Ostküste), ein Besucherobservatorium, das 1998 fertiggestellt wurde, und ein 1996 eingerichtetes ASTROLab (ein »astronomisches Aktivitätszentrum, in dem Besucher anhand der präsentierten Erkenntnisse aus Astronomie, Geologie, Biologie und Ökologie eine faszinierende Reise durch die Geschichten des Universums, der Erde und des Lebens antreten können«).

Während ich mit meinem Gastgeber Bernard Malenfant vor dem Observatorium stehe, erzählt er mir, dass er nach seiner Ankunft vor dreiunddreißig Jahren nur mit einer Taschenlampe bewaffnet draußen vorm Observatorium habe arbeiten können, so dunkel sei es gewesen. Zwanzig Jahre später habe er dieses Hilfsmittel nicht mehr gebraucht, weil sich die Lichtverschmutzung des Himmels über dem Berg inzwischen mehr als verdoppelt hatte. Heute, nach den erfolgreichen Aktivitäten der letzten Jahre, »ist der Himmel sogar schöner als 1978. Und weil es nun in Paragrafen gegossen ist, weil es Kommunalgesetz wurde, kann niemand mehr einfach irgendwelche Lampen anbringen. In zweihundert Jahren werden wir hier vielleicht der letzte Fleck sein, über dem es noch dunkel ist. Hoffentlich nicht. Die Atacama in Chile wird es auch dann noch geben, aber auch noch eine dunkle Region, in der Menschen leben? Es ist ein langfristiges Projekt, aber eines unserer wichtigsten Ziele ist es ja, den Sternenhimmel auch unseren Kindeskindern noch zu erhalten.«

Ein Großteil des Verdienstes für diesen Erfolg gebührt dem bescheidenen, heiteren Malenfant selbst. Er behauptet zwar, bloß der »Nachtwächter« des Observatoriums zu sein, doch seine Rolle als Gründer und Vorsitzender des ASTROLab geht weit über jede Basisarbeit hinaus. Bei allem hier hatte Malenfant seine Hand im Spiel gehabt, aber das ASTROLab, dessen Veranstaltungen während des Sommers immer brechend voll sind, war allein seine Idee gewesen. Der Gedanke dazu sei ihm gekommen, nachdem er gesehen habe, wie viele Besucher »fünf Stunden aus Quebec hierherfuhren, dann fünf Minuten durch ein Teleskop blicken konnten und wieder zurückfuhren«. Das Sternenhimmel-Reservat, das mittlerweile jeden Juli ein Sternenfestival und jeden August ein Meteoritenfestival veranstaltet, heißt alljährlich Zehntausende Besucher willkommen. Und genau dieses Bemühen, die Öffentlichkeit zu erreichen, macht Mont-Mégantic so einzigartig. Ja, dunkel ist es hier auch zum Wohle des wissenschaftlichen Observatoriums, das gemeinsam von zwei Universitäten betrieben wird. Doch diesen Grund können viele dunkle Orte auf Erden angeben. Der Unterschied zu Mont-Mégantic ist, dass die meisten dieser anderen dunklen Regionen einzig der astronomischen Beobachtung zu verdanken sind und sich auf die Observatorien fokussieren, dass die Öffentlichkeit davon sozusagen nur sekundär profitiert, wohingegen es hier der genau umgekehrte Fall ist.

Ehrlich gesagt können große Observatorien ziemlich langweilig für einen Besucher sein. Außerdem liegen sie meist so abgelegen, dass sie nur schwer zu erreichen sind, und sie haben nur sehr begrenzte öffentliche Besuchszeiten, wenn überhaupt. Selbst wenn sie über ein öffentlich zugängliches Teleskop verfügen, erlebt man dort nur allzu oft das, was Bernard beschrieb: lange Hinfahrt, kurzer Blick, lange Rückfahrt. Mont-Mégantic hingegen stellt jedes Jahr einen Trupp von College-Studenten als Guides für das ASTRO-Lab und das öffentliche Observatorium ein, in vielen Fällen selbst Astronomiestudenten, oder einfach nur junge Leute, die sich für Sterne begeistern. Auf diese Weise bekommt jeder Besucher die Gelegenheit zu einem persönlichen Gespräch mit einer Person, die sich im Universum nicht nur auskennt, sondern ihr Wissen auch mit großer Begeisterung weitervermittelt. Auch die angebotenen Vorstellungen und Filme sind unterhaltsam und erhellend, aber es sind diese persönlichen Kontakte, die jedes Jahr so viele Besucher anziehen und so viele von ihnen wiederkehren lassen. Denn für die meisten, vor allem wenn sie aus der Großstadt kommen, ist ein Besuch in diesem Sternenhimmel-Reservat die einzige Möglichkeit, das zu erleben, was der Mensch Millionen von Jahren lang im Beisammensein mit anderen Menschen unter dem Sternenhimmel erlebt hat. Auch viele Guides, erzählt Malenfant, kehren jeden Sommer zurück, selbst wenn sie inzwischen feste Jobs haben, um wieder dieses Gemeinschaftserlebnis unter der Milchstraße zu genießen und gemeinsam mit den Besuchern um ein Lagerfeuer zu sitzen oder die ganze Nacht über Geschichten auszutauschen und zu singen.

Ich muss daran denken, wie viel die Dunkelheit dazu beiträgt, den Menschen nahe zu sein, die wir lieben. So viele unserer intimsten, romantischsten und unvergesslichsten Erlebnisse – ein Lagerfeuer in der Natur, ein Candle-Light-Dinner, ein mit dem/der Liebsten geteiltes Bett – illuminieren wir feinsinnig nur mit einer Flamme oder dem Mondlicht. Am Tag tragen wir das strahlende Licht der Sonne, betrachten uns im Spiegel, überlegen uns, wie andere uns finden, und scheuen davor zurück, unsere Gedanken, unseren Körper, unsere Ängste zu enthüllen. Die Dunkelheit erlaubt es uns, den Schutzschild abzulegen, zu sagen, was wir denken, und zu tun, was wir wollen. Sie schenkt uns die Möglichkeit, uns auf unsere anderen Sinne zu stützen, auf das Tasten und das Schmecken und das Hören. Weil Dunkelheit intime Beleuchtung erlaubt, bringt sie uns einander näher.

Während der Mitternachtsmette, die wir am Weihnachtsabend in der Lutherischen Kirche meiner Kindheit in Minneapolis feierten, wurden gegen Ende immer die Lichter gelöscht und eine Kerze durch die Bänke gereicht, mit der jeder die eigene anzündete, bis der gesamte Kirchenraum im Kerzenlicht erstrahlte. Ich erinnere mich an einen Blinden in der Reihe vor uns: Er hielt seine Kerze mit beiden Händen ganz nah ans Gesicht, um die Flamme zu spüren, und lächelte.

Die kleinen roten Weihnachtslichter, die meine Mutter alljährlich um den Baum wand, die nach Ahorn duftende Kerze auf meinem Schreibtisch, während ich dies schreibe, all die Kaminfeuer und Lagerfeuer und Mondlichtnächte in der Vergangenheit und die Vorstellungen von weiteren solchen Erlebnissen in der Zukunft – es ist, als würden all diese Erinnerungen und Gedanken im selben Moment verfliegen, in dem man am Lichtschalter dreht.

Die Entschlossenheit, mit der die Parkverwaltung von Mont-Mégantic ihre Besucher an die Schönheiten der Dunkelheit heranführt, verstärkte sich noch einmal gewaltig, als 2003 Chloë Legris die Leitung der Öffentlichkeitsarbeit übernahm. Ursprünglich nur mit einem Vertrag für sechs Monate versehen, sollte sie schließlich fünf Jahre lang bleiben. 2007 wurde sie von Radio Canada für ihr Engagement zur »Wissenschaftlerin des Jahres« gekürt. Legris, eine Ingenieurin und mit einem natürlichen Charisma gesegnet, setzte sich unermüdlich dafür ein, die Ziele der Parkverwaltung mit den Realitäten in den umgebenden Kommunen unter einen Hut zu bringen. Als sie ihre Stelle antrat, hatte sie bemerkenswerterweise fast nichts über den Sternenhimmel gewusst, doch je mehr sie erfuhr, desto mehr »verliebte ich mich in das Projekt«. Aber es wurde ihr schnell klar, dass sie ziemlich schwer arbeiten musste, wenn sie mit ihrem Anliegen ernst genommen werden wollte. »Ich war nicht gerade emotional überwältigt gewesen von Sternen und Nachthimmeln«, erzählt sie, »ich ging das Ganze pragmatisch an. Wäre ich ein Elektrotechniker, worum ging es mir dann? Ich versuchte den Leuten nichts zu verkaufen, ich erklärte ihnen einfach nur die Logik. Pragmatiker wollen nichts vom Problem hören, sie wollen nur wissen, wie man es lösen kann. Die Techniker erklärten mir: ›Hör mir auf mit Astronomen, ich gehe gerne angeln und ich sehe gerne Sterne, also wie machen wir es?«« Im Laufe von fast sechs Jahren ging Legris »überallhin«, klapperte die ganze Umgebung von Mont-Mégantic ab, setzte sich mit Politikern und Unternehmern zusammen, gab Trainingsseminare über gute Beleuchtungsanlagen, drängte Gemeinden, Beleuchtungsverordnungen zu erlassen, und beschaffte Mittel für den Austausch der vorhandenen Beleuchtung in diesen Kommunen. »Wir kümmerten uns um alles«, erzählt sie. Nachdem der Stromversorger Hydro-Quebec von der Regierung beauftragt worden war, energieeffizientere Angebote zu machen, hatte die Gesellschaft einen Fonds zur Realisierung von neuen Ansätzen zur Energieeinsparung eingerichtet – und der Austausch alter Beleuchtungsanlagen hatte da genau dem Anforderungsprofil entsprochen. Dennoch, ein beträchtlicher Teil von Legris Arbeit bestand schlicht darin, den Bewohnern in der Umgebung klarzumachen, wie schön der Himmel ist, den sie jede Nacht sehen. »Es ging darum den Leuten bewusst zu machen, dass wir hier etwas ganz Besonderes haben. Für sie ist es einfach normal. Was wollen sie wirklich sehen? Sie wollen einen McDonald's in ihrem Ort sehen. Nein, ich scherze«, lacht sie, »aber so weit weg von der Wahrheit ist das gar nicht.« Doch allmählich begann ihr Bemühen Früchte zu tragen, und das manchmal auf ziemlich amüsante Weise. Der Bürgermeister von Notre-Dame-des-Bois, einer winzigen Gemeinde am Fuße des Berges, erzählte ihr zum Beispiel, dass sich seine Einstellung völlig verändert habe, seit er eines Nachts über Land gefahren sei. »Das war wirklich lustig«, sagt sie. »Er hielt am Straßenrand an, weil er pinkeln musste, blickte dann nach oben und dachte, stimmt, ist wirklich schön. Das war ihm einfach nie bewusst geworden, weil er den Himmel ja jede Nacht über sich hat.«

Heute lebt und arbeitet Legris als Ingenieurin im nahen Sherbrooke, das mit seinen mehr als 150 000 Einwohnern die größte Stadt in der Umgebung des Parks ist. Den Erfolg ihrer Arbeit dort kann ich an den Beleuchtungsanlagen ablesen, auch wenn sie selbst sagt, dass die Anerkennung dafür anderen gebühre. Als ich sie frage, worauf sie besonders stolz sei, antwortet sie: »Auf das Engagement der Öffentlichkeit, darauf, dass sie sich auf meine Seite stellte. Es gab so viel Rückhalt in der Gemeinde, bei so vielen Leuten. Und ich bin stolz auf sie und ihren Willen, die Initiative zu ergreifen. Es ist in Wirklichkeit also ein Erfolg der Kommune. Wenn ich Gelegenheit hatte, einen Vortrag zu halten und sie über den Stand der Dinge zu informieren, bekam ich fast immer nur zu hören: ›Gut, was sollen wir tun?‹

Ich fand die Arbeit sehr inspirierend. Da ging's ja nicht bloß darum, eine Brücke zu bauen, es ging darum, zu garantieren, dass wir das Universum sehen können.«

Sébastien Giguère ist für die Bildungsprogramme des Sternenparks Mont-Mégantic verantwortlich und außerdem wissenschaftlicher Koordinator des ASTROLab. Er selbst sieht sich als Vermittler zwischen der Öffentlichkeit und dem offiziellen Auftrag des *Réserve Internationale de ciel étoilé*. »Sie betreiben Wissschaft«, sagt er über das Observatorium, »und wir geben ihre wissenschaftlichen Erkenntnisse weiter. Aber Wissenschaft ist nicht nur Gleichungen und weiße Kittel, es geht auch um das Mysterium unserer Präsenz im Universum, um die Fragen, weshalb wir hier sind und weshalb das so grandios ist.« Giguère hat ein angenehmes Wesen und die Ausstrahlung eines sehr ernsthaften, aufrichtig engagierten Menschen. »Und ich habe einen starken Staun-Muskel«, lacht er. »Ich weiß nicht, ob es dieses Wort im Englischen gibt, aber das erzähle ich immer den Guides hier: Wir sind nicht hier, um ein College-Seminar abzuhalten, wir sind hier, um die Menschen Staunen zu machen über die Natur, also müssen wir das auch in euren Augen sehen, sage ich dann, ihr müsst euer eigenes Staunen im Angesicht von allem hier zeigen. Ich zitiere gerne Einstein: Wer ›sich nicht mehr wundern, nicht mehr staunen kann, der ist sozusagen tot und sein Auge erloschen‹.«[3]

Giguère erzählt, dass er und ein paar der Guides einmal nach New York gefahren seien, um das Hayden-Planetarium zu besuchen. Sie hatten es genossen (und sich gewünscht, auch nur »einen Bruchteil seines Budgets« zu haben), aber »es haute uns alle um, dass sie so viel Technik, aber niemanden hatten, mit dem man seine Faszination und sein Staunen hätten teilen können, niemanden, mit dem man hätte reden können. Und das ist nicht nur in New York so, im Montreal Science Centre ist's dasselbe. Mir gefällt, was Stephen Jay Gould sagte: ›Wir werden nicht kämpfen, um zu retten, was wir nicht lieben.‹ Ich denke immer daran, dass unsere Verbindung zur Natur nicht nur eine geistige, sondern auch eine emotionale ist.«

Am meisten beeindruckt mich bei Giguère – und darin spiegelt sich so vieles, was ich am Mont-Mégantic erlebte –, dass er sich zwar voll und ganz der wissenschaftlichen Aufgabe des Observatoriums verschrieben hat, aber sein Engagement für die Dunkelheit weit über die Bewahrung des Sternenhimmels für Astronomen hinausgeht.

»Die vorrangigste Aufgabe dieses Projekts – des heute existierenden Sternenhimmel-Reservats – lautete, die wissenschaftliche Durchführbarkeit der astronomischen Beobachtung zu garantieren. Ich glaube aber, dass uns in ein paar Jahrzehnten bewusst werden wird, was wirklich das wichtigste Erbe dieses ursprünglichen Projekts ist, nämlich, jedem Menschen die Möglichkeit bewahrt zu haben, den Sternenhimmel als ein tiefgreifendes Erlebnis erfahren zu können.«

»Viele Leute kommen aus der Stadt und sind dann völlig von den Socken, weil sie's einfach nicht glauben können, weil sie sich gar nicht erinnern, wie sternenreich der Himmel sein kann. Sie müssen sich hinsetzen, hier draußen, weil ihnen regelrecht schwindlig wird. Vergleich das mal mit China. Einer meiner Kollegen kehrte von dort zurück und erzählte, dass die Luftverschmutzung vielerorts so hoch ist, dass überhaupt nur ein Prozent des Sonnenlichts durchdringen kann. Ich schrei hier also Zeter und Mordio, weil wir nicht mehr alle Sterne in der Nacht sehen, und dort kann man nicht einmal tagsüber unseren eigenen Stern sehen. Was wird mit der Menschheit geschehen, wenn Kinder aufwachsen, die niemals die Sonne sehen?«

Giguère dürfte Leopolds Aussage über die Konsequenzen einer »ökologischen Bildung« höchst sinnvoll erscheinen.

»Die große Frage ist, wie kann man positiv denken, ohne dabei naiv zu sein oder zu wirken. Ich empfinde eine Art von natürlichem Staunen angesichts der Natur, und selbst wenn mich das ganze Geschehen heutzutage deprimiert, kann ich dieses Staunen nicht so einfach abschütteln. Und da empfinde ich es natürlich als ein Glück, an einem Ort arbeiten zu können, der nichts als Natur ist und mir so viele Möglichkeiten schenkt, sie zu bestaunen und zu lieben. Angesichts dieses Sternenhimmels, dieser Berge, dieser Seen, all dieser Vögel und anderen Tiere, kann ich mir kaum vorstellen, in eine Großstadt zurückzukehren. Ich bin nicht mehr gewöhnt an die Staus, die Luftverschmutzung und die vielen Läden und Straßen, und alles komplett zugepflastert. Also leiste ich meinen Beitrag hier und halte Vorträge, habe aber immer noch das Gefühl, dass das nicht ausreicht. Meine Freundin sagt mir dauernd, ich soll mir nicht so viel aufhalsen. Aber wenn man weiß, was auf dem Spiel steht? Und wenn man spürt, dass wir hier zum ersten Mal in der Geschichte einen wirklich weitreichenden Einfluss ausüben können?« Und dann bemerkt er noch leise: »Und dass es immer noch so viele Menschen gibt, die das alles nicht schert.«

»Ich glaube«, fährt er fort, »auch die Tatsache, dass die Sterne aus unserem Himmel verschwinden, hat etwas mit unserer Beziehung zur Natur und mit der Art zu tun, wie wir die Erde bewohnen. Dass wir unser einziges Fenster zum Universum schließen, scheint mir doch ein mächtiges Symbol für die Art und Weise zu sein, wie wir uns von der Natur abgrenzen. So wie es die Leute tun, die nie aus ihren Städten herauskommen und deshalb gar nicht wissen, dass sie bloß in ihrer großen Luftblase festsitzen. Dass wir das Universum nicht mehr sehen, ist gewiss nicht das Gefährlichste, was wir uns gerade antun, aber doch ein sehr mächtiges Symbol.«

Giguère erzählt lachend, dass man ihn wegen seiner vielen Reden über die Bedeutung des Staunens schon den »Stauner-Torwart« nennt (er ist der Torwart des örtlichen Hockeyteams). Sein Staunen »gilt aber nicht nur der Natur, auch der Menschheit als solcher. Manche finden die Astronomie im Vergleich zur Ökologie nicht sehr wichtig, angesichts all dessen, was auf Erden auf dem Spiel steht. Aber ich meine, je bewusster man sich dieser unglaublichen kosmischen Evolutionsgeschichte wird, desto bewusster wird man sich auch des Wunders des Lebens. Wenn man sich die Unendlichkeit und Leere des Raumes vergegenwärtigt und dann diesen winzigen blassblauen Punkt vor Augen führt, dann kann man wirklich nur ein Verantwortungsgefühl für unseren Planeten entwickeln, denn dann weiß man auch, wie selten und wundersam und schön er ist. Fast jeder Astronaut erzählte nach seiner Rückkehr aus dem Weltraum, dass sein bedeutendstes Erlebnis dort oben der Blick auf die Erde war, und die Erkenntnis, wie kostbar sie ist, und wie relativ all unsere Grenzen sind. William Anders, der Astronaut, der das berühmte Foto vom Erdaufgang schoss, sagte: ›Wir haben den ganzen Weg zurückgelegt, um den Mond zu erforschen, und das Wichtigste, was wir dabei entdeckten, war die Erde.‹«[4]

Als ich den Berg vom Observatorium herunterfahre, ist es nach Mitternacht. Die Scheinwerfer lassen kaum die Straße vor mir erkennen, so dicht ist der Nebel. Ich fahre sehr langsam durch die steilen Kurven. Da habe ich diesen ganzen Weg zum Mont-Mégantic zurückgelegt und wahrlich nicht erwartet, ausgerechnet so etwas vorzufinden. Ich hatte eine sternenklare Nacht erwartet und gehofft, die Dunkelheit hier mit der vergleichen zu können, die ich auf Sark oder Cape Cod oder an »meinem« See in Minnesota gefunden hatte, an dem ich mich so zu Hause fühle. Andererseits hatte ich auch nicht erwartet, das vorzufinden, *was* ich hier fand –Menschen, die derart engagiert dafür sorgen, dass Mont-Mégantic das ist, was er ist. Jeder einzelne von ihnen, Malenfant, Legis, Giguère oder die jungen Guides, all die Wissenschaftler und verantwortlichen Verwalter, die ich hier nicht namentlich erwähnt habe, spielt dabei eine entscheidende Rolle. Ich empfand eine Art von Wahlverwandtschaft mit diesen Menschen, und darin fand ich zumindest ein Gegengift gegen die Trauer, die aus Leopolds Aussage über die Einsamkeit des Einzelnen in einer verwundeten Welt spricht. Ich fand eine Gemeinschaft von Menschen, die sich entschieden haben, alles in ihrer Macht Stehende zu tun, um anderen Gemeinschaften vor Augen zu führen, welchen Reichtum sie besitzen.

»Ich liebe meinen Himmel. Das ist mein Problem.«

Cipriano Marin und ich sitzen beim Lunch im Teide-Nationalpark auf Teneriffa, als er das sagt, vor uns *Papas arrugadas* mit *Mojo picon* und *Mojo verde*. Ich weiß, ich werde diesen Satz nie vergessen, obwohl ich diese Aussage auf die eine oder andere Weise nun schon von so vielen gehört habe. Denn den Himmel zu lieben, irgendwas oder irgendwen zu lieben, ist immer nur dann ein Problem, wenn diese Liebe in Gefahr ist.

Cipriano weiß das. Als gebürtiger Canario war er unter einem klaren, dunklen Himmel aufgewachsen. Inzwischen ist er Ende fünfzig, hat graumeliertes Haar und zusehen müssen, wie der Sternenhimmel mehr und mehr verblasste, vor allem wegen des immer grelleren Scheins von Las Palmas und Santa Cruz. Gerade weil er Einheimischer ist, empfindet er diesen Verlust so hart. »Der Himmel ist für uns Insulaner sehr wichtig«, erklärt er. »Wir haben nur zwei natürliche Ressourcen, den Himmel und das Meer. Auf einer Insel ist der Himmel immer Teil der Landschaft, Teil deiner Identität.« Zum Glück für die übrige Welt reichen Ciprianos Aktivitäten für einen unverschmutzten Nachthimmel weit über die Inseln hinaus, die er so liebt. 2007 organisierte er, der seit zwanzig Jahren Generalsekretär des *Centro UNESCO de Canarias* ist, eine internationale Konferenz auf den Kanaren, die in einer Deklaration »zur Verteidigung des Nachthimmels und des Menschenrechtes auf Sternenlicht« mündete und ein innovatives Programm für »Sternenlicht-Reservate« nach sich zog.

Also reise ich auf die Kanaren, um Cipriano zu treffen, Schrumpfkartoffeln mit roter und grüner Sauce zu essen und über den Schutz der Dunkelheit zu reden. Aber natürlich bin ich auch gekommen, um mit eigenen Augen diesen weltberühmten Nachthimmel zu sehen.

Und hier spreche ich von einem Nachthimmel, der einem schier den Atem raubt, der den Wunsch weckt, Astrologie zu studieren oder Gedichte zu schreiben oder zu tanzen. Kurz bevor ich hierherreiste und in Madrid ein Flugzeug voller europäischer Touristen bestieg, das mich in drei Stunden an mein Ziel brachte, hatte ein norwegischer Fotograf ein mit Musik hinterlegtes Zeitraffervideo vom kanarischen Himmel ins Web gestellt, was ich nur erfuhr, weil mir so ziemlich jeder, den ich kenne und der von meinem Buchprojekt wusste, den Link mailte und meinte: »Da musst du hin!!!« Natürlich war mir klar, dass es nicht fair ist, ein Video vom Sternenhimmel mit dem Eindruck zu vergleichen, den man bekommt, wenn man ihn mit eigenen Augen sieht – aus einer Vielzahl von Gründen, darunter nicht zuletzt, dass man die Linse einer Kamera lange geöffnet halten und auf jedes einzelne Pixel im Rahmen fokussieren kann, wohingegen das menschliche Auge sich nur auf den Mittepunkt eines Sichtausschnitts fokussieren kann. Aber ich hoffte doch, dass der Himmel, den ich über den Kanaren sehen würde, nahe an dieses Video heranreichen würde.[5]

Nicht nur ich bin auf den Kanaren, um in die Sterne zu gucken. Am Rand des Vulkans Roque de los Muchachos auf La Palma steht das weltweit größte Spiegelteleskop mit aktiver Optik, das *Gran Telescopio Canarias* (GTC), neben diversen anderen Teleskopen des *Observatorio del Roque de los Muchachos* (ORM), und zieht Astronomen aus aller Welt an. Doch es ist nicht allein die Existenz dieses unglaublich großen Teleskops, das die Kanaren so besonders macht, es ist auch die Tatsache, dass diese Insel zu der Handvoll Regionen auf Erden zählt, die außerordentlich günstige Ausgangsbedingungen für die Beobachtung des Nachthimmels bieten.

Das urbane Wachstum, die Ausbreitung der Ballungsräume mitsamt ihrer Lichtverschmutzung, hat Observatorien in bewohnten Regionen praktisch obsolet gemacht, auch wenn es noch zahllose von ihnen in Großstädten gibt. Ob in Paris, Los Angeles oder London, sie werden nur noch von wenigen Wissenschaftlern genutzt. Das Pariser Observatorium zum Beispiel ist ein großartiger Ort für den Besucher, der sich für Geschichte interessiert und gerne vorstellen können möchte, wie es einmal aussah auf der Welt – damals im 17. Jahrhundert, als ein eleganter Bau mitten in die Felder gesetzt worden war und seidene Bundhosen und Perücken tragenden Herren gestattet hatte, einen Blick in den Himmel zu werfen. Heute steht er mitten in einem Betonfeld, umringt von den elektrischen Lichtblüten der französischen Metropole.[5]

Die Abwesenheit von Lichtverschmutzung ist allerdings nur eine von mehreren Voraussetzungen für die Lage, in der ein Observatorium arbeiten kann, deshalb finden sich auch nur noch wenige Örtlichkeiten auf der Welt, die sich wirklich gut eignen. Besonders wichtig für optische Teleskope wie das GTC ist die Turbulenz (beziehungsweise eine fehlende Turbulenz) in der Erdatmosphäre, denn Turbulenzen erschweren ein ruhiges Bild. Die besten Örtlichkeiten liegen deshalb auf den Mittelbreiten der Erde, und dort insbesondere an den Westküsten eines Kontinents oder einer Insel, wo eine west-östliche Luftströmung vorherrscht, die vor Turbulenzen gefeit ist. Auch gutes Wetter, also kaum Wolken und wenig Regen, sind hier ein Schlüssel, weshalb Wüstenregionen oft ausgezeichnete Bedingungen bieten. Wenn man dann noch eine möglichst gute Erreichbarkeit, einen stabilen Grund (aktive Vulkane brauchen sich gar nicht erst zu bewerben) und eine moderate Höhenlage zu den anderen Grundbedingungen addiert, bleibt wirklich nur eine Handvoll Flecken auf der Erde übrig, darunter die Kanaren, die Hawaii-Inseln, Baja California, der Norden von Chile und Südafrika. Die modernen Observatorien in diesen Regionen haben sich inzwischen zu einem Netzwerk an Teleskopen zusammengeschlossen (zu »einem Ensemble aus geöffneten Fenstern zum Universum«, wie Cipriano sagt), die den besten Blick ins All bieten, den wir von unserem Heimatplaneten aus haben.

Sofern du nicht in einem Diplomatenhaushalt aufgewachsen bist, hast du vermutlich nicht viel Zeit mit jemandem wie Cipriano Marin verbracht. Seine Sprache scheint, ohne dabei in irgendeiner Weise manieriert oder plakativ zu wirken, geradezu geschaffen für »Deklarationen« zur »Verteidigung« bestimmter Rechte. Tatsächlich klingt ein »Menschenrecht auf den Sternenhimmel« aus seinem Mund ebenso gerechtfertigt wie das Grundrecht auf sauberes Wasser oder das Wahlrecht. Ich wette, dass die meisten von uns Amerikanern, die wir doch Bürger eines Landes sind, das bekanntlich meint, in Sachen Menschenrechte das letzte Wort zu haben, noch nie auf die Idee gekommen sind, den Anblick des Sternenhimmels als ein Grundrecht zu betrachten. Die UNESCO-Deklaration aber tut genau das: »Ein unverschmutzter Nachthimmel, der den Genuss von und die Kontemplation unter dem Firmament gestattet, muss als ein unveräußerliches Menschenrecht betrachtet werden, vergleichbar mit allen anderen ökologischen, gesellschaftlichen und kulturellen Grundrechten.« Cipriano gesteht zu, dass ein solches »Recht« schwierig durchzusetzen ist. Es sei zwar nicht schwer, intellektuelle Unterstützung für diese Idee zu finden, eine Befürwortung des Gesetzgebers aber doch immer sehr viel schwieriger zu erreichen.

»Weil dann jemand wirklich aktiv werden müsste?«, frage ich.

»*Si.*«

Dabei hat Cipriano bereits Beeindruckendes geleistet, um das Thema »Sternenhimmel« ins internationale Bewusstsein zu rücken. Das Protokoll der Konferenz von 2007 enthält Unterstützungserklärungen des spanischen Umweltministers, des Vizepräsidenten des Europäischen Parlaments und einer langen Liste von Direktoren, Präsidenten und Generalsekretären, gefolgt von vierhundert Seiten mit Essays von Wissenschaftlern, Künstlern und Aktivisten – Leuten wie Travis Longcore und Chloë Legris – zugunsten des »Menschenrechts auf Sternenlicht«. Gemeinsam verabschiedeten sie die Erklärung, »dass der Anblick von Sternenlicht eine Inspiration für die ganze Menschheit war und ist, dass seine Beobachtung ein wesentliches Element in der Entwicklung aller Kulturen und Zivilisationen darstellte, und dass Betrachtungen über das Firmament im Verlauf der gesamten Menschheitsgeschichte zu vielen wissenschaftlichen und technischen Entwicklungen der Art geführt haben, die den Fortschritt definiert.« Cipriano selbst definiert den Nachthimmel als ein »essentielles Element unserer Zivilisation und Kultur, das wir im schnellen Tempo verlieren und dessen Verlust alle Länder der Welt tangiert«.

Das ist vielleicht das Beeindruckendste – dass ein einzelner Mensch von einer kleinen Insel im Atlantik alles tut, was er nur kann, um die ganze Welt wachzurütteln. Es wäre ein Leichtes für ihn, einfach friedlich auf seiner Insel zu leben und sich nicht weiter um den Rest von uns zu kümmern. Aber Ciprianos Leidenschaft wird von dem Wissen gespeist, dass man sich nirgendwo vor der Lichtverschmutzung verstecken, ihr nirgendwohin entfliehen, ihr schlicht nicht entkommen kann. Darin ähnelt er den Inselvölkern, die angesichts des steigenden Meeresspiegels bereits heute die Welt vor den Auswirkungen eines Klimawandels warnen, der den meisten von uns noch so viele Jahrzehnte entfernt zu sein scheint, dass wir glauben, uns noch nicht darum kümmern zu müssen. »Für Insulaner ist das Universum etwas sehr Geschlossenes«, sagt er, »und das ist ein Problem, aber auch ein Vorteil.«

Er stellt sein Weinglas ab. »Rafael Arozarena, ein Dichter aus meiner Heimat, ein vom Ozean umringter Insulaner, fing den Geist dieser Deklaration in einem wundervollen Vers ein:

Mein Erbe, eine Handvoll Erde
Vom Himmel aber
Das Universum.«

Besonders beeindruckt mich an Cipriano Marins Konzept für Sternenlicht-Reservate, dass die Dimensionen, Kategorien, Kriterien und Empfehlungen so detailliert sind. Er und die mehr als hundert internationalen Experten, die mit ihm kooperieren, haben ihre Begründungen für die Einrichtung solcher Reservate und ihre Visionen für deren Gestaltung auf eine ganz neue und wirklich sehr überzeugende Weise dargelegt. Das heißt, anstatt einfach davon auszugehen, dass alle Schutzgebiete aus denselben Gründen schützenswert seien, haben sie unterschiedliche Arten von Sternenlicht-Reservaten auf unterschiedlichen Arealen im Sinn, die aus unterschiedlichen Gründen schützenswert sind: Neben den üblichen Schutzgebieten für den astronomisch-wissenschaftlichen Blick ins Universum soll es »Sternenlicht-

Naturschutzgebiete« zum Schutz der Lebensräume von nachtaktiven Tieren geben, »Sternenlicht-Kulturerbestätten« zum Schutz von »archäologischen und kulturellen Stätten, oder von Monumenten, die der Mensch als Ausdruck seiner Beziehung zum Firmament erschuf«, oder »Sternenlicht-Landschaften« zur Bewahrung »von natürlichen und kultivierten Landschaften, in denen die Schönheit der natürlichen Erscheinungsformen oder menschengemachten Werke mit der des Anblicks vom Firmament verschmilzt«. Und schließlich soll es noch »Sternenlicht-Oasen in menschlichen Lebensräumen« zum Schutz der Dunkelheit in Regionen geben, die von ländlichen Gemeinden und Dörfern besiedelt sind.

Cipriano glaubt, dass solche Areale auch große, noch unerschlossene Potenziale für den Tourismus in sich bergen. Als Beispiel führt er die zum Weltkulturerbe erklärten Stätten rund um den Globus an: Fast alle von ihnen sind nachts verlassen, könnten aber zum Wohle der örtlichen Kommunen allesamt dem Nachttourismus erschlossen werden. »Die Nacht ist das fehlende Element bei allen touristischen und vor allem ökotouristischen Zielen«, erklärt er. »Es ist aber wichtig, auch die Nacht anzubieten.« Durch einen solchen Nachttourismus könnten Sternenlicht-Reservate zum Vorbild für Nachhaltigkeitsentwicklungen werden, welche Kommunen in aller Welt helfen würden, sich im Sinne eines Schutzes der Dunkelheit weiterzuentwickeln, ohne dass die Bewohner zugleich ihren Wunsch nach Fortschritt hingeben müssten. »Wir müssen den Gedanken, die Sterne sehen zu können, als modernen Fortschritt vermitteln«, sagt er. Das heißt, wer sich für die Wahrung der Dunkelheit einsetzt, der sollte nach Möglichkeiten Ausschau halten, wie sich die Nacht auf eine ökonomisch fortschrittliche Weise schützen lässt, anstatt einfach darauf zu bauen, dass es schon immer noch genügend unterentwickelte Regionen auf der Welt geben werde, in der die Nacht ihre Refugien fände. »Wenn man eine Satellitenaufnahme von Nordkorea sieht, dann ist es dort dunkel«, sagt Cipriano, »aber der Grund dafür ist keine gute Lösung.«

Nachtaufnahmen von der Halbinsel Korea gehören zu den dramatischsten Bildern von der Erde, die aus dem Weltraum geschossen werden: Südkorea lodert so hell wie jedes andere entwickelte Land, und Seoul wie jede andere Großstadt. Doch gleich nördlich dieser gewaltigen Stadt beginnt an der entmilitarisierten Zone mit einem Mal völlige Dunkelheit, die sich dann über die gesamte Länge der nördlichen Halbinsel erstreckt, über das ganze so lange schon notleidende Nordkorea. Der Anblick einer derart plötzlichen Dunkelheit, Rücken an Rücken mit den üblichen grellen Lichterinseln eines Landes wie Südkorea, ist dramatisch, aber irgendwie auch reizvoll (wenngleich die Umstände, unter denen die Nordkoreaner diese Dunkelheit bewahren, wirklich niemandem zu wünschen sind). Natürlich sind auf Nachtaufnahmen aus dem Weltraum noch viele andere bevölkerungsreiche Regionen zu entdecken, die nach wie vor dunkel sind – große Landstriche im sub-saharischen Afrika zum Beispiel, oder große Flecken in Asien und Südamerika. Und es wäre natürlich falsch, wollte man deren Bewohnern das Geschenk von künstlichem Licht bei Nacht verweigern. Aber es geht auch anders: Inzwischen haben bereits einige weit abgelegen siedelnde Bevölkerungsgruppen von faszinierenden Beleuchtungsprojekten profitiert, beispielsweise von Solarlaternen. Und auch Cipriano hofft wie so viele andere, dass

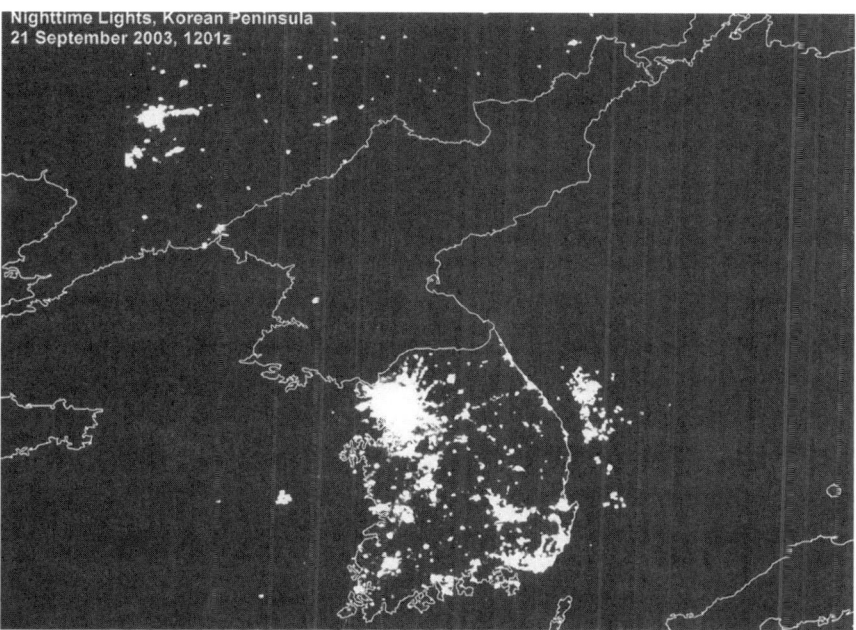

Die Koreanische Halbinsel bei Nacht: deutlich sichtbar der entwickelte Süden und der dunkle unterentwickelte Norden (© NASA, DMSP)

solche Regionen beleuchtet werden können, ohne denselben Preis dafür zahlen zu müssen wie wir im Westen. Das heißt, man hofft auf eine andere Art von Fortschritt – dass einerseits zwar mehr und mehr Bevölkerungen in den Genuss der Vorteile eines modernen Lebens kommen werden, andererseits die nächtliche Landkarte der Welt dabei insgesamt jedoch dunkler und dunkler wird.[7]

Man sollte wirklich kein üppiges Frühstück zu sich nehmen, bevor man die endlosen steilen Serpentinen zum *Gran Telescopio Canarias* hinauffährt. Ich fand das zu spät heraus und fühle mich die ganze Zeit über an eine Fahrt auf einer vergleichbaren Straße Richtung Mexico City erinnert: Ich war dreizehn und mit meinem Baseball-Team in einem Bus unterwegs gewesen, dessen große Plexiglasfenster sich nur im oberen Drittel öffnen ließen und dessen Fahrer für irgendwelche »seekranken« amerikanischen Teenager nicht anhalten wollte. Glücklicherweise entwickelt sich mein Unwohlsein heute nicht bis zu dem Punkt, an dem ich Cipriano hätte bitten müssen, den alten Mercedes am steilen Straßenrand zu parken. Endlich fahren wir aus dem üppigen Pinienwald in der unteren Bergregion in die Vulkanlandschaft hinein, in der das Observatorium steht.

Auf dem Roque de los Muchachos befindet sich eine ganze Ansiedlung von Sternwarten, darunter ein Solarteleskop (durch das die Oberfläche der Sonne wie sprudelnder Orangensaft aussieht), das Magic-Gammastrahlenteleskop, dessen Oval mich irgendwie an ein menschliches Auge erinnert (»Es *ist* ja auch ein Auge,« sagt Cipriano: ein Auge ins All), sowie diverse Spiegel- und optische Teleskope, die von Großbritannien, den Niederlanden, Spanien, Schweden, Dänemark, Deutschland, Japan und Italien (»Telescopio Nazionale Galileo«, steht auf dem Schild) betrieben werden. Die Zeiten, als Astronomen auf einem Hochstuhl sitzend direkt ins Okular ihrer Teleskope blickten, sind lange vorbei, und zwar *so* vorbei, dass Astronomen hier von der »klassischen Methode« sprechen, wenn sie meinen, dass einer von ihnen tatsächlich persönlich anwesend ist, um den Kosmos durch das Teleskop zu betrachten. Die meisten Beobachtungen (80 Prozent) werden von Astronomen gemacht, die in ihren heimischen Instituten vorm Computer sitzen. Sie brauchen sich bloß anzumelden, eine bestimmte Zeit zu buchen und die gewünschte Himmelsposition anzugeben, und schon kümmern sich die Leute in den Sternwarten um die entsprechende Ausrichtung des gewünschten Teleskops. Für mich sind diese Riesen deshalb kein bisschen weniger beeindruckend. Ich stehe unter ihnen und denke, das hier ist der Rand der Erde und dies hier sind ein Paar der besten Augen der Erde. Es gibt nur sehr wenige Orte und Teleskope auf unserem Planeten, von denen aus und mit denen wir weiter in den Weltraum blicken können als von hier aus mit dem GTC.

Wenn man unter dem GTC steht – Cipriano und ich dürfen diesen Dom betreten, weil er hier jeden kennt –, dann ist es, als stünde man unter dem Gewirr eines gewaltigen eisernen Fadenspiels, eines riesigen Spinnennetzes von unglaublichem Gewicht. Ich blicke in die mächtige silberne Kuppel hoch und stelle mir vor, wie fantastisch es sein muss, wenn man zusehen kann, wie sie sich langsam aufschiebt, das Universum zu entblößen beginnt und zur Umrahmung des Blicks aus dem schönsten Fenster wird, das ich mir vorstellen kann. Gewiss wird der Anblick des Weltalls durch dieses allmähliche Entblößen in dieser besonderen Umrahmung noch dramatischer, so wie der Blick durch die Buntglasfenster einer Kathedrale manchen glauben macht, einen Blick ins göttliche Jenseits zu erhaschen.

»Die Vision ist dieselbe«, sagt Cipriano, »eine Kathedrale, die den Menschen mit Gott verbindet. Manchmal sagen die Leute hier oben, dass sie sich wie in einem Kloster fühlen, weil es ein derart isolierter Ort ist und man hier Betrachtungen über den ›Himmel‹ anstellt.«

Unglücklicherweise kommt ausgerechnet heute Nacht – auch in den drei weiteren Nächten, die ich auf den Kanaren verbringen werde – kein einziger guter Zeitpunkt, um Betrachtungen über den Himmel anzustellen. Ein heftiger Sandsturm ist aufgekommen, die *Calima*, ein erdrückend heißer Wind aus der Sahara, ein »trockener Nebel«, der die ganzen Kanaren einhüllt. Als ich einen der Astronomen im Observatorium frage, ob er heute Nacht die Sterne beobachten wird, zieht er eine Grimasse: »Ah nein, das ist grässlich da draußen.«

Da kann man nichts machen. Es wird keine Vergleiche zwischen meinem eigenen Augenschein und dem Video aus dem Internet geben, auch keinen

Vergleich des weltberühmten Sternenhimmels über den Kanaren mit meiner Erinnerung an jene Nacht im nahen Marokko, in der ich die Sterne zuerst für wirbelnde Schneeflocken gehalten hatte, kein neuerliches Erlebnis mit dem Nachthimmel, das ich niemals vergessen werde. Cipriano, der vom Moment an, da wir uns am Flughafen getroffen hatten, ein so herzlicher und großzügiger Gastgeber war, ist sichtlich enttäuscht. »So ist es sonst nie«, sagt er. »Die Calima, zu dieser Jahreszeit? Sehr seltsam!«

Zuerst bin auch ich sehr enttäuscht. Ich hatte mich auf einen faszinierenden Nachthimmel gefreut. Doch so wie mir auf Sark oder am Mont-Mégantic das Unerwartete geboten wurde, hat Cipriano auch hier dafür gesorgt. Anstatt also Bilder eines atemberaubenden Sternenhimmels von den Kanaren nach Hause mitzubringen, kehre ich mit Bildern von einer Zukunft zurück, in der es dank des Einsatzes von Menschen wie Cipriano immer noch dunkle Flecken auf der Weltkarte geben wird. Ob es nun um Sternenlicht-Reservate, den Nachttourismus oder um irgendeine andere Idee geht, auf die er vielleicht noch nicht gekommen ist: Cipriano Marin tut alles, was in seiner Macht steht, um uns bewusst zu machen, dass wir ein Grundrecht auf Sternenlicht haben und – was letztlich noch wichtiger ist – auf dieses Recht Anspruch erheben müssen.

Dabei habe ich das Gefühl, dass er sich um sein eigenes Recht darauf längst nicht so große Gedanken macht wie auf das von anderen, insbesondere von Menschen, die noch gar nicht geboren wurden. Es sei zusehends schwieriger geworden, den Sternenhimmel zu beobachten, »unser gemeinsames universelles Erbe«, wie er sagt, »und irgendwann wird er für kommende Generationen etwas völlig Unbekanntes sein.« Ich werde die Sterne über den Kanaren bei diesem Besuch nicht sehen, aber ich könnte ja jederzeit, nächste Woche, nächsten Monat, nächstes Jahr zurückkehren, um sie mir anzusehen. Das ist mein Recht – und mir, uns, ist dieser Anblick ja auch *noch* möglich. Doch wenn wir heute nicht handeln, um den Sternenhimmel zu schützen und weitgehend wieder sichtbar zu machen, dann verwehren wir künftigen Generationen dieses »Grundrecht«, dann werden sie gar nicht mehr wissen, was sie entbehren.

»Das große Problem im Hinblick auf künftige Generationen ist, dass jemand, der die Grandeur des Himmels niemals kennengelernt hat, auch nicht in der Lage ist, sie zurückzufordern«, sagt Cipriano. »Und das ist, glaube ich, die entscheidendste Motivation für mich.«

Mit anderen Worten: »Ich liebe meinen Himmel. Das ist mein Problem.«

Eine Woche, nachdem ich unter der Kuppel eines der größten Spiegelteleskope der Welt stand, stehe ich im Museo Galileo in Florenz vor den beiden ältesten Teleskopen der Welt – den letzten beiden Gerätschaften von Galileo Galilei, konstruiert 1609 und 1610, die überlebt haben. Das längere von beiden ist hellbraun und fast bambusartig in seiner Erscheinung, das kürzere von einem warmgoldenen Dunkelbraun. Sie sehen beide sehr fragil aus, man meint, man könne sie einfach übers Knie brechen. Da ist es wohl gut, dass sie hinter einer so dicken Glaswand ausgestellt werden. Gemessen an heutigen Standards wirken sie wie Kinderspielzeuge, doch vor vierhundert Jahren waren sie der allerneueste Stand der Technik. Mit ihnen verbrachte Galilei seine Nächte in Padua, Pisa und Florenz mit der Betrachtung von etwas, das niemand sonst auf Erden sehen konnte. Der Astronom Tyler Nordgren sagte zu mir: »Vor vierhundert Jahren konnte jedermann in Florenz die Sterne sehen, aber nur Galilei hatte ein Teleskop. Heute besitzt jedermann ein Teleskop, aber niemand kann die Sterne sehen.«[8]

Ich betrachte mir Galileis Teleskope eine Weile und schlendere dann um die Ecke in den nächsten Saal – und bleibe wie angewurzelt stehen. Das hatte ich nicht erwartet. Ich stehe in einem dunklen, kühlen Raum voller Sternengloben aus dem 17., 18. und 19. Jahrhundert: lauter *globi celesti*, Himmelskugeln, viele davon riesig, zwischen einem und sogar zwei Metern Durchmessern, und alle aus einstmals lackiertem Holz, weshalb sie eine Skala von unterschiedlich stumpfen, stellenweise glänzenden Brauntönen aufweisen. Darauf zu erkennen sind – entsprechend dem besten Wissensstand damaliger Zeiten – die figürlichen Darstellungen der Sternbilder, mit denen sich die Menschen den Himmel erklärten. Und was für Darstellungen! Mein Blick fällt auf einen großen Globus von Vincenzo Coronelli aus dem Jahr 1693: ein riesiger Löwe, ein gigantischer Bär, eine große, sich windende Schlange. Wie es wohl war, beim Blick in die Sterne eine solche Menagerie von wilden Tieren über sich trampeln, kriechen, schwimmen und fliegen zu sehen? Im Gegensatz zu unserem flachen, ausgewaschenen Sternenhimmel war er damals noch dreidimensional. Jeder, der seinen Blick erhob, wurde in seine Tiefen eingesogen und konnte die muskulösen Geschöpfe mit den wundersamen Augen darin entdecken, die auf diesen Globen abgebildet sind. Man darf sie nicht berühren, darf sie nicht drehen und nicht mit dem Finger auf Suche gehen. Sie ruhen still und unbewegt – also muss man selbst in ihren Orbits kreisen.

Doch die Männer, die diese Globen anfertigten, hielten die Sterne ja tatsächlich noch für unbewegt ruhende, unveränderliche Erscheinungen in einem Himmel, der sich allnächtlich um die Erde drehte. Jetzt wissen wir es »besser«, aber mit diesem Wissen geht auch die Erkenntnis einher, wie viel wir verloren haben. Denn diese Globen zeigen einen Himmel, den die meisten von uns nie sehen werden. Andererseits stammen sie ja auch aus einer Welt, die es nicht mehr gibt und in der auch die abgebildeten Geschöpfe noch wesentlich zahlreicher gewesen waren.

Während ich durch den Saal schlendere, stelle ich mir Coronellis Ratlosigkeit und Verwirrung vor, würde er aus seiner Zeit in unsere katapultiert und gebeten, einen *globo celeste* von dem Himmel herzustellen, den er heute sähe. Vielleicht hätte er ihn grauschwarz-grau mit ein paar weißen Klecksen bemalt. Wären noch die alten Geschöpfe darauf zu finden, die riesigen Löwen und Tiger und Bären, die Vögel mit den weiten Schwingen und die großen Schlangen mit den grinsenden Gesichtern? Ich wette, nein. Die Zeit der einst samt- und pergamentbraun schimmernden Sternengloben mit den märchenhaften Kreaturen, die Zeit, in der man dem Himmel noch solche Karten ablesen konnte, ist vorbei. Er würde es nicht einmal versuchen.

Und was, wenn er einen kleineren, ebenso exquisit und mit atemberaubenden Details bemalten Globus von nur einem einzigen Himmelskörper anfertigen würde, einen *globo terrestre* diesmal, eine Kugel von der Nacht auf dem heutigen Planeten Erde? Dieser Globus ließe sich auch drehen, und jedes Mal, wenn man den Finger auf einen Punkt legt, entdeckte man ein winziges Detail – irgendwas wundersam Schönes, magische Beispiele der nächtlichen Flora und Fauna: die weiße Nachtblüte eines Saguarokaktus, die Federn eines Virginia-Uhus, das schief lächelnde Gesicht einer Fledermaus. Ich drehe weiter und halte den Globus mit dem Finger ganz oben im

Norden an, wo ich auch noch etwas zu sehen erhoffe: Dorthin hat er die schwarz-weißen Federn eines Eistauchers gemalt.

Lassen wir Coronelli noch einen Globus unseres irdischen Planeten für uns herstellen, diesmal einen, den er zu seiner Zeit noch gar nicht hätte anfertigen können, denn dazu hätte er sich von uns die heutige Technik borgen müssen. Und ihrer angesichts fragt sich der Venezianer natürlich, was ihm der Doge wohl für ein solches Exemplar gezahlt hätte – für einen Globus der nächtlichen Geräusche nämlich, den man nur irgendwo antippen muss, um die Nacht an diesem Ort hören zu können, das Lied der Zikaden, die Meeresbrandung, den Lockruf der Frösche. Diesen Globus muss man unbedingt im Dunkeln drehen, dieser nächtlichen Welt muss man mit geschlossenen Augen lauschen. Die Geografie von all den nächtlichen Geräuschen, die noch immer da draußen sind und nur darauf warten, dass wir sie wahrnehmen, kann man nur in echter Dunkelheit auf sich wirken lassen.

Nach Florenz bin ich gereist, um das Museum zu besuchen, aber ich hatte die Reise eigens so geplant, dass ich bei Vollmond vor Ort sein würde. Ich wollte unbedingt im Mondlicht durch diese wunderschöne Stadt laufen und mir vorstellen können, was Galilei sah. Nachdem ich mich mit Cipriano über die Weltkulturerbestätten und den Nachttourismus unterhalten hatte, wollte ich außerdem feststellen, wie gut Florenz – dessen historisches Zentrum 1982 zum Weltkulturerbe ernannt wurde – die Nacht präsentiert.

Die kurze Antwort darauf ist: gar nicht. Heute platzt die Stadt mit ihren 378 000 Einwohnern aus allen Nähten. Im Großraum Florenz leben sogar eineinhalb Millionen. Das ist keine kleine, in Dunkelheit gehüllte Stadt mehr, das ist eine in künstliches Licht getauchte Metropole. Besonders bedauernswert finde ich, dass die Laternen und anderen Außenbeleuchtungen sogar im historischen Zentrum ein so gleißendes Licht verbreiten dürfen wie in jeder anderen Stadt dieser Größe. Wenn ich nach unten blicke, um mir Notizen zu machen, kann ich vor lauter kleinen blauen Punkten, die mir vor Augen tanzen, kaum die Seiten meines Blocks erkennen. Die Tatsache, dass diese alte Stadt so schön ist – als ich den Dom erstmals mit eigenen Augen sah, kam mir ein lautes *Wow* über die Lippen –, und die Tatsache, dass sie zum Weltkulturerbe erklärt wurde, scheint sich kaum auf ihre nächtliche

Selbstdarstellung auszuwirken. Der Stimmung, die hier so leicht in der Nacht hergestellt werden könnte, wird bestenfalls oberflächlich Aufmerksamkeit geschenkt. Während ich an den alten Palazzi vorbei laufe und der Mond von dieser Lichterflut in die Bedeutungslosigkeit gedrängt wird, bedaure ich auf Schritt und Tritt, welch unglaubliche Gelegenheit hier verpasst wurde. Um wie vieles schöner es hier doch wäre, gäbe es dieses Strahlen nicht, diese blendenden grellen Lichter, dafür eine wohl durchdachte, umsichtig geplante Beleuchtung, die Laternen vielleicht sogar mit Kerzen bestückt, damit der Mond eine Chance hat. Wie schön wäre Florenz, dürfte wieder das Mondlicht auf die Renaissancepaläste fallen, auf all die alten Gemäuer und Innenhöfe, die herrlichen Piazzi und Gassen!

Tatsächlich stoße ich hie und da auf eine Straße, in der mich nichts blendet und die ich bis an ihr Ende sehen kann, eben weil sie so viel schöner und einladender beleuchtet wurde – dermaßen viel einladender, dass ich sofort denke: Das wird eines Tages die Norm sein. Eines Tages werden die Bewohner diese Art der Beleuchtung in der ganzen Stadt fordern. Eines Tages werden auch die Florentiner diese unnötigen grellen Lichter satthaben. Doch solange das nicht geschieht, wirkt Florenz, als bekämpfe es sich selbst. Die Behörden sollten zwei Lichtdesigner anheuern, einen, der über die Schönheit philosophiert, und einen, der über die Angst vorm Dunkeln nachdenkt. Denn »Sicherheit« dient auch hier den Politikern als Entschuldigung. Zur Sicherheit der vielen Touristen (von den eigenen Bürgern ganz zu schweigen) bräuchte man all dieses Licht. Doch in einer Stadt wie Florenz wirkt dieses Argument besonders dumm. Die Straßen sind voller Menschen. Selbst nach Mitternacht und vor allem an den Wochenenden sind sie bis tief in die Nacht voller bummelnder Pärchen und fröhlicher Grüppchen (wobei mehr amerikanische als italienische Wortfetzen an mein Ohr dringen). Fürchten wir uns derart vor der Dunkelheit, dass wir dieser Angst unsere Möglichkeit, eine solche menschengemachte architektonische Schönheit im sanften Laternenlicht sehen zu können, ebenso opfern wie die Möglichkeit, die Schönheiten des Mondes und der Sterne und der Dunkelheit zu genießen, an deren Schöpfungen der Mensch nicht beteiligt war?

Es ist nach Mitternacht, als ich zu meinem Hotel zurücklaufe. Mir fällt auf, wie oft man nach drinnen zurückkehrt, ohne die Schönheiten einer nächtlichen Stadt – hier so schön wie die Nacht selbst – wirklich wahrzunehmen. Vielleicht tun es hier noch die Carabinieri, die hoch zu Ross oder zu Fuß unterwegs sind, oder die Eisverkäuferinnen, wenn sie nach Hause radeln, nachdem sie einen ganzen Tag lang Amerikaner bedient haben. Mir fällt ein, dass in Belgien alljährlich eine »Nacht der Dunkelheit« und in Frankreich jeden Oktober ein *Jour de la Nuit* gefeiert wird, ein »Tag der Nacht«, an dem im ganzen Land Informationsveranstaltungen über die Lichtverschmutzung und den Energieverbrauch stattfinden, während fast alle Städte und Gemeinden in der anschließenden Nacht ihre öffentlichen Beleuchtungen abschalten und den vielen Menschen, die hinausgehen, um die Nacht zu feiern, freien Zugang zu Teleskopen bieten. Die Aktivisten, mit denen ich in Paris sprach, hofften sehr, dass sich diese Bewegung in ganz Europa durchsetzen wird.[9]

Mit diesen Gedanken kehre ich ins Hotel zurück und verlasse den Mond über der Stadt. Wie sähe er aus, ein solch gesamteuropäischer »Tag der Nacht«? Wie sähe es aus dem Weltraum aus, wie auf den Straßen, und wie hier in Florenz? Würde er etwas verändern?

Klasse 2

Landkarten des Möglichen

Wer sagt, er wolle etwas verschonen, weil es so schön sei,
der verschwendet nur seinen Atem und lädt Hohn und Spott auf sich.
Der Schönheitssinn – die Gabe, mit Hilfe des Auges, Ohres und der Phantasie
Genuss zu empfinden – ist ein ebenso wichtiger Faktor des menschlichen
Strebens nach Glück wie das leibliche Verlangen nach Essen und Trinken,
doch das war die Welt noch zu keiner Zeit zuzugeben bereit.

John C. Van Dyke (1901)[1]

Bevor ich mir die Nacht ausmale, die wir in unseren Heimatstädten immer noch erleben könnten, möchte ich noch einmal an den dunkelsten Ort zurückkehren, an dem ich bislang war. Von der nordöstlichen Ecke Nevadas hinauf ins östliche Oregon zieht sich eine der letzten großen Schneisen natürlicher Dunkelheit, die es noch in den Vereinigten Staaten gibt. Und genau hier, in den letzten Minuten der Dämmerung über der Black Rock Desert, bin ich gerade mit einem guten Freund und zwei Klappstühlen.

Ich war schon ein Mal hier. Da wanderte ich am ersten Abend vor Einbruch der Dunkelheit umher und bewunderte eine blutrote abnehmende Mondsichel knapp überm östlichen Horizont, aber am nächsten Abend kam eine seltsame Art von Wind auf, die mich irgendwie beunruhigte. Außerdem war ich damals nicht hierhergekommen, um nach der Dunkelheit Ausschau zu halten.

Die Fahrt von Reno über den Highway 55 am Pyramid Lake vorbei dauert knapp zwei Stunden. Wir passieren Gerlach, den letzten Ort vor der Wüste,

259

von da an schlängelt sich der Highway am Fuße der Berge entlang, rechterhand die Wüstenebene, und du fährst einfach irgendwo ab von der asphaltierten Straße und düst, eine lange Staubfahne hinter dir, durch diese endlose ebene Weite. Zuerst ist es etwas nervenaufreibend, einfach so draufloszufahren, ohne jeden Belag unter den Reifen, aber dann sieht man die Reifenspuren in allen Richtungen und ist etwas beruhigt, gewöhnt sich schnell daran, tritt bald ganz ungewohnt fest aufs Gaspedal und flitzt durch die flache Wüste, als probe man für den Werbespot einer Automarke.

Wo sollen wir Halt machen für die Nacht? Mein Freund und ich einigen uns darauf, bis halb neun durch die Wüste zu fahren und dann einfach anzuhalten, denn da wird nichts kommen, was eine Stelle von der anderen unterscheidet. Der Zufall wird es bestimmen. Die Ebene erstreckt sich in alle Himmelsrichtungen, so weit das Auge reicht nichts als die tönernen Farbschattierungen des Lehmbodens. Über der Bergkette im Osten bläht sich tiefblaue Nacht wie ein ferner Sandsturm auf, im Westen schwindet ein rosafarbener Flor. Man fühlt sich wirklich sehr fern von allem. Wir schalten unsere Handys ab, damit sie nicht die ganze Nacht nach einem Netz suchen, lassen uns in unsere Klappstühle fallen und warten auf den Anbruch der Nacht.

Nächsten Monat wird Sting hier am Burning-Man-Festival teilnehmen, das alljährlich Ende August stattfindet und Zehntausende von Partyverrückten anlockt, um dann traditionell mit dem Verbrennen einer überdimensionalen Holzstruktur zu enden.[2] Doch heute Nacht haben wir so weit das Auge reicht die Wüste ganz für uns. So müssen sich die Astronauten auf dem Mond gefühlt haben. Nur dass wir Shorts tragen und eine selbstleuchtende Frisbee-Scheibe dabei haben, und Bier (was sie, glaube ich, nicht hatten, aber da könnte ich mich auch irren).

Ich rücke meinen Klappstuhl mit Blick gen Westen, damit ich beobachten kann, wie sich die Erde von der Sonne weg wieder ins Dunkel dreht, als falle sie in die wartend geöffneten Arme des Alls zurück. Mit dem schwindenden Licht tauchen die ersten Sterne auf, und plötzlich wird mir bewusst – so wie man sich solcher Dinge manchmal unvermittelt klar wird –, dass die Sterne immer da sind, auch den ganzen Tag über, nur dass wir sie eben bloß nachts sehen können. In Isaac Asimovs Novelle *Nightfall* (1941) umkreisen sechs Sonnen die Welt, sodass es niemals dunkel wird. Als eine Finsternis aller Sonnen und somit erstmals totale Dunkelheit droht, geraten die Menschen in Panik. Apokalypse! Uns hier ist die Verheißung von Dunkelheit willkommen. Wir lehnen uns in unsere Klappstühle zurück und warten auf das, was sie uns enthüllen wird.[3]

Meteore! Das enthüllt sie uns. Die Astronomen sagen immer, der Maßstab für einen guten dunklen Himmel sei der Anblick einer tiefen Milchstraße im Firmament, für mich sind jedoch Sternschnuppen mit ihrem plötzlich aufleuchtenden und schnell wieder verlöschenden Licht das Maß aller Dinge. Eine gigantische Sternschnuppe mit einem langen, glitzernden Schweif jagt quer durch den Himmel, wir hören mitten im Satz zu reden auf und lachen. Zwei Freunde blicken gemeinsam ins Universum.

Keine Autos, keine Motorengeräusche, kein Wind, keine Vögel, kein Wasserrauschen, auch kein Fernseher, kein Radio. Es ist absolut still hier, diese Art von ewiger Stille, als hätte man eine Zeitreise tief in die Vergangenheit zurück gemacht. Nur hie und da fährt ein Zug ganz am südlichen Rand der Wüstenebene entlang, eine Schlange mit gelb leuchtenden Augen, aber in so großer Entfernung, dass kein Laut von ihr zu uns dringt und sie wie eine nächtliche Fata Morgana wirkt.

Nach Mitternacht, nachdem auch der letzte Hauch von Sonnenlicht verschwunden ist, laufen wir durch die dunkle Ebene, mein Freund in Richtung des Großen Wagens und ich auf die Milchstraße zu. Beide scheinen direkt den Wüstenboden zu berühren, gleich da drüben, als bräuchten wir einfach nur dorthin zu gehen, um einander dann unglaubliche Geschichten erzählen zu können. Direkt über uns erstrahlt dreidimensional das Sommerdreieck. Ich habe das Gefühl, nicht unter den Sternen, sondern durch sie hindurch zu laufen. Die Nacht ist so dunkel, dass es nicht mehr dunkel ist, weil die Augen sich angepasst haben und du dich von dem schwachen Sternenlicht auf dem lehmigen Wüstenboden leiten lassen kannst.

Wir machen ein Lagerfeuer. Wärme, Hitze, orangefarbenes Licht. Plötzlich wirkt die Ebene wie ein flacher Deckel über etwas, das gleich explodieren könnte. Unser Feuer brennt, als habe die Erde sich aufgetan und lasse Flammen tief aus ihrem Inneren hervorlodern. Wir blicken hinein, dann wieder hoch zu den Sternen: Feuer rund um uns herum. Abertausende Trillionen von Feuern und darunter der kleine Feuerstern, den wir selbst entfacht haben. Kein Gefühl für Zeit. Kein Mond. Wieder starren wir eine Weile ins Feuer und dann erneut nach oben, wenden den Blick vom einen Stern ab, um den nächsten zu entdecken. Als wir uns schließlich in unsere Schlafsäcke legen, hält uns der Schein dieser Glut über unseren Köpfen wach. Zum ersten Mal in diesem Jahr gehen die Plejaden im Osten auf, dann kündigt ein roter Streif am Rand der Erde die Rückkehr unseres eigenen gelben Sterns an.

Noch leben wir in einer Zeit, in der wir einen so dunklen Flecken wie die Black Rock Desert aufsuchen können. Doch wenn wir der Lichtverschmutzung nicht bald Einhalt gebieten, wird es nur noch wenige Jahrzehnte dauern, bis die Dunkelheit auch in solchen Regionen verschwunden ist. Erfreulicherweise gibt es Menschen, die sich unermüdlich und oft ehrenamtlich dafür einsetzen, dass sie uns erhalten bleiben. Hier möchte ich fünf von ihnen vorstellen, aus fünf verschiedenen Regionen dieser Welt, die auf unterschiedliche, aber gleichermaßen unerlässliche Weise für den Erhalt der Dunkelheit kämpfen.

Im *Weltatlas der künstlichen Helligkeit des Nachthimmels* erscheint die Black Rock Desert tiefschwarz – in der dunkelsten Kategorie. Doch man erkennt, dass sich das Licht aus Reno und den umgebenden Kommunen fast schon bis zu ihren Rändern vorgearbeitet hat. Tatsächlich könnte es inzwischen bereits über ihre Grenzen getreten sein, denn der Atlas beruht auf mittlerweile fünfzehn Jahre alten Daten. Trotzdem dürfte es wohl kein dramatischeres Porträt von der Ausbreitung der Lichtverschmutzung über die Welt geben als diesen italienischen Atlas von der nächtlichen Erde. Das Licht, das sich verbreitet und wellenförmig ausstrahlt wie die Kreise, die sich nach einem Steinwurf im Wasser fortsetzen, wird darin in einem farbkodierten System dargestellt, welches beweist, dass kaum noch ein Mensch in Westeuropa und Nordamerika eine Dunkelheit erleben kann, die der einer echten Nacht auch nur nahe käme. Dieser Atlas ist auch der Grund, weshalb ich gerade in einem alten Zug sitze, die Fenster geöffnet, draußen fliegt die Frühlingslandschaft vorbei, und nach Mantua in die Lombardei fahre. Die

Stadt liegt auf einer Landzunge, die in drei künstlich angelegte Seen hinausragt und seit dem Mittelalter Sitz eines der bedeutendsten Herzog- und Fürstengeschlechter Italiens war. 2008 wurde sie dank ihres wundervoll erhaltenen Stadtkerns und der herausragenden Architektur um die Piazza Sordello zum UNESCO-Weltkulturerbe ernannt. Außerdem ist es die Heimatstadt des Physikprofessors Fabio Falchi.

Ich bin Falchi noch nie begegnet und sehe ihn zum ersten Mal vor dem Bahnhof. Er lehnt lächelnd an seinem Volvo, wedelt zur Begrüßung mit einer Baseballkappe und hält mit der anderen Hand das Handy ans Ohr. Fabio, eine sportlich schlanke Gestalt in gebügeltem Hemd und Chinos, das schwarze Haar mit den silbernen Schläfen kurz geschoren, ist ein ungemein zuvorkommender, fröhlicher Mann. Er entschuldigt sich sofort seines schlechten Englischs wegen – er habe es mehr schlecht als recht nur in der Schule gelernt, hauptsächlich aber, als er als Teenager *Sky and Telescope* gelesen habe –, spricht es jedoch ausgezeichnet. Und während wir nun durch seine geliebte Stadt bummeln, erzählt er mir, warum er seine ganze Freizeit dem Schutz der Dunkelheit widmet.

»Damit habe ich angefangen, weil mir meine Eltern, da war ich fünf, ein kleines Spielzeugteleskop schenkten und ich zum ersten Mal den Mord sah. Der gefiel mir. Als ich in die vierte Klasse Gymnasium kam, schenkten sie mir ein besseres. Und da begann meine Leidenschaft für die Astronomie, und damit auch mein leidenschaftlicher Kampf gegen ihren Feind, die Lichtverschmutzung.«

Wir überqueren die Brücke über den Lago Superiore und Lago di Mezzo zur Altstadt.

»1988 schrieb ich an die bekannteste italienische Astronomiezeitschrift und fragte an, ob sie dort bereit wären, Unterschriften von ihren Lesern für eine Petition an das Parlament zu sammeln, damit es etwas gegen die Lichtverschmutzung unternimmt. Sie antworteten mir bedauernd, nein, denn diese Schlacht wäre von vornherein verloren. Doch heute, fünfundzwanzig Jahre später, haben wir seit bereits fünfzehn Jahren Gesetze gegen die Lichtverschmutzung.«

Ein Großteil dieses Erfolgs ist der Organisation *CieloBuio* (Dunkler Himmel) – deren Präsident Fabio ist – und ihrem Wirken in der Region Lombardei zu verdanken, in der rund zehn Millionen Menschen leben und deren Hauptstadt Mailand ist. Fabio sagt, sie sei eher »ein Kleinstaat«, denn hier werde ein hoher Anteil am italienischen Bruttoinlandsprodukt erwirtschaftet, nicht umsonst stünde die Region auf der Liste der größten Volkswirtschaften der Welt an siebzehnter Stelle.[4]

»Hier in unserer Provinz wurde der Lichtverschmutzung tatsächlich Einhalt geboten«, erzählt er. »Wir haben heute den gleichen Himmel wie vor dreizehn Jahren. Das ist natürlich eine gewaltige Verbesserung gegenüber früher, als wir fast jedes Jahrzehnt einen ums Doppelte verschlechterten Himmel hatten.« Maßgeblich ist jedoch, dass dieser Erfolg nicht deshalb zustande kam, weil man während dieser dreizehn Jahre keine neuen Gebäude errichtet oder keine neue Außenbeleuchtung eingerichtet hätte – im Gegenteil, die Lichtstärken und die Leistungskraft der neuen Beleuchtungen haben sich sogar derart erhöht, dass die gesamte Region inzwischen mit doppelt so vielen Lumen strahlt als noch vor einem Jahrzehnt. Doch dank CieloBuio und anderer Gruppen sind diese Strahlen heute fast alle nach unten gerichtet. »Ohne diesen Aktivismus hätten wir heute wieder einen doppelt so hellen Himmel wie vor zehn Jahren. Wir haben uns bei CieloBuio mächtig angestrengt, aber es hat sich gelohnt.«

Er weiß, dass diese Anstrengung von Dauer sein muss. »Manchmal fragen wir uns besorgt, was in den anderen Ländern geschehen wird, wo wir keine Möglichkeiten haben, uns einzusetzen und unsere Strategie zu erläutern. Unsere eigenen Politiker konnten wir davon überzeugen, dass sie handeln und Gesetze auf den Weg bringen müssen, und für den Moment funktioniert es. Aber wenn der Rest der Welt andere Wege geht, könnte es schwierig für uns werden, eine solche Insel zu bleiben. Außerdem sind wir nur wenige Leute, und damit haben wir natürlich das Problem, dass wir uns um alles gleichzeitig kümmern müssten. Aber ich habe in meiner Freizeit einen Job«, lacht er, »und mein Engagement gegen die Lichtverschmutzung, diese Arbeit tue ich umsonst. Meine Frau ist zwar ziemlich verständnisvoll, aber ich kann dem Ganzen nicht auf immer und ewig so viel Zeit schenken, ohne dabei auch etwas zu verdienen.«

»Allerdings ist es stärker als ich«, erklärt er. »Ich kann einfach nicht *nichts* tun.«

Wir bummeln weiter, ins Gespräch vertieft, vorbei an einer Kirche aus dem 11. Jahrhundert bis zu einer Piazza aus dem 14. Jahrhundert. Fabio deutet auf vier kleine schwarze Eisenringe, die aus der Decke eines Bogens zwischen zwei Häusern ragen. Ein mittelalterliches Folterinstrument, erklärt er mir: Vier Seile hingen herab, eines für jede Extremität des Gefangenen, dann wurde an ihnen gezogen. »Guantanamo«, sagt er. Ein paar Motorroller knattern an uns vorbei, Menschen schlendern durch die laue Abendluft nach Hause. Kirchenglocken läuten die Stunde, die Luft ist erfüllt von den Rufen der Schwalben auf ihrem erratischen Flug von und zu ihren Lehmnestern unter den Dachtraufen. »Der Frühling«, lächelt er. Gemächlich bummeln wir durch den immer dunkleren Abend bis zu einem seiner Lieblingsrestaurants auf einer Piazza.

»Als ich 1981 einen Artikel über die Lichtverschmutzung las, war ich echt erschrocken. Da war ich dreizehn. Seither habe ich über das Thema nachgedacht, und über die Frage, wie sie sich bekämpfen lässt. Und hier sind wir, dreißig Jahre später, und tun das immer noch. Ich denke ständig, wenn wir nicht in der Lage sind, dieses kleine Problem zu lösen – klein, im Verhältnis zu anderen Umweltproblemen –, dann, na ja, wenn wir das nicht lösen können, dann werden wir auch alle anderen nicht lösen können. Dann wird es die Natur für uns lösen. Und dann ist es der Mensch, der verlieren wird, nicht der Planet.«

»In Europa sind wir inzwischen an einem Punkt angelangt, an dem es keine dunklen Orte mehr in erreichbarer Nähe gibt. Und wenn auch die Vereinigten Staaten jetzt nicht aktiv werden, oder wenn sie den falschen Weg einschlagen, dann wird es nur noch eine Frage der Zeit sein. Die Lichtverschmutzung breitet sich schnell aus, aber eben nicht schnell genug, um die Leute zu überzeugen, dass sofortiges Handeln gefragt ist. Es geht schnell, schon innerhalb einer Generation sieht man einen großen Unterschied. Doch von einem Jahr zum nächsten verändert sich nicht viel, und wer heute geboren wird, der ist an diesen Himmel gewöhnt und weiß nicht, was ihm schon verloren ging. Die Alten erinnern sich noch an Zeiten, als es einen guten Himmel gab. Das ist ein absurdes Dilemma – es geht schnell, aber nicht schnell genug, oder andersherum gedacht: nicht langsam genug.«

Wir machen uns einfach nicht bewusst, was uns fehlt. Unsere Kinder wachsen auf, ohne einen Begriff vom Universum zu haben. Sie wachsen auf, ohne je die Milchstraße zu sehen, oder einen makellosen Himmel. Und das sind Dinge, die man gesehen haben muss, so wie Venedig oder den Grand Canyon, Dinge, die deine Seele und dein Herz berühren.«

Ich möchte noch etwas anderes erwähnen, das deine Seele und dein Herz berühren kann, nämlich ein Abendessen draußen auf einer uralten italienischen Piazza. Fabio deutet in Richtung Küche, die hinter einem Gewölbebogen untergebracht ist, und lächelt: »Das Haus ist aus dem 12. Jahrhundert, also rund neunhundert Jahre alt.« Das Restaurant nennt sich Grifone Bianco, zum Weißen Gänsegeier. Auf der Speisekarte ist er abgebildet, weil er das Wappentier der Familie war, der das Gebäude in der Renaissance gehört hatte. Es liegt an der Piazza Erbe und hat ein Dutzend Tische im Freien gedeckt. Am mittelalterlichen *Torre dell'Orologio* gegenüber ist eine astronomische Uhr aus dem 16. Jahrhundert eingemauert. Um acht sind wir zwar nicht die ersten Abendgäste, können aber noch unsere Wahl unter mehreren freien Tischen treffen. Fabio liebt gutes Essen ebenso wie ich, weshalb der Entscheidung, wo wir am Abend hingegen wollten, denn auch ein längeres Gespräch vorausgegangen war. Ich wollte vor allem die lokalen Pasta-Spezialitäten kennenlernen, alles Weitere überließ ich ihm. Als wir uns an den Tisch setzen, finde ich seine Wahl perfekt, nicht nur wegen der Speisekarte.
Man kann nicht behaupten, dass die Astronomie oder selbst der schönste Sternenhimmel die einzigen Gründe für den Schutz der Nacht wären. Auch Pasta mit Freunden in einer schönen nächtlichen Umgebung ist ein echt guter Grund. Wir beginnen mit Rotwein zu einer Platte hauchdünn geschnittenem Prosciutto und Speck mit süß eingelegten Zwiebeln, und natürlich reden wir dabei weiter über Fabios Arbeit. »Es ist eine Win-Win-Sache«, sagt er. »Wenn wir die Lichtverschmutzung bekämpfen, dann geht nicht nur die Verschmutzung zurück, dann verringert sich auch der Energieverbrauch und du musst weniger für Strom und weniger Steuern bezahlen.« Fabio hätte auch noch den Blauen Engel oder andere Umweltsiegel anführen können. Aber darum geht es gar nicht, der Punkt ist vielmehr: Je mehr man über Lichtverschmutzung weiß, desto deutlicher sieht man, dass bei einer Lösung dieses Problems jeder nur gewinnen kann – das Ganze ist

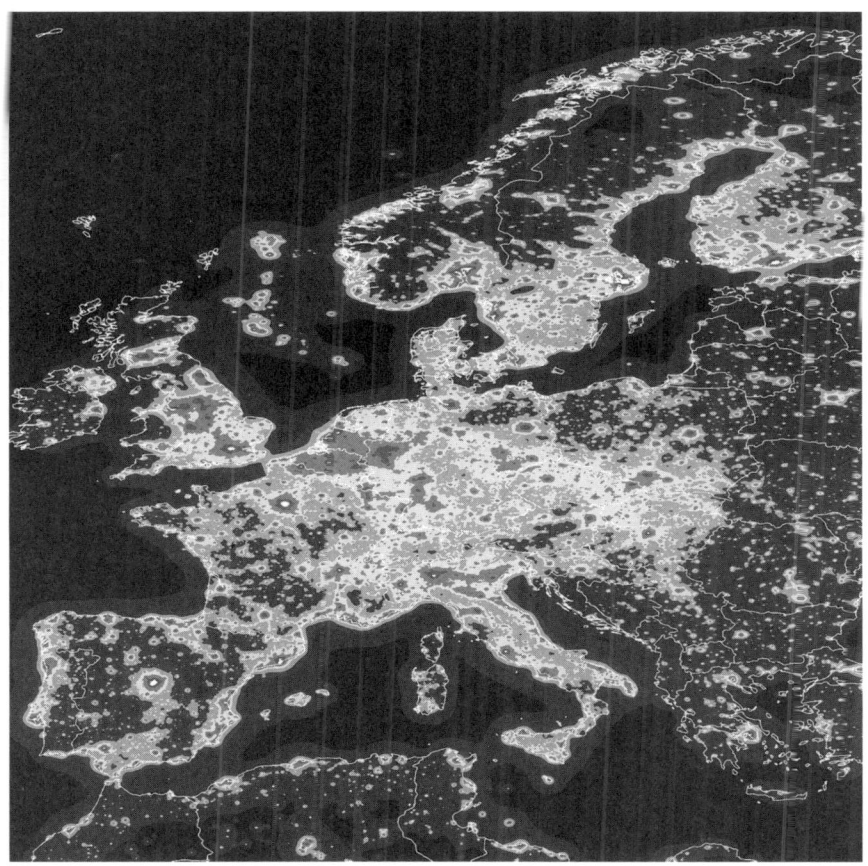

Die Verteilung der Lichtverschmutzung über Europa ca. 1996, abgebildet im *Atlante Mondiale della brillanza artificiale del cielo notturno* (P. Cinzano, F. Falchi [Universität Padua], C. D. Elvidge [NOAA National Geophysical Data Center, Boulder]. © Royal Astronomical Society. Abbildung aus den *Monthly Notices of the RAS* mit freundlicher Genehmigung von Blackwell Science)

vantaggiosa per tutti, wie die Italiener sagen. Natürlich steht man dabei vor Herausforderungen. Fabio meint, seine Gegner, womit er primär von den Stromversorgern spricht, »lassen sich so schnell nicht unterkriegen, die finden einfach andere Mittel und Wege, um die Dinge unreguliert so weiterlaufen lassen zu können«. Doch die größte Hürde, die jemandem wie Fabio oder einer Organisation wie CieloBuio oder schlicht jedem im Weg steht, der sich für die Dunkelheit einsetzt, ist das öffentliche Bewusstsein: das

Dunkelheitsbewusstsein, das Lichtverschmutzungsbewusstsein. So empfand es der Lichtdesigner Rubin Naiman in Paris, so empfand es IDA-Gründer David Crawford, so empfinden es Fabio Falchi und CieloBuilo in Italien und so empfand es auch ein Aktivist, den ich in Paris fragte, ob sich die Franzosen der Lichtverschmutzung bewusster seien, da sie ja die Stadt des Licht ihr Eigen nennen, und er darauf antwortete: »Nicht mehr und nicht weniger als andere.«

»Und was können wir machen, *wenn* wir uns ihrer bewusst sind?«, frage ich Fabio.

»Man kann auf viele Weisen aktiv werden. Das hängt ganz davon ab, wie viel Zeit und Energie du dafür aufbringen willst. Wenn du irgendwo lebst, wo es schon entsprechende Gesetze gibt, kannst du dich mit deiner Kommunalverwaltung in Verbindung setzen und sagen: Die XY-Straße ist zu grell beleuchtet, da muss etwas getan werden. Von unserer Website kann man sich Beschwerdevordrucke herunterladen. Du musst nur noch deine Adresse einsetzen und unterschreiben, das ist alles. So funktioniert es in drei Vierteln von Italien. Im Veneto, der Region östlich der Lombardei, gibt es ein Netzwerk von Astronomen, das sich VenetoStellato nennt und seit 2009 rund viertausend Briefe an Kommunen mit der Forderung geschickt hat, wegen irgend einer bestimmten Lichtanlange aktiv zu werden. Das funktioniert. Wo es noch keine entsprechenden Gesetze gibt, muss man sich eben mit Politikern kurzschließen, die die Sache unterstützen.«

»Man muss dazu aber fachlich sehr auf der Höhe sein, du musst wirklich auf jeden ihrer Einwände eine Antwort parat haben. Du musst dein Geschäft verstehen, dann wirst du auch Erfolg haben. Man kann nicht einfach hingehen und sagen, sie sollen den Himmel schützen, weil er so schön ist. So funktioniert das nicht.«

Als er das sagt, schmunzelt Fabio. Vielleicht amüsiert ihn die Vorstellung, dass man einen Politiker von etwas überzeugen könnte, nur weil es schön ist, vielleicht ist er auch nur hocherfreut vom Anblick des Kellners im schwarzen Jackett mit schwarzer Fliege und langer, weißer Schürze, der gerade den ersten Pasta-Gang aufträgt.

Ein Akkordeon untermalt im Hintergrund das mehrsprachige Gemurmel und leise Klappern von Silberbesteck auf Keramiktellern an den anderen

Tischen. Ein kleiner weißer Hund stolziert vorbei, bellt etwas an, das nicht da ist, zeigt aber stolz, dass er Herr der Lage ist. Wir halten inne bei unserem Gespräch, als das letzte Tageslicht hinter den alten Gemäuern schwindet, der perfekte Moment, so perfekt wie dieses Abendessen zur Begleitung der anbrechenden Nacht und Dunkelheit.

Leider ist es auch der Moment, in dem Flutlichter den *Torre dell'Orologio* und die Piazza erhellen, darunter mit einem Strahler, der direkt auf die gelben Sonnenschirme des Restaurants gerichtet ist. Als der Kellner zurückkehrt, um das Maß unseres hingerissenen Staunens zu erforschen – denke ich mal, denn ich verstehe ja nur *grazie* und *prego* und *si* aus seinem Gespräch mit Falchi –, deutet Fabio über seine linke Schulter auf den Scheinwerfer und fragt, nehme ich an, was das soll. Der Kellner seufzt und hebt offenbar zu langwierigen Erklärungen an, auf die Fabio mit Nicken und weiteren Fragen reagiert. Als der Kellner geht, erklärt Fabio: »Noch vergangenes Jahr hat es diese Lichterflut nicht gegeben – aber offenbar war ich der erste, der sich deshalb beschwert hat.« Er lacht: »Der Kellner meinte, dass es zu dunkel gewesen sei, um hier draußen zu essen, deshalb finden sie es gut. Na ja, vielleicht wird sich ja noch jemand anderes beschweren.«

Fabio weiß, dass sich eher jemand beschweren wird, weil es ihm immer noch nicht hell genug ist, und dass deshalb künftig wahrscheinlich eher mehr Licht als mehr Dunkelheit hier Einzug halten wird. Teil des Problems sei, sagt er, dass die Politiker sich immer nur dann von etwas überzeugen lassen, wenn sie sich davon mehr Wählerstimmen versprechen. Vergiss das Argument Schönheit: »Es ist erwiesen, dass Politiker eher wiedergewählt werden, wenn sie etwas für alle Wahrnehmbares tun, und was wäre wahrnehmbarer als mehr Licht! Die Leute wollen mehr Licht, und sie geben es ihnen.« Trotzdem versucht Fabio die Stadtverwaltung von Mantua zu bewegen, nach Mitternacht die Bestrahlung ihrer Baudenkmäler – wie hier die des Uhrenturms – auszuschalten. Ich erzähle ihm von meinem Besuch in Florenz und meinem Eindruck, dass die Stadt nachts so viel schöner sein könnte, wäre sie weniger hell beleuchtet und würde man dort nicht wie in so vielen anderen ansonsten schönen Städten Tausende, wenn nicht Millionen für ihr Tageskleid ausgeben, ihr Nachtgewand dabei aber völlig vergessen.

»Bei der letzten Earth Hour«, erzählt Falchi, »haben sie die Strahler auf den Turm von Pisa und die Piazza di Miracoli ausgeschaltet. Es gibt Fotos von der Piazza ohne Licht – fantastisch, nur die Sterne! Es wäre wirklich toll, würde ein ganzes Netz von Städten mit solchen grandiosen Plätzen mitmachen und damit zu einem ganz neuen Blick auf ihre Baudenkmäler anregen.«

»So wie früher, nur im Mondlicht oder unterm Sternenhimmel?«, frage ich.

»Oder in einem sehr warmen Licht, dem von Fackeln vielleicht, anstatt in diesem grellweißen, fast schon blauen Schein.«

Dieser Gedanke ist auch mir auf meiner Reise in die Nacht immer wieder gekommen. Wäre es nicht faszinierend, alte Gebäude, Türme, Brücken und dergleichen nur vom Mondlicht beschienen zu sehen, oder vom Sternenhimmel, oder zumindest nur von Fackeln? Allerdings kämen die Szenerien nicht einmal dann der Stimmung gleich, die in vorindustriellen Zeiten geherrscht hatte, denn es würde ja immer noch das Himmelsleuchten aus den Regionen über den Städten liegen. Trotzdem wären sie natürlich schon sehr viel ansprechender.

»Ich werde es hier auf jeden Fall versuchen«, sagt Fabio. »Wenn es mir gelingt, dass sie die Lichter einmal probeweise nach Mitternacht ausmachen, dann würde jeder den Unterschied sehen, und vielleicht könnte das zu einem Schlüsselerlebnis werden, denn es hat ja seit fünfzig Jahren niemand diese Bauten in der Dunkelheit gesehen.«

»Die Menschen wissen gar nicht, was ihnen entgeht«, sage ich.

»Aber die meisten verstehen worum es geht, und stimmen dir zu, wenn du es ihnen besser erklärst. Nicht alle, aber die meisten. Man beginnt den Wert der Dunkelheit schon zu erkennen. Bisher hat man immer versucht, die Nacht wie einen Dämon auszutreiben – was mir natürlich gar nicht in den Sinn käme, denn ich liebe die Nacht ja. Aber für viele Leute steht Dunkelheit für die dunkle Seite des Lebens. Und vor der haben sie Angst.«

Auf unserem abendlichen Bummel waren wir an ein paar neuartigen Straßenlaternen vorbeigekommen, die irgendwie anders aussehen, ohne dass man recht weiß, wieso, Sie haben zwar die Form alter Kutscherlampen, also vier rechteckige Seiten, jedoch kein Schutzglas und, äh, keine Leuchtmittel. Das heißt, sie haben natürlich welche (die Italiener sind wirklich kreativ, aber lampenlose Lampen haben nicht einmal sie bisher zuwege gebracht), doch die sind völlig unsichtbar im abgeschirmten oberen Teil der Laternen untergebracht. Das Ergebnis der fehlenden Reflexion durch das entfernte Schutzglas und dieser unsichtbar angebrachten Lampen ist eine bedeutend geringere Lichtverschmutzung der Umwelt. Es sind solche Modelle von voll abgeschirmten Lampen, die Fabio und seine Mitstreiter bald überall auf den Straßen zu sehen hoffen.

Lange ging man davon aus, man bräuchte mit der guten Abschirmung einer Lampe nur zu verhindern, dass ihr Lichtstrahl senkrecht nach oben schießt, um dem Himmelsleuchten ein Ende zu setzen. Natürlich trägt diese Maßnahme dazu bei, aber sie genügt eben nicht. Vor allem da wir in den letzten paar Jahren herausgefunden haben, dass der schlimmste Übeltäter gar nicht das Licht ist, das senkrecht in den Himmel abstrahlt, sondern vielmehr der Schein, der von einer Leuchte in einem niedrigen Winkel über der Horizontallinie gestreut wird. Denn ein Licht, das in so niedrigen Winkeln abgestrahlt wird, wird von den Aerosolen und winzigen Wassertröpfchen in unserer Atmosphäre in höheren Maßen gestreut und reflektiert als ein Licht, das senkrecht in den Himmel abstrahlt. Aus diesem Grund werden Lichtstrahlen, die aus niedrigen Winkeln in geringer Höhe abgehen, über weite Entfernungen gestreut und tragen sogar zum Himmelsleuchten in ländlichen Regionen bei, die weit von der ursprünglichen Lichtquelle entfernt sind, wohingegen ein Licht, das direkt in den Himmel abstrahlt, Himmelsleuchten in unmittelbarer Nähe von der Lichtquelle verursacht. Die meisten Straßenlaternen sind schüssel- oder vasenförmig, und Licht aus solchen Formen streut auch aus niedrigen Winkeln kreuz und quer in alle Richtungen – und in deine Augen. Voll abgeschirmte Lampenmodelle gibt es in den unterschiedlichsten Designs – viele, wie in Mantua, auch in althergebrachten Formen –, aber sie alle haben ein bestimmtes Merkmal: Sofern man nicht direkt unter ihnen steht und direkt nach oben in sie hineinblickt, kann man kein Leuchtmittel sehen.

Ich frage Falchi, ob er glaubt, dass sich die Lichtverschmutzung ausreichend kontrollieren lassen wird, um uns überall den Sternenhimmel zurückzugeben.

»Na ja, nicht überall. Aber ich glaube, wenn man unsere technischen Vorgaben überall akzeptieren würde, dann könnten wir selbst hier in Europa in höchstens einer Fahrtstunde Entfernung von jedem bewohnten Gebiet wieder Regionen erreichen, aus denen man einen sehr schönen Sternenhimmel sehen würde. Von hier, wo ich lebe, ist man nach einer Stunde Autofahrt in den Bergen, aber selbst da haben wir einen Himmel, der zwei- bis drei Mal heller ist als der natürliche. Folglich haben wir die unberührte Schönheit unseres Nachthimmels verloren. Doch wenn wir wirklich hart dafür arbeiten und uns mehr oder weniger überall durchsetzen, dann bräuchten wir vielleicht nur noch fünfzig Kilometer aus einer Großstadt herauszufahren und hätten bereits einen sehr, sehr guten Himmel.«

Damit hat er den wirklich aufregenden Teil der Frage angesprochen, was wir gegen die Lichtverschmutzung unternehmen können. Denn es geht dabei ja nicht nur darum, welche konkreten Aktionen nötig sind, es geht auch um die Frage, was eigentlich überhaupt noch möglich ist.

Beim Dessert erzählt Fabio, dass er einen neuen Weltatlas erstellen möchte, diesmal einen von der Erde, wie sie wieder aussehen *könnte,* und zwar mithilfe eines computersimulierten Leuchtens, welches von den Städten und bewohnten Regionen noch ausgestrahlt *würde,* wenn man überall voll abgeschirmte Lampen verwenden *würde.* Er will uns die mögliche Zukunft weisen, mit einem Atlas, der uns aufzeigt, was wir erreichen könnten, eine Landkarte des Möglichen, ein Atlas von unserer Erde in der Nacht, die wir uns zurückerobern könnten.

Es ist Dienstagabend und ich bin in einer Stadt namens Wimbourne im Südwesten von England auf einem Treffen des örtlichen Astronomie-Clubs (wo ich zum ersten Mal Sterne als *chaps,* »Burschen«, bezeichnet höre – so wie in: *these chaps here in Orion's belt …*«). In meinen Händen halte ich eine Karte, wie ich noch keine gesehen habe. Es ist eine Straßenkarte der altmodischen Art, x-fach gefaltet, so wie man sie sich früher für eine Rucksacktour über die Britischen Inseln gekauft hätte. Nur dass *Phillip's Dark Skies Map* eine Straßenkarte für Astronomen – oder für jeden Interessierten – ist, der einen sehr guten Ort sucht, um in die Sterne gucken zu können. Kurzum, es ist eine Landkarte, die dich durch die Lichtverschmutzung hindurch zu guten Plätzen lotst, informativ überlagert von den entsprechenden Abschnitten aus Falchis »Weltatlas der künstlichen Helligkeit des Nachthimmels«. Sie erinnert mich an den Ausspruch von Pierre Brunet (von der französischen *Association Nationale pour la Protection du Ciel et l'Environnement Nocturnes,* ANPCEN): »Ich sage immer, das entscheidende Beobachtungsinstrument des Amateurastronomen ist nicht das Teleskop, sondern das Auto« – eben weil praktisch niemand mehr einen guten Sternenhimmel dort findet, wo er wohnt. Man muss ins Auto steigen, sich *Phillip's Dark Skies Map* greifen und losfahren.

Nach Wimbourne bin ich auf Einladung von Bob Mizon gekommen, dem Koordinator der *British Astronomical Association's Campaign for Dark Skies,* den ich in London kennengelernt hatte. »Der Trend ist gut«, sagt er. »Mehr und mehr Stadträte denken über die Lichtverschmutzung nach, und mehr und mehr Menschen wissen über die Probleme Bescheid, die sie mit Licht verursachen. Vor ein paar Jahren stellte ich hocherfreut fest, dass der Begriff ›Lichtverschmutzung‹ inzwischen im Wörterbuch steht. Zwanzig Jahre früher hätte ihn kein Mensch verstanden.«

»Weil?«

»Weil er etwas war, über das sich niemand Gedanken machte, da jeder mit schlechtem Licht aufwuchs und das für normal hielt. Und wenn man den Leuten erklärte, dass auch zu viel Licht eine Art von Verschmutzung ist, dachten sie, wieso das denn, ist doch bloß Licht, das schadet doch niemandem, ist doch was Gutes, hilft uns doch. Licht gut, Dunkel schlecht. So steht's schon in der Bibel.«

Bob Mizons gute Laune übertüncht die Tatsache, dass jeder, der sich für eine Reduktion der Lichtverschmutzung einsetzt, gegen die gleichen Einwände prallt und nur allzu oft gegen Apathie und Ignoranz anzukämpfen hat. Der Begriff mag ja inzwischen Eingang in die Wörterbücher gefunden haben, aber das entscheidende kollektive Bewusstsein hat er noch nicht erreicht.

»Was mich am meisten hoffen lässt, ist die Energiekrise«, erklärt er. »Wir wissen, dass Energie immer teurer werden wird. Und sobald abzusehen ist, dass das Öl zur Neige geht, werden wir schlicht gezwungen sein, andere Formen von Energie zu nutzen, und die Menschen werden plötzlich sehr viel umsichtiger mit ihrem Verbrauch umgehen, als sie es bis dahin gewohnt waren. Im Moment ist das den meisten Leuten noch völlig egal. Sie löschen keine unnötigen Lampen, sie stellen ihre Heizungen nicht ein oder zwei Grad niedriger. Wenn sie irgendwo Wasserverschwendung sehen, sind sie oft bereit, etwas dagegen zu unternehmen. Aber wenn sie die Straßen entlanglaufen und überall nur grelles Licht sehen, ist ihnen das schlicht egal. Erst wenn du deine Stromrechnung bekommst und da fünfhundert Pfund draufstehen, denkst du dir: Scheiße, dagegen muss ich was tun.«

Schätzungen nach verschwendet die Europäische Union alljährlich rund 1,7 Milliarden Euro für überflüssige Außenbeleuchtungen. In den Vereinigten Staaten liegt diese Zahl bei vergleichbaren 2,2 Milliarden Dollar. Im Gegensatz zu unseren Ausgaben für Heizöl oder Benzin sind das keine hohen Summen, aber es gibt überhaupt keinen Grund, sie auszugeben – sie sind reine Verschwendung in Form von Lichtverschmutzung. Und nicht nur das, es gibt ja auch noch die kleine Nebensächlichkeit von billiger – künstlich billig gehaltener – Energie, deren Kosten in keinster Weise dem wahren Preis entsprechen, den sie von der menschlichen und ökologischen Gesundheit fordert. Bob geht es auch darum, hier das Bewusstsein zu ändern.

Tatsächlich verändert es sich bereits. Vielen macht zum Beispiel der zunehmende Einsatz von LEDs große Sorgen (»dieser Tsunami«, wie Fabio Falchi den Hype um sie nennt), weil wir weder ihre Pros noch ihre Kontras, weder ihren Nutzen noch ihre Gefahren bereits verstanden haben.[5] Ungeachtet dessen haben mir inzwischen diverse Fachleute erklärt, dass wir unsere Welt künftig anders beleuchten werden, vielleicht sogar auf eine radikal andere Weise als noch heute. Mir fällt kein einziger Gesprächspartner ein, der das für eine schlechte Idee gehalten hätte. Denn wer sich ernsthaft über Licht und Dunkel Gedanken macht, der kann mit dem gegenwärtigen Stand der Dinge nicht glücklich sein. Die Frage ist nur, ob wir bereit sein werden, uns selbst zu verändern. Oder werden wir den einmal beschrittenen Weg immer weitergehen, werden wir weiterhin alljährlich das Strahlen unserer Erde steigern? Überall, mit der seltenen Ausnahme von einigen wenigen Regionen wie der Lombardei, die den Deckel draufhalten? Oder werden wir wundersamerweise wirklich beginnen, anders mit Licht umzugehen? Werden wir vielleicht sogar die Dunkelheit zu schätzen lernen?

Mizon erzählt zwei Geschichten aus seiner Kindheit in London, die beweisen, dass die Gesellschaft den Gang der Dinge ändern *kann*. Er erinnert sich an den Smog »dick wie Erbensuppe«, der in den fünfziger Jahren über der Stadt gelegen hatte (»Ich weiß noch, wie scheußlich der war, so muss es aussehen, wenn man Hunderte Zigaretten auf ein Mal raucht, und wir fanden das auch noch lustig!«). Und er erinnert sich auch noch sehr gut an den damaligen Zustand der Themse.

»Die Themse ist eine große Erfolgsstory. Als ich ein Junge war, pflegte die Polizei in die Schule zu kommen und uns vor dem Fluss zu warnen. Kommt der Themse nicht zu nahe, sie ist giftig. Ihr dürft niemals Wasser aus dem Fluss trinken. Passt auf, dass ihr das Wasser nicht an die Hände kriegt, denn wenn ihr dann mit den Fingern an den Mund kommt, werdet ihr vergiftet. Und das war absolut wahr, der Fluss war ein träger schwarzer Siff. Aber dann kam ein Gesetz und die Leute durften ihre Abwässer nicht mehr hineinpumpen – denn seit viktorianischen Zeiten floss die Jauche aus den Toiletten ja einfach direkt in die Themse, und das stank schrecklich. Nach der Verabschiedung des Gesetzes wurde der Fluss sofort viel sauberer, und heute, fünfzig Jahre später, leben wieder hundertzwanzig verschiedene Fischarten in der Themse. Heute ist sie ein lebendiger, gedeihlicher Fluss. Nur ein klitzekleines Gesetz, und so ein riesiger Unterschied! Und genau davon sprechen wir auch im Bezug auf die Lichtverschmutzung. Wir fordern keine gewaltigen, drakonischen Gesetzesänderungen. Nur ein klitzekleines Gesetz, das zur Planung mit der richtigen Beleuchtung zwingt, und schon ist das Problem gelöst.«

Mit »Planung« meint Bob vor allem die Entwicklung eines Kodex. »Das wird die langfristige Lösung der Lichtverschmutzung in diesem Land sein. Denn wenn es um eine neue Erschließung geht – welcher Art auch immer: Industrie- oder Wohnungsbau –, muss erst einmal alles von den lokalen Behörden genehmigt werden und das entsprechende Planungssystem durchlaufen, und da gibt es bestimmte Auflagen, die eingehalten werden müssen. Alles, was wir wollen, ist schlicht und einfach, dass diese Auflagen auch die Beleuchtung einbeziehen – dass sämtliche Außenbeleuchtungen nur auf die Flächen gerichtet sein dürfen, die beleuchtet werden sollen. Job erledigt.«

Nur auf genau die Flächen, die eigentlich beleuchtet werden sollen – nicht in den Himmel, nicht auf das Nachbargrundstück, nicht auf die Straße. Ist das wirklich zu viel verlangt?

»Wenn du das erst einmal geschafft hast, dann wird sich das Problem im Laufe der Jahre wegmendeln. Die Leute werden nicht das Gefühl haben, dass man ihnen etwas aufzwingt, sie werden bloß denken, dass sie einer vernünftigen Norm gehorchen. Also bring dein Licht richtig an, bitte, und jeder wird glücklich sein. Das ist nicht dasselbe wie jemandem anzuschnauzen: Dein Licht ist beschissen, ändere es gefälligst.«

Bob Mizon tut wirklich alles, was er im Moment tun kann, aber er ist auch Realist. »Es wäre schön, könnte man mit dem Zauberstab wedeln und mit einem Mal sind wieder alle Sterne im Himmel zu sehen. Aber mir ist klar, dass das ein langfristiger evolutionärer Prozess ist. Wir reden hier vom Nachthimmel in vielleicht fünfzig Jahren, wenn wir längst schon tot sind. Es ist die Arbeit trotzdem wert. Denn wenn mein heute neunzehnjähriger Sohn über dem Ort, in dem er im Jahr 2060 leben wird, einen guten Nachthimmel sehen können wird, dann ist alles erreicht. Man muss Geduld haben und ein bisschen altruistisch sein. Wir tun es für künftige Generationen, nicht für uns selbst.«

Nach dem Treffen fahren ein halbes Dutzend Amateurastronomen auf ein warmes Bier (zu Bobs gespieltem Entsetzen bestelle ich ein kaltes) und *crisps* den Hügel hinauf zu einem Pub. Bevor wir hineingehen, bleiben wir einen Moment auf dem dunklen Parkplatz stehen und blicken auf Wimbourne (15 000 Einwohner) hinunter. Vor fünf Jahren hatte Mizon den Stadtrat davon überzeugt, die grellen Straßenlaternen gegen voll abgeschirmte Lampen auszutauschen – der Effekt ist aufsehenerregend. Auf dem Weg zum Auto nach dem Treffen, oder auf der Fahrt zum Pub, war mir nichts Ungewöhnliches aufgefallen – wir sind ganz sicher nicht »durch mittelalterliche Dunkelheit gestolpert«, wie Bob sagte. Wir hatten eine Menge Licht. Doch nun, während ich auf die Stadt herabblicke, sehe ich nicht, wo genau sie endet und die Dunkelheit des Umlands beginnt.

Dass ein ganzer Ort wie Wimbourne – geschweige denn eine ganze Stadt wie Paris – mit einem neuen Lichtdesign solche Effekte erreichen kann, ist vielerorts der Arbeit von Roger Narboni zu verdanken, dem Mann, der so eng mit François Jousse bei der Neugestaltung der Beleuchtung von Notre-Dame zusammengearbeitet hat. Narboni gründete seine *Agentur Concepto* im März 1988, als die Welt des Lichtdesigns noch in ihrem frühen Mittelalter versunken gewesen war und die Wahrzeichen von Paris noch ohne jeden Feinsinn, und ohne auch nur einen Gedanken an ihre unmittelbare Umgebung zu verschwenden, von stromverschlingenden Spotlights angestrahlt wurden. Im Rahmen eines seiner ersten Verträge für *Concepto* entwickelte Narboni dann für die Stadt Montpellier das weltweit erste »Gesamtbeleuchtungskonzept« – den umfassenden Plan für eine städtische Beleuchtung, welcher bei aller Sicherheit die Frage der Schönheit nicht vergaß und nicht bloß »strikt und fade funktionell« war, wie er sagt. Seither hat sich die Idee von einem Masterplan für die Beleuchtung einer ganzen Stadt – und der Beruf des Lichtdesigners – in aller Welt etabliert. Wenn die Zukunft der Dunkelheit denn davon abhängt, wie wir künstliches Licht bei Nacht einsetzen, dann werden Lichtdesigner wie Narboni eine Menge zu sagen haben. Denn sie sehen schon heute die Zukunft des Lichts.

Der 1953 in Algerien geborene Roger Narboni kam 1962 mit seiner Familie nach Paris, lebte fünfundzwanzig Jahre lang in der Pariser Banlieue und schwor sich, als er sich dem Lichtdesign zuwandte, sein altes Viertel nie zu vergessen.

»Glaube mir, wir können dort ebenso poetisch sein wie im Zentrum«, sagt er. »Deshalb habe ich immer auch für die Stadtteile zu arbeiten versucht, die am kaputtesten und problematischsten sind. Dort ist es einfacher, mit Licht Schönheit zu erschaffen, weil man mit Licht eine Menge verstecken und eine totale Metamorphose erleben kann.« Die Aufgabe, einen Problembezirk zu beleuchten, findet er oft dankbarer als die Beleuchtung von Baudenkmälern, zum Beispiel einer Kathedrale, denn »eine Kathedrale ist schon schön, sie braucht überhaupt keine Beleuchtung. Außerdem wird sie von den Menschen ohnedies völlig anderes wahrgenommen. Wenn du in einem historischen Zentrum arbeitest, sagt jeder, ›ach, wieder mal?, na was soll's, ist ja nicht schlecht.‹ Die Leute sind verwöhnt.« Und während die Bewohner wohlhabender Viertel sein Lichtdesign selbstverständlich finden, sind die Leute aus ärmeren Bezirken ungemein dankbar dafür. »*Mon dieu*, sagen die dann, so kann unser Viertel aussehen? Und sie danken dir und

küssen dich, sie reagieren total anders, so als hättest du ihr Leben verändert.«
Erst kürzlich hat Narboni letzte Hand an eines seiner Projekte in einem
Problembezirk angelegt – an das schlichte, dekorative Konzept der indirek-
ten Seitenbeleuchtung eines Gebäudes. Da kam ein Bewohner des Viertels
aus einer Bar heraus »und bemerkte die neue Beleuchtung. Ich fragte ihn,
was er davon hält. Er war zwar total besoffen, aber sagte: ›Ich lebe hier und
ich liebe es, mir sowas anzusehen, weil es so poetisch ist, auch wir verdienen
Poesie.‹«

Obwohl Narboni nun schon seit mehr als fünfzig Jahren in Frankreich
lebt, übt die algerische Kultur nach wie vor großen Einfluss auf sein Design
aus. »In Nordafrika ist Schatten wichtiger als Licht – auch die Art und
Weise, wie man mit den Kontrasten von Licht und Schatten spielt. Weil es
ein heißes Land ist, schützen wir uns vor der Sonne, wir gehen niemals zum
Sonnenbaden an den Strand. Wir verstecken uns, weil die Sonne so stark
ist. Und in meiner Arbeit ist dieses Spiel mit Licht und Schatten sehr wichtig geblieben.«

Leider, sagt auch er, fürchten sich die Europäer vor dem Schatten und
der Dunkelheit. Er träumt von einem Aufklärungsprogramm über Licht
und Dunkel in den Schulen, ja, sogar schon in den Kindergärten, »weil
Kinder in ihrer gesamten Bildungszeit nichts über das Licht lernen – sie
lernen Flöte spielen, sie lernen alle möglichen verrückten Dinge, aber kein
Mensch spricht mit ihnen über das Licht. Und von der Dunkelheit erfahren sie nur das, was sie in den Märchen lesen, und das hat meist etwas mit
dem Teufel und mit Angst zu tun. Es ist ein Jammer, dass sie nie lernen,
mit dem Schatten zu spielen und sich in Harmonie mit der Dunkelheit zu
fühlen.«

Bald wird er eine wunderbare Möglichkeit haben, Menschen dabei zu
helfen, sich wohler zu fühlen im Dunkeln, denn jüngst gewann er den Wettbewerb für das neue Gesamtbeleuchtungskonzept von Paris.

»Es gibt eine neue Richtlinie in Paris für die Erneuerung der gesamten
Stadtbeleuchtung, unter der Bedingung einer dreißigprozentigen Verringerung des Stromverbrauchs bis zum Jahr 2020. Deshalb wollen wir einen
neuen Blick auf alles werfen und dann entscheiden, was wir beibehalten,
was wir abbauen und was wir völlig neu konzipieren sollten. Das wird nicht

einfach, weil sie viel Neues wollen, Schönes – ›Stadt des Lichts‹, du weißt schon –, aber der Stromverbrauch soll ganz niedrig sein.« Er erzählt, dass er für sein Neudesign eigens Studien bei Stadtplanern in Auftrag gegeben hatte, um Stunde für Stunde die Wege der Menschen durch die Pariser Nacht kennenzulernen. Daraufhin schlug er zuerst vor, einige architektonische Beleuchtungen ganz abzubauen (Paris hat mehr als dreihundert Elemente zu beleuchten, darunter Gebäude, Brunnen, Statuen, Bäume, zweiunddreißig Brücken, die Straßen natürlich sowieso). Und dann wurde er kreativ.[6]

»Unser entscheidender Vorschlag lautet, keinen gleichmäßigen Licht-Level in der Stadt mehr herzustellen, und das kommt einer Revolution gleich, weil in Paris bisher ja jede einzelne Straße den gleichen Lux-Level bekam, egal ob es winzige Gassen oder die Champs-Élysées sind. Aber die Frage ist doch, warum wir das beibehalten sollten. Der zweite Vorschlag ist, die Stadt insgesamt herunterzudimmen, je nachdem ob gerade Autos oder Fußgänger auf einer Straße sind oder nicht – wenn kein Mensch auf der Straße ist, warum sollten wir sie dann beleuchten? Deshalb betreiben wir eine Menge Studien über das Pariser Nachtleben, über die nächtliche Geografie der Stadt. Erst müssen wir die Morphologie der Nacht von Paris verstehen, dann können wir den Lux-Level je nach dem Ausmaß der gerade stattfindenden Aktivitäten senken. Eine andere Idee ist, die Beleuchtung abends zehn Minuten später einzuschalten, damit sich die Pariser an ein wenig Dunkelheit gewöhnen – multipliziert mit dreihundertfünfundsechzig Tagen ist das eine Menge Stromersparnis. Und am Morgen werden wir das Licht dann fünf, vielleicht sogar ebenfalls schon zehn Minuten früher ausschalten. Wir müssen es ausprobieren.«

Die Zukunft des Lichts könnte sehr interaktiv sein, glaubt Narboni. »Ich bin sicher, in zehn bis zwanzig Jahren wird alles automatisch sein. Wenn du gerade an einer bestimmten Stelle bist, wird es dort etwas Licht geben, wenn niemand dort ist, wird es runtergedimmt und keinen Menschen kümmert es. Wenn wir das richtige Licht zum richtigen Zeitpunkt am richtigen Ort für die richtige Person haben, dann wäre das wirklich eine sehr schöne Zukunft. Also lass uns träumen.«

Neue Möglichkeiten zur Erhellung der Nacht erträumt sich auch Nancy Clanton, die Gründerin und Präsidentin von Clanton & Associates in Boulder, Colorado, einem Unternehmen für »nachhaltiges« Lichtdesign, mit dem Ziel, Energie zu sparen und möglichst viel Dunkelheit zu bewahren. Ihre Begeisterung für neue Wege in der Zukunft ist spürbar. Wie Roger Narboni sieht auch sie interaktive Lichtsysteme vor sich – und eine Welt, in der zum Beispiel auch das Wachstum der Elektroauto-Industrie in einem unmittelbaren Zusammenhang mit dem Einsatz von Licht bei Nacht stünde. Jedenfalls scheint sie wirklich grenzenlos optimistisch zu glauben, dass wir unser Verhältnis zum Licht komplett überdenken werden.

Zum Beispiel Straßenlaternen. »Wir sollten wirklich darüber nachdenken, ob Lampen auf Masten die beste Möglichkeit sind, eine Stadt oder ein Areal auszuleuchten. Erstens einmal sind sie teuer, zweitens rennen oder fahren Menschen dagegen. Ernsthaft, du brauchst bloß irgendwo einen Mast aufzustellen, und schon rennt oder fährt jemand dagegen. Die Kommunen wären froh, wenn sie die loswerden könnten.« Weshalb? Nun: Geld. Wenn man die Kommunalkosten für die Bereitstellung von Straßenbeleuchtungen aufschlüsselt, dann geht mehr als die Hälfte davon für den Erwerb und den Erhalt solcher Masten drauf. Nancy schweben verschiedene Lichtschichten vor – eine etwas über Augenhöhe, eine weitere auf Schritthöhe und zudem Bewegungssensoren, zum Beispiel an den Fußübergängen. »Außerdem könnte man je nach Zeitpunkt der Nacht weitere Schichten ein- oder ausschalten. Spätnachts könnte man zum Beispiel die Schicht über Augenhöhe abschalten und nur die niedrige Gehwegschicht auf Schritthöhe eingeschaltet lassen. Ich hätte wirklich gerne mehr Optionen als immer nur dieses *One size for All*.«

Einen guten Teil ihres Optimismus bezieht Nancy aus den Möglichkeiten, die ihrer Meinung nach von den LEDs geboten werden. Im Gegensatz zu heutigen Straßenbeleuchtungen, die entweder an oder aus sind, und das immer im selben Helligkeitsniveau, lassen sich LEDs auf unterschiedliche Niveaus je nach Situation einrichten. Am frühen Abend könnten sie heller eingestellt, in der Nacht dafür gedimmt werden. Man kombiniere diese Möglichkeit mit intelligenten Stromnetzen und computerisierten Steuerwerken, und schon wären Kommunen in der Lage, unterschiedliche Helligkeitsniveaus zu unterschiedlichen Zeiten für unterschiedliche Areale einzurichten. »Die Leute eines Viertels könnten zum Beispiel sagen, wir wollen echt kein Licht mehr nach Mitternacht, dann bräuchte nur irgendwer Google Maps anzuklicken und alle Lampen aus diesem Viertel zusammenzufassen und zu sagen, okay, die schalten wir runter auf zehn oder fünf Prozent.«

Was könnte eine Kommune dazu bewegen, eine Abschwächung der Beleuchtungsniveaus zu fordern? Nun, ebenfalls das Geld. Ob man in Boulder oder Paris oder Wimbourne oder irgendwo sonst in Nordamerika oder Westeuropa lebt, überall wird tagsüber die meiste Energie verbraucht – durch Klimaanlagen an heißen Sommernachmittagen, durch Licht und Heizung an Wintertagen. Und da die Stromversorger ihre Generatoren und anderen Gerätschaften bereits abbezahlt haben, wollen sie natürlich, dass sie tagtäglich vierundzwanzig Stunden lang auf Hochbetrieb laufen. Nachts, wenn der Stromverbrauch stark absinkt, haben die Versorger nichts, womit sie die nachlassende Nachfrage ausgleichen könnten, also ermuntern sie uns zum Einsatz von elektrischem Licht. Für Clanton ist das die *untold story* über das Maß an Verschwendung durch Außenbeleuchtungen, weil diese Story mindestens so viel mit »safety and security« wie mit dem Wunsch der Stromversorger zu tun hat, die Spitzenverbrauchszeiten auf vierundzwanzig Stunden auszudehnen.[7]

Pete Strasser, der technische Direktor der *International Dark-Sky Association,* stimmt dem zu: »Die Versorgungswirtschaft braucht die Straßenbeleuchtungen bei Nacht ganz einfach. Die haben mächtig damit zu schaffen, ihre Generatoren auf Mindestbetrieb zu halten, um sie in der Früh wieder hochfahren zu können. Sie können sie nicht wirklich ganz runterschalten, die müssen in Schwung bleiben. Was also ist seit hundert Jahren die Lösung? Straßenlaternen.« Nicht nur Clanton und Strasser, auch andere erklärten mir, dass sich die Städte und Kommunen ihre nächtlichen Beleuchtungsanlagen nochmal gut überlegen werden, sobald Elektroautos wirklich durchgestartet sind, weil sich die Stromkosten dann drastisch erhöhen werden. »Nachtstrom kriegst du zum Schleuderpreis«, erklärt Strasser, »in Amerika für nur ein oder zwei Cent pro Kilowattstunde, das sind Großhandelspreise, weil sie ihn einfach loswerden müssen. Aber ich garantiere dir, dass es dich mehr als bloß ein oder zwei Cent kosten wird, wenn du dein Auto

nachts auflädst. Denn dann werden sie schnellstens auf hohe Einzelhandels-
preise übergehen – zehn, fünfzehn Cent. Wart's ab, kaum ist der Wendepunkt zugunsten von Elektroautos erreicht, wird man zu hören kriegen:
›Weißt du was? Studien haben bewiesen, dass Straßenlaternen letztlich unnötig sind, Studien haben bewiesen, dass die Verbrechensraten in keinem
Zusammenhang mit der Straßenbeleuchtung stehen!‹ Genau so wird's kommen. Denn es stimmt ja auch – sie stehen in keinem Zusammenhang
damit.«

Bis es so weit ist, wird sich Nancy Clanton weiterhin bemühen, den Leuten zu beweisen, dass wir sehr viel mehr Licht einsetzen als nötig. Einer ihrer
größten Kunden in den letzten Jahren war das US-Militär. Sie machte den
Verantwortlichen begreiflich, dass nicht hohe Helligkeitsniveaus, sondern
Kontraste der entscheidende Punkt sind, wenn es um »Sichtbarkeit« und
insofern um Sicherheit geht. »Wir haben das mit der Antiterrortruppe der
Navy getestet. Sie sind in verschiedene Stützpunkte gegangen und haben
dort in Gebäude einzubrechen versucht, um die Sicherheitsmaßnahmen zu
testen. Und dort sind die Hochsicherheitsgebäude wirklich grell erleuchtet – die Mauern, das betonierte Umfeld, alles war extrem hell, damit die
Überwachungskameras etwas Erkennbares aufzeichnen konnten. Wenn du
dort also in ein Gebäude einbrechen willst, welche Farbe sollte deine Kleidung haben? Nun, die Navy-Leute trugen alle Schwarz. Ich sagte dem
Team-Commander, dass er und ich denselben Versuch machen und dabei
Weiß tragen sollten. Und nun rate mal. Niemand konnte uns sehen, weil wir
perfekt angepasst waren an den grellweiß beleuchteten Beton und die weißen Außenmauern. Schwarz hingegen war ein gewaltiger Kontrast.«

»Man muss sich Objekte unter unterschiedlichen Helligkeitsbedingun-
gen und vor unterschiedlichen Hintergründen betrachten. Das ist wie bei
der alten schwarz-weiß gestreiften Gefängniskleidung – egal wo ein Häft-
ling war, man konnte ihn sehen. In einer dunklen Umgebung sieht man das
Weiß, in einer hellen das Schwarz. Deshalb ist eine teils helle, teils dunkle
Bekleidung auch das Klügste, was man anziehen kann, wenn man abends
joggen geht. Du wirst in jeder Situation gesehen.«

Als ich in der Kleinstadt in Nord-Wisconsin lebte, ging ich jeden Abend
um elf noch einmal mit meinem Hund Luna Gassi. Wir traten aus dem

Haus, schlugen den Fußgängerweg nach rechts ein, liefen drei Blocks bis zur Mittelschule, die regelrecht loderte in der dunklen Nacht dieser nordamerikanischen Waldlandschaft. Denn an den Wänden des Klinkerbaus waren in regelmäßigen Abständen Hochdruck-Natriumdampflampen angebracht, die dem Spaziergänger direkt in die Augen strahlten, ihr Licht weit über die Straßen hinausstreuten und auch die gegenüberliegenden Wohnhäuser von oben bis unten in Licht tauchten. Sobald Luna und ich den Gehweg um die Schule herumliefen, waren auch wir permanent in Licht gebadet. Es war das beste Beispiel für Lichtgrenzüberschreitungen, das ich jemals sah, außerdem das perfekte Beispiel für drei völlig unsinnige Vorgehensweisen: Erstens für eine Beleuchtungsentscheidung, die bei hellem Tageslicht getroffen wurde, und für Leuchtkörper, die dann bei hellem Tageslicht angebracht wurden; zweitens für Licht, das die Bewohner im Umkreis schlicht zu akzeptieren hatten, obwohl es ihre eigenen Häuser anstrahlte – was sie aber vielleicht gar nicht mehr wahrgenommen haben; und drittens für eine völlig unnötige Verschwendung von Geld und Energie auf Kosten eines jeden Bewohners der kleinen Stadt, weil ein jeder mit seinen Steuern und mit dem Verlust des Nachthimmels dafür zahlen musste. Das Städtchen hätte einen wundervollen Sternenhimmel über sich gehabt, hätte die Gemeinde solche Lichtverschwendung kontrolliert. Es hätte wie jede Kleinstadt in den Vereinigten Staaten Geld sparen und sich die Sterne zurückerobern können, wenn es seine Schulgebäude (von den Lager- und Geschäftshäusern ganz zu schweigen) nicht so gedankenlos beleuchtet und dann vergessen hätte.

»Wäre es nicht toll«, sagt Nancy, »wenn auf allen Schulgeländen zu einer bestimmten Nachtzeit die Lichter ausgingen und stattdessen auf Bewegungsmelder umgeschaltet würde?« Sie erzählt, dass die Loveland Schools im Norden von Boulder zu diesem Versuch bereit gewesen waren und dann feststellten, dass es prima funktioniert. »Die Polizei war begeistert, weil sie nun wusste, wenn die Bewegungsmelder kein Licht angestellt hatten, dann war auch niemand auf dem Gelände.«

Die ihrer Meinung nach beste Möglichkeit der Außenbeleuchtung, ob nun für Schulen oder andere Gebäude, wäre eine, die exakt »auf unser Handeln reagiert«. Das heißt, ein Gebäude und sein Grundstück liegen im Dunkeln, erst wenn sich jemand dort aufhält, gehen die Lichter an. Diesen

Wechsel würde man in der Umgebung auch sehr viel eher wahrnehmen und deshalb auch eher noch einmal genauer hinsehen.

»Weißt du«, sagt Nancy, »inzwischen kannst du feststellen: Je luxuriöser eine Gemeinde, desto subtiler die Beleuchtung. Wenn du nach Aspen oder Vail fährst, siehst du, wie dezent alles gemacht wurde – obwohl die Leute immer meinen, dass sie mehr Licht für mehr Sicherheit bräuchten. Aber die Menschen in Aspen und Vail besitzen mehr als irgendwer sonst. Drum kaufe ich ihnen diese Story mit mehr Licht für mehr Sicherheit nicht. Ich glaube, ein stärker beleuchtetes Areal steht immer für ein unattraktiveres. Das trifft auch auf Läden oder Gastbetriebe zu: Geh in einen Fast-Food-Laden oder in ein billiges Motel und du siehst alles grell beleuchtet. Je feiner ein Geschäft oder luxuriöser ein Hotel, desto subtiler die Beleuchtung.«

Wenn ich mit Lichtdesignern wie Clanton und Narboni spreche, kommt mir immer wieder der Begriff »Fortschritt« in den Sinn. Ich frage mich, ob wir, wenn wir neu über Licht nachdenken, nicht auch lernen können, »Fortschritt« anders zu verstehen, das heißt, ob wir Verbesserungen tatsächlich mit »Subtilität« gleichsetzen werden. Grelle Lichter werden nun schon so lange als etwas Fortschrittliches betrachtet, ohne dabei einen Gedanken an die Lichtverschmutzung zu verschwenden. Kann sich das nicht ändern? Wer die Sterne vorzieht, der muss ja nicht gleich jemand sein, der sich allnächtlich in die Steinzeit zurückwünscht. Gute Beleuchtung ist effektive Beleuchtung ist subtile Beleuchtung. Und gute Beleuchtung stört die Kreise der Sterne nicht.

Auf der Liste der Orte, von denen aus Sterne zu sehen sind, stehen Parkplätze gewiss nicht weit oben. Doch als ich aus dem Lowell Observatory von Flagstaff in Arizona auf den Parkplatz hinaustrete, sehe ich die Milchstraße einen weiten Bogen über das orangefarbene Glimmen der Niederdruck-Natriumdampflampen ziehen. Nun wird zwar gewiss jeder davon ausgehen, dass die Außenbeleuchtung um ein Observatorium herum vorzüglich abgeschirmt und subtil ist, doch Lowell liegt innerhalb der Stadtgrenzen, beziehungsweise auf einem Hügel mitten über dem Stadtzentrum. Und das ist nun wirklich mal ein dramatischer Beweis für den strikten Beleuchtungskodex dieser Stadt – der wohl am besten beleuchteten Stadt in ganz Nordamerika, wenn nicht der Welt. Ich blicke vom Gelände des Observatoriums auf die Heimat von fünfundsechzigtausend Einwohnern hinab und sehe, dass sie sich in einem Grad von Dunkelheit bis weit in den Osten erstreckt, den man in einer Stadt dieser Größe nicht erwarten würde. »Es ist zwar noch nicht perfekt«, sagt mein Gastgeber Chris Luginbuhl, »aber es beweist, was machbar ist.«

Niemand hat mir mehr über Beleuchtung, Lichtverschmutzung und die Bedeutung der Dunkelheit beigebracht als Chris Luginbuhl, Astronom am U. S. Naval Observatory von Flagstaff. Er hatte sich mir bekannt gemacht, nachdem ich vor einigen Jahren bei einer IDA-Konferenz einen Essayband über die Dunkelheit vorgestellt hatte – und das einem Saal voller Ingenieure, professioneller Astronomen und Vertretern der Lichtindustrie. Irgendwann während des Vortrags hatte ich auch aus Henry Bestons *The Outermost House* zitiert und gefragt, ob vielleicht jemand wisse, wie lange es her sei, dass Beston vor »Licht und immer mehr Lichtern« gewarnt hatte. Und Chris hatte sofort die Hand gehoben und »1928« gesagt. Seither habe ich mich bei jedem Besuch in Flagstaff bei ihm gemeldet, um zu hören, was seine Arbeit für den Nachthimmel macht.

Das kommunale Engagement zum Schutz des Nachthimmels reicht in Flagstaff zwar bis ins Jahr 1958 zurück, aber ein Großteil des Erfolgs, der dieser Stadt schließlich den Titel der weltweit ersten *Dark Sky City* einbrachte, ist Chris zu verdanken. Im Observatorium beantwortet er Besuchern aus aller Welt Fragen über Beleuchtungsanlagen und Beleuchtungsverordnungen, er berät die IDA, er leistet freiwillige Arbeit als Berater des Stadtrats von Flagstaff und anderen Städten, und er schreibt ständig wissenschaftliche Abhandlungen (und hat als einer der ersten erkannt, wie wichtig es ist, niedrige Beleuchtungswinkel bei Lichtanlagen zu eliminieren). Da wird einem klar, wie ungemein groß sein Einsatz ist. Und dass er nicht nur Wissenschaftler ist, sondern auch Beston – oder Joseph Wood Krutch, John C. Van Dyke, Rachel Carson – auswendig zitieren kann, sagt etwas über seinen vielseitigen Denkansatz.[8]

Aber diesmal fällt es mir schwer, ihm zuzuhören. Denn in all den Jahren, die ich Chris kenne, hat er die Herausforderungen, vor denen jeder steht, der die Lichtverschmutzung kontrollieren will, immer optimistisch betrachtet.

Er war es, der mich bei unseren vielen Gesprächen davon überzeugt hatte, dass die Lichtverschmutzung ein Problem ist, das wir lösen können. Ich glaube das nach wie vor – und vermutlich tut das auch er. Doch bei diesem Treffen redet er plötzlich von »meinem früheren Optimismus«, und ich höre einen Zweifel in seiner Stimme mitschwingen, der mir neu an ihm ist.

»Die Nacht ist schön, so wie sie ist«, sagt er. »Wir müssen verstehen lernen, wann wir ein Tauschgeschäft machen können und wann nicht. Künstliches Licht hat seine Schönheiten, das bestreite ich nicht. Aber wenn man davon ausgeht, dass qualitativ gute Beleuchtung gleichbedeutend sei mit dem Erhalt der Schönheiten der Nacht, dann hat man ein Problem, denn das stimmt natürlich nicht. Man kann eine Stadt absolut wunderschön beleuchten und den Himmel trotzdem verlieren.«

Als Astronom war Chris nie nur darum besorgt gewesen, den natürlichen Himmel zu verlieren. Er hat mir oft gesagt, dass er zwar ungemein angetan sei von der Art und Weise, wie die Bürger von Flagstaff den Nachthimmel als einen Teil der Identität ihrer Stadt lieben gelernt hatten, aber mindestens ebenso frustriert, weil so viele von ihnen glaubten, die Beleuchtungsverordnungen ihrer Stadt dienten letztlich nur den Astronomen. »Das zeigt, welchen Weg wir noch vor uns haben. Das ist, als fragte man sich, warum der Grand Canyon von Bedeutung ist, und beantworte es sich dann mit der Erklärung, ah, na ja, wir brauchen ihn, damit die Geologen die Felsen studieren können.«

Wir stehen auf dem Parkplatz vor dem Restaurant, in dem wir zu Abend gegessen haben, ein paar Blocks vom Zentrum entfernt. Er ist dem Kodex entsprechend mit nur drei Niederdruck-Natriumdampflampen beleuchtet und hell genug, um alles sehen zu können – was aber wohl viele Amerikaner als schummrig empfänden.

»Einfach nur ›Qualitätsbeleuchtung‹ zu machen wird nicht funktionieren«, fährt Chris fort. »Du kannst die ganze Welt nach professionellen Beleuchtungsnormen erhellen und wir werden unseren Himmel trotzdem verlieren. Ich finde das einfach nicht genug. Die viel grundlegendere Frage, wann wir Licht brauchen und wann nicht, wird dabei gar nicht angesprochen.«

Dieses Argument kannte ich mittlerweile schon, ich hatte es von Chris ebenso schon gehört wie von vielen anderen – wenn wir glauben, unsere Wahl bestünde immer nur zwischen »guter Beleuchtung« und »schlechter Beleuchtung«, dann vergessen wir, dass auch »keine Beleuchtung« eine Option ist. Tatsächlich wäre keine Beleuchtung in vielen Fällen die beste Entscheidung unter diesen drei Alternativen, aber diese Wahl wird uns kaum je angeboten, und wir selbst denken gar nicht daran, dass auch sie uns zur Verfügung steht.

Und das hat enorme Auswirkungen, wenn man bedenkt, dass die menschlichen Populationen in aller Welt ständig weiter anwachsen und es praktisch schon vorgegeben ist, dass es dort, wo mehr Menschen leben, auch mehr Licht gibt. Selbst wenn jede einzelne neu angebrachte Lampe voll abgeschirmt wäre, bliebe sie immer noch eine zusätzliche Lichtquelle. Kürzlich hat Chris eine Studie veröffentlicht, für die er eine Reihe von Klein- und Großstädten im Südwesten der Vereinigten Staaten nach Populationsgrößen und Lichtstärken kartierte. Es überrascht nicht, dass das Diagramm eine stetig diagonal ansteigende Linie aufweist: Die Lichtstärke der Städte wächst parallel zu ihrer Ausdehnung. Die beiden Ausnahmen? Flagstaff lag rund 25 Prozent unterhalb dieser Linie, Las Vegas weit, weit darüber – seine Lichtstärke ist doppelt so hoch wie die jeder anderen Stadt vergleichbarer Größe. Die Bevölkerung von Flagstaff wuchs zwischen den Jahren 2000 und 2010 um fast 25 Prozent, doch die Lichtstärke erhöhte sich dank der strikten Beleuchtungsverordnungen nur um rund 17 Prozent. Ohne diese Verordnungen, so schätzt Chris, wäre sie um 40 bis 50 Prozent angestiegen, weil es sich bei den meisten Neubauten in dieser Zeitspanne um Spitzenenergieverbraucher wie Motels und Restaurants handelte. Was ihn also völlig frustriert, ist die Tatsache, dass Flagstaffs Lichtstärke trotz der striktesten Beleuchtungsverordnungen im ganzen Land, und trotz der traditionellen Nachthimmel-Bewusstheit der Kommune, immer noch um 17 Prozent ansteigen konnte.

»Vielleicht haben wir uns ja bereits damit abgefunden, dass es nun morgen zwar nicht mehr so schlimm sein wird, wie es hätte werden können, aber insgesamt gesehen nach wie vor schlechter als heute. Mancher mag sich damit ja zufriedengeben, ich nicht. Mich entmutigt das. Überleg doch mal: Wir haben wie verrückt geschuftet, nur um nun 17 Prozent statt 40 Prozent schlechter dazustehen? Es ist schwer, sich von einem abgebremsten Verlust [an Dunkelheit] motivieren zu lassen. Das ist zwar Fortschritt, aber nicht in dem Sinne, dass der Himmel wieder dunkler würde. Leider.«

Ich frage ihn, ob er es für unausweichlich halte, dass jeder Ort noch an Helligkeit zunehmen werden wird. »Ja, den Eindruck habe ich. Als Wissenschaftler sage ich nicht, dass ich mir sicher bin, wenn ich es nicht bin. Aber ich würde die Gemeinde der Nachthimmel-Aktivisten gerne herausfordern, einen Ort zu dokumentieren, der besser geworden ist. Ich denke, das wäre eine faire Herausforderung. Das nachzuweisen, dürfte schwierig sein, meiner Meinung nach unmöglich.« Chris meint, dass zwar die eine oder andere Kommune ein paar kleine Erfolge bei der Lichtkontrolle vorweisen könne, die große Schlacht aber verloren sei. »Man könnte sagen: ›Oh ja, hier gibt's ein prima Gesetz, und das Shoppingcenter, das nach diesen Auflagen gebaut wurde, ist so viel besser, als es sonst geworden wäre.‹ Aber es ist immer noch beleuchtet. Ich will von einem Ort hören, über dem der Himmel wirklich *dunkler* wurde.«

Ich fahre mit Chris Richtung Osten aus Flagstaff hinaus zu seinem Haus hinter dem Humphreys Peak. Wir passieren grell erleuchtete Motels (»*We'll leave the light on for you* ist eine freundliche Reklame, bis man mal drüber nachdenkt,« sagt Chris) und sehen *Wall Packs,* die aus derselben Fabrik stammen könnten wie die Wandstrahler, die ich in Wisconsin erdulden musste. Aber wir sehen auch Dinge, die man kaum in einer anderen amerikanischen Stadt vorfinden würde, zum Beispiel Hauptverkehrsadern ohne jede Straßenbeleuchtung, oder hintergrundbeleuchtete Büroschilder, die nach den Bürozeiten abgeschaltet wurden, oder Tankstellen, die nicht auf Tagesniveau erhellt sind, sondern gerade ausreichend Licht dort zur Verfügung stellen, wo man es braucht, um den Tank füllen und die Windschutzscheibe reinigen zu können.

Gleißend grelle Tankstellendächer – Chris sagt immer, man könnte unter ihnen operieren – sind ein so vertrauter Anblick geworden, dass die nach Flagstaff-Verordnung beleuchteten »erstaunlich schummrig« wirken, wie Chris sagt. Abenteuerlustig bitte ich ihn, in eine dieser Tankstellen einzubiegen, damit ich selbst feststellen kann, wie gut ich den Benzintank seines

Autos bei diesem schwachen Licht treffe. »Seit zwanzig Jahren«, sagt er, während er auf eine Zapfsäule zurollt, »haben sich die Lichtstärken in den meisten amerikanischen Tankstellen um den Faktor zehn erhöht. Hier haben wir einen sehr viel niedrigeren, aber völlig ausreichenden Standard eingeführt.« Ich kann es bezeugen – ich hatte nicht die geringsten Probleme, den Zähler abzulesen oder den Tank zu füllen. Zwar verhindern inzwischen auch die Dächer der andernorts üblichen Tankstellen, dass das Licht direkt in den Himmel schießt, doch ansonsten sind sie alle nach dem gleichen Prinzip beleuchtet, das heißt, sofern die Beleuchtungskörper nicht bewusst so abgedeckt wurden, dass ihr Licht unter dem Dach bleibt, strahlt es überall in niedrigen Winkeln ab und trägt somit trotzdem noch zum Himmelleuchten, zur Beeinträchtigung von Nachbargrundstücken und zur Blendung von Menschen bei.

Tankstellen sind schlimm, aber amerikanische Parkplätze sind noch viel schlimmer. Wie Shoppingcenter oder Geschäftsstraßen werden sie heute um das Zehnfache stärker beleuchtet als vor zwanzig Jahren. Wegen ihren Ausdehnungen und ihrer Vielzahl an Leuchten sind Parkplätze oft die hellsten Lichtquellen einer amerikanischen Gemeinde. Hier in Flagstaff ist das nicht der Fall. Selbst die großen Billigketten wie Target oder Walmart halten sich hier an die städtischen Normen. »Da drüben links ist ein neues Shoppingcenter, und alles ist prima«, sagt Chris und deutet zur Seite. »Ich sehe zwar ein paar unabgeschirmte Leuchten, aber in geringen Stärken.« Noch überraschender ist, dass wir an Parkplätzen vor Shoppingcentern vorbeifahren, die völlig unbeleuchtet sind. Als wir an den Reihen von Gebrauchtwarenhändlern vorbeifahren, die so typisch für amerikanische Stadtränder sind, muss ich an den Ford-Händler am Rand meiner Kleinstadt in Wisconsin denken: Ich wusste immer schon, wann ich es nach Hause geschafft haben würde, weil dessen gewaltige weiße Kuppel bereits meilenweit vorher im Himmel zu sehen war. Nicht so hier in Flagstaff. Bei allen Händlern, an denen wir vorbeifahren, sind die hohen Lichtmasten ausgeschaltet und die Reihen von Autos und Trucks nur noch von wesentlich niedriger angebrachten Lampen beleuchtet.[9]

Da Parkplätze für mehr als 50 Prozent der Außenbeleuchtungen in den Vereinigten Staaten sorgen, kann sich eine Beleuchtungskontrolle auf deren

Arealen – durch abgeschirmte Lampen während der Öffnungszeiten, die anschließend ausgeschaltet oder wenigstens gedimmt werden – auch entscheidend auf die Lichtverschmutzung einer Kommune auswirken. Unglücklicherweise bleiben Parkplätze in so vielen Städten quer durch alle amerikanischen Bundesstaaten auch mitten in der Nacht, wenn sie völlig leer und verlassen sind, von Wandstrahlern und schrägen Flutlichtern erhellt, die in alle Richtungen abstrahlen. Ganz egal wo man in Amerika lebt, praktisch jeder wohnt in der Nähe eines solchen Parkplatzes und registriert das vielleicht gar nicht mehr, weil diese miserabel beleuchteten Areale so allgegenwärtig sind.

Es sei denn, man hat sie einmal bemerkt, denn dann sieht man sie überall.

Eigentlich stimmt mich das optimistisch. Ich meine, ich fahre hier durch eine durchschnittlich große amerikanische Stadt, die allen anderen zeigt, dass eine Stadt auch dann (in den meisten Fällen) noch funktioniert, wenn sie bestimmten Beleuchtungsverordnungen gehorchen muss, und dass dann weder an jeder Straßenecke Verbrecher lauern noch ihre Wirtschaft darunter zu leiden hat. Wie wir unsere Straßen, Parkplätze, Tankstellen, Schulen und so fort beleuchten, hängt von uns selbst ab. Flagstaff zeigt nur eine Möglichkeit. Die Beleuchtung hier ist alles andere als perfekt, aber bereits wesentlich besser als in jeder anderen amerikanischen Stadt.

Damit stellt sich die Frage: Was ist *wirklich* möglich? Können wir uns den Nachthimmel wirklich zurückerobern? Als ich vom Mont-Mégantic aus Kanada in die Vereinigten Staaten zurückkehrte, fragte mich der Zollbeamte nach meinem Beruf. Als ich ihm dann von meinem Einsatz gegen die Lichtverschmutzung erzählte, grinste er: »Und was wollen Sie da gegen die Städte machen?« Gute Frage. Und eine, über die man nachdenken muss, wenn man die Lichterflut denn unter Kontrolle bringen will. Ich stelle sie Chris. Er macht sofort einen Unterschied zwischen Groß- und Kleinstädten: In großen Ballungsräumen gebe es zwar ebenfalls eine Menge guter Gründe für eine gute Beleuchtung, aber die Rückeroberung der Sterne stünde dort nicht auf dem Tapet. »Du kannst es dort vielleicht von ein, zwei Dutzend sichtbaren Sternen auf drei, möglicherweise sogar vier Dutzend bringen, aber das wäre immer noch ein schrecklicher Himmel. Du würdest nie eine

Vorstellung vom Universum, nie dieses Gefühl von Raum oder auch nur eine Ahnung von den Dimensionen kriegen.«

Apropos Dimensionen: Die besten Gründe, die es trotz allem auch in Großstädten für gute Beleuchtungen gibt, sind denn auch ganz andere: »Sprechen wir von der Energieeinsparung«, sagt Chris. »Wie viele Dollar sparen wir ein, wenn wir nicht 50 Prozent unseres Lichts verschwenden? Flagstaff hat fünfundsechzigtausend Einwohner, aber Chicago ist hundert Mal größer. Bei solchen Zahlen horchen die Leute dann schon auf.« Dasselbe trifft zu, wenn es um Schlafstörungen oder andere gesundheitliche Probleme geht, denn in Großstädten fallen die natürlich viel mehr ins Gewicht, da sich dort ja viel mehr Menschen Sorgen um ihre Gesundheit machen müssen.

»Die andere Sache ist«, sagt Chris, »dass du zwar downtown Chicago nicht die Sterne zurückbringen kannst – dieses inspirierende, bewegende Erlebnis, das man unter einem echten Sternenhimmel hat. Aber wenn du die Stadt dunkler machst, kannst du die Schwelle zur Dunkelheit wenigstens näher an sie heranrücken, bis hin zu den großen Vorstädten vielleicht, in denen so viele Leute wohnen. Im Moment könnte ein Vorort von Chicago noch sämtliche Lichter ausschalten und trotzdem keinen Himmel sehen. Aber wenn Chicago selbst seine Lichter reduziert, könnten wenigstens seine Vororte ihren Sternenhimmel zurückbekommen.«[10]

Das ist die Art von Optimismus, die ich von Chris gewohnt bin. Riesige Städte werden also nie wieder einen van-Gogh-Himmel bekommen (keine entrückten Träumereien für Sternengucker von Las Vegas bis London), könnten aber auf zahllose andere Weisen profitieren, wenn sie sich für eine effiziente, gute Beleuchtung entscheiden. Und wenn Großstädte das tun würden – aus Gründen, die für sie selbst gut sind –, dann könnten auch ihre Vorstädte, die angrenzenden Kleinstädte, ländlichen Regionen und die noch unberührte Natur in ihrer Umgebung davon profitieren. Es hätte sozusagen den gegenteiligen Welleneffekt der heutigen Lichtverschmutzung: Anstatt das Übermaß an Stadtlicht wellenförmig in Kreisen nach außen ins Umland fortzusetzen, würde sich bei einer reduzierten Strahlung aus dem Zentrum kreisförmig eine Welle an Dunkelheit von außen nach innen Richtung Zentrum ausbreiten und dem Umland wie den Vororten der Stadt etwas von dem zurückgeben, was sie bereits verloren haben.[11]

Wir verlassen Flagstaff auf dem Highway 89 und fahren in das riesige Areal des Wupatiki National Monument, weil Chris weiß, dass es dort wirklich dunkel ist. Als wir vom Auto zu einer Bank mit Blick über die Wüste laufen, frage ich ihn nach seinen plötzlichen Zweifeln.

»Im Moment versuche ich gerade mit der Vorstellung klarzukommen, dass trotz aller guten Gründe für eine Verbesserung der Beleuchtungssysteme einfach nichts geschieht. Ich weiß nicht, was das mit mir macht. Mein Ziel war immer, es besser zu machen, und langsam wird mir klar, dass wir das wohl nicht erreichen werden. Wenn du dir erst einmal bewusst machst, was Licht bewirkt, bedarf es keiner großen Ausbildung, um zu verstehen, wie sorglos damit umgegangen wird. Überall um dich herum siehst du schlechte Beleuchtung. Das kann dein Leben wirklich ruinieren. Du gehst nachts raus und siehst nur dieses schlechte Zeug. So will ich nicht leben. Aber ich weiß nicht, wie es sonst gehen soll.«

Chris und ich haben über die Jahre genügend Gespräche geführt, um mich nun erahnen zu lassen, dass er nicht nur wegen der Lichtverschmutzung verzweifelt ist. Prompt fragt mich mein belesener Freund – einmal mailte er mir eine Datei mit fünfzig Zitaten aus der Literatur, in denen er sich und seine Arbeit für den Nachthimmel wiederfand –, ob ich John C. Van Dykes *The Desert* aus dem Jahr 1901 kenne. »Wer sagt, er wolle etwas verschonen, weil es so schön sei, der verschwendet nur seinen Atmen …«, beginnt er zu zitieren (was mich an Fabios Aussage erinnert, dass es nicht genüge, einem Politiker zu sagen, etwas sei schön). Dann paraphrasiert er den Rest des Zitats, dessen erste Hälfte ich diesem Kapitel als Epigraph vorangestellt habe. Hier die andere Hälfte:

Die »Pragmatiker«, die immerdar auf dem Thron zu sitzen scheinen, glauben sehr wohl zu wissen, dass Schönheit nur etwas für Liebende und junge Menschen sei – der Stoff, um Narren zu säugen, obendrein. Die wesentliche Sache im Leben ist der Dollar, und wenn es denn Geld bringt, der Schönheit die Kehle aufzuschlitzen, nun denn, aber gewiss doch, schneide ihr die Kehle durch. Das ist, was »Pragmatiker« seit Anbeginn aller Zeiten getan haben.

Dann erzählt Chris: »Eines Morgens, als ich ins Auto stieg, wurde mir die Litanei all der Dinge bewusst, die ich sehe und über die ich nachdenke, wenn ich ins Observatorium rauffahre. Ich sehe die Waldbrände, ich sehe die Hügel auf der anderen Seite des Highway, wo Off-Roader die Landschaft zerstören, ich sehe den Dunst in der Luft, ich sehe die Strommasten, ich sehe die abgesteckten Areale, die gerade neu erschlossen werden – ich sehe keine Schönheit mehr. Eine nach der anderen sehe ich nur Wunden. Und so will ich nicht leben. Aber was machst du da? Stirbst du? Oder findest du eine Möglichkeit, deinen Kopf für eine Weile in den Sand zu stecken? Oder findest du eine andere Möglichkeit, Schönheit zu entdecken?«

»Ich weiß nicht«, sagt er. »Es gibt noch Schönheit.«

Schweigend beobachten wir, wie hinter und über den Silhouetten der Goldkiefern, die sich wiegend vor dem dunkelblau-schwarzen Himmel abzeichnen, Dutzende, dann Hunderte, dann Tausende Sterne erscheinen.

Klasse 1

Die dunkelsten Orte

Dies ist der schönste Ort auf Erden. Es gibt viele solche Orte.
Jeder Mann, jede Frau, trägt das Bild des idealen Ortes im Herzen
und im Sinn, des richtigen Ortes, der einzig wahren Heimat,
gekannt oder ungekannt, wahr oder erträumt.

Edward Abbey (1968)[1]

Wir werden in einem riesigen schwarzen Loch auf der Landkarte landen«, sagt Dan Duriscoe, während er seinen roten Toyota Tundra abbremst, damit wir in das Tal des Todes hinunter starren können, den *Death Valley National Park.* »Da gibt's nichts zwischen uns und diesem Berg, und dann gibt's hundertfünfzig Meilen lang wieder nichts.« Dan, der immer mit tiefster Grabesstimme spricht und eine Vorliebe für Kraftausdrücke hat, strotzt vor enzyklopädischem Wissen über die Wüstenlandschaften im amerikanischen Westen und Geschichten über Staubpisten, die in irgendwelche gottverlassenen Täler führen, und über Trampelpfade, die kein Mensch kennt. Dan ist Gründungsmitglied des »Night Sky Teams« vom National Park Service und hat die ganzen Vereinigten Staaten bereist, um die unterschiedlichen Stufen der Dunkelheit in den Nationalparks zu dokumentieren, und hier im Death Valley, sagt er, gibt es ein paar Flecken von der dunkelsten Dunkelheit, die er je gemessen hat. »Ich habe an vielleicht zweihundert verschiedenen Standorten in den verschiedenen Parks Messungen gemacht«, erzählt er, »aber nur dreien eine Klasse 1 gegeben. Einer davon war hier.« Heute Abend sind wir zu einer seiner Lieblingsstellen unterwegs, im Eureka

Valley, zwischen der Last Chance Range und den Sylvania Mountains. »Um diese Jahreszeit wird kein Schwein da draußen sein. Hier wird's jetzt gleich einsamer als irgendwo sonst in Kalifornien.«[2]

Wir fahren also runter ins Eureka Valley, meilenweit auf einer Waschbrettpiste, biegen ab, schlittern an einem Schild vorbei, auf dem *Road Closed* steht, dann hundert Meter einen Abhang hinauf, und halten an. Augenblicklich völlige Stille. Kein Wind, keine Insekten, der Duft von Wüstenbeifuß und Kreosotbüschen, in der Ferne Sanddünen, zwanzig Meter hoch. Wir klappen die Stühle und den Tisch auf und machen ein Feuer. »Das ist mein Leben«, sagt er, »ich kann mir keins ohne all dem hier vorstellen.« Im Westen steht die Venus wie ein strahlend weißer Ball knapp über der Silhouette der Wüstenberge. Weit und breit kein Haus, kein Auto, nichts. Im fernen Norden ziehen Flugzeuge wie auf einer Kette aufgereiht Richtung San Francisco durch den Himmel, über Los Angeles im Südwesten schwebt ein schwaches bernsteinfarbenes Leuchten, aber nirgendwo gibt es ein Anzeichen von menschlichem Leben, keine künstlichen Lichtquellen soweit das Auge reicht. Schon jetzt fühlt sich der Himmel urgewaltig an. Und während er von Minute zu Minute dunkler wird, füllt er sich mit immer mehr Lichtern.

Urgewaltige Dunkelheit. Eine Wüste vor dem Menschen, vor jeder Art von Besiedlung. Stockdunkles Land. Und darüber Sterne, die bis auf den Boden herabfallen: Der große Wagen ist gerade im Begriff unterzugehen und sich in den nördlichen Horizont hinabzudrehen. Aus dem Südosten steigt Orion auf, Beteigeuze lässt seine rot-orange Hülle in der Atmosphäre pulsieren. Das Zodiakalband wirbelt wie eine schwächere Milchstraße vom westlichen Horizont in die himmlischen Tiefen auf. Das Tal ist so dunkel, dass es vom natürlichen Licht der Nacht bestrahlt wird – vom Kegel des Zodiakallichts und zu vielleicht zehn Prozent vom Sternenlicht. Dan und ich können uns gerade noch sehen. Ohne Begrenzungen durch Bäume und Wälder haben wir freie Sicht in alle Himmelsrichtungen, bis dorthin, wo die Berge ein Zickzackmuster aus dem Himmelssaum schneiden. Je länger wir hier sitzen, desto schwärzer wird der Himmel und desto heller jeder Stern, so deutlich, wie man es praktisch nirgendwo in den Vereinigten Staaten noch sehen kann. Unsere Augen passen sich der Dunkelheit immer besser an: gut nach zehn Minuten, besser nach fünfundvierzig, und dann, nachdem wir zwei Stunden lang mit weit aufgerissenen Augen über dem lichtlosen Land saßen, rückt der Himmel mit einem Mal in den Fokus, so als säßen wir bei einem Optiker, der die Linsen wechselt und fragt: »Besser so?« Bis zu diesem Moment gab es Sterne, nun aber sehen wir nicht nur Sterne in einer unfassbaren Hülle und Fülle, sondern spüren auch die Präsenz von all den anderen, die wir noch nicht sehen können. »In einer beschissenen Stadt wirst du niemals so scharf sehen«, sagt Dan. »Selbst hier draußen braucht es dafür Geduld – dabei erwarten wir doch immer sofort ein Ergebnis. Leute fahren aus Las Vegas in die Wüste raus, weil sie gehört haben, dass es dort irgendwo eine Sternenparty gibt, und dann sagen sie: ›Also zeig mir den Himmel, ich hab gut fünf Minuten.‹«

Wir laufen den Berg wieder hinunter und fahren weiter über gewundene, höckerübersäte Pisten bis zur Crankshaft Junction. »Das war die letzte Staubpiste«, sagt Dan, »jetzt sind wir im schwärzesten Loch auf der Karte.« Wir sind nur ein paar Meilen von der Grenze zu Nevada entfernt, der Lichtdom von Los Angeles wird hier von den Bergen verdeckt, allerdings nicht auch das schwache Leuchten des Lichtdoms von Las Vegas in rund hundertsechzig Meilen südöstlicher Entfernung. Ich stand dort, im Zentrum dieses Doms, jetzt stehe ich hier, im Zentrum dieser Schwärze – eine Reise vom grellsten Fleck auf Erden zu einem der dunkelsten.

Dieses dunkle Land. Die Tatsache, dass ich nicht einmal mehr erwarte, irgendwo ein Licht zu sehen ... Die Dunkelheit umfängt mich auf eine seltsam spürbare und irgendwie sehr tröstliche Weise. »Vielen Astronomen ist das scheißegal, solange sie nur den Himmel sehen können«, sagt Dan. »Aber für mich ist es erst diese Einheit von Land und Himmel, die das Erlebnis hier im Westen so einzigartig macht – ein wildes Land unter einem wilden Himmel.« Und dann erzählt er, weshalb es genau diese Kombination sei, die das Night Sky Team zu bewahren versuche, »diese Möglichkeit, die natürliche Nachtlandschaft als eine Einheit, als ein Ganzes erleben und genießen zu können.«

Auf dem Kamm zwischen den beiden Tälern greife ich nach meinem Fernglas, und wieder stockt mir der Atem: Es verzehnfacht die Zahl der sichtbaren Sterne. Ich habe das Gefühl zu fallen, muss das Fernglas schnell wieder absetzen, um in der Dunkelheit mein Gleichgewicht wiederzufinden. Der Nebel unter Orions drei Gürtelsternen, die Plejaden, Jupiter, der so hell und klar ist, dass ich fröhlich auflache. Und da ist Sirius, der hellste Stern, den wir sehen können. Und weil er so tief steht und die Atmosphäre wie ein Prisma wirkt, funkelt er wie ein Feuerrad in Grün und Rot und Violett und Blau. Dann noch diese superhellen Sternschnuppen, die wie grün-gelbe Leuchtgeschosse aus dem Himmel fallen. Und schließlich, ein erstes Mal für mich: die Andromedagalaxie in ihren klarsten Details. Sie ist das fernste Objekt, das wir noch mit bloßem Auge erkennen können, zweieinhalb Millionen Lichtjahre entfernt. In dieser Sekunde erreichen die Photonen, die über all diese Äonen hinweg Richtung Erde unterwegs gewesen waren, meinen Augenhintergrund. Dan sagt, das sei es, was er wirklich unerlässlich fände: mit eigenen Augen einen Himmel dieser Qualität zu sehen. »Diese ganzen gottverdammten Computer, scheiße, das ist doch alles total unpersönlicher Schrott.«

Er hat Hunderte von Nächten draußen in freier Natur verbracht. Was waren seine besten Erlebnisse unterm Sternenhimmel? »Mauna Kea [Hawaii] war Wahnsinn, weil dich das Strahlen des Universums dort einfach überwältigt, da regnet es regelrecht Sterne. Oder im Big Bend [Nationalpark an der texanischen Grenze zu Mexiko], weil's dort auch nicht die Spur irgendeines Lichtdoms gibt. Oder im Sequoia National Park [Sierra Nevada] nach den Winterstürmen, da bin ich durch einen halben Meter Schnee auf über zweitausend Meter hochgestapft, komm um elf Uhr abends oben an, und die Sterne sind gestochen scharf. Kein Tropfen Feuchtigkeit in der Luft. Zehn Grad minus. Spektakulär!« Die Leute fragten ihn immer – so wie gerade ich –, wo es den besten Himmel gebe, fragen, wohin sie fahren sollten, um wirklich atemberaubende Sterne zu sehen. »Der beste Sternenhimmel«, antworte er dann immer, »ist der, unter dem du selbst gestanden hast, den du selbst gesehen hast. Ich kann dir nicht sagen, wohin du gehen sollst, und dann vielleicht auch noch in welcher Nacht oder zu welcher Jahreszeit. Ich kann dir nur sagen, wo die Wahrscheinlichkeit, dass du es erlebst, hoch ist. Aber das heißt nicht, dass du es auch erleben wirst. That's life.«

Unsere rotierende Erde im so gegenwärtigen Universum ... In dieser trockenen Wüstenluft reichen die Sterne bis an den Horizont, mit einem letzten Aufblitzen im Westen, bevor sie hinter dem Rund der Weltkugel verschwinden, während sie im Osten wie verrückt blinken, als seien sie von irgendwelchen fröhlichen wilden Kreaturen gleich drüben hinterm Berg angezündet und in den Himmel hochgeworfen worden.

Die Milchstraße wölbt sich über dem »Racetrack« des Death Valley National Park. (© Dan Duriscoe, NPS Night Sky Program)

Als im späten 19. Jahrhundert die ersten amerikanischen Nationalparks eingerichtet wurden, hatte niemand an die Bewahrung oder an den Schutz der Dunkelheit gedacht, denn es sollte noch Jahrzehnte dauern, bis auch in die Parks künstliches Licht Einzug hielt, und dann nochmals eine lange Zeit, bis die ansteigende Lichterflut aus den umliegenden Kommunen und sogar aus entfernteren Städten und Vorstädten den Amateursterneguckern ebenso viele ernsthafte Sorgen bereitete wie schon den Astronomen und anderen Wissenschaftlern.

Die Zeiten haben sich definitiv geändert. Das Licht aus Las Vegas ist an den Horizonten von mindestens acht Nationalparks sichtbar – deshalb hat der National Park Service (NPS) mittlerweile auch Dunkelheit auf die Liste der Ressourcen gesetzt, die er zu schützen schwor. Als der NPS 2001 sein »Night Sky Team« ins Leben rief, übertrug er ihm nicht nur die Aufgabe, Angestellten wie Besuchern der Parks das Bewusstsein zu schärfen für die Bedeutung der Dunkelheit, sondern erteilte ihm auch den Auftrag, den jeweiligen Grad der Dunkelheit in allen Naturschutzparks zu messen, um herauszufinden, wie schnell ihnen diese Ressource verloren geht.

Gäbe es Chad Moore nicht, gäbe es vielleicht auch kein NPS-Night Sky Team. Ich begegnete ihm vor fünf Jahren auf einer IDA-Konferenz in Tucson.

Damals arbeitete er für den Bryce Canyon National Park in Utah, in enger Zusammenarbeit mit Dan Duriscoe und zwei weiteren NPS-Rangern namens Angie Richman und Kevin Poe. 2009 stellte der NPS ein weiteres Team auf, das sich wissenschaftlich mit den Geräuschen der Natur unter dem Sternenhimmel befassen sollte, und bat Chad Moore, nach Fort Collins in Colorado zu wechseln. Inzwischen verfügt das Night Sky Team über sechs ständige Mitglieder, die bisher in achtundachtzig von hundertzehn NPS-Arealen, in denen solche Messungen geplant sind, den Sternenhimmel dokumentiert haben. Angesichts der Inbetriebnahme von immer weiteren Nationalparks, und angesichts der Tatsache, dass ältere Messungen in diesen Parks immer wieder erneuert werden müssen, wird dieses Team in den kommenden Jahren wohl alle Hände voll zu tun haben. Doch alles begann, als Moore in dem Park, in dem er damals arbeitete, feststellte, dass der Himmel immer heller wurde.

»1999 arbeitete ich beim Pinnacles National Monument in Kalifornien«, erzählt er, »und bemerkte, dass der Himmel allein in den drei Jahren, die ich damals schon dort verbracht hatte, immer heller geworden war, vor allem in einer Richtung.« Denn dort war nicht nur ein neues Gefängnis erbaut worden, das regelrecht ertrank im Flutlicht, dort hatte man auch ein ganzes Neubaugebiet aus dem Boden gestampft. »Ich dachte, Wow, wenn ich schon nach drei Jahren eine solche Veränderung feststellen kann, wie wird das erst nach dreißig Jahren sein?« Moore fragte sich, ob es eine Möglichkeit gab, die Lichtverschmutzung zu messen, die auf die Areale der Nationalparks übergriff, und fragte unter seinen Kollegen in den anderen Parks herum. »Ein Dutzend Leute, aber von allen bekam ich die gleiche Antwort: ›Ich wüsste keine, aber ich mache mir deshalb auch Sorgen.‹ Also dachte ich, dass ich dann eben selbst herausfinden muss, wie man so was messen kann. Es hätte ja auch sein können, dass mich mein Job bloß überempfindlich gemacht hat.« Moore schrieb also einen Subventionsantrag, um die nötige Ausrüstung kaufen zu können, dann kontaktierte er Duriscoe und fragte ihn, ob er mitmachen wollte. Die beiden erwarben eine digitale CCD-Kamera (mit einem *charge-coupled Device*-Sensor für wissenschaftliche Zwecke) und begannen Aufnahmen vom Sternenhimmel über verschiedenen Parks zu machen, wobei sie davon ausgingen, dass es wohl ein paar Monate dauern würde, bis sie die nötigen Daten gesammelt hätten. Das war vor zwölf Jahren gewesen. Moore lacht: »Wir hatten beide nicht die geringste Ahnung, welche Arbeit da auf uns zukam.«

Aufnahmen vom Nachthimmel über den Parks zu machen ist nicht so einfach, wie es klingt. Erstens macht das nur in den wenigen dunklen Neumondnächten Sinn, zweitens muss das Wetter mitspielen – keine Wolken, vorzugsweise kein Wind, auf jeden Fall kein Regen, kein Gewitter, keine Tornados, keine Schneestürme, keine Hurrikans … Und drittens mussten Moore und Duriscoe ihre Messungen weit weg von jedem Lichteinfall in die Parks machen, damit die Kamera die jeweilige Dunkelheit, beziehungsweise die nur vom Sternenhimmel erhellte Landschaft exakt wiedergeben konnte. Ergo stand ihnen jedes Mal eine lange Wanderung bevor. Sie konnten ihre Geräte ja nicht einfach am Besucherparkplatz aufbauen und dann schnell in die Wärme des Motels fliehen. In einem Park nach dem anderen mussten sie die schwere Ausrüstung oft stundenlang bis zur dunkelsten Stelle schleppen, die sie finden konnten, und dann die ganze Nacht dort draußen verbringen.

Moore sagt, es sei ihnen anfänglich primär um die numerischen Werte gegangen. »Zuerst wollten wir die Ressource einfach einmal quantifizieren, das war uns wichtig, damit wir lernen konnten, was sich noch als eine akzeptable Veränderung bezeichnen lässt. Wir Menschen neigen ja dazu, nur die Dinge wertzuschätzen, die wir beziffern können. Der Umgang mit Dunkelheit stellt nun aber vor die gewaltige Schwierigkeit, dass es keinerlei Möglichkeiten gibt, ihre Spur zu verfolgen. Deshalb bestand unser entscheidender Beitrag in einer ausgeklügelten Methode, die wir schließlich erfanden, um es trotzdem tun zu können.« Zuerst quantifizierten sie den messbaren Grad der Dunkelheit an ihren jeweiligen Standorten auf Basis der Klassen 9 bis 1 auf der Bortle-Skala. Erst nachdem sie im Zuge dieser Messungen immer besser verstanden, wie viele verschiedene Faktoren es gibt, die zur Qualität eines Nachthimmels beitragen, entwickelten sie einen eigenen »Sky Quality Index«, und zwar anhand einer Skala von 1 bis 100. Das Endziel blieb jedoch unverändert die exakte Messung der Qualität des jeweiligen Nachthimmels, damit der NPS einschätzen kann, wie und in welchen Maßen er diese Ressource schützen muss.

Aber es bleibt eine Herausforderung, die Qualität und somit auch den Wert von Dunkelheit zu messen und zu bemessen. »Es ist ja nicht so, als würde man den Arsengehalt im Trinkwasser messen«, sagt Moore, »wo man weiß, dass es eine Schwelle gibt, die nicht überschritten werden darf, weil es dann gefährlich wird.« Trotzdem: Dass man die Dunkelheit mit einem numerischen Wert beziffern kann, trägt viel dazu bei, den Menschen begreiflich zu machen, wie wertvoll sie ist. »Weil wir Menschen, na ja, wir sind überhaupt nicht gut darin, graduelle Veränderungen zu bemerken«, erklärt Moore. Nur weil er im Laufe der Zeit wieder und wieder den Grad der Dunkelheit in den verschiedenen Parks gemessen hat, sind er und seine Kollegen in der Lage, den Verantwortlichen beim NSP sagen zu können, »so und so viel haben wir verloren« oder »um so und so viel besser ist der Himmel hier geworden«. Und indem sie das tun, hoffen sie auch das bekämpfen zu können, was Moore das »Problem des Vergessens« nennt: »Wir vergessen, wie gut der Himmel einmal war, deshalb sinkt der Punkt auf unseren Diagrammen, bis zu dem wir seine Qualität noch akzeptabel finden, auch stetig immer tiefer und tiefer.« Der Psychologe Peter Kahn nennt das »die generationelle Umweltamnesie« und meint damit einen Sachverhalt, »bei dem das Problem ist, dass die Leute nicht erkennen, dass es ein Problem gibt«, weil sie es gar nicht anders kennen. Kurzum, wenn du nie einen dunkleren Nachthimmel gesehen hast als den, den du heute kennst, dann kommst du auch nicht auf die Idee, dass irgendwas nicht stimmen könnte.[3]

Ich bin auf dem Weg zum Gipfel des Cadillac Mountain auf Mount Desert Island im *Acadia National Park,* der sich von der Küstenregion in Maine über mehrere vorgelagerte Inseln erstreckt. Zuerst möchte ich den Sonnenuntergang beobachten, dann den Aufgang der Nacht.

Die meisten Autos fahren gerade herunter. Oben sind noch ein paar Touristen, aber auch die verschwinden mit dem schwindenden Licht, so als herrsche eine Art von kosmischem Gleichgewicht, dem man sich beugen müsse: Je dunkler, desto weniger Menschen. Es gibt einen Parkplatz, aber ohne jegliches Licht, abgesehen von dem der Glühwürmchen, die sich um die Büsche herum tummeln. Ich finde einen guten Aussichtsplatz und sehe mich im Himmel um. Im Westen glüht er wie Grillkohle, im Norden ist er

Regenwolkenblau, im Osten und im Süden wabert violetter Dunst. Auf den umliegenden Inseln glimmt hie und da das orange-rosafarbene Licht von einer Hochdruck-Natriumdampflampe. Das Meer lässt sich vom Himmel nur durch den dunkleren Grauton der Horizontallinie unterscheiden. Eine letzte Meise singt, als die ersten Sterne erscheinen. Ich esse mein Abendbrot mit Blick auf das offene Meer im Osten und mache mir im Licht meiner roten Stirnlampe Notizen, eingemummelt in eine Fleece- und eine Regenjacke.

Um zehn bin ich völlig allein auf dem Gipfel. Ich lege den Kopf in den Nacken: Im südlichen Himmel öffnet sich hin und wieder ein Wolkenfenster, das jedes Mal eine andere Sternenkonstellation offenbart. Zuerst den Schützen, den »Teekessel« fast in der Mitte unserer Galaxie – und schon ist er wieder weg, Fenster zu. Dafür öffnet sich ein anderes, diesmal taucht der Skorpion auf, strahlend hell. Es ist sein Auftritt auf dieser Bühne. Und Abgang.

Es beginnt zu regnen. Nicht besonders smart von mir, derart ungeschützt auf diesem glitschigen Felsen zu stehen. Aber ich will noch ausharren, und sei es nur, um den Regen auf meinem Gesicht zu spüren. Unweit von hier war Henry David Thoreau auf den Mt. Ktaadn (Berg Katahdin) geklettert und wünschte sich nichts sehnlicher als *Contact! Contact!* Ach, diese Sehnsucht, das Wilde zu verstehen. Als der Regen losprasselt, ist Flucht mein erster Impuls. Aber ich bin eine lange Strecke gefahren, um diese Nacht hier zu sehen, und es muss ja nicht jede Nacht schön und klar und sternenreich sein – jedenfalls nicht aus Sicht dieses nächtlichen Solo-Kletterers. Regen, Wind, rasende Sturmwolken – das Wilde hat sich diesen geschäftigen Touristenfleck zurückerobert und meinen flachen Felsen zu einer Loge gemacht, in der ich als einziger Zuschauer den Schauspielern in dem Theater um mich herum zusehe.[4]

Die Ureinwohner hier nennen sich Wabanaki, »Menschen des Morgenrötelands«: Der Gipfel des Cadillac Mountain wird im Herbst und Winter als erster Punkt in den Vereinigten Staaten von den Strahlen der aufgehenden Sonne geküsst. Und heute Nacht wird er wohl der letzte Punkt sein, von dem aus noch Sterne zu sehen sind, jedenfalls hier in dieser Umgebung. Im Osten sind Meer und Himmel inzwischen zu einer schwarzen Masse verschmolzen, der Horizont ist komplett verschwunden. Doch im Süden gibt es noch einen weit offenen Raum mit leuchtenden Sternen bis zur Wasserlinie.

Ebenso glücklich über meine rote Regenjacke wie über den regendurchtränkten Rest von mir, stehe ich auf meinem Felsen und beobachte, wie die Sturmwolken auch dieses letzte Fenster schließen und das Land in tiefe Dunkelheit tauchen.

Am Morgen begegne ich im Besucherzentrum dem amerikanischen Naturforscher und Naturschützer John Muir (1838–1914): Es sind seine Worte auf dem Schild neben der Treppe: »Der Mensch bedarf der Schönheit wie des täglich Brots, der Orte des Vergnügens wie der Orte des Begnügens, einer Natur, die heilt und belebt und Körper und Seele stärkt.« Ein Stück weiter stoße ich auf den Umweltschützer Sigurd Olson (1899–1982) aus meiner Heimat Minnesota: »Wenn es uns irgendwie gelingt, Orte zu erhalten, in denen wir das Mysterium des Unbekannten erspüren, dann wird unser Leben reicher sein.« Schönheit und Mysterium – beides nicht fassbar, aber ungemein wertvoll, wie wir alle wissen. Bloß wissen wir nicht immer auch, wie wir unsere Wertschätzung zum Ausdruck bringen können.

Dieser Ort hier lässt Hoffnung in mir aufkeimen: Es ist ein Sonntagmorgen im Sommer und ich sehe einen stetigen Besucherstrom kommen und gehen, sehe freiwillige Helfer den Verkehr regeln, sehe Ranger, die sich zum Gespräch anbieten und den Besuchern mit Rat und Tat zur Seite stehen. Dieser Nationalpark hier im Osten der Vereinigten Staaten schenkt mir Hoffnung, weil er in Reichweite eines Ballungsraums liegt – knappe sechs Fahrtstunden von Boston entfernt – und Millionen von Menschen alljährlich die Möglichkeit anbietet, die Schönheit und das Mysterium der natürlichen Nacht kennenzulernen.[5]

»Nicht viele Menschen denken daran, nachts einmal den Blick zum Himmel zu erheben«, sagt Sonya Berger von den Acadia Rangern. »Sie rennen von einem beleuchteten Ort zum anderen, und sobald es dunkel wird, knipsen sie den künstlichen Tag an. Und wo immer sie draußen herumlaufen, stehen für gewöhnlich Straßenlaternen, oder sie laufen sowieso nur bis zum Auto und schalten dann sofort selbst die Scheinwerfer ein. Das ist wie in Phoenix, wo man von einem klimatisierten Raum in den anderen geht und nie die Hitze zu spüren kriegt, niemals bemerkt, wie irre heiß es dort im Sommer ist. Ich glaube, dass es den meisten Menschen mit dem Nachthimmel genauso geht.«

Sonya und die anderen Ranger reagierten darauf mit diversen Angeboten an die Besucher, die alle darauf abzielen, ihnen beizubringen, dem Nachthimmel in ihrem Alltag mehr Aufmerksamkeit zu schenken. Zum Beispiel erdachten sie sich die Veranstaltung »Stars over Sand Beach«, an der in Sommernächten oft mehr als zweihundert Leute teilnehmen, oder »Knowing the Night«, eine Nachwanderung, um die Sinne im Dunkeln zu schärfen und den Besuchern die Möglichkeit zu geben, ihre Anpassungsfähigkeit an die Dunkelheit kennenzulernen. Die Ranger stellen immer wieder fest, dass so etwas kaum einer der Teilnehmer jemals zuvor gemacht hat, »aber wir sagen ihnen immer, es ist nie zu spät, kommt einfach mit.«

Die Botschaft, dass es nie zu spät ist, verbreitet der Acadia National Park nun schon seit Jahrzehnten. Aber auch der NPS insgesamt macht sie sich immer mehr zu eigen. Gegenwärtig bieten mehr als sechzig Nationalparks und Naturschutzgebiete in den Vereinigten Staaten Programme zur Beobachtung des Nachthimmels an, und die Zahl solcher Angebote wächst stetig. Aber auch den Erhalt der Dunkelheit selbst nimmt der NPS heute viel ernster. 2006 verabschiedete er eine Richtlinie, demnach er sich verpflichtet, »im größtmöglichen Umfang die natürliche Lichtlandschaft der Parks zu erhalten, denn sie sind Naturressourcen und somit ein Wert abseits von menschengemachtem Licht«. Diese Richtlinie verpflichtet die einzelnen Nationalparks natürlich dazu, selbst »das Licht zu minimieren, das vor parkeigenen Einrichtungen abstrahlt«, aber darüber hinaus auch, sich »um die Kooperation von Parkbesuchern, benachbarten Gemeinden und Kommunalregierungen zu bemühen, um den Einfall von künstlichem Licht in die nächtliche Szenerie der Ökosysteme der Parks zu verhindern oder zu verringern«. Seit es diesen neuen Ansatz gibt, haben die Verwaltungen mehrerer Parks und Naturschutzgebiete die Initiative ergriffen und ihre eigenen Beleuchtungsanlagen umgerüstet – alte durch energiefreundlichere ersetzt, Lampen abgeschirmt –, was schon viel dazu beitrug, den Besuchern die Bedeutung von Nacht und Dunkelheit bewusst machen zu können.

Allerdings gibt es immer einige Parks, die sich strenger an die neuen Richtlinien halten als andere, wiewohl deren Botschaft doch ganz im Einklang mit den 1916 formulierten Aufgaben des National Park Service steht, die da unter anderem lauten,

… das Landschaftsbild sowie alle natürlichen wie historischen Objekte und alles bewegte Leben darin zu bewahren und sich auf eine Weise, und mit Mitteln und Wegen, zum Wohle derselben einzusetzen, welche ihre Unversehrtheit zum Wohle künftiger Generationen garantieren.[6]

Es besteht gar kein Zweifel, dass es die Naturschutzparks versehrt, wenn Lichtverschmutzung die Sterne aus dem Himmel über ihnen löscht, wenn Lichtverschmutzung in die natürlichen Zyklen von Wildtieren eingreift, wenn Lichtverschmutzung die nächtliche Aussicht auf Berge und Täler und Wasserfälle zunichtemacht. Wenn wir weiterhin tatenlos zusehen, wird sich das Problem auch weiter verschärfen.[7]

Die amerikanischen Nationalparks – und Parks in aller Welt – bieten vorzügliche Möglichkeiten zum Erhalt der Dunkelheit, und die erhaltene Dunkelheit bietet dann ihrerseits den Parks wertvolle neue Möglichkeiten. Jeder ernsthafte Plan zum Schutz der Dunkelheit, wie zum Beispiel die Ausweisung eines Areals zum Sternenlichtreservat oder die urkundlichen Ernennungen der IDA, bedingt eine dunkle Kernregion und um diese herum eine Pufferzone aus verständnisvollen Kommunen. Amerikanische Nationalparks haben hier bereits in mehreren Hinsichten eine wichtige Rolle übernommen und wären selbst perfekt als Kernregionen für neue Sternenreservate geeignet. Doch wenn Naturschutzgebiete von der umliegenden Zivilisation mit unersättlichem Appetit auf natürliche Ressourcen aller Arten eingezwängt werden, dann werden sich die noch sichtbaren Grenzen solcher Reservate bald auflösen. Denn dunkle Areale, die sogar von Licht aus Hunderten Meilen Entfernung beeinträchtigt werden, werden immer zu den ersten Naturschätzen gehören, die zivilisatorische Zeichen der Versehrtheit aufweisen. Ich erinnere mich gut an Pierre Brunets Aussage in Paris, dass die Gegenwart eines Astronomen immer ein sicheres Zeichen für ein gesundes Ökosystem sei, denn wenn die Astronomen gehen, dann weil der Himmel für ihre Wissenschaft zu hell und zu verschmutzt ist. Und das, was den Himmel verschmutzt hat, wird im Laufe der Zeit auch andere Ressourcen versehren.[8]

Was den Acadia National Park deshalb zu einem besonders eindringlichen Beispiel macht, ist seine Lage, die Tatsache, dass er in unmittelbarer Nähe von mehreren ungemein geschäftigen Ballungszentren liegt, aus denen er jährlich zwei Millionen Besucher anzieht. Die Hingabe, mit der sich seine Verantwortlichen der Dunkelheit widmen, wird ihnen allerdings nicht nur mit der fantastischen Möglichkeit gelohnt, eine derart hohe Zahl von Amerikanern mit ihrem Anliegen erreichen zu können – die Tatsache, dass es rund um sie herum diese Ballungszentren gibt, stellt sie auch vor ebenso fantastische Herausforderungen hinsichtlich des Schutzes dieser Dunkelheit. Bislang scheint die Parkleitung jedoch an beiden Fronten gut abzuschneiden: Im Jahr 2008 zum Beispiel stimmten die Bewohner von Bar Harbor für die Inkraftsetzung einer Beleuchtungsverordnung zum Wohle des Nachthimmels über dem Park wie des Himmels über ihrer Kommune selbst. 2009 veranstaltete der Acadia Park das erste seiner mittlerweile jährlich stattfindenden Night Sky Festivals, und zwar unter der tätigen Mitwirkung des regionalen Business, das erkannt hatte, dass ein dunklerer Himmel auch seiner Stadt mehr Besucher bescheren wird. Sonya Berger erzählt, dass der Park seither konsequent von den umliegenden Kommunen unterstützt werde: »Weil wir an der Ostküste und deshalb logischerweise von großen Ballungszentren umgeben liegen, sind Beziehungen und Kooperation des Parks mit seinen kommunalen Partnern noch dringender erforderlich und noch entscheidender für die Nachhaltigkeitsziele unseres Nationalparks«, erklärt sie, fügt aber hinzu, dass diese Ziele für die ganze Gemeinschaft von Bedeutung seien. »Der Acadia Nationalpark ist fast hundert Jahre alt und wird seit Langem als ein Ort betrachtet, zu dem die Menschen kommen können, um den Nachthimmel zu genießen.«

»Ich hatte keine Ahnung von dem Himmel hier«, sagt Tyler Nordgren, Professor der Astronomie und Autor des Buches *Stars Above, Earth Below: A Guide to Astronomy in the National Parks*. »Ich dachte, hier sei's wie überall an der Ostküste – man sieht eben eine Handvoll Sterne, und das war's dann. Aber Acadia ist wirklich wunderbar abgelegen hier oben am Golf von Maine. Und wenn man auf den Cadillac Mountain klettert, oder wenn man auf der gewundenen Parkstraße die Küste entlangfährt und neben sich im Meer die Sterne gespiegelt sieht – nein, darauf war ich nicht vorbereitet.«[9]

Während der Recherchen zu seinem Buch hatte Nordgren so oft es nur

ging jede klare Nacht in einem Nationalpark verbracht, in die Sterne geguckt, den Himmel fotografiert und dann versucht, diese Erlebnisse so zu
schildern, dass er mehr als nur Astronomen damit begeistern kann. Gemalt
hat er schon seit seiner Kindheit, aber erst als Naturwissenschaftler und
Lehrer wurde ihm dieses Hobby zur Leidenschaft. »Wenn du rausgehst und
einen Sternenhimmel über dir siehst, dann denkst du nicht als erstes an die
Zahlen und Fakten, die mit ihm einhergehen. Du denkst einfach nur: Wie
schön!« Also fragte er sich: »Wie kann ich den Leuten auf eine plastische,
auf eine emotionale Weise vermitteln, wie wundervoll es da draußen wirklich ist? Das kannst du letztlich gar nicht anders als durch lyrische und
malerische Bilder.«

Wenn er von Malerei spricht, meint Nordgren auch die Plakatserie, die
er für das Night Sky Festival in Acadia und für andere Parks nach dem Muster der WPA-Kunst aus den dreißiger Jahren entworfen hat (die *Works Pro-
jects Administration* war eine Arbeitsbeschaffungsbehörde, die im Zuge des
»New Deal« eingerichtet worden war). »Ich habe diese alten WPA-Plakate
für die Nationalparks immer geliebt«, sagt er. »Also dachte ich, man müsste
noch eine weitere Serie hinzufügen, vom Sternenhimmel und den Planeten
über den Parks.« Seine Plakate im WPA-Stil sind ungemein atmosphärisch,
mit winzigen Menschen, die staunend zu einem wundervollen Sternenhimmel aufblicken. Auf einem zum Beispiel steht *SEE THE MILKY WAY IN
AMERICA'S NATIONAL PARKS,* darüber das Bild eines Mannes und einer
Frau, die auf einer blassblauen Felszunge stehen, während die Milchstraße
direkt vor ihnen, wie die Flüssigkeit einer Lavalampe, in einen Himmel
aufsteigt, der übersät ist mit kreisrunden weißen Sternen. Es ist eine erha-
bene Szenerie, diese kleinen menschlichen Gestalten im Angesicht der Un-
ermesslichkeit des Universums. Während ich das Plakat betrachte, muss ich
an den Schriftsteller Bill Fox denken, der mir einmal über die Black Rock
Desert sagte: »Weißt du, wir glauben, eine Menge unseres Planeten durchs
Fernsehen, Internet oder unsere Flugreisen zu kennen. Aber die einzige
Möglichkeit, wirklich ein Gespür für die wahren Maßstäbe im Universum
zu bekommen, ist der Blick in den Nachthimmel. Erst wenn man einen
echten Sternenhimmel sieht, denkt man, Allmächtiger, das ist ein wirklich,
wirklich großes Universum da draußen.«

Eines der Plakate, die der Astronom und Maler Tyler Nordgren im Stil der WPA-Plakate aus den 1930er Jahren fertigte (© Tyler Nordgren)

»Dank der Malerei«, sagt Nordgren, »kann ich meine Wissenschaft um ein Vielfaches besser betreiben, als ich es jemals für möglich gehalten hätte.« Natürlich verfügt er über großes Wissen in seinem Fachgebiet, aber er ist doch alles andere als *the learn'd astronomer*, den Walt Whitman in seinem Gedicht aus dem Jahr 1865 beschrieb:

> *When I heard the learn'd astronomer,*
> *When the proofs, the figures, were ranged in colums*
>   *before me,*
> *When I was shown the charts and diagrams, to add,*
>   *divide and measure them,*
> *When I sitting heard the astronomer where he lectured*
>   *with much applause in the lecture room,*
> *How soon unaccountable I became tired and sick,*
> *Till rising and gliding out I wander'd off by myself,*
> *In the mystical moist night-air, and from time to time,*
> *Look'd up in perfect silence at the stars.*

> Als ich den gelehrten Astronomen hörte,
> Als die Beweise, die Zahlen, in Kolonnen vor mir
>   geordnet wurden,
> Als man mir die Tabellen und Diagramme zeigte,
>   sie zu addieren, dividieren und zu schätzen,
> Als ich da saß und den Astronomen hörte, wo er unter
>   großem Beifall im Hörsaal dozierte,
> Wie schnell ward ich dessen unberechenbar leid
>   und überdrüssig,
> Bis ich mich erhob und hinausglitt, alleine entschwand
> In die mystische feuchte Luft der Nacht, und bisweilen
> In vollkommener Stille aufblickte zu den Sternen.[10]

Nordgren zuckt bei der Vorstellung zusammen, dass ein Astronom einem Zuhörer Leid und Überdruss bereiten könnte. Aber er gibt zu, dass trockene Zahlen diesen Effekt haben können. Er weiß, dass es nicht »die Beweise, die

Zahlen« sind, die seine Zuhörer ergreifen. Ergreifend ist immer und für eden einzig und allein die Möglichkeit, »in die mystisch feuchte Luft der Nacht« hinauszugleiten und zu den Sternen aufzublicken.

»Wenn man am Südrand vom Grand Canyon steht, an einem dieser dunstigen Tage, und man hat deshalb nicht diesen mitreißenden Blick auf die Schlucht, dann wird jeder, selbst der unkundigste Besucher, das Gefühl haben, dass er etwas versäumt, dass ihm etwas vorenthalten wird. Aber wenn es um den Sternenhimmel geht, dann kommen die meisten Leute gar nicht auf die Idee, dass sie etwas versäumen.«

»Praktisch jeder wächst in einer Stadt auf. Wir wissen gar nicht, dass der Himmel auch anders aussehen kann. Den Leuten ist nicht mehr bewusst, dass sie Abertausende von Sternen sehen müssten, Sterne vom Zenit bis zu den Horizonten. Sie sehen dieses orange Leuchten, wie es eben im Himmel über ihren Heimatorten ist, und denken, okay, naja, so ist der Himmel eben.«

Engagierte Ranger in Dutzenden von Nationalparks und Naturschutzgebieten versuchen die Besucher davon zu überzeugen, dass der Himmel über ihren Heimatorten definitiv *nicht* normal ist. Sie veranstalten Lehrprogramme und Sternenfestivals und Vollmondwanderungen, sie halten nächtliche Informationsveranstaltungen an Lagerfeuern ab, und sie erklären wenn nötig jedem Besucher einzeln die Gefahren von künstlichem Licht und die Schritte, die jeder gegen die Lichtverschmutzung unternehmen kann. Aber sie erteilen ihren Besuchern nicht nur praktische Ratschläge, sie lassen sie auch an ihren eigenen Ideen teilhaben.

2009 strahlte PBS, der Public Broadcasting Service, die sechsteilige Serie *The National Parks: America's Best Idea* des amerikanischen Dokumentarfilmers Ken Burns aus. »Beste Idee«, weil diese Parks nicht nur malerische Landschaften, Kuriositäten der Natur und die Wildbiologie schützen und bewahren, sondern weil sie damit auch die immateriellen Eigenheiten schützen, die uns zu dem gemacht haben, was wir sind oder was wir wieder sein könnten. In Zeiten, in denen stetig anwachsende menschliche Populationen allerorten die unberührte Natur verändern, repräsentieren Nationalparks wie die in den Vereinigten Staaten etwas Nachhaltiges. Sie mögen im Laufe der Jahre vielleicht ihre Infrastrukturen oder ihre Prioritäten verändern, aber ihr eigentlicher Auftrag war, ist und bleibt, den Menschen die

Möglichkeit zu bewahren, noch etwas annähernd Vergleichbares zu erleben wie ihre Vorväter – oder wie die Ureinwohner vor deren Ankunft in Amerika. Indem unsere Nationalparks die physische Geografie ihrer Areale schützen, schützen sie auch unsere immateriellen amerikanischen Geografien. Und diesen Auftrag erfüllen sie nicht zuletzt auch, indem sie bewahren, was im NPS-Auftrag als »Lichtlandschaften« bezeichnet wird. Unsere National-parks könnten unsere letzte und beste Chance sein, wahre Dunkelheit ken-nenzulernen, zu schützen oder wiederherzustellen.

»Im Moment befinden wir uns in einem delikaten Stadium«, erklärt Tyler Nordgren. »Wenn wir noch ein, zwei Generationen ins Land gehen lassen, werden wir die Generation verloren haben, die erzählen kann, dass sie einst mit eigenen Augen die Milchstraße sehen konnte. Und mit ihr wird auch der alles entscheidende Wunsch verschwunden sein, sie wieder sichtbar zu machen. Es wird einfach niemand mehr da sein, der die Dinge wieder so herstellen möchte, wie sie einmal waren. Es ist höchste Zeit!«

In den *Lower 48* gibt es nirgendwo östlich des Mississippi noch einen Ort, der so dunkel ist wie die Orte in einigen Regionen westlich des großen Stroms. Überquert man ihn aus Richtung Osten, findet man dunkle Geografien in West-Nebraska und im Osten von Montana, im Nordosten von New Mexico und im mittleren Osten von Oregon. Allerdings wäre ein Reisender in diesen Regionen völlig auf sich allein gestellt, da gibt es niemanden, der ihn führen könnte, und nirgendwo eine Unterkunft. Diese Art von Einsamkeit hat ganz zweifellos ihre Reize, aber viele Menschen wagen es nicht, sich auf so etwas einzulassen, nur um einen dunklen Himmel zu sehen. Entscheidend kommt noch hinzu, dass diese Regionen nur durch reinen Zufall noch dunkel sind – nur, weil die Lichter der Zivilisation sie *noch* nicht erreicht haben. Denn dass auch ihre Dunkelheit nahezu sicher dem Untergang geweiht ist, liegt parado-xerweise gerade an ihrer Abgeschiedenheit – eben weil sie so abgelegen sind, werden sie selten aufgesucht, weshalb es auch kaum jemanden geben wird, der für sie kämpft, wenn ihr Feind, das Licht, schließlich über sie herfällt und ihnen das Schicksal all unserer anderen immateriellen Ressourcen droht. Wenn sich kaum noch ein Mensch um die uns verbliebene Dunkelheit schert, wird auch diese Dunkelheit schließlich verschwinden.

Wollen wir die noch vorhandenen dunkelsten Orte wirklich schützen, dann müssen wir sie kennenlernen, müssen sie aufsuchen, müssen lernen, sie zu lieben und zu respektieren. Angesichts dieser Überlegung scheint es mir nun, am Ende meiner Reise, wesentlich angemessener, dem Leser nicht einen spezifischen unter den noch wirklich dunklen Orten ans Herz zu legen, sondern vielmehr eine komplette Geografie der dunkelsten Art, eine, die gesegnet ist mit dunklen Orten, aber zugleich problemlos erreichbar, wie die große Zahl an Besuchern aus aller Welt beweist. Diese Geografie ist der amerikanische Südwesten, und vor allem die dort existierenden National-parks und Naturschutzgebiete. Es ist diese Geografie der Nacht, nach der ich Ausschau gehalten hatte, als ich meine Reise antrat. Mit Sicherheit gibt es ebenso dunkle und sogar noch dunklere Orte auf dieser Erde, aber in den Vereinigten Staaten keine andere große Landschaft, die diese Kombination aus größtmöglicher verbliebener Dunkelheit und alten Stätten aufweist, die zu lieben und zu schützen wir bereits versprochen haben. Ich jedenfalls finde, dass es diese Nationalparks sind, welche uns die größte Chance offe-rieren, Dunkelheit zu erleben und auf eine Weise lieben zu lernen, die uns dazu bewegt, sie dort, wo wir sie noch finden, schützen zu wollen, und uns dort, wo sie bereits versehrt ist, für ihre Wiederherstellung einzusetzen.

Welches sind also die dunkelsten Orte in den Vereinigten Staaten? Nach den Messungen des Night Sky Team vom NPS sind das bisher das »Natural Bridges National Monument«, der »Capital Reef National Park« und der »Bryce Can-yon National Park«, allesamt im Süden von Utah gelegen. Jüngst hinzuge-kommen ist der »Big Bend National Park« im Süden von Texas. Tyler Nord-gren hat im Anschluss an seine monatelange Tour durch die amerikanischen Nationalparks seine eigenen »Top Five« in folgender Reihenfolge aufgelis-tet: »Big Bend«, »Bryce Canyon«, »Natural Bridges«, »Grand Canyon« und der »Chaco Culture National Historical Park,« jedoch nicht ohne zu beto-nen, dass diese Rangordnung »nur widerspiegelt, was ich in den Nächten sah, in denen ich zufällig dort gewesen war. Sie ist keineswegs definitiv.« Es bedarf vieler Komponenten, damit ein Ort dunkler ist als andere, und die können sich von Nacht zu Nacht verändern, wobei natürlich die entschei-dendsten Rollen das Wetter, die Jahreszeit und die Mondphasen spielen. Ein

Ort, der heute am dunkelsten ist, kann morgen den zweiten Rang und übermorgen den dritten einnehmen. Und wer weiß schon, wie diese Liste in zehn Jahren aussehen wird.

Chad Moore erklärt: »Jedes Jahr geben sie das mediane Bevölkerungszentrum der USA bekannt, und das ist dann laut irgendeiner künstlichen geografischen Computerberechnung wundersamerweise immer irgendeine Stadt in Kansas. Da könnten wir auch einfach behaupten, der dunkelste Fleck in den *Lower 48* sei genau hier im östlichen Oregon, oder im Norden von Nevada oder an irgendeinem anderen zufälligen Punkt, aber das hätte natürlich nicht denselben Charme. Ich meine, es geht doch nicht darum, das Lichtäquivalent von ›einem Quadratzoll Stille‹[11] zu finden. Wir müssen vielmehr diese charismatischen Orte finden, die wir lieben, weil dort der Nachthimmel auf besondere Weise mit der Landschaft verwoben ist. Dann können wir sagen: ›Das ist einer unserer dunkelsten Orte – wir müssen ihn unbedingt verteidigen, wir müssen ihn hegen und pflegen.‹ Wir sollten keine Haarspalterei betreiben.«[12]

Hier zwei dieser Orte:

Im Bryce Canyon National Park steht der Ranger Kevin Poe mit dem Rücken zu einem *Hoodoo*, einer dieser lachsfarbenen, durch Erosion entstandenen Felspyramiden, die den Park so berühmt machen, und deutet auf den Horizont. »Ladies and Gentlemen«, sagt er zu seiner Besuchergruppe, »im Namen des National Park Service darf ich Ihnen … den Vollmond vorstellen.« Sekunden später geht der Mond auf. Die Kenner lächeln, aber den Besuchern, die vielleicht nicht wissen, dass Astronomen den Mondaufgang (und Monduntergang, ebenso wie den Sonnenauf- und untergang) auf die Minute genau vorhersagen können, und zwar Jahrhunderte im Vorhinein, muss Poes Timing wie Zauberei vorkommen. Für Poe, ein hochgewachsener Typ mit langem Pferdeschwanz und einer großen Liebe zur Nacht, markiert dieses Ereignis den Beginn einer weiteren Vollmondwanderung durch den Nationalpark, einer weiteren Möglichkeit, den Amor zu spielen, auf dass die Besucher sich in die Dunkelheit verlieben.

Während er seiner fünfundzwanzigköpfigen Besuchergruppe vorangeht (in der viele sind, die die Wörter »Licht« und »Verschmutzung« noch nie in einem Satz gehört haben, sagt er), erzählt er ihnen gut gelaunt alles Mögliche, von den Geräuschen der Nacht über die Bedeutung von Fledermäusen bis hin zu den Gefahren, die wegen »der Rücksichtslosigkeit drohen, mit der wir immer mehr Licht in den Himmel abstrahlen lassen«. Am Fuß der Felsen, wo der Trail und die Führung enden, warten wir, bis alle eingetroffen sind, dann kehren wir um und bilden die Nachhut. »Das alles soll ihnen klarmachen, dass Bryce Canyon nicht mit der Abenddämmerung verschwindet«, erklärt er. Tatsächlich erstrahlt der Park in vielerlei Hinsicht im Dunkeln am schönsten. Die Tickets für diese populären Vollmondwanderungen durch eine der dunkelsten Regionen in den Vereinigten Staaten sind ab halb sieben in der Früh zu haben und immer binnen einer Stunde ausverkauft. »Wir haben immer behauptet, dass wir eine Eins im Winter und eine Zwei im Sommer seien«, erklärt Poe mit Bezug auf die Bortle-Skala, »aber inzwischen ist der Winter frustrierend, weil wir so viele Kondensstreifen von den Jets über uns haben.« Der Winterhimmel ist hier zwar immer noch außerordentlich dunkel, aber nicht mehr wirklich klar.[13]

Als wir die breiten, aus dem Fels gehauenen Stufen des Trails wieder hochklettern, vorbei an Kiefern, deren Spitzen sich sanft in der leichten Brise wiegen und in deren Nadeln sich das Mondlicht fängt, erzähle ich Poe, was ich auf meiner Reise finden wollte: dunkle Orte, die jedoch nicht so abgelegen und schwer erreichbar sind, dass niemand hinfährt. »Naja, wir sind zwar nicht mehr makellos«, sagt er, »und Chad wäre der Erste, der sagen würde, dass es so etwas vermutlich gar nicht mehr gibt. Aber wir kommen doch ziemlich nahe daran, und dass wir gut erreichbar sind, kann man wohl laut sagen.«

Poe bleibt stehen und deutet auf eine Blüte, die sich erst bei Mondlicht öffnet. »Eine Bronzeblatt-Nachtkerze, die von Nachtschwärmern bestäubt wird.« Ich beuge mich auf allen vieren über sie und sauge diesen wundervollen Duft ein, von dem die ganze Luft über dem Trail erfüllt ist. »Für mich ist der beste dunkle Ort …« Pause. Er weiht auch mich nicht in sein Geheimnis ein, ergo kann ich auch nichts verraten. »Meine Jungs und ich nehmen ganze Kanu-Marathons auf uns, um dorthin zu kommen. Das ist einer dieser Orte, zu dem kein Mensch hinkommt, der aber wahnsinnig Bortle-1-klassig ist!« Als ich ihm erzähle, dass ich als nächstes zu den »Natural Bridges«

fahren will, lächelt er. »Tja, die Natural Bridges liegen in genau demselben dunklen Fleck, wenn du auf eine dieser NASA-Karten guckst, und da kann ja auch jeder problemlos hinfahren.«

Ein paar Nächte darauf sitze ich mutterseelenallein ganz oben auf einem großen Felsen im Areal des *Natural Bridges National Monument* und warte auf die Nacht. 2006 erklärte die IDA diesen Park zu ihrem weltweit ersten Sternenpark. Das Night Sky Team vom National Park Service gab seiner Dunkelheit eine 2 auf der Bortle-Skala, was, wie Chris Luginbuhl betonte, jedoch nur bedeute, »dass darüber der dunkelste oder sternenreichste Himmel liegt, den sie während ihrer Messungen gesehen haben«.

Kevin Poe hat recht, man kann diesen »dunkelsten oder sternenreichsten Himmel« ihrer Messungen wirklich problemlos erreichen. Man stellt das Auto in einer gepflasterten Parkbucht ab, kann noch ein sauberes WC-Häuschen benutzen und läuft dann über einen geebneten Weg bis zu einem der Aussichtspunkte. Ich sage nicht, dass man unbedingt diesen Weg wählen muss – es gibt auch diverse Optionen im Hinterland –, aber man glaube bitte nicht, dass dieser Ort zu abgelegen wäre, um hinfahren zu können, nur weil er als der dunkelste im amerikanischen Nationalparksystem gilt. Stimmt, die Fahrt dauert eine Weile, und wenn man die Strecke nimmt, die ich gefahren bin, dann muss man außerdem über eine schmale Straße scharf am Rand eines Canyons hinauf, die so steil ist, dass dir die Frage durch den Kopf schießt, ob der Hersteller deines Mietwagens jemals getestet hat, wann das Autos abstirbt und rückwärtsschlittert. Aber an einem Wochentag zu Beginn der Saison begegnet einem kein einziges Auto auf den Serpentinen, und auch der Zeltplatz ist mehr oder weniger verlassen. Man parkt, läuft bis zu irgendeinem Felsen, klettert mühelos hinauf und wartet auf die Nacht.

Drei riesige natürliche Felsbrücken überspannen den kurvenartig geschwungenen Canyon über dem dunkelgrünen, kieferbewachsenen Tal vor dem Hintergrund roter Felsklippen. Wenn man an einem jedermann zugänglichen Ort und trotzdem völlig allein ist, fühlt sich das ein bisschen so an, als hätte man einen eigenen Geheimplatz dort. Da hocke ich also auf diesem großen Felsen, ziehe die Schuhe aus, bade die nackten Füße in der leichten Brise und warte darauf, dass Dunkelheit aufsteigt. Und je dunkler es wird, umso mehr Geräusche steigen empor: Krähen und Frösche aus dem Canyon, Grillen von überall her, und dann Laute, die das Bild von Löwen vor meinem geistigen Auge erscheinen lassen. Kevin Poe hat zwar gesagt, die Chancen stünden höher, dass man von einem Getränkeautomaten als von einem Berglöwen umgebracht würde, aber dieses Kribbeln der Angst stellt sich ganz automatisch ein, diese Furcht vor dem Unbekannten, dem Geheimnisvollen. Ich genieße das Gefühl von bloßen Füßen auf dem warmen Wüstenfelsen und den unerwarteten Duft der Nachtrose, lege mich zurück, forme meine Hände zu Scheuklappen, verdunkle die Welt noch etwas mehr. Dann öffne ich die Handflächen, sodass sich der Himmel wieder in seiner ganzen Weite offenbart. Ich tue das wieder und wieder, und jedes Mal blitzen mehr Lichter auf, jedes Mal ist der Himmel mit noch mehr Sternen gesprenkelt. Ich stehe auf und breite meine Arme aus, umfange dieses Fenster der Dunkelheit zwischen der ausklingenden Abenddämmerung und dem Aufstieg des abnehmenden Mondes. Ich spüre die Brise auf der Haut und im Haar, lausche den Stimmen der Grillen und Krähen aus dem Canyon und den stetigen klopfartigen Lauten einer unbekannten Kreatur. Ich fühle mich vollkommen eingehüllt von dieser natürlichen Nacht, umgeben von Mitgeschöpfen, in deren Heim ich eingedrungen bin, die sich um meine Gegenwart jedoch nicht scheren, solange ich sie nicht belästige, und die nun allesamt in den nächtlichen Chor einfallen: will-kommen will-kommen will-kommen, *Contact!*

Hier noch zwei weitere Orte, diesmal ganz persönlicher Natur, aber von der Art, wie sie hoffentlich jeder kennt.

Der erste Ort heißt »Erinnerung«. Bei mir ist es die Erinnerung an jene Nacht in Marokko, als ich glaubte, ich träte in einen Schneesturm hinaus. Als ich für dieses Buch zu recherchieren begann, dachte ich daran, dorthin zurückzukehren, um dieses Wüstennest, vielleicht sogar diesen Himmel wiederzufinden. Stattdessen beschloss ich, mir diese Erinnerung zu wahren und lieber zu versuchen, vergleichbare Nächte anderenorts zu finden. Erinnerung ist der Ort unserer intensivsten eigenen Begegnung mit der Nacht – mit einer wunderschönen, inspirierenden Nacht. Die Menschen, die mir auf meiner Reise in die Nacht begegnet sind, haben mir alle von solchen

Orten erzählt. Jeder berichtete von einem Erlebnis, das ihm erstmals Anlass zur Sorge um die Dunkelheit gegeben hatte. Wer jemals eine wahre, wirklich dunkle Nacht erlebt hat, wird sie nie vergessen. Sie prägt sich unserem Gedächtnis ein, vor allem dann, wenn man diese Erfahrung als junger Mensch macht, und wird zu einem unauslöschlichen Bild, das uns inspiriert und den Wunsch weckt, sie in natura wiedererleben zu wollen.

Der zweite Ort ist die Nacht, in der wir uns zu Hause fühlen. Bei mir ist das die Nacht an »meinem« See in Nord-Minnesota. Heute verbringe ich dort nur noch Zeit im Sommer und manchmal über Neujahr. Aber dort ist und bleibt die Nacht, die mir am meisten bedeutet. Es ist die Erinnerung an sie, die mich zum Handeln bewegt. Wer die Dunkelheit schützen möchte, der wird dazu meistens von einer Erfahrung motiviert, die er mit der Dunkelheit dort machte, wo er sie zu lieben lernte und wo er sie auch bewahren möchte, weil er diesen Ort als Heimat empfindet. Ganz im Sinne des amerikanischen Naturphilosophen Edward Abbey, der schrieb: »Dies ist der schönste Ort auf Erden. Es gibt viele solche Orte«, betrachte auch ich die Nacht am See in Minnesota als die schönste. Obwohl sie auch dort längst nicht mehr ungetrübt ist, ist es doch immer noch die wundervollste Nacht, die ich kenne, und die Nacht, die ich am dringendsten schützen möchte.

Ganz zuletzt nun der dunkle Ort, mit dem ich enden möchte. Es ist der dunkelste, an dem ich jemals war, nur mit dem entscheidenden Unterschied, dass ich dort nicht alleine war. Und »entscheidend« ist er, weil die Dunkelheit, die ich für so ungemein wertvoll halte, nicht von Menschen geschützt oder wiederhergestellt werden kann, die einsam und allein hinausziehen in die Nacht. Das wird nur mithilfe von Orten wie diesem in Nächten wie dieser geschehen, denn dazu bedarf es all der Dutzende von Kindern und Dutzende von Erwachsenen, die gemeinsam staunend unter einem so atemberaubenden Sternenhimmel wie hier stehen und dieses Erlebnis nie vergessen werden.

Dan Duriscoes Bericht über diesen Ort im »Great Basin National Park« aus dem Herbst des Jahres 2005 liest sich wie der Traum eines Astronomen: »Das natürliche Luftleuchten ist von einer deutlich blau-grünen Farbe, der Gegenschein ist deutlich wahrnehmbar, auch das Zodiakalband, wenngleich nicht in seiner Gänze. Die Details der Milchstraße bei Kassiopeia sind umfangreich, M33 ist durch die Sucherkamera leicht mit bloßem Auge erkennbar. Die Lichtkuppeln von Las Vegas und Salt Lake City sind vorhanden, aber nicht heller als der Mars. Es wäre eine Bortle-Klasse 1, da jedoch vom hohen Berggipfel betrachtet ist es eine 2.« Kurzum, mit Ausnahme von einigen wenigen Punkten am Horizont ist der Himmel über dem Great Basin National Park heute noch so dunkel, wie er vor der Besiedlung durch die Europäer gewesen war, so dunkel, dass ein *Airglow,* wie man das natürliche Luftleuchten nennt, in der Atmosphäre schwebt und das Gegenlicht der Sonne den Himmel erhellt. Sogar die nahe Galaxie M33 kann man mit bloßem Auge sehen. Die einzigen Missstände an diesem spektakulären Ort sind – wie im Death Valley – jene schwachen Lichtkuppeln von entfernten Städten, welche Duriscoe vom Gipfel eines der Berge im Park gesehen hatte – von einem Beobachtungsstandort aus, der, wie er zugestand, »sehr ausgesetzt, kalt und windig« war und ihm einem Maß an »Sauerstoffmangel‹ aussetzte, das »die Beobachtung mit bloßem Auge beeinträchtigt haben könnte«.

Dankenswerterweise stehe ich in dieser Nacht auf keinem Berggipfel und bin weder der Kälte noch einem Sauerstoffmangel ausgesetzt. Während ich unter der Milchstraße noch mit meiner Stirnlampe herumfummle, stehe ich auf dem Picknickgelände in der Nähe des Besucherzentrums, umringt von zwei Dutzend Amateurastronomen samt ihrer mehr als vierzig Teleskope und den nahezu dreihundert weiteren Besuchern, die zum jährlichen Astronomiefestival angereist sind. Ein wirklich bunter Haufen: Großeltern auf Klappstühlen, Mütter und Väter mit aufgeregten Kindern, junge Rucksacktouristen in staubigen Stiefeln und Shorts. Das erste Festival dieses Parks fand 2010 statt, aber weil der Besucheransturm in dieser einen Nacht derart massiv gewesen war, wurde das Festival in diesem Jahr (2011) auf drei Nächte ausgedehnt. Trotzdem sind Zelt- und Parkplatz überfüllt. Bereits zur Veranstaltung der Ranger bei Sonnenuntergang hatten sich eine Menge Besucher eingefunden. Gedichte und Lieder, die allesamt von der Nacht inspiriert worden waren, wurden vorgetragen – zu Beginn sangen drei kleine Kinder *Twinkle, Twinkle Little Star,* zum Abschluss sangen die Ranger *Home on the Range* und alle fielen mit ein, wenngleich die meisten von uns die kaum je gesungene zweite Strophe nur mitmurmeln konnten:

How often at night when the heavens are bright with the light
   from the glittering stars,
Have I stood there amazed and asked as I gazed if their glory
   exceeds that of ours.

Jetzt, kurz nach dieser Veranstaltung, stehen auch die meisten von uns nur noch *amazed* unter den Sternen. Im Süden, Westen und Norden bilden Bergketten den Horizont, im Osten liegen die Berge meilenweit entfernt hinter dem Snake Valley, das sich von hier bis tief nach Utah erstreckt, und dort hängt auch Jupiter wie ein gelöster Fesselballon über den Bergen und leuchtet von innen heraus, als habe er sich durch die Hitze von glühenden Kohlen in den Himmel erhoben. Als eine besonders verwegene Sternschnuppe über uns hinwegrauscht und eine Rauchfahne hinterlässt, ertönen kollektive »Oooooohhhs« aus der Menge, und ein paar Flüche von Besuchern, die gerade in die andere Richtung geblickt hatten. Obwohl man wohl sagen kann, dass hier kaum einer den anderen kennt, entsteht das typische Gemeinschaftsgefühl von Menschen, die gemeinsam eine Nacht unterm Sternenhimmel verbringen. Überall um uns herum glitzert es. Die Sterne, die dem Horizont am nächsten stehen, schillern wie von einem Lüftchen bewegt und wirken heller, auch irgendwie größer, als man sie jemals über bewohntem Gebiet sehen könnte. Auch ihre Farben, zum Beispiel das Rot des Riesen Antares, dem pochenden Herzen im Zentrum des Skorpions, erscheinen hier deutlicher als jemals zuvor gesehen. »Ich habe vergessen, wie lange es her ist, seit ich solche Sterne gesehen habe«, sagt eine Frau in meiner Nähe. »Ich habe solche Sterne noch nie gesehen«, antwortet ihr jüngerer Begleiter.

Ich habe solche Sterne schon gesehen, aber nicht oft. Und heute Nacht fällt mir wirklich auf, wie selten dieses Erlebnis geworden ist. Während ich dieses Buch schrieb, habe ich mich oft gefragt, um wie viel schwieriger es noch werden wird, einfach nur einen wirklich sternenreichen Himmel zu sehen und einfach nur eine wirklich dunkle Nacht zu erleben. Während all der Monate meiner Reise, als ich jede nur denkbare Chance ergriff, die Nacht draußen zu verbringen, habe ich nur ein paar Himmel wie diesen erlebt. Das Wetter spielt mit und der Mond ist weit weg.

»Was für ein unglaubliches Erlebnis für die Kids«, sagt die Frau neben mir. Darauf ihr Begleiter: »Jeder will, dass seine Kinder *Twinkle, Twinkle* singen und wissen, was es bedeutet.« Allerdings wird geschätzt, dass acht von zehn heute in Amerika geborenen Kindern nie wissen werden, »was es bedeutet«. Das heißt, 80 Prozent werden nie eine Nacht kennenlernen, die dunkel genug ist, um die Milchstraße zu sehen. Hier, unter diesem klaren Wüstenhimmel, wirkt diese Statistik völlig unglaubwürdig, so als erfahre man, dass acht von zehn Kindern niemals sprechen lernen oder niemals rumhüpfen oder niemals ins Grüne gehen werden. Tatsächlich aber kommen auf jedes Kind, das heute Nacht hier draußen unter den Sternen steht, viele Tausende in Las Vegas, die im Licht ertrinken und nicht einmal die Gelegenheit bekommen, sich zu fragen, *what you are,* wie es in dem berühmten Kinderlied heißt – eine Vertonung des Gedichts »The Star« von Jane Taylor, das in London 1806 in den *Rhymes for the Nursery* veröffentlicht wurde (lange bevor elektrisches Licht Einzug in die Kinderstuben hielt) und das zur Melodie von »Morgen kommt der Weihnachtsmann« gesungen wird. Zu Zeiten ohne elektrisches Licht konnte man eben noch singen:

Then the traveller in the dark,
Thanks you for your tiny spark,
He could not see which way to go,
If you did not twinkle so.

In einer Welt, in der sich der Reisende im Dunkeln noch vom Sternenlicht leiten lassen konnte, hatten Kinder das Staunen noch nicht verlernt – und nicht nur die Kinder, auch die Erwachsenen. Henry Beston schrieb:

Wenn die große Erde den Tag ziehen lässt und die Tiefen des Himmels und des Universums aufrollt, dann öffnet sich dem menschlichen Geist eine neue Tür. Und es gibt gewiss nur wenige, die so närrisch sind, sich von dem Mysterium allen Seins nicht berühren zu lassen und nicht zu staunen.[4]

Der Himmel, den ich heute Nacht über mir sehe, macht mich glauben, dass Bestons Worte trotz all der Hürden, die die Zukunft uns in den Weg stellen dürfte und die uns heute so unüberwindbar erscheinen, ihre Gültigkeit noch nicht verloren haben: Wer würde, wenn er denn die Chance bekommt, sich von dem wunderschönen Mysterium der Nacht berühren zu lassen, das nicht als ein Labsal für die Seele empfinden, und obendrein als einen Ansporn, es sich und anderen zu bewahren? Das Licht von Las Vegas bleibt nicht in Vegas, aber das trifft auch auf ein Erlebnis wie das der heutigen Nacht zu – ein Erlebnis, das uns in manchen nächtlichen Regionen immer noch erwartet und das wir dann dorthin mit zurück nehmen, wo wir uns zu Hause fühlen.

Unter diesem Himmel über dem Great Basin ist es einfach, sich inspiriert zu fühlen und instinktiv an den eigenen Platz in der Welt und an den Platz der Welt im Universum zu denken. Dieses Gefühl, wenn du den Kopf zurücklegst, bis du dich von Sternen eingehüllt glaubst, dieses Staunen und dieses Wundern fühlt sich ebenso urtümlich an wie mein Erlebnis in der Nacht zuvor, als ich die Serpentinen hierher zum Park hochgefahren bin und plötzlich das sensationelle Gefühl hatte, abzuheben und direkt in die Sterne hineinzufliegen.

»Dafür gibt es eine Bezeichnung«, sagt Bill Fox, der Hauptredner des Festivals und heute Nacht mein Himmelsgefährte. »Wenn der Horizont verschwindet und du das Gefühl hast, als würdest du in die Sterne hineinfallen, dann nennt man das, was du in diesem Moment physisch empfindest, das *celestial vaulting*« – du glaubst, ins »Himmelgewölbe« hineinzufallen. Fox erzählt mir von dem Land-Art- und Lichtkünstler James Turrell, der 1979 einen ganzen Vulkan gekauft hat, den Roden Crater bei Flagstaff in Arizona, um dort für mittlerweile insgesamt dreiundzwanzig Millionen Dollar »Skyspaces« zu erschaffen, in denen Besucher genau dieses *celestial vaulting* erleben können. Und dieses Erlebnis, Auge in Auge mit so unendlich vielen Sternen in einem Himmel, der sich dem Betrachter wie ein Gewölbe öffnet, das ihn regelrecht in sich einsaugt, ist denn auch eine wirklich alles entscheidende Erfahrung. Denn »wenn wir nie die Milchstraße sehen oder nie fühlen, wie es ist, wenn wir als Teil des Universums ins Universum starren«, sagt Fox, »wie sollen wir dann je ein Gefühl davon bekommen, wo wir sind? Wie sollen wir dann je unseren eigenen Platz im Universum begreifen?«[15]

Fox, der Autor von mehr als einem Dutzend Bücher, ist seit Langem von der Art und Weise fasziniert, wie das menschliche Gehirn mit der Frage zu kämpfen hat, wo es sich gerade befindet, vor allem im Angesicht von riesigen Räumen, inklusive des Nachthimmels. Einmal erzählte er mir, dass amerikanische Bomberpiloten, die im Zweiten Weltkrieg Nachteinsätze flogen, noch wochenlang nach einer solchen Tour Schwierigkeiten hatten, entfernte Objekte zu fokussieren – das Ergebnis vom stundenlangen Starren ins All. Man testete ihr Sehvermögen, aber das war völlig in Ordnung. Es war das Gehirn, das die Fähigkeit verloren hatte, zu verstehen, auf was die Augen sich gerade so angestrengt fokussierten.

Fox wuchs in den sechziger Jahren in Reno auf, wo er die Milchstraße noch von seiner Haustür aus sehen konnte. Die Polizisten, die eine Weile lang skeptisch das Teleskop in seinem Vorgarten beäugt hatten, kamen bald regelmäßig, um selbst einen Blick in die Sterne zu werfen. Im Verlauf seiner Forschungen, die sich auf Regionen wie das Great Basin in Nevada, das australische Outback oder die »weißen Wüsten« der Arktis und Antarktis konzentrieren, sah Fox diese Himmelsansicht dann mehr und mehr schwinden, sogar in der Arktis, wie er schrieb: »Meine Inuit-Freunde sagen seit Jahren, dass die Nacht nicht mehr so dunkel sei, wie sie einstmals war. Aber niemand glaubte ihnen, bis die örtlichen Meteorologen dann entdeckten, dass eine Schicht der arktischen Atmosphäre, die sich im Zuge des globalen Klimawandels jüngst erwärmte, Sonnenlicht von weit unterhalb des Horizonts reflektiert. Also ist sogar die Polarnacht, die längste und reinste Form der schwarzen Isotropie, die wir auf Erden finden können, durch den allgegenwärtigen Fußabdruck unserer Spezies bedroht.«[16]

Fox zuckt zusammen, als die Scheinwerfer eines Autos, das vom Besucherzentrum abfährt, das Picknickgelände erleuchten und uns plötzlich blenden. Nachdem wir stundenlang von Teleskop zu Teleskop gewandert und mit unseren Blicken den grünen Strahlen der Laserpointer gefolgt waren, mit denen schemenhaft sichtbare Astronomen herumgefuchtelt hatten, während sie die arabischen Namen von Sternen abspulten, und nachdem wir so lange in die Sterne gestarrt hatten, dass der Nacken zu schmerzen begann, haben sich unsere Augen perfekt an das Dunkel angepasst. ›Da merkst du erst, wie grell diese Lichter wirklich sind«, sagt Fox, »dabei sind es Lichter, an die wir Städter so gewöhnt sind, dass wir sie ansonsten nicht einmal mehr bemerken.«

Ich nicke und denke an das Gedicht von Wendell Berry, das ich während meiner Reise in die Nacht immer bei mir trug. Mit ihm begann dieses Buch, mit ihm soll es nun enden:

> *To go in the dark with a light is to know the light.*
> *To know the dark, go dark. Go without sight,*
> *and find that the dark, too, blooms and sings,*
> *and is traveled by dark feet and dark wings.*

> Gehst du ins Dunkel mit einem Licht, kennst du das Licht.
> Willst du das Dunkel kennen, geh dunkel. Geh ohne Sicht,
> Und entdecke: auch das Dunkel kennt Blühen und Singen
> Und das Queren dunkler Pfoten und dunkler Schwingen.[17]

Wie wurde sie doch auf den Kopf gestellt, unsere Welt, in der eine einst alltägliche menschliche Erfahrung zu etwas derart Seltenem werden konnte; in der ein Kind erwachsen werden kann, ohne je die Milchstraße gesehen oder jemals das Gefühl gehabt zu haben, abzuheben von der Erde und ins Himmelsgewölbe eingesogen zu werden; in der fast ein jeder nicht nur mit Licht, sondern mit so viel Licht bewaffnet ins Dunkel geht, um niemals erfahren zu können, dass auch das Dunkel blüht und singt.

Wie richtig es sich anfühlt, hier, an diesem Ort und gemeinsam mit anderen Menschen die Milchstraße zu bestaunen. Wie richtig es sich anfühlt, einen wahren Nachthimmel zu sehen, und wie richtig, das Dunkel zu kennen. Als meine Wegbegleiter für diese Nacht aufbrechen, um zum Parkplatz zurückzulaufen, zurück zum Licht, bleibe ich ein Stück zurück. Ich drehe mich um, noch einmal, bevor ich die Nacht verlasse, bevor die Lichter mir wieder die Fähigkeit rauben, im Dunkeln zu sehen, und in dieser Dunkelheit unsere Heimat im Universum zu begreifen und das gewölbte Band aus Milliarden von Sternen zu bewundern, das sich von Horizont zu Horizont spannt, so, wie es das seit Urzeiten tut.

Dank

Auf diesen Teil des Buches habe ich mich schon lange gefreut – die Möglichkeit, öffentlich all den vielen Menschen zu danken, die mir geholfen haben, es zu schreiben.

An erster Stelle danke ich den alten Freunden, mit denen ich viele Gespräche über diese Arbeit führte oder die auf andere Weise dieses Buch beeinflusst haben: Thomas Becknell, dessen bedächtige Worte mich seit zehn Jahren inspirieren; gefolgt von Emily Spiegelman, die mir seit unseren Tagen in New Mexico eine Freundin ist, Ingrid Erickson seit Carleton, Christina Robertson seit Reno, und Tiffany (Threatt) Bourelle. Randall Heath danke ich für ein dreißig Jahre währendes Gespräch und Gelächter. Marty Huenneke für seine unentbehrliche Begleitung nach Spanien und für seinen irischen Akzent, der mir immer ein Lächeln auf die Lippen zaubert; Eric Stottlemeyer für die Zeit von Reno bis Winston-Salem und darüber hinaus; Joshua Powell – das »Gold« wird uns nie verloren gehen, mein Freund; und David Swirnoff, dessen Klugheit und Humor mich über Wasser halten, seit wir als Teenager mitternachts um den Lake of the Isles joggten, und der nun in treuer Freundschaft auch das Manuskript zu diesem Buch las.

Die langjährigen Familienfreunde, die mich all die Jahre unterstützen, sind Marjorie Bjornstad in Milwaukee, Susan Flint und Michael Leirdahl in Minneapolis, Anne und Jack Ransom in Minneapolis, Mary und Jack von Gillern am Thunder Lake, Kathleen und Gene Scheffler im Golden Valley, Jeanne Harrie und Jerry Kleinsasser in Bakersfield. Ich danke Euch.

Ich danke Carly (Johnson) Lettero, Tom Schmiedlin, Michael Macicak und Carmen Retzlaff, Patrick Thomas, Michael Leville, Andrew Comfort, Alison Van Vort, Rachel und Joel Crabb, Nancy aund Ron Crabb, Jim Barilla.

Ich danke Scott Dunn, der in Albuquerque meine Arbeit lektorierte und mir Unterschlupf gab, als ich La Rosa eintauschte, und ich danke Douglas Haynes für seine Gastfreundschaft in Madison und für seinen Schnellreinigungsdienst an dem Tag, als die Rasiercreme am Beifahrersitz explodierte.

Dank an die Freunde aus Carleton-College-Tagen: Bardwell Smith, Wendy Crabb, Laura und John Gibson, Kristin Tollefson, Hanna Cooper, Laura (Kindig) Timali, Stephanie Satz und Jeremy Alden, Scott Dale.

Dank an die »Albuquerquer« Bobbo McCormick, Gordon Schutte, Dan O'Brien, Bonnie Nuttall, Adam Ford, Cara O'Flannigan, Blake Minnerly und so viele andere, die mir dort zu Freunden wurden. Dank an Derek Sundquist (Go Gophers!) und Dank in Memoriam an Bailey. Dank an Rachel (Armenta) Menke und vor allem an Greg Martin, den wundervollen Lehrer der Kunst, kreativ ein Sachbuch zu schreiben.

In Reno geht mein Dank an Jen Hughes Westerman und Jim Westerman, Mike Branch, Cheryll Glotfelty, Chris Coake, Heather Krebs, Lisa Fleck, Kyle Ferrari, Amy Poetschat, Rich und Jackie Starkweather, Jim Frost, Matt und Katie Anderson, Sudeep Chandra, Megan Kuster, Leslie Wolcott, Dawn Hanseder, Justin Gifford, Dan Montero und an all meine Freunde bei Reno Ultimate: Auf die 535 Toiyabe Street, die Bibo Coffee Company und die Trails hinter Patagonien!

Ein besonderer Dank geht an Scott Slovic für seine Ratschläge, Ideen und seinen unerschöpflichen Optimismus.

Dankbar bin ich auch dafür, dass ich drei Jahre lang am Northland College in Ashland, Wisconsin, unterrichten und mit einem außergewöhnlichen Kollegium zusammenarbeiten durfte, darunter Erica Hannickel, Paul Schue, Jason Terry, Michele Small, Tim Ziegenhagen, Tim Doyle, Elizabeth Andre, Alan Brew und Grant Herman. Und was wäre das Leben, ohne jemals Cynthia Belmont begegnet zu sein? Unvorstellbar! David Saetre ist ein Mann, dessen Freundschaft ich hüte wie einen Schatz. Mary Rehwald trug dazu bei, 715 Ellis Avenue zu einem Zuhause zu machen. Und ich habe die große Ehre, Dr. Rajat Panwar, einen wahrhaft geheimnisvollen Kosmopoliten, zu meinen Freunden zählen zu dürfen.

An der Wake Forest University war es mir zwei Jahre lang vergönnt, mit vielen wunderbaren Kollegen zusammenzuarbeiten, darunter Jessica Richard,

Dean Franco, Erica Still, Rian Bowie, Eric Wilson, Scott Klein, Ryan Shirey, Collin Craig, Anne Boyle, Laura Aull, John McNally, Grace Wetzel, Patrick Moran, Rachel Deagman, Mary DeShazer, Cynthia Gendrich und Phoebe Zerwick. Dank an Kendall Tarte für das wichtige Telefonat nach Paris in meinem Namen, und an Bill O'Connor, der mir seine Nachtfaltersammlung zeigte. Ein besonderer Dank geht an Miles Silman, der mich in seine Arbeit am Center for Energy, Environment, and Sustainability einführte. Danke auch Euch, Erin Branch und Lukas Brun in Chapel Hill, für die wunderbaren Dinners, und Euch Omaar Hena und Gretchen Stevens: Ich werde diese simple Frage, die das Vorspiel zu einem weiteren Abend mit fantastischem Essen und Wein auf dem Achterdeck war, nie vergessen: »Ziehst du Lachs oder Filet Mignon vor?« Dank an Abi Flynn, die mein nicht endendes Vergnügen an ihrem britischen Akzent und Esprit ausgehalten hat.

Dankbar bin ich auch für die Fördergelder, die mir in der Zeit an der Wake Forest University gewährt wurden und meine Recherchen für dieses Buch ermöglichten, darunter dem Archie Fund for Arts and Humanities, dem Dingledine Fund und dem Center for Energy, Environment, and Sustainability (CEES).

An meine neuen Kollegen an der James Madison University: Danke, dass Ihr mich an Bord genommen habt. Ein besonderer Dank an Laurie Kutchins.

Danken möchte ich aber auch all jenen, die meine Recherchen und die Arbeit an diesem Buch entscheidend aus professioneller Sicht beeinflusst haben. Zu ihnen zählen Lynn Davis von der National Parks Conservation Organization, James Fischer von Zoolighting, Roberta Moore, Kelly Carroll und die Ranger vom Great Basin National Park, Peter Lipscomb in Santa Fe, Kathleen Dean Moore von der Oregon State University, Don Miller vom Severson Dells Nature Center, Mary Adams vom Headlands Dark Sky Park in Michigan, Neil deGrasse Tyson vom Hayden Planetarium, Gary Harrison von der University of New Mexico, Siegrid Siderius in Amsterdam, Nicolas Bessolaz in Paris, Wim van Driel in Paris, Friedel Pas aus Belgien, Franz Hölker aus Berlin, Rowena Davis und Scott Kardel von der International Dark-Sky Association, Alex Pollard in London, Yves und Sandrine Lavenant in Paris, Alison Harris in Paris, Bob Crelin für die Zeichnungen,

Peter Baldwin für sein Buch, Paul Klass für die Hintergrundinformationen zur Rechtslage. Und Dank an Emma und Philippe Aronson: Ich erhebe mein Glas auf viele weitere wunderbare Essen mit Euch in Paris.

Ein besonderer Dank geht an Christian Luginbuhl, Richard Stevens und Steven Lockley, die ihr Expertenwissen mit mir teilten und Interesse an diesem Buch zeigten.

Ich erinnere mich noch gut an den Tag, als ich zum ersten Mal den Namen meines Agenten hörte. Ich spazierte gerade mit Steven Rinella, einem New Yorker Schriftsteller und Gastprofessor am Northland College, über den Campus und erzählte ihm von meiner Idee zu diesem Buch. »Oh«, sagte er, »da musst du mit Farley reden.« Farley Chase war alles, was sich ein Schriftsteller von einem Agenten erhoffen kann, und ich freue mich auf noch viele weitere Jahre der Zusammenarbeit.

Dass dieses Buch von Little, Brown publiziert wird, ist ein wahrgewordener Traum. Ich hatte das große Vergnügen, mit John Parsley als Lektor zu arbeiten. Seine allgegenwärtige Heiterkeit und sein scharfes lektorisches Auge haben entschieden mehr aus diesem Buch gemacht.

Dank an Euch alle bei Little, Brown für Euren Einsatz, um dieses Buch auf die Welt zu bringen. Ein besonderer Dank an Pamela Marshall und Carolyn O'Keefe, und an meine Korrektorin Janet Byrne.

Dank an Louise Haines bei HarperCollins UK.

Und last but not least, Dank an meine Familie – an meine Tanten Joanne, Myrna, Mary und Ruth; an Onkel Jim und Tante Carol; an meine Cousins; an meine Schwester Rachel und meinen Schwager Bob. Dank in Memoriam an meine Großeltern Cecil und Evelyn Bogard sowie Milton und Gladys Holcomb. Dank an Luna, den besten Hund und Freund der Welt. Und Dank an meine Eltern Judith und John Bogard, die immer für mich da waren.

Anmerkungen

Einführung

1 In Isaac Asimovs Novelle *Nightfall* (1941; vgl. *Und Finsternis wird kommen,* auch unter dem Titel *Einbruch der Nacht* erschienen) umkreisen sechs Sonnen einen Planeten, weshalb es dort niemals dunkel wird und die gesamte Zivilisation in Panik gerät, als eines Tages eine Sonnenfinsternis alle sechs Sonnen verdeckt.

2 Der Werbeslogan, *What Happens Here, Stays Here,* wird von der Stadtverwaltung und der Tourismusbehörde von Las Vegas seit 2005 benutzt.

3 Meine Informationen über Mizar und seinen blassen Zwilling Alkor stammen aus Emily Winterburns unterhaltsamem Buch *The Stargazer's Guide: How to Read Our Night Sky,* New York, 2008. Sie bezeichnet Mizar als den »ersten physischen Doppelstern« und erklärt: »Physische Doppelsterne umrunden sich gegenseitig, da sie durch ihre gegenseitige Schwerkraft zu einem System verbunden sind. […] Die Araber bezeichneten dieses Sternenpaar als ›Pferd und Reiter‹.« [Anm. d. Übers.: Zitiert aus: Emily Winterburn, *Der Himmel lesen lernen: Astronomie für Sterngucker,* aus dem Englischen von Hermann-Michael Hahn, München, 2009, S. 36 f.]

4 Die Anziehungskraft heller Lichter auf Kalmare ist mit der Anziehungskraft einer Flamme auf Nachtfalter zu vergleichen. Mehr über die Kalmar-Schiffe und ihre Speziallampen erfährt man in einem Artikel von Russ Parson, »Lights, nets, action«, *Los Angeles Times,* 31.1.2007, abrufbar unter: http://articles.latimes.com/2007/jan/31/food/fo-squid31.
Das Licht eines Kalmar-Fischerboots ist »hundert bis tausend Mal heller als die natürliche Umgebung«, erklären Forscher der Hokkaido Universität in Japan, siehe den abrufbaren Artikel: http://www.pices.int/publications/presentations/PICES_12/pices_12_S3/Fujino_956.pdf. Siehe dazu auch den Beitrag der *International Dark-Sky Association* (IDA), abrufbar unter: http://www.darksky.org/assets/documents/is193.pdf. Darin wird zum Beispiel detailliert geschildert, welche Auswirkungen Kreuzfahrtschiffe und Ölbohrinseln haben, und festgestellt: »Es ist falsch, dass die Dunkelheit auf den Ozeanen noch der entspräche, die sogar vor zwanzig Jahren noch herrschte.« Und das wurde im Jahr 2003 geschrieben!

5 Den zeitlichen Ablauf des Lichtwachstums auf Erden entnehme ich dem »Atlante Mondiale della brillanza artificiale del cielo notturno« (»Weltatlas der künstlichen Helligkeit

329

des Nachthimmels«), der 2001 von Pierantonio Cinzano und Fabio Falchi an der Universität von Padua, Italien, zusammengestellt wurde. Auf der Grundlage von Satellitendaten aus Mitte der 1990er Jahre, die ihnen von Chris Elvidge von der *National Oceanic and Atmospheric Administration* (NOAA) zur Verfügung gestellt worden waren, entwickelten sie farbenprächtige Karten und konnten Rückblicke in die Vergangenheit wie Vorausschauen auf die Zukunft berechnen. Derzeit arbeiten sie an einem neuen Atlas anhand von jüngeren Daten. Der Atlas ist abrufbar unter http://www.lightpollution.it/worldatlas/pages/fig1.htm.

6 In der Februarausgabe 2001 von *Sky & Telescope* erläuterte John E. Bortle die Entwicklung seiner Skala mit den folgenden Worten: »Unglücklicherweise hat so gut wie kein heutiger Sterngucker den Himmel jemals unter wirklich dunklen Bedingungen beobachtet, deshalb fehlt ihnen ein Bezugsrahmen zur Beurteilung der jeweiligen lokalen Bedingungen. Viele bezeichnen die Standorte, an denen sie ihre Beobachtungen machten, als ›sehr dunkel‹, doch aus ihren Beschreibungen geht dann eindeutig hervor, dass der Himmel dort nur von mäßiger Dunkelheit gewesen sein kann. Heute kann fast kein Amateur noch einen wirklich dunklen Standort in erreichbarer Nähe finden. […] Um Beobachtern zu helfen, die wirkliche Dunkelheit eines Standorts zu bestimmen, habe ich eine neunstufige Skala entwickelt.« Dem fügte Bortle noch an: »Vor dreißig Jahren konnte man in nur einer Stunde Autofahrt Entfernung von großen Ballungszentren noch einen wirklich dunklen Himmel finden, heute ist das nicht mehr möglich.«

7 Eine vorzügliche Geschichte der frühen Licht-»Technologien« schrieb Jane Brox: *Brilliant. The Evolution of Artificial Light*, New York, 2010. Um hier nur ein Beispiel anzuführen (S. 12): »Die Bewohner der Shetland Inseln fingen, töteten und lagerten Sturmvögel zu Tausenden.« Wenn sie eine Fackel brauchten, dann steckten sie einen »dieser Seevögel mit dem stark kälteisolierenden Öl […] auf eine Lehmunterlage, rammten einen Docht in seinen Hals und zündeten ihn an.«

8 In dem Winter, in dem ich erstmals etwas über Sternbilder erfuhr und große Lust verspürte, mehr über die Nacht, den Sternenhimmel und die Dunkelheit in Erfahrung zu bringen, verbrachte ich mehrere Abende auf dem Fußboden des (mittlerweile geschlossenen) Border's Book Shop in Albuquerque und blätterte durch jedes Buch, das unter der Rubrik »Astronomie« in den Regalen stand. Aber keines weckte größeres Interesse bei mir als Chet Raymos *The Soul of the Night: An Astronomical Pilgrimage* (1992), Lanham, MD, 2005. Mit einer Mischung aus Analogien (»Wenn die Sonne ein Golfball in Boston wäre, wäre die Erde eine Stecknadel in dreieinhalb Metern Entfernung davon und der nächstgelegene Stern […] ein Golfball […] in Cincinatti«) und Zitaten von Henry David Thoreau, John Burroughs (»Die Gaben der Nacht sind weniger greifbar«), Sylvia Plath, Rainer Maria Rilke, Theodore Roethke (»In einer dunklen Zeit beginnt das Auge zu sehen«) und vielen anderen, gelang es Raymo, dieses Gefühl aus Begeisterung und Staunen einzufangen und zu schildern, welches so oft entsteht, wenn man sich der Welt nach Einbruch der Dunkelheit gewahr wird.

9 Raymo, *Soul of the Night,* op. cit., S. 101.

10 Da wir nur einen winzigen Teil des Universums sehen, können wir die Anzahl der Galaxien darin auch nur raten. Fraser Cain, Betreiber der Website »Universe Today«, schreibt:
 »Den jüngsten Schätzungen nach gibt es hundert bis zweihundert Milliarden Galaxien
 im Universum, eine jede mit Hunderten Milliarden von Sternen. Eine jüngst in Deutschland durchgeführte Supercomputer-Simulation setzt sogar eine noch höhere Zahl an:
 fünfhundert Milliarden. Mit anderen Worten, es könnte da draußen für jeden Stern in
 der Milchstraße eine Galaxie geben.« Siehe: http://www.universetoday.com/30305/how-
 many-galaxies-in-the-universe/

11 Der griechischen Mythologie nach entstand die Milchstraße, als Zeus seinen unehelichen
 Sohn Herkules der schlafenden Hera an die Brust legte, auf dass er die Unsterblichkeit
 erlangt, und diese ihn zornig von sich stieß. Dabei spritzte Milch aus ihren Brüsten und
 verteilte sich als »Milchkreis« *(Kiklos Galaxias)* über den Himmel. Die römische Mythologie kennt die gleiche Geschichte, nur dass hier Junos Milch einen *Circulus Lacteus* bil-
 det, der sich dann zur *Via Lactea* verströmt. Andere Kulturen fanden andere Erklärungen.
 Einer Cherokee-Sage nach war ein diebischer Hund erschrocken weggelaufen, nachdem
 er Kornbrei umgestoßen hatte, weshalb die Milchstraße den Namen »Der Weg, auf dem
 der Hund wegrannte« erhielt. Ein Volk in der afrikanischen Kalahari hielt sie für Feuers-
 glut. Australische Aborigines sahen in ihr einen Fluss in der Himmelswelt, oder Termiten,
 die von Ahnen in den Himmel geblasen worden waren, oder Tausende von fliegenden
 Füchsen, die dem Tänzer Purupriggie folgen. Aber welche Erklärung die Menschen auch
 fanden, die Milchstraße war im Leben aller Völker in aller Welt noch ein ganz alltäglicher
 Anblick gewesen.

Kapitel 1

1 Anm. d. Übers.: Zitiert aus Vincent van Gogh, Brief an die Schwester, Arles, September
 1888, in deutscher Übersetzung abrufbar auf der Website des Musée d'Orsay unter »La
 nuit toilée/Sternennacht über der Rhône«. (Nicht enthalten in den Bänden *Sämtliche
 Briefe,* siehe Anm. 24 unten)

2 »Ich bin mir sicher, dass Las Vegas die hellsten Pixel aller Ballungszentren hat«, sagt Chris
 Elvidge in seinem Büro in der *National Oceanic and Atmospheric Administration* (NOAA)
 in Boulder, Colorado. 1996 hat Elvidge anhand der Daten eines militärischen Satelliten
 in fünfhundertachtundzwanzig Meilen Höhe die Lichter von Städten kartiert und festgestellt, dass Las Vegas die hellste Stadt auf Erden ist, gefolgt von New York und Madrid.
 In den inzwischen fast zwei vergangenen Jahrzehnten hat eine rapide Entwicklung stattgefunden, die auch viele Städte in China zum Erstrahlen brachte, trotzdem behauptet
 sich Las Vegas »aufgrund des Luxor-Leuchtfeuers«, wie Elvidge erklärt, noch immer als
 der hellste Fleck auf Erden.

3 In Las Vegas vermengt sich das grelle Licht der Leuchtreklamen mit der übrigen Lichterflut, wohingegen solche Reklamen in fast allen anderen amerikanischen Städten die anderen Lichter noch überstrahlen. Selbst dort, wo diese ungemein hellen und ständig die

Farben wechselnden Leuchtreklamen vor zehn Jahren noch völlig unbekannt gewesen waren, hielten sie inzwischen Einzug.

4 Mit Bortles Definition der Klasse 9 (siehe S. 11) ist der Nachthimmel über Las Vegas, New York und Hunderten von anderen Städten auf der ganzen Welt beschrieben. Man bedenke, dass vom Wintersternbild Orion in einem Himmel der Klasse 9 nur die hellsten Sterne wie Beteigeuze und Rigel und die »Gürtelsterne« sichtbar sind; man bedenke zudem, dass diese Sterne heller sind als 98 Prozent aller Sterne, die wir sehen könnten. Das heißt, 98 Prozent des Himmels wurden unserer Sicht entzogen.

5 Über Nordamerika und Westeuropa spannt sich das Band der Milchstraße zwei Mal jährlich, einmal im Winter und einmal im Sommer. Von der nördlichen Hemisphäre aus blicken wir im Sommer auf das Zentrum unserer Galaxie, weshalb der Anblick auch wesentlich dramatischer ist als im Winter, wenn wir nur den Rand der Galaxie sehen.

6 Wenn der Begriff »Star Party« beim Leser die Vorstellung von lauter Spinnern weckt, die sich unter Oooohs! und Aaaahs! um ein Teleskop drängen, dann hat er damit gar nicht so unrecht. Eine »Star Party« kann alles sein, von einer Handvoll Astronomen, die ihre Teleskope auf dem Dach eines Campus-Gebäudes aufstellen, bis hin zu mehrtägigen Festivals in besonders dunklen Gegenden, zu denen hingebungsvolle Sterngucker aus der Region, dem ganzen Land oder sogar der ganzen Welt strömen.

7 Erstmals fand die »Earth Hour« 2006 im australischen Sydney statt, mittlerweile folgen Städte in aller Welt diesem Aufruf. Ursprünglich hatte man das weltweite Bewusstsein auf die Energieverschwendung und den Klimawandel lenken wollen, inzwischen will man mit der symbolischen Verdunkelung von weltberühmten Wahrzeichen auch auf unsere Möglichkeit (und unsere Macht) aufmerksam machen, das Thema Lichtverschmutzung aufs politische Tapet zu bringen. Zu den Einzelheiten siehe www.earthhour.org, darunter faszinierende Videos von den Momenten, in denen der Pariser Eiffelturm, das römische Colosseum und das Opernhaus von Sydney in der Dunkelheit verschwinden.

8 Ellen Meloys wunderbarer Essay stammt aus *Raven's Exile. A Season on the Green River,* New York, 1994. Zum Zeitpunkt ihres verfrühten Todes im Jahr 2004 war sie auf dem Zenit ihres schriftstellerischen Schaffens gewesen. 1999 erschien ihr Buch *The Last Cheater's Waltz,* 2002 *The Anthropology of Turquoise.*

9 Die Zeichnung findet sich in: Wolfgang Schivelbusch, *Lichtblicke. Zur Geschichte der künstlichen Helligkeit im 19. Jahrhundert,* (München/Wien, 1983), Frankfurt a. M., 2004, S. 59. Diese großartige Studie folgt kenntnisreich und mit subtilem Humor der Entwicklung künstlicher Beleuchtungen, von »Feuer und Flamme« über das »Gaslicht« bis hin zur »Glühbirne«, und schildert, welche Auswirkungen diese progressiven Veränderungen auf die Umwelt, den Innenraum, das Nachtleben, den Salon und die Bühne hatten Das Buch sei jedem wärmstens empfohlen, der mehr über die Erhellung der Nacht erfahren möchte.

10 In der zweiten Hälfte des 19. Jahrhunderts wurden in den ansonsten so unterschiedlichen amerikanischen Städten Denver, Los Angeles, Minneapolis, Mobile, San Francisco und Buffalo hohe Türme mit Bogenlichtern an der Spitze errichtet. In den meisten Fällen

konnten sie ihr Versprechen nicht einlösen und fielen bald in Ungnade. Im texanischen Austin sind hingegen bis heute mehrere dieser alten (1895 aufgestellten) »Moonlight Towers« in Betrieb.

11 Die Idee, die Nacht zum Tage zu machen, ist nie wirklich ausgestorben. Kürzlich wurde der amerikanische Politiker Newt Gingrich wegen seines (ursprünglich aus dem Jahr 1984 stammenden) Vorschlag verhöhnt, gigantische Spiegel im All zu positionieren, die das Sonnenlicht auf die Erde reflektieren und »von der Notwendigkeit befreien« würden, »Highways zu beleuchten«, aber »durch die Aufhellung finsterer Viertel auch vor Verbrechen abschrecken«. Siehe: »The Silly Science of Newt Gingrich,« Time, 15. Dezember 2011, abrufbar unter: http://www.time.com/time/health/article/0,8599,2102471,00. html.

12 Jill Jonnes, Empires of Light: Edison, Tesla, Westinghouse, and the Race to electrify the World, New York, 2003, ist eine gut geschriebene Geschichte der sich wandelnden Licht-Welt, als sich »das uralte menschliche Gespür für Tag und Nacht dramatisch veränderte«.

13 Einen faszinierenden Einblick in das amerikanische Leben vor dem Auftauchen des elektrischen Lichts liefert Peter C. Baldwin, In the Watches of the Night: Life in the Nocturnal City, 1820–1930, Chicago, 2012. Vom ersten Satz an (»Wer im frühen Amerika eine unbeleuchtete städtische Straße betrat, der betrat eine Welt, die sich von der unsrigen auf geradezu schockierende Weise unterschied.«), über solche Kapitel hinweg wie »Die Kinder der Nacht« oder »Sex und Gefahr im Gedränge der Stadt«, schildert Baldwin dem heutigen Leser die geradezu schockierende Andersartigkeit der Welt, die es vor noch gar nicht so langer Zeit noch gab.

14 Die Zeichnung stammt aus John Jackle, City Lights. Illuminating the American Night, Baltimore, 2001, S. 46. Eines der überzeugendsten Argumente von Jackle ist, dass der öffentliche Raum nachts vor allem »zum Wohle der Anpassung an das Automobil neu gestaltet wurde« – eine Behauptung, die sich mit einem einzigen kurzen Blick auf jede beliebige amerikanische Stadt bei Nacht belegen lässt.

15 Es mangelt nicht an Informationen über die Lichtverschmutzung. Siehe insbesondere Bob Mizons exzellente Studie Light Pollution. Responses and Remedies, London, 2002; oder die Studie der International Dark Sky Association: Fighting Light Pollution: Smart Lighting Solutions for Individuals and Communities, Mechanicsburg, 2012, sowie die Website der IDA: www.darksky.org.
Zur schnellen Einschätzung der Qualität des Himmels genügt der Versuch, den Kleinen Wagen zu finden: Wenn man alle vier Sterne des Wagens sieht, ist die Himmelsqualität einigermaßen gut. Sieht man nur seine beiden vordersten Sterne, ist die Qualität mittelmäßig bis schlecht. Von den meisten amerikanischen Städten aus ist der Kleine Wagen überhaupt nicht zu sehen.

16 Henry David Thoreau, Tagebucheintrag vom 23. 3. 1856, in: The Writings of Henry D. Thoreau, Manuscript Bd. 20/Journal, Bd. VIII, S. 220 f. (Im Deutschen erschien nur die kurze Auswahl Aus den Tagebüchern 1837–1861, herausgegeben und übersetzt von Susanne Schaup, Oelde, 1996).

17 Bob Bermans Kolumne über »blöde Fragen« erscheint seit September 2003 unter der Überschrift »›F‹ in Science«, in *Astronomy* (mein Favorit: »Hat der Mars eine Sonne wie unsere Sonne?«).

18 Bob Berman, *Secrets of the Night Sky: The most amazing Things in the Universe you can see with the Naked Eye,* New York, 1995, S. 28, 34 (vgl. *Die Wunder des Nachthimmels: Alles über Sternbilder, Planeten und Galaxien,* aus dem Amerikanischen von Helmut Reuter, München, 1999), ein wunderbares Buch, in dem Berman in neunundzwanzig Kapiteln den Himmel zu allen vier Jahreszeiten schildert. Sein jüngstes Buch trägt den Titel: *The Sun's Heartbeat And Other Stories from the Life of the Star That Powers Our Planet,* New York, 2011, seine Website ist www.skymanbob.com.

19 Michael Hoskin, *The History of Astronomy: A Very Short Introduction,* Oxford, 2003 – ein exzellentes Buch für jeden, der sich für dieses Thema interessiert.

20 Berman, *Secrets of the Night Sky,* op. cit., S. 67.

21 Diese Information entnahm ich: Emily Winterburn, *The Stargazer's Guide/Den Himmel lesen lernen,* op.cit., einem der vielen zur Verfügung stehenden Bücher zum Thema. Vielleicht ist es ein gutes Zeichen, dass selbst zu Zeiten der stetig wachsenden Lichtverschmutzungen noch regelmäßig neue Lektüre erscheint, die uns die Betrachtung der Sterne lehrt – denn scheinbar wollen wir etwas über sie erfahren, auch wenn wir sie kaum noch sehen können. Unter den vielen vorzüglichen Büchern, die zu diesem Thema in meinem Regal stehen, sind besonders erwähnenswert: Fred Schaaf, *The Starry Room: Naked Eye Astronomy in the Intimate Universe,* New York, 1988; Geoffrey Cornelius, *The Starlore Handbook: An Essential Guide to the Night Sky,* San Francisco, 1997 (vgl. *Was Sternbilder erzählen: Die Mythologie der Sterne,* übersetzt von Alexandra Zemann, Stuttgart, 1997); und natürlich Chet Raymos *An Intimate Look at the Night Sky,* op.cit.
Es gibt auch diverse Apps für sofortige Informationen. Für iPhone- und iPad-User ist vor allem *Pocket Universe* interessant, für Android-User *Google Sky Map.* Natürlich werden auch solche Apps ständig verbessert, aber beeindruckend sind sie schon jetzt. Vor allem machen sie einen unabhängig von der realen Himmelsqualität, das heißt, selbst wenn du die Sterne nicht mit eigenen Augen sehen kannst, siehst du damit die »Sterne«, die du sehen könntest, wenn … Ich frage mich allerdings manchmal, ob solche Apps auch das Bedürfnis wecken, sich einmal den echten Nachthimmel zu betrachten, oder ob sich die meisten User damit zufrieden geben, zu wissen, wie der Himmel über ihnen aussehen *könnte.*

22 Einen faszinierenden Blick auf van Goghs Nachtbilder wirft Charles A. Whitney in seinem Essay »The Skies of Vincent van Gogh«, in: *Art History,* Bd. 9, Nr. 5, September 1986. Nachdem Whitney erforscht hatte, wie der Nachthimmel über Arles im Jahr 1888 aussah, konsultierte er auch die Wetteraufzeichnungen, was es ihm dann ermöglichte, genau den Himmel zu rekonstruieren, den van Gogh zu der Zeit gesehen hat, in der es seine berühmten Werke malte. Whitney kam zu dem Schluss, dass in seinen drei berühmtesten Gemälden vom Nachthimmel *(Sternennacht, Café Terrasse am Abend* und *Sternennacht über der Rhone)* nur der Große Wagen im letztgenannten Gemälde wirklich sichtbar gewesen war, und selbst den versetzte van Gogh vom Norden in den Südosten seines Him-

mels. Die *Sternennacht* malte er Whitneys Aussage nach in der Nervenheilanstalt aus dem Gedächtnis, ergo hat er »sich seinen eigenen Himmel aus Impressionen zusammengesetzt, die er im Laufe eines runden Monats gesammelt hatte«. Für jeden Liebhaber von van Goghs Gemälden und insbesondere seiner Nachtbilder lohnt sich eine Reise nach Arles: Die Außenwand des berühmten Café Terrace auf dem Place du Forum ist noch immer gelb gestrichen; die Stelle am Rhone-Ufer, an der er unter Gaslaternen die *Sternennacht über der Rhone* malte, ist genau markiert (ironischerweise verunstalten heute gleißend weiße Lichter die Szenerie); und sein Zimmer in der Nervenheilanstalt von St. Remy, in dem er die *Sternennacht* malte, kann zwar nur tagsüber besichtigt werden, wurde aber genau rekonstruiert, und jeder, der das Gemälde gesehen hat, erkennt beim Blick aus dem Fenster sofort die Hügel im Hintergrund der Landschaft.

23 Joachim Pissarro, der Urenkel des berühmten französischen Malers Camille Pissarro, war 2009 Kurator der Ausstellung »Van Gogh and the Colors of the Night« im MoMA. Im Ausstellungskatalog schreibt er in seinem Essay »The Formation of Crepuscular and Nocturnal Themes in van Gogh's Early Writings«, dass van Gogh lebenslange Liebe zur Nacht lange vor seiner Malerei entstanden war. Zu anderen Gemälden über die Dunkelheit und die Nacht siehe Nancy K. Anderson, *Frederic Remington. The Color of Night,* Washington, 2003.

24 Anm. d. Übers.: Brief vom 16. Juni 1888 aus Saintes-Maries, zitiert aus: Fritz Erpel (Hg.), *Van Gogh, Sämtliche Briefe,* Bd. 4, übersetzt von Eva Schumann, DDR-Berlin, 1965, Nachdruck-Sonderausgabe von Zweitausendeins, S. 72.

25 Giacomo Balla war so fasziniert vom elektrischen Licht, dass er es nicht nur in einem Gemälde von der *Straßenlaterne,* sondern auch in den Namen von zwei seiner drei Töchter verewigte: Eine nannte Luce, die andere Elettricita. Die dritte Tochter nannte er Elica (Propeller).

Kapitel 2

1 Zitiert von Elaine Sciolini, »As the Sun Sets. A Parisian's Masterpiece Comes to Life,« in: *The New York Times,* 23. Dezember 2006, abrufbar unter http://www.nytimes.com/2006/12/23/world/europe/23jousse.html?pagewanted=all. Zu dem Artikel gehört eine Audio Slide Show, auf der man Jousse »in action« beobachten kann. Siehe auch das Video, das auf der »Foreign Correspondent«-Website von ABC (Australian Broadcast Corporation) abrufbar ist: http://www.abc.net.au/foreign/content/oldcontent/s2464785.htm. Darin wird »Miss Paris« in einem kurzen Interview gefragt, ob sie wisse, dass das Lichtdesign der Stadt im Wesentlichen das Werk eines gewissen François Jousse sei. Nein, wisse sie nicht. »C'est qui, François Jousse?«, fragt sie. Am Ende des Gesprächs weiß sie, wer er ist, und sagt: »Merci, François Jousse.« Als ich Jousse darauf ansprach, lachte er und erklärte, dass er Miss Paris nie begegnet sei und auch nichts von ihrer Teilnahme an dem Video gewusst habe, bevor er es zum ersten Mal gesehen hatte.

2 London überholte im Jahr 1825 mit einer Einwohnerzahl von 1 335 000 sogar Beijing, und

den Titel der bevölkerungsreichsten Stadt der Welt sollte es ein ganzes Jahrhundert lang behalten, bis es trotz auf sieben Millionen angewachsenen Einwohnerzahl schließlich von New York eingeholt wurde. Heute gebührt dieser Titel allgemeiner Meinung nach Tokio, dessen Einwohnerzahl – je nachdem, welches Gebiet man der Stadt zugrunde legt – zwischen 13 und 33 Millionen beträgt.

3 Robert Louis Stevenson. »Plea for the Gas Lamps«, in: *Virginibus Puerisque. An Essay in Four Parts* (1881) [Anm. d. Übers.: Zitiert aus *Virginibus Puerisque und andere Schriften*, aus dem Englischen von Klaus Schmirler, Bremen/Hamburg, 1995, Kapitel »Ein Plädoyer für Gaslampen«, S. 257 f.] Siehe auch Stevensons Gedicht »The Lamplighter«, über den Kinderwunsch, *to go round at night and light the lamps with you.* Ganz offensichtlich war Stevenson kein Fan von gleißendem Licht. So etwas fand er »eine Lampe für einen Albtraum! Ein Licht wie dieses sollte nur auf Mörder fallen und entdecktes Verbrechen, oder entlang den Korridoren einer Irrenanstalt: Schrecken, um Schrecken zu erhöhen.« [Anm. d. Übers.: *Virginibus Puerisque*, op. cit., S. 259.]

4 Anm. d. Übers.: Stevenson, *Virginibus Puerisque*, op. cit., S. 260.

5 Anm. d. Übers.: ibd., S. 258 f.

6 Charles Dickens' Essay »Night Walks« (ursprünglich 1861 als das 13. Kapitel von *The Uncommercial Traveller* erschienen). [Anm. d. Übers.: Alle Zitate aus Dickens' Essay wurden zitiert aus: *Reisender Ohne Gewerbe. Nachtstücke*, herausgegeben und aus dem Englischen übersetzt von Melanie Walz, München, 2012, eBook.] Dickens findet sich vielfach online und in diversen Anthologien zitiert, unter welchen ich vor allem die von Joyce Carol Oates zusammengestellte erwähnen möchte: *Night Walks: A Bedside Companion*, Princeton, NJ, 1982. In Ihrer Einführung schreibt Oates: »Es gibt eine nachtaktive Persönlichkeit, einen nachtaktiven Geist, der sich von dem des Tageslichts unterscheidet und nur in der Einsamkeit zum Tragen kommt.« Das ist gewiss eine gute Beschreibung von Dickens' Bericht über seinen Spaziergang durch London mitten in einer Winternacht.

7 Sukhdev Sandhus Buch *Night Haunts. A Journey Through the London Night*, London, 2007, entstand durch seine Zusammenarbeit mit dem Mediengestalter Mind und dem Klangkünstler Scanner. Das Projekt ist abrufbar unter: http://www.nighthaunts.org.uk/. Sandhu stellte die täuschend simple Frage: »Was geschah eigentlich mit der Londoner Nacht?«, und verbrachte dann Zeit mit Kahnführern auf der Themse und mit vielen anderen Londoner Nachtschichtarbeitern: Polizisten in Hubschraubern, Kanalreinigern, Mini-Cab-Fahrern, Graffiti-Sprayern und einem städtischen Fuchsjäger. »Es geht mir darum, das mehr oder weniger eingeschlafene Genre des mitternächtlichen Flanierens durch die Hauptstadt, wie es in der viktorianischen Zeit und dem frühen 20. Jahrhundert noch üblich war, wiederzubeleben«, schreibt er, aber es ging ihm auch darum, »die heutige Realität« zu schildern.

8 Virginia Woolfs Essay »Street Haunting: A London Adventure« (1927) ist abrufbar unter: http://grammar.about.com/od/classicessays/a/strtwoolfessay.htm

9 Mehr über London bei Nacht vor der Einführung von elektrischen Beleuchtungen findet sich in: Peter Ackroyd, *London: The Biography*, New York, 2003 (vgl. *London – Die Biogra-*

phie, aus dem Englischen von Holger Fliessbach, München, 2002), vor allem in den Kapiteln »Let There Be Light« und »Night in the City«. Ackroyd nennt London eine »echoische Stadt« voller Schatten, die sich zu keiner Zeit besser offenbart als nachts.

10 David Downie, der aus San Francisco stammt, nennt Paris seit 1986 seine Heimat. Sein Buch *Paris, Paris: Journey into the City of Light* (1990), New York, 2011, enthält dreißig Essays über die »places, people and phenomena« in der französischen Metropole, sowie sehr atmosphärische Fotografien, aufgenommen von seiner Frau Alison Harris. Gemeinsam haben sie mehrere Bücher über Frankreich und Italien veröffentlicht (mit besonderem Gewicht auf Kulinarischem). David ist wegen einer degenerativen Augenerkrankung sehr lichtempfindlich und deshalb ein besonderer Fan von Paris bei Nacht. Aber er macht sich große Sorgen: »Wenn es noch heller wird«, sagt er, »werden sie beginnen müssen, es die ›Stadt des blendenden Lichts‹ zu nennen.«

11 Joachim Schlör, *Nachts in der großen Stadt: Paris, Berlin, London 1840–1930,* München/ Zürich 1991, S. 13, 47 – eine unterhaltsame Geschichte der nächtlichen Stadt, in der Schlör dokumentiert, wie radikal künstliches Licht im Laufe eines knappen Jahrhunderts das Leben in den Großstädten Europas verändert hat. Zwar benennt er die Gefahren einer Stadt bei Nacht en detail, verliert dabei aber nie »die vergessenen Schönheiten des Dunklen« aus dem Blick. »Der nächtliche Gang durch die Stadt kann an die *Erinnerung* appellieren, er kann verloren geglaubte Gefühle wiederbeleben, die tagsüber keinen Ausdruck finden; er kann eine neuartige *Empfindung von Schönheit* wecken …« (ibd., S. 69, 256).

12 Anm. d. Übers.: ibd., S. 238.

13 Nicolas Edme Restif de la Bretonne, *Les Nuits de Paris ou Le Spectateur Nocturne, 1788– 1789,* 8 Bde., Paris, 1790 (vgl. die kleine Auswahl: *Die Nächte von Paris 1789–1793,* aus dem Französischen übertragen und herausgegeben von Martina Bender, Leipzig/Weimar, 1989). Bretonne hatte sich vorgestellt, er habe einer wohlhabenden Dame aus dem Marais versprochen, allnächtlich durch die Stadt zu flanieren und ihr dann von seinen Erlebnissen zu berichten. Und so erfahren auch wir von Bretonnes Begegnungen mit den Menschen, die nachts auf der Straße waren, von Ganoven und Huren bis zu den Bäckern. Im Gegensatz zu einem modernen Schriftsteller, der wohl eher als Beobachter unterwegs wäre, verstrickt sich Bretonne selbst in das Geschehen, versucht hier einen Streit zu schlichten, dort einer jungen Frau zu Hilfe zu eilen, oder sich unbemerkt unter die eine oder andere Gesellschaft zu schummeln. Rebecca Solnit behauptet in ihrem Buch *Wanderlust: A History of Walking,* New York, 2000, dass die Art und Weise, wie Bretonne sein Paris schilderte, von vielen späteren Autoren übernommen worden sei – die Schilderung einer Stadt »als ein Buch, eine Wildnis, eine Art erogene Zone, ein Schlafzimmer«. Das Ergebnis ist amüsant und enthüllend, und das vielleicht bei keiner seiner Schilderungen mehr als bei den Berichten über die Brutalitäten während der Revolution von 1789 (»sein Bauch war aufgeschlitzt und der Kopf abgeschlagen«), die er selbst hautnah miterlebte und der er nur knapp entkam. Behauptet er jedenfalls.

14 Anm. d. Übers.: Wolfgang Schivelbusch, *Lichtblicke: Zur Geschichte der künstlichen Helligkeit im 19. Jahrhundert* (München/Wien, 1983), Frankfurt a. M., 2004, S. 83.

15 [Anm. d. Übers.: E. Roger Ekirch, *In der Stunde der Nacht. Eine Geschichte der Dunkelheit,* aus dem Englischen von Arnd Kösling, Bergisch Gladbach, 2006, S. 45 f.] Ekirch offeriert mit *At Day's Close: Night in Times Past,* New York, 2005 eine unterhaltsame und gründlich recherchierte Geschichte der Nacht im vorindustriellen Westeuropa und an der nordamerikanischen Ostküste, voller aufschlussreicher Fakten über das Leben vor dem elektrischen Licht. Am bekanntesten wurde das Buch zwar durch Ekirchs Entdeckung des unterbrochenen Schlafrhythmus unserer Vorfahren, viel umfassender aber sind seine Schilderungen, wie unsere Ahnen ihren Alltag angesichts all der realen Gefahren und all der Aberglauben, die mit der Nacht einhergingen, nach Einbruch der Dunkelheit gestaltet haben – von den Gefahren des Feuers über die des Reisens bei Nacht bis hin zu »Verwechslungen« in dunklen Schlafzimmern.

16 [Anm. d. Übers.: Schivelbusch, *Lichtblicke,* op.cit., S. 98.] Während der Julirevolution von 1830 wurde das Zertrümmern von Straßenlaternen zu einer Taktik des Straßenkampfs. Victor Hugo schildert in *Les Misérables* unter der Überschrift: »Ein Straßenjunge kämpft gegen Laternen« die folgende Szene: Es ist Nacht. Jean Valjean hockt in einer verlassenen Straße. »Der Laternenanzünder kam zur üblichen Zeit«, bemerkte ihn aber nicht. Er rührte sich nicht. »Im Licht der Laterne sah er ein junges, blasses, fröhliches Gesicht. Gavroche war in der Rue de l'Homme Armé erschienen.« Valjean sprach ihn an, »griff in die Tasche und zog ein Fünffrankenstück heraus.« Gavroche »hatte inzwischen einen Stein aufgehoben. Die Laterne tat seinem Auge weh. […] Und er warf den Stein in die Laterne, die klirrend zerbrach. […] ›So ist's recht, alte Straße‹, sagte Gavroche, ›setz dir nur die Nachtmütze auf!‹« Valjean trat zu ihm und drückte ihm das Fünffrankenstück in die Hand, aber Gavroche will es nicht: »›Bourgeois, ich will lieber Laternen einkitschen‹, […] Einige Augenblicke nachher hörte man bereits aus der Ferne lautes Klirren …« [Anm. d. Übers.: Siehe *Les Misérables/Die Elenden,* aus dem Französischen von Edmund Th. Kauer (1933), Berlin, 2002, S. 491–494.]

17 Bevor die effektivere Guillotine erfunden und zur bevorzugten Exekutionsmethode geworden war, pflegte die Revolution ihre Opfer am nächsten Laternenpfahl aufzuknüpfen, was so häufig geschah, dass sich sogar die französische Sprache anpasste: Während das Verb *lanterner* bis dahin »herumtrödeln« oder »Zeit vergeuden« bedeutete, stand es nun für »an der Laterne aufknüpfen«.

18 Eine ausgezeichnete Schilderung der Veränderungen, die das künstliche Licht auf den Straßen Europas im 17. Jahrhundert nach sich zog, liefert Craig Koslofsky mit seinem Buch *Evening's Empire: a History of the Night in Early Modern Europe,* New York, 2011. »Im Jahr 1660 verfügte noch keine europäische Stadt über eine dauerhafte Straßenbeleuchtung, bis 1700 waren dann jedoch in Amsterdam, Paris, Turin, London, Kopenhagen und im ganzen Heiligen Römischen Reich […] einheitliche und verlässliche Straßenlaternen aufgestellt worden.«

19 Die Fotografien, die Brassaï (Gyula Halász), der französische Fotograf ungarischer Herkunft in den 1930er Jahren von Paris bei Nacht aufnahm, zeigen auf atemberaubende Weise, wie die neue elektrische Straßenbeleuchtung die ewige alte Nacht in den Hinter-

grund zu drängen begann. Über seinen Bildband *Paris de Nuit,* 1933 bei Flammarion erschienen und vom Verlag 1990 neu aufgelegt, schreibt Joachim Schlör, dass Brassaï »mit der Publikation einem Gefühl der Zeit Ausdruck verleihen wollte: In dieser Epoche ging etwas zu Ende, eine lange Geschichte der Pariser Nacht ...« [Anm. d. Übers.: Schlör, *Nachts in der großen Stadt,* op.cit., S. 275.] Die Texte zu Brassaïs Bildband schrieb Paul Morand (»Im Weitergehen höre ich die grausigen Laute von Schweinen, die gerade in zwei Hälften zersägt werden«). In seiner kurzen Einführung erklärte er: »Die Nacht ist nicht das Negativ des Tages [...] wie auf der Fotoplatte [...], mit Einbruch der Nacht entsteht ein völlig neues Bild.«

20 Abgesehen von der Innenbeleuchtung des Rosettenfensters von Notre-Dame lehrten die Priester auch die Idee des Lichtdesigners Roger Narboni ab, zu jeder vollen Stunde pulsierende Lichtwellen im Rhythmus von Glockenschlägen an der Kathedrale herabgleiten zu lassen. Narboni erzählte mir: »Ich wollte von Anfang an eine computergesteuerte Lichtwelle, die jede volle Stunde beginnen und langsam die Fassade herabgleiten würde. Ich nannte es die Leuchtglocke, denn es sind zwar riesige Glocken in den Türmen vorhanden, bloß werden sie nicht mehr jede Stunde geschlagen. Das Ganze hätte zwei, drei Minuten gedauert und das wär's gewesen. Aber auch das wollten die Kirchenleute nicht – keinerlei dynamisches Licht an der Kathedrale, es sei eine Kirche und keine Disco. Ich erklärte ihnen, dass das nicht das Geringste mit einer Disco zu tun habe und ein sehr langsames Gleiten wäre. Aber sie haben die Poesie nicht begriffen. Schließlich hörte ich von allen Seiten: Vergiss deine Welle, vergiss deine Glocke.«

21 Jill Jonnes berichtet in ihrem Buch *Eiffel's Tower: The Thrilling Story behind Paris's Beloved Monument and the Extraordinary World's Fair that Introduced It,* New York, 2009, die verwirrende Tatsache, dass der Turm ursprünglich nur für die Pariser Weltausstellung von 1889 errichtet worden war und man ihn anschließend wieder hatte abreißen wollen (gerettet wurde er nur weil es Eiffel gelang, Unterstützer für die Bewahrung seiner Schöpfung zu gewinnen). Sie erzählt auch von den Herausforderungen, vor denen Eiffel bei der Konstruktion dieser Ikone stand, oder von den heute völlig lächerlich wirkenden Attacken, denen Eiffel sich ausgesetzt sah (weil der Turm dem Wind nicht standhalten könne, oder weil er »zu einem gefährlichen Magnet werden und die Nägel aus den Gebäuden in der Umgebung ziehen« würde). Heute, da der Turm und Paris in einem Atemzug genannt werden, ist die Geschichte seiner Erschaffung und seines Überlebens – beides hätte leicht schiefgehen können – eine wirklich faszinierende und amüsante Lektüre.

Kapitel 3

1 Dieses Zitat findet sich in dem Kapitel »Seeing« aus: Annie Dillard, *Pilgrim at Tinker Creek,* New York, 1974. Die Autorin erhielt dafür 1975 den Pulitzer Preis für Sachbücher.

2 Auch die Angst, für etwas haftbar gemacht zu werden, ist einer der Gründe, weshalb wir Amerikaner so viel Licht einsetzen, vor allem wenn es um Parkplätze oder College Campus geht. Niemand möchte verklagt werden, weil es zu einer Sachbeschädigung oder einem

Unfall wegen »ungenügender Beleuchtung« kam. Aber in Wirklichkeit gibt es überhaupt kein Gesetz, auf dessen Grundlage in solchen Fällen Anklage erhoben werden könnte. Zumindest gibt es, wie mir ein Anwalt erklärte, »kein Gesetz, das Grundbesitzer verpflichtet, ihren Besitz derart über Gebühr zu beleuchten, und es gibt auch kein Gesetz, das Grundbesitzer verpflichtet, den Himmel zu beleuchten.«

3 Die Information, dass Wolken den Lichtschein einer Stadt um das Zehnfache verstärken, entnahm ich einem Artikel von Christopher Kyba et al., »Cloud Coverage Acts as an Amplifier for Ecological Light Pollution in Urban Ecosystems«, der im Rahmen eines Projekts verfasst wurde, das vom deutschen Bundesministerium für Bildung und Forschung im Mai 2010 in Auftrag gegeben wurde. Es trägt den Titel »Verlust der Nacht. Ursachen und Folgen künstlicher Beleuchtung für Umwelt, Natur und Mensch.« Siehe www.verlustdernacht.de.

4 Das Zitat stammt aus dem Positionspapier »Dark Sky Ordinances: How to Separate the Light from the Darkness«, das 2006 von David B. Kopel und Michael Loatman vom *Independence Institute* verfasst wurde, einem konservativen Think Tank in Colorado. Sie wollten damit jeglicher Kontrolle unseres übermäßigen Einsatzes von Licht entgegenwirken, und das nicht nur mit sehr fragwürdige Behauptungen (»Dark Sky-Verordnungen kommen hauptsächlich dem gelegentlichen urbanen Sternengucker zugute«), sondern auch mit völlig unwahren (»die Forschung beweist, dass eine verbesserte Straßenbeleuchtung die Kriminalität um 20 Prozent reduziert«). Siehe http://www.scribd.com/doc/29812975/Dark-Sky-Ordinances-How-to-Separate-the-Light-from-the-Darkness.

5 Ein Problem bei jeder Diskussion über »Licht und Sicherheit« sind die Begriffe, die wir dabei benutzen. Was genau meinen wir, wenn wir von einer »besserer Beleuchtung« oder einer »guten Beleuchtung« oder einer »verbesserten Beleuchtung« sprechen? Würden wir darunter eine Beleuchtung verstehen, die vorzüglich abgeschirmt und mit Feingefühl entworfen wurde, wäre das eine Sache. Unglücklicherweise finden diese Begriffe jedoch traditionell immer dann Verwendung, wenn man glaubt, eine Beleuchtung noch heller machen zu müssen.

6 Diese Informationen stammen aus einem Artikel von R. Fouquet und P. Pearson: »Seven Centuries of Energy Services: The Price and Use of Light in the United Kingdom (1300–2000)«, in: *The Energy Journal,* 27, S. 139–177.

7 Diese Passage stammt aus Ralph Waldo Emersons Essay »Nature« (1836). [Anm. d. Übers. Zitiert aus *Natur,* herausgegeben und aus dem Amerikanischen übertragen von Harald Liczka, Zürich 1982/1988, Zitat im Text: S. 13, Zitat hier im Anhang: S. 14.] Von dieser Anfangspassage abgesehen geht es darin jedoch gar nicht um den Nachthimmel – Emersons Interesse an den Sternen war rein symbolischer Art. Im anschließenden Satz schreibt er: »Die Sterne erwecken ein bestimmtes Ehrfurchtsgefühl, weil sie, obwohl immer gegenwärtig, dennoch niemals erreichbar sind; aber alle natürlichen Dinge machen einen verwandten Eindruck, wenn der Geist ihren Einflüssen gegenüber offen ist.« Man fragt sich, was Emerson über die Sterne und das Ehrfurchtsgefühl zu sagen hätte, würde er heute leben und Zeuge unseres Verlustes von einem so großen Teil des Himmels sein.

8   Eine Studie über die Beleuchtung von Tankstellen zeigt auf, wie »eine Tankstelle für ausrei-
    chend Licht sorgen [...] und trotzdem Blendung und Lichtgrenzüberschreitungen ver-
    hindern kann«, siehe: http://www.lrc.rpi.edu/programs/transportation/pdf/lightPollution/
    canopy.pdf

9   Über seine Arbeit als Lichtdesigner in einer Gesellschaft, die besessen ist von der Vor-
    stellung, dass Sicherheit heller Lichter bedürfe, erzählt Narboni: »Jetzt haben wir diese
    verrückte Sicherheitspolitik in den Städten, die unsere Arbeitsmöglichkeiten völlig ver-
    ändert. Ständig müssen wir gegen Politiker ankämpfen, die alles mit grellem Licht be-
    leuchten wollen, weil sie glauben, dass damit alle Probleme, vom Vandalismus bis zum
    Verbrechen und so weiter gelöst würden, und das ist nun wirklich ein verrückter Ge-
    danke. Niemand will also noch irgendwo einen Schatten oder Dunkelheit haben – es ist
    ein Kampf, den wir fast immer verlieren.«

10 Lux ist eine metrische Einheit für die Stärke, mit der eine Lichtquelle auf eine Oberfläche
    auftrifft, das heißt für die Messung von Lumen pro Quadratmeter. Lux wird seinerseits
    eingeteilt in 10,764 Footcandle zur Messung der Helligkeit auf einer gegebenen Oberflä-
    che, die sich im Umkreis von einem Foot der Lichtquelle befindet. Beleuchtungsstärken
    können wir nicht »sehen«, aber wir können mit einem Belichtungsmesser die Lichtstärke
    feststellen, die von der Helligkeit einer Oberfläche (reflektiertes Licht) oder direkt von
    einer Lichtquelle abgegeben wird.

11 Die »Campaign for Dark Skies« (CfDS) der *British Astronomy Association* offeriert eine
    Fülle von Informationen über die Vorteile der Dunkelheit und die Gefahren von schlech-
    ter Beleuchtung. Siehe http://www.britastro.org/dark-skies/. Das Ziel der CfDS ist es,
    »durch eine Kampagne gegen exzessive, ineffiziente und unverantwortliche Beleuchtun-
    gen, die dort erstrahlen, wo sie unerwünscht sind und nicht gebraucht werden, die
    Schönheit des Nachthimmels zu bewahren und wiederherzustellen.«

12 Städten, die beschlossen, unnötige Lichtquellen auszuschalten, widmet die »Campaign
    for Dark Skies« eine eigene Website:www.britastro.org/dark-skies/lightsoffresponse.html.

13 Die Studie über Sicherheitsbeleuchtungen aus der Perspektive von Kriminellen ist abruf-
    bar unter http://www.policypointers.org/Page/View/1238. Der abschließende Bericht des
    Alley Lighting Project aus Chicago findet sich unter http://www.icjia.state.il.us/public/
    pdf/ResearchReports/Chicago%20Alley%20Lighting%20Project.pdf.

14 Barry Clarks Revision ist eine Pflichtlektüre für jeden, der sich in das Thema einarbeiten
    möchte, abrufbar unter: http://asv.org.au/light-pollution.php. Zum Positionspapier des
    Independence Institute erklärte er mir »Die Wiederauflage von Halbwahrheiten nimmt
    darin derart viel Raum ein, dass man es praktisch als eine durchgängige Beugung wissen-
    schaftlicher Methodik bezeichnen kann. Die Autoren hätten genauso gut das Rad der
    Geschichte zurückdrehen und den Gebrauch von Asbest rechtfertigen oder das Rauchen
    unter Teenagern fördern können.«

15 Anm. d. Übers.: Ekirch, *In der Stunde der Nacht,* op.cit., S. 20.

16 [Anm. d. Übers.: Ekirch, *In der Stunde der Nacht,* op.cit., S. 33.] Unsere Beziehung zur
    Nacht, schreibt Ekirch, sei deutlich von unserer Angst vor ihr geprägt, ob nun bewusst

oder unbewusst. 2010 sendete der *History Channel* eine Dokumentation mit dem Titel »Afraid of the Dark«, in der Ekirch ausgiebig Stellung zu den Ursachen unserer Furcht nahm. Wer in seiner Wohnung im Licht gebadet vor dem bunten Flimmern des Fernsehers sitzt, mag sich vielleicht lustig machen über den Geisterglauben und all die Urängste vor dem Übernatürlichen, dem Satan, den wilden Tieren oder einem gefährlichen Terrain. Aber ich wette, wenn man denselben Zuschauer einer wirklich dunklen Nacht ohne elektrische Lichter weit und breit aussetzen würde, empfände er es ganz anders.

17 Eine weitere exzellente Stellungnahme zur Angst vor der Dunkelheit findet sich in dem Kapitel »The Dark at the Top of the Stairs« aus A. Alvarez, *Night: Night Life, Night Language, Sleep, and Dreams,* New York, 1995 (vgl.: *Die Nacht. Von Dunkelheit, Träumen und Nachtschwärmern,* aus dem Englischen von Olga Rinne-Goedke, München, 1997). Alvarez erklärt, dass die Furcht vor dem Dunkel letztendlich etwas Unspezifisches sei. Sie sei – wie die Dunkelheit selbst – gestaltlos, alles verschlingend, berge Gefahren und rufe Gedanken an den Tod hervor. Aus diesem Grund könne beispielsweise der Moment, in dem das Monster in einem Horrorfilm schließlich ans Licht gebracht wird, beim Zuseher auch nur Enttäuschung auslösen.

18 Katie Roiphe, *The Morning After: Sex, Fear and Feminism,* Boston, 1993. Im Laufe von zwei Jahrzehnten haben sich diese von Blaulichtern gekrönten silbernen Pfosten über die Gelände fast aller Colleges und Universitäten in den Vereinigten Staaten verbreitet. Kaum eine Institution war nicht dazu bereit, Tausende von Dollar für deren Ankauf und Wartung auszugeben, und es findet sich praktisch keine Studie (ich kenne jedenfalls keine einzige), die sich mit der Sinnfrage befassen würde: Erhöhen diese *Blue Lights* wirklich die Sicherheit, oder sorgen sie nur dafür, dass wir uns sicherer fühlen?

19 Dieser Bericht ist abrufbar unter: https://www.ncjrs.gov/pdffiles1/nij/182369.pdf.

20 Trotz des Titels *Wanderlust. A History of Walking,* op.cit., kommt Rebecca Solnit erst auf S. 233 ihres 291 Seiten langen Buchs auf das Thema Frauen und Spaziergänge zu sprechen: »Im Zuge der gesamten Geschichte, die ich hier nachvollzogen habe, waren […] Männer die maßgeblichen Personen gewesen, deshalb ist es an der Zeit, uns zu fragen, warum Frauen nicht auch spazieren gegangen sind.« Mit dieser Überleitung beginnt der vielleicht überzeugendste Teil ihres faszinierenden Buches. Sie selbst war bereits neunzehn gewesen, als ihr »mit voller Wucht erstmals der Mangel an Freiheit« bewusst wurde, den das Frausein mit sich brachte. »Mir wurde geraten, abends im Haus zu bleiben«, wobei die unterschwellige Botschaft war, dass es in ihrer Verantwortung läge, »mein eigenes Verhalten wie das der Männer zu kontrollieren«, und dass es nicht in den Verantwortungsbereich der Gesellschaft falle »für mich die Freiheit durchzusetzen«, nach Einbruch der Dunkelheit nach draußen gehen zu können.

21 Weselys und Gaarders Artikel findet sich in *Gender and Society,* Bd. 18, Nr. 5, Oktober 2004.

22 Brianna Denison, die neunzehnjährige Studentin aus Reno, wurde im Januar 2008 verschleppt und Mitte Februar gefunden. Ihr Mörder wurde gefasst und zum Tode verurteilt. Die zweiundzwanzigjährige Eve Marie Carson wurde am 5. März 2008 in Chapel

Hill, NC, ermordet. Auch ihre beiden einundzwanzig- und siebzehnjährigen Mörder wurden gefasst. Sie wurden zu lebenslanger Haft ohne Bewährung verurteilt.

23 1972 gab es in den Vereinigten Staaten die höchste Zahl von Verkehrsunfällen mit Todesfolge: 54 000 Verkehrstote. Seither gingen die Zahlen sukzessive zurück, was aber vor allem an den verbesserten Sicherheitsvorkehrungen der Autobauer liegt. Im Jahr 2010 – die Bevölkerungszahl der Vereinigten Staaten hatte sich inzwischen um fast hundert Millionen gegenüber 1970 erhöht – gab es 32 708 Verkehrstote.

24 Barry Lopez schreibt in seinem Buch *Of Wolves and Men,* New York, 1978: »Das Töten eines Wolfs ist Mord. Das aus historischer Sicht betrachtet deutlichste Motiv, mit dem sich diese exzessiven Tötungsaktionen erklären lassen, ist eine bestimmte Form von Angst: die Theriophobie oder Angst vor wilden Tieren, vor der Bestie, die als ein irrationales, gewalttätiges, unersättliches Wesen betrachtet wird. In ihrer impulsivsten Ausprägung wird diese Angst auf eine einzelne Tierart projiziert, die dann zum Sündenbock gemacht und ausgerottet wird.« Schätzungen zufolge sank die Wolfspopulation in Nordamerika seit der Ankunft der ersten Kolonialisten von mehr als zweihundertfünfzigtausend auf tausend, während die Habitats der Wölfe auf vielleicht 3 Prozent ihrer historischen Ausbreitung reduziert wurden. Anderen Quellen nach wurden allein in der zweiten Hälfte des 19. Jahrhunderts ein bis zwei Millionen Wölfe getötet. Im Jahr 2012 war die Wolfspopulation in den *Lower 48* wieder auf rund fünftausend angestiegen.

25 Zu Ken Lambertons lesenswerten Büchern zählen: *Beyond Desert Walls: Essays from Prison* (2005), *Dry River: Stories of Life, Death, and Redemption on the Santa Cruz* (2011), und *Wilderness and Razor Wire* (1999), mit dem er 2002 den John-Burroughs-Preis für Naturliteratur gewann. Sein Essay »Night Time« findet sich in: Paul Bogard, *Let There Be Night: Testimony on Behalf of the Dark,* Reno, 2008.

26 Mit der Beleuchtung von Gefängnissen und Gefängniszellen dürften sich nicht viele Menschen befassen, ausgenommen solche, die in ihnen einsitzen oder arbeiten, denn sie verbringen lange Zeiten in einem sehr schlecht beleuchteten Umfeld. Michaele Wynn-Jones hat dieses Problem fünfzehn Jahre lang studiert und kam dabei unter anderen zu dem Schluss, dass die schlechte Beleuchtung in Gefängnissen – schlecht sowohl hinsichtlich der verwendeten Beleuchtungssysteme als auch hinsichtlich der Tatsache, dass deren Licht niemals abgeschaltet wird – entscheidend zu Depression und Selbstmord unter den Personen beiträgt, die dort einsitzen oder arbeiten. »Man stelle sich einmal vor, wie es wäre, tagtäglich vierundzwanzig Stunden in einem Raum von der Größe einer durchschnittlichen Toilette verbringen zu müssen, [...] unter einer ständig summenden Leuchtstoffröhre, welche als einzige Lichtquelle zur Verfügung steht.« Siehe Michaele Wynn-Jones, »Life under Fluorescent light is harming prisoners and staff alike« in *The Guardian,* 26. September 2002. Einige Gefängnisse in Kalifornien haben mittlerweile erfreulicherweise begonnen, »umweltfreundliche« Lampen anzubringen, um Energie zu sparen – gewiss eine beträchtliche Kostenersparnis in Gebäuden, in denen an dreihundertfünfundsechzig Tagen im Jahr Jahr vierundzwanzig Stunden lang die Lichter brennen.

27 Siehe Aldo Leopold, *A Sand County almanac, and Sketches here and there*, New York, 1949. 1984 erklärte der US-Kongress fünftausendzweihundert Morgen des Berges und den umgebenden Apache National Forest zum Naturschutzgebiet. Vor allem in den Monaten September und Oktober, wenn die Espen ihre Farben wechseln, lohnt es sich, dorthin zu fahren. Es gibt dort keine Grizzlybären mehr, vor denen man sich fürchten müsste – oder die man verpassen könnte.

Kapitel 4

1 2007 stufte die International *Agency for Research on Cancer* (IARC) der Weltgesundheitsorganisation Nachtarbeit, die den Biorhythmus stört, unter die »wahrscheinlichen menschlichen Karzinogene« ein. Siehe »Considerations of circadian impact for defining ›shift work‹ in cancer studies: IARC Working Group Report«, in: *Occupational Environmental Medicine*, 2011, 68, S. 154–162.

2 2009 hat die *American Medical Association* einstimmig ihre Unterstützung für »Maßnahmen zur Kontrolle der Lichtverschmutzung und zur Reduktion von Blendlicht aus Gründen der öffentlichen Sicherheit wie der Energieeinsparung« angekündigt und erklärt: »Nachdem die AMA seit Langem für Strategien eintrat, welche auf seriösen wissenschaftlichen Erkenntnissen beruhen und die öffentliche Gesundheitspolitik positiv beeinflussen können [...], und nachdem Lichtbeeinträchtigung mit einer Störung der circadianen Rhythmik in Verbindung gebracht wurde und unter den starken Verdacht geriet, ätiologisch für Funktionsstörungen bei der Melatoninproduktion und im Immunsystem sowie für einen Anstieg der Krebsraten verantwortlich zu sein, [...] wurde beschlossen, dass die AMA Maßnahmen zur Kontrolle der Lichtverschmutzung und zur Reduktion von Blendlicht auf nationalen wie auf bundesstaatlichen Ebenen unterstützt.«

3 Mehr über Steven Lockleys Aussagen über die Folgen von ungenügendem Schlaf ist nachzulesen in: *Sleep: a Very Short Introduction*, New York, 2012, gemeinsam verfasst mit Russell G. Foster; sowie in: International Dark-Sky Association, *Fighting Light Pollution: Smart Lighting Solutions for Individuals and Communities*, 2012.

4 Eine exzellente Zusammenfassung der Zusammenhänge zwischen Licht, Nacht und Dunkelheit bietet der Artikel »Missing the Dark: Health Effects of Light Pollution« von Ron Chepesiuk, in: *Environmental Health Perspectives*, 117, 2009, S. A20-A27. Die britische »Campaign für Dark Skies« pflegt eine hilfreiche Website zu diesem Thema: http://www.britastro.org/dark-skies/health.html.

5 Die Kommentare von Chuck fielen in der Sendung »Working the Graveyard Shift, Fighting the Sandman«, National Public Radio, *Talk of the Nation*, 26. April 2011.

6 Siehe Eva Schernhammer, »Light at Night and Health: the perils of rotating shift work«, in: *Occupational and Environmental Medicine*, 4. Oktober 2010.

7 Zu weiteren Informationen über Bevölkerungsgruppen, die den größten Anteil an Nachtarbeitern in den Vereinigten Staaten stellen, darunter der hohe Prozentsatz an African-Americans und Frauen, siehe die Statistik des Bureau of Labor, zitiert vom *Sloan*

Work and Family Research Network in: »Opportunities for Policy Leadership on Shift Work«, abrufbar unter: http://workfamily.sas.upenn.edu/sites/workfamily.sas.upenn. edu/files/imported/pdfs/policy_makers6.pdf

8 In einem höchst lesbaren Artikel über die potenziellen Zusammenhänge von Licht bei Nacht (LAN) und Krebs, übertitelt »Light-at-night, circadian disruption and breast cancer: assessment of existing evidence«, veröffentlicht in: *International Journal of Epidemiology* 2009; 38: S. 963–970, kommt Richard G. Stevens zu dem Schluss, dass »immer mehr Menschen in unseren modernen Gesellschaften Nachtschichten übernehmen müssen und wohl nur wenige bereit wären, auf elektrisches Licht im eigenen Heim zu verzichten. Erst wenn wir verstehen, welches die spezifischen Charakteristiken der Wellenlängen von Licht sind, die die circadiane Rhythmik beeinträchtigen, und welcher Intensität zu welchem Zeitpunkt und welcher Dauer von Licht es dazu bedarf, könnten wir auch deren potenzielle Gesundheitsrisiken eindämmen.«

9 Mehr über die möglichen Zusammenhänge von Brustkrebs und blauem Licht findet sich in dem Artikel »The Light-Cancer Connection« von Catherine Guthrie, in: *Prevention,* Januar 2006, Bd. 58, Nr. 1.

10 Statistiken über Menschen, die nicht genügend Schlaf bekommen, stehen viele zur Verfügung, siehe zum Beispiel: Center for Disease Control, »Insufficient Sleep is a Public Health Epidemic«, abrufbar unter: http://www.cdc.gov/features/dsSleep/.
Weit weniger Statistiken gibt es über den Zusammenhang von langzeitig eingeschaltetem Licht und kurzem Schlaf, oder über den potenziell hohen Preis, den nicht nur die Volkswirtschaften, sondern auch wir Bürger mit unserer Gesundheit für exzessive künstliche Beleuchtungen zu zahlen haben.

11 Viele Krankenschwestern erzählten mir, dass sie tagsüber nur schlafen können, wenn sie einen Verdunklungsvorhang vor die Fenster ziehen. Michelle meinte: »Ich könnte in einem hellen Zimmer nicht schlafen« – eine Aussage, die uns logisch erscheint, bis man sich einmal überlegt, wie viele von uns beim Einfall von hellem Licht durchs Fenster einzuschlafen versuchen. Krankenhauspersonal erhält wenigstens eine gewisse Entschädigung dafür, in der Form eines höheren Gehalts, längeren Urlaubs und eines kostenlosen Parkplatzes.

12 Anm. d. Übers.: Der Begriff *nurse* ist nicht geschlechtsspezifisch und bedarf nach angelsächsischer Tradition einer akademischen Ausbildung.

13 Anm. d. Übers.: Ekirch, *In der Stunde der Nacht,* op. cit., S. 358f.

14 In dem wahrlich beherzten Bemühen, die Folgen des Niedergangs der Siesta-Tradition aufzuzeigen, organisierte der spanische »Nationalverband der Freunde der Siesta« im Oktober 2010 den ersten Siesta-Wettbewerb: Wer schnarcht am lautesten, wer nimmt die originellste Schlafposition ein, wer schläft am längsten. Der Gewinner bekam ein Preisgeld von tausend Euro.

15 Dass zwischen Licht in der Nacht und Fettleibigkeit ein Zusammenhang besteht, wurde erstmals durch eine Studie bekannt, die Laura Fonken an der Ohio State University durchgeführt hat. Fonken und ihr Forschungsteam teilten Mäuse in drei Gruppen ein: Eine lebte unter den Bedingungen eines natürlichen Tag-Nacht-Rhythmus, die zweite

unter den Bedingungen einer konstanten Beleuchtung, und bei der dritten Gruppe hatte man die Dunkelheit im natürlichen Tag-Nacht-Rhythmus mit einem schwachen Licht nur leicht erhellt. Im Zuge dieses Projekts wurde festgestellt, dass die Mäuse aus der zweiten und dritten Gruppe um fast 50 Prozent mehr Gewicht zulegten als die Mäuse aus der ersten Gruppe. Die Tiere der beiden letztgenannten Gruppen wiesen mehr Fett im Gewebe auf und zeigten eine geringere Glukosetoleranz.

16 Vaughn McCall legt seinen Patienten ans Herz, sich von ihren Uhren zu trennen. »Ein Problem, das ich bei fast allen Menschen mit Schlafstörungen feststelle, ist, dass sie selbst dann, wenn sie in einem stockdunklen Zimmer ruhen, eine Uhr neben sich haben«, erzählte er mir. »Und diese Uhr wird dann zu ihrem Herrn und Meister, sie machen sich zum Sklaven der Uhr und beginnen zu zetern, ›Oh mein Gott, jetzt bin ich schon zehn Minuten wach. Was, wenn ich fünfzehn Minuten wach bleibe? Wie lange bin ich jetzt schon wach? Oje, schon fast zwanzig Minuten.‹ Ich erkläre ihnen dann immer, dass es ihnen weniger ausmachen wird, wach zu sein, wenn sie ihre Uhr wegstellen oder wenigstens umdrehen. Es gibt nichts, was eine Uhr dir Mitten in der Nacht mitteilen könnte, das dir ein besseres Gefühl verschaffen würde.«

17 Rubin Naimans Buch *Healing Night: the Science and Spirit of Sleeping, Dreaming, and Awakening, Minneapolis,* 2006, verdient wirklich viele Leser. Mit seiner Kritik an der traditionellen Schlafmedizin und an dem »unerklärten Krieg unserer Gesellschaft gegen die Dämmerung und die Dunkelheit« plädiert Naiman auf überzeugende Weise für einen holistischeren Denkansatz gegenüber der Nacht. Seiner Meinung nach fürchten wir uns noch immer vor der Dunkelheit, aber »unsere gestörte Beziehung zur Nacht wurzelt letztendlich in unserem Unbehagen vor den eigenen dunklen Seiten, die wir lieber verleugnen«.

18 Naiman erzählte mir, dass eines seiner Lieblingsbücher *Dr. Seuss's Sleep Book* sei (New York, 1962), ein Bilderbuch, in dem es eine Figur namens Chippendale Mupp gibt, die einen unglaublich langen Schwanz hat. »Wenn Mupp abends zu Bett geht, sammelt er erst einmal seinen Schwanz auf, das dauert seine Zeit, und wenn er schließlich am Schwanzende angelangt ist, beißt er einmal richtig fest hinein. Dann legt er sich schlafen. Und weil der Schwanz so unendlich lang ist, dauert es genau acht Stunden, bis der Schmerzimpuls von dem Biss in Mupps Hirn angekommen ist. Ich hab das x-mal gelesen, bis mir endlich klar wurde, du lieber Gott, ja, hier wird den Kids die Wahrheit über den Wecker erzählt!«

19 Anm. d. Übers.: Henry David Thoreau, *Walden,* Deutsch von Emma Emmerich, München, 1903, S. 140.

Kapitel 5

1 Jedem, der Mitte des 19. Jahrhunderts zwei Jahre, zwei Monate und zwei Tage in den Wäldern von Massachusetts gelebt hätte, wäre die urtümliche Dunkelheit der natürlichen Nacht vertraut gewesen, und jeder, der Thoreaus *Walden* gelesen hat (der volle Titel *Walden, or Life in the Woods/Walden: Ein Leben mit der Natur* wird selten verwendet), weiß,

dass das bei Thoreau der Fall gewesen war. Vor allem in den Kapiteln »Sound/Töne«, »Solitude/Einsamkeit« und »The Village/Das Dorf« spricht er über die Dunkelheit und was sie ihm bedeutet hat. Da kann man es nur als ironisch bezeichnen, dass die »Walden Pond State Reservation« bei Sonnenuntergang ihre Tore schließt und die Stelle, auf der Thoreaus Hütte gestanden hatte, allnächtlich der Einsamkeit preisgibt. Natürlich ist es löblich, dass Walden Pond überhaupt unter Naturschutz gestellt wurde, was letztlich nur dem Rockstar Don Henley zu verdanken war, der 1990 mit seinem Walden-Woods-Projekt eine radikale Umgestaltung dieses Gebiets verhinderte. Thoreaus Hütte ist zwar schon vor Langem verschwunden, ebenso wie die Dunkelheit, die er gekannt hatte, doch im Museum von Concord werden viele der Dinge ausgestellt, mit denen er sich hier draußen umgab, und der See ist nach wie vor ein wunderbarer Ort, um eines Schriftstellers zu gedenken, dessen Reflexionen über unsere Art zu leben Jahr für Jahr zutreffender wirken.

2 Anm. d. Übers. Thoreau, *Walden*, Deutsch von Emma Emmerich, op. cit., S. 135.

3 Anm. d. Übers.: ibd., S. 136.

4 Anm. d. Übers.: ibd., S. 103.

5 Anm. d. Übers.: ibd., S. 71.

6 Anm. d. Übers.: ibd., S. 135.

7 Anm. d. Übers.: ibd.

8 Anm. d. Übers.: ibd., S. 99.

9 Thoreaus Essay »Night and Moonlight« wurde im November 1863, sechs Monate nach seinem Tod, im *Atlantic Monthly Magazine* veröffentlicht. Er beginnt mit dem Satz: »Vor einigen Jahren wagte ich einen denkwürdigen Spaziergang bei Nacht. Ich beschloss, mehr solcher Wanderungen zu unternehmen und mich mit einem anderen Gesicht der Natur vertraut zu machen. Und also geschah es.« Thoreau scheint erst spät in seinem kurzen Leben (er starb mit 44) verstanden zu haben, mit welchem Reichtum die Welt der Nacht und des Mondlichts sein Denken und sein Schreiben beschenkte. »Was, wenn der Mond auch nur einmal auf- und untergegangen wäre, mitsamt seiner poetischen Welt, seinen versponnenen Lehren, seinen rätselhaften Zeichen – ein so göttliches Geschöpf voller Andeutungen für mich –, ohne dass ich ihn wahrgenommen hätte, ein Mond, ohne dass ich ihn beachtet hätte?« Wie bei Emerson fragt man sich auch bei Thoreau unwillkürlich, was er wohl über unsere lichtüberflutete heutige Welt gesagt hätte.

10 Anm. d. Übers.: Thoreau, *Walden*, op.cit., S. 102.

11 Anm. d. Übers.: »Walking« erschien 1862 im *Atlantik Monthly Magazine*, Boston. Hier zitiert aus: H. D. Thoreau, *Vom Spazieren*, aus dem Amerikanischen von Dirk van Gunsteren, Zürich, 2004, S. 43.

12 Eine ausgiebige Diskussion des Unterschieds zwischen *wilderness* und *wildness* findet sich in: William Cronon, *Uncommon Ground: Rethinking the Human Place in Nature*, New York, 1996, Kapitel »The Trouble with Wilderness; or, Getting Back to the Wrong Nature«.

13 Anm. d. Übers.: Thoreau, *Vom Spazieren*, op.cit., S. 43. Was hier als »das Wild« übersetzt wurde, heißt im Original »the wildest animals«, was im erörterten Zusammenhang mit »Wildheit« eine andere Aussage ist.

14 Für ihr Buch *Ecological Consequences of Artificial Night Lighting*, Washington D.C.,
  2006, das Catherine Rich und Travis Longcore herausgaben, haben die beiden nicht
  nur Forschungsarbeiten zum Thema Umwelt und Licht zusammengetragen, sondern
  auch den ungewöhnlichen Versuch unternommen, Wissenschaft mit Literatur zu ver-
  knüpfen. Das Epigraf ist ein Zitat aus Thoreaus »Night and Moonlight«, und jedes
  Kapitel beginnt mit einem kurzen Auszug aus literarischen Werken, darunter von den
  Schriftstellern Bernd Heinrich und Carl Safina. Wie bei so vielen Umweltfragen können auch wissenschaftlich zusammengetragene Informationen über die Auswirkungen
  von künstlichem Licht auf die Natur (vom Menschen ganz zu schweigen) nur so beeindruckend sein wie die Geschichten, die erzählt werden, um diesen Informationen Leben einzuhauchen. Hätte beispielsweise das Buch der Biologin Rachel Carson, *Silent
  Spring/Der Stumme Frühling* (1962) nur wissenschaftliche Informationen angeboten
  und nicht auch einen derart metaphorischen Titel getragen oder das Eingangskapitel
  »Fable for Tomorrow« enthalten, wäre es niemals so beeindruckend und erfolgreich
  gewesen. Rich und Longcore gebührt Anerkennung für ihr Bemühen, unsere Aufmerksamkeit auf die »ökologisch zerstörerische Lichtverschwendung« in unseren Nächten zu
  lenken und das Argument zu verbreiten: »Licht ist per se das Endprodukt von rohstoff-
  verarbeitenden und energieverschwendenden Prozessen, die ihrerseits umweltschädlich
  sind.«

15 Das interdisziplinäre Forschungsprojekt »Verlust der Nacht«, das vom deutschen Bundes-
  ministeriums für Bildung und Forschung und der Berliner Senatsverwaltung für Wirtschaft,
  Technologie und Forschung gefördert wird und an dem sich viele deutsche Forschungs-
  institutionen beteiligen, ist das derzeit vielversprechendste Projekt zur Frage der ökologischen Auswirkungen von künstlichem Licht bei Nacht. Beteiligte Forscher stellten fest,
  dass die ökonomischen Kosten von Beleuchtung und Lichtverschmutzung zwar von großer Bedeutung seien, aber dringender Bedarf an weiterer Forschung bestünde, um von
  der Politik Maßnahmen gegen die Lichtverschmutzung fordern zu können, welche über
  die Fragen der Energieeffizienz hinaus auch das Wohlergehen der Menschen und der
  Ökosysteme im Blick haben. 2007 warnten Mitarbeiter dieses Projekts in einer Studie:
  Sofern die Dunkelheit nicht zu einem integralen Bestandteil des künftigen Umweltschutzes und des Umgangs mit Licht werde, könnte die moderne Gesellschaft in einen globalen Selbstversuch mit unvorhersehbarem Ausgang geraten. Siehe auch die Website dieses
  Projekts: http://www.verlustdernacht.de.

16 Das vielleicht umfassendste Werk zum Thema Ökologie und Nacht ist: Jane Burton; Kim
  Taylor; J L Cloudsley-Thompson; et al., *Nightwatch: the Natural World from Dusk to
  Dawn*, London, 1983. Es enthält Beiträge von sieben Autoren, sowie faszinierende Fotografien von Burton und Taylor, und bietet einen erschöpfenden Einblick in die Bedeutung der Dunkelheit für die Natur. Vom Schlaf über die Gezeiten, die biologischen Uhren, die Wälder, das Süßwasser bis hin zu den Meeren vermitteln die Autoren eine
  Vorstellung von den Welten, die wegen der Lichtverschmutzung durch den Menschen
  bedroht sind. In den dreißig Jahren seit seiner Veröffentlichung ist kein vergleichbares

Werk erschienen, obwohl die Lichtverschmutzung in diesem Zeitraum doch so rasant und mit so ungemein negativen Auswirkungen angestiegen ist.

17 Im November 2008 erschien ein Artikel von Verlyn Klinkenborg in *National Geographic* mit dem Titel »Our Vanishing Night«. Eine faszinierende Doppelbildseite daraus zeigt Los Angeles, 1908 vom Mt. Wilson aus fotografiert, neben einem Foto, das hundert Jahre später von derselben Stelle aus geschossen wurde. Auf dem Foto von 1908 liegt die Stadt der dreihundertfünfzigtausend Einwohner inmitten einer völlig dunklen Landschaft, auf dem Foto von 2008 füllt die Stadt der fünf Millionen Einwohner den gesamten Bildrahmen mit dem Glitzern unzähliger elektrischer Lichter aus. Eine Folge dieser Veränderung ist, dass das Observatorium auf dem Mt. Wilson für die astronomische Beobachtung völlig nutzlos wurde und von seinem Eigner, der Carnegie Institution, für einen Dollar an die *Mount Wilson Observatory Association* verkauft wurde.

18 Als ich die Frösche vom Walden Pond hörte, erinnerte ich mich an einen faszinierenden Vortrag des Biologen Tyrone Hayes aus Berkeley zum Thema »From Silent Spring to Silent Night«, in dem er den Einsatz des Pestizids Atrazin mit dem Rückgang der Froschpopulationen in Zusammenhang brachte und schilderte, was dieser Verlust für uns und für die Klanglandschaften unserer Nächte bedeutet.

19 Kaum ein Autor hat so viel dazu beigetragen, uns auf die Schönheit und den Wert von Nachtfaltern, Grillen und anderen Insekten aufmerksam zu machen und uns ins Bewusstsein zu rufen, wie viel sie zur Lebendigkeit unserer Nächte beitragen, wie der Schriftsteller und Illustrator John Himmelman. *Cricket Radio: Tuning in the Night-Singing Insects* (Harvard, 2011) ist sein jüngster Beitrag; *Discovering Moths: Nighttime Jewels in Your Own Backyard* (Camden, 2002) ist ein besonders eindringliches Werk.

20 [Anm. d. Übers.: Zitiert aus Henry Beston, *The Outermost House, A Year of Life On The Great Beach of Cape Cod:* New York, 1928, S. 65 f.] Seiner künftigen Frau Elizabeth Coatsworth schrieb Beston über seine Zeit im »Fo'castle« auf Cape Cod: »In meinem letzten Kapitel ging es um die ›Nacht auf dem großen Strand‹, aber ich habe mich gehen lassen, weil eine Prise Nachtwandler – oder nächtlicher Herzensbrecher – in mir schlummert: ich liebe die Nacht.«

21 [Anm. d. Übers.: Zitiert aus Paul Baier, »Effects of artificial night lighting on terrestrial mammals«, in: C. Rich und T. Longcore (Hg.), *Ecological consequences of artificial night lighting,* Covelo, CA, 2006, S. 19–42.] Natürlich geschehen Autounfälle mit tödlichem Ausgang für die Wildtiere nicht nur bei Nacht, aber die Zahlen, die allein in den Vereinigten Staaten für Zusammenstöße mit Tieren bekanntgegeben wurden, sind atemberaubend: Laut dem US Department of Transportation mindestens eine Million Wirbeltiere pro Jahr (Vögel, Säugetiere, Reptilien, Amphibien). Selbst in Gegenden, die zu Zufluchtsstätten für Wildtiere erklärt wurden, gibt es kein Entkommen für sie. Zwischen 1989 und 2003 wurden allein im Yellowstone National Park 1559 Wildtiere totgefahren, darunter 556 Wapiti, 192 Bisons, 135 Kojoten, 112 Elche, 24 Antilopen und drei Rotluchse. Die gute Nachricht ist, dass sich solche Unfälle durch vernünftig durchdachte Zäune oder speziell für den Wildwechsel angelegte Tunnels oder Brücken beträchtlich reduzieren lassen.

22 Informationen über *Civil Twilight* und seine *lunar-resonant streetlights* sind abrufbar unter: http://www.metropolismag.com/story/20070518/lunar-light. Mitglied von Civil Twilight ist auch die wunderbare Fotografin Christina Seely, deren Serie *Lux* über das Himmelsleuchten in den USA, Westeuropa und Japan auf ihrer Website zu betrachten ist: www.christinaseely.com.

23 In *Nocturne: A Journey in Search of Moonlight,* Chicago, 2011, erklärt James Attlee, dass wir »in unserer eigenen elektronischen Licht-Bouillabaisse« schmorten und er bemüht sei, unsere »verlorene Beziehung zum Mond« wieder zu kitten.

24 Anm. d. Übers.: Johann Wolfgang von Goethe, *Italienische Reise,* »Rom«, 2. Februar 1787.

25 Auf der Website der von Merlin Tuttle ins Leben gerufenen Organisation (www.batcon. org) findet sich eine Fülle an Informationen über die Bedeutung von Fledermäusen und die Bedrohungen, denen sie ausgesetzt sind, darunter auch über die Fledermäuse unter der Congress Avenue Bridge in Austin. Der Fledermaus-Tourismus dort ist dank der rund hunderttausend Menschen, die alljährlich anreisen, um den Massenflug der Fledermäuse zu beobachten, zu einem Millionen-Dollar-Geschäft in Austin geworden. Mitglieder von *Bat Conservation International* dürfen sogar einem noch dramatischeren Ereignis beiwohnen – dem Abflug von Millionen Fledermäusen aus der Bracken Bat Cave am Rande von San Antonio, die von BCI überwacht wird.
   BCI produzierte auch viele Videos, die mit Mythen aufräumen und zeigen, wie Fledermäuse wirklich sind, darunter eines, das inzwischen zwar schon etwas veraltet ist, aber doch spannende achtundvierzig Minuten bietet. Besonders beeindruckend fand ich die Zeitlupenaufnahmen von Fledermäusen bei der Bestäubung von Kakteenblüten. Alle Videos sind abrufbar unter http://www.batcon.org/index.php/media-and-info/video-archive.html

26 Die Studie »Economic Importance of Bats in Agriculture«, über den wirtschaftlichen Nutzen, den Menschen durch Fledermäuse haben, ist abrufbar unter http://www.science-mag.org/content/332/6025/41. Gegenüber dem geschätzten 54-Milliarden-Dollar-Nutzen, den uns die Fledermäuse bringen, steht am anderen Ende des Spektrums der winzige Betrag, den wir zu ihrem Schutz aufbringen (2,4 Millionen Dollar im Jahr 2010).

27 Anm. d. Übers.: Beston, *The Outermost House,* op. cit., S. x, xi, 2, xx.

28 Anm. d. Übers.: ibd, S. xx, 60.

29 Anm. d. Übers.: ibd, S. 23 ff.

30 Anm. d. Übers.: ibd., S. 143 ff.

31 Travis Longcore, Catherine Rich und Sidney Gauthreaux wollten angesichts der geplanten Errichtung von weiteren Sendemasten und Kommunikationstürmen in immer abgelegeneren Gegenden »eine wissenschaftliche Grundlage für die Regeln der Inbetriebnahme von solchen Türmen und Masten anbieten« und fanden im Zuge ihrer Forschungen heraus, dass Dauerlichter, kombiniert mit immer höheren Bauten und dem Einsatz von schweren Abspannseilen zur Sicherung der Türme eine tödliche Kombination für nachtaktive Vögel darstellen. »Die Türme, die eine hohe Zahl von Vögeln töten, verfügen allesamt über Dauerlichter«, erzählt Longcore, aber ein Dauerlicht zwingt den Vogel zur

Aufmerksamkeit, lenkt ihn von seinem Kurs ab und lockt ihn in die Falle. Die gute Nachricht ist also, dass Blinklichter Vögel vom »Anziehungszwang befreien«. »Vor weitere Probleme stellen die Menge der eingesetzten Abspannseile und die Höhe eines Turms. Dabei könnte man die Mortalitätsrate allein schon durch den Austausch der beiden Lichtarten um 60 bis 80 Prozent senken.« Die drei Forscher schreiben, dass sich »die Mortalitätsrate von Vögeln durch eine Höhenbeschränkung der Türme, das Vermeiden von Abspannseilen, den ausschließlichen Einsatz von roten oder weißen Stroboskopleuchten zur Abschreckung und das Vermeiden von Kammlinien als Bauplätzen reduzieren ließe «

32 Mehr über FLAP und sein Engagement lässt sich auf der Website www.flap.org in Erfahrung bringen. Jüngst konnten FLAP und andere Organisationen dieser Art einen Sieg erringen: Der *US Green Building Council* nahm den Punkt »Vogelkollisionen« in das Bewertungssystem seines *Leadership in Energy und Environmental Design* auf. Zu den Präventionsmaßnahmen zählt seither auch, dass jedes Gebäude tagsüber als eine physische Barriere für Vögel kenntlich sein und bei Nacht jede Lichtbeeinträchtigung vermieden werden muss. Allein bei Kollisionen mit Gebäuden sterben alljährlich rund eine Milliarde Vögel in den USA, die meisten, indem sie in Glasstrukturen fliegen.

33 David Gessners Essay erschien in: Paul Bogard (Hg.), *Let there be Night. Testimony on Behalf of the Dark,* Reno, 2008. Mehr über sein Werk ist unter www.davidgessner.com zu erfahren.

34 Anm. d. Übers.: Beston, *The Outermost House,* op. cit., S. 220.

35 Anm. d. Übers.: ibd., S. 176.

Kapitel 6

1 Rainer Maria Rilke, »Du Dunkelheit, aus der ich stamme«, aus: *Vom mönchischen Leben* (1899), in: *Das Stunden-Buch,* Leipzig, 1905. Das Thema Dunkelheit und Nacht, sowohl im realen als auch im metaphorischen Sinne, griff Rilke immer wieder auf. Hier zwei Beispiele aus dem *Buch der Bilder:*
»Aus einer Sturmnacht. Acht Blätter mit Titelblatt« (1902)
Die Nacht, vom wachsenden Sturme bewegt,
wie wird sie auf einmal weit –,
als bliebe sie sonst zusammengelegt
in die kleinlichen Falten der Zeit.
Wo die Sterne ihr wehren, dort endet sie nicht
und beginnt nicht mitten im Wald
und nicht an meinem Angesicht
und nicht mit deiner Gestalt.
Die Lampen stammeln und wissen nicht:
lügen wir Licht?
Ist die Nacht die einzige Wirklichkeit seit
Jahrtausenden ...

»Nachthimmel und Sternenfall« (1902)
Der Himmel, groß, voll herrlicher Verhaltung,
ein Vorrat Raum, ein Übermaß von Welt.
Und wir, zu ferne für die Angestaltung,
zu nahe für die Abkehr hingestellt.
Da fällt ein Stern! Und unser Wunsch an ihn,
bestürzten Aufblicks, dringend angeschlossen:
Was ist begonnen, und was ist verflossen?
Was ist verschuldet? Und was ist verziehn?

2 Mehr über den Chaco-Canyon und seine Kultur erfährt man unter: http://www.nps.gov/
chcu/index.htm. Auch mangelt es nicht an Literatur über sie, siehe vor allem: Craig
Childs, *House of Rain: Tracking a Vanished Civilization Across the American Southwest,* New
York, 2007; und Anna Sofaer, *Chaco Astronomy: An Ancient American Cosmology,* Santa Fe,
2007. Anna Sofaer trug mit ihren PBS-Dokumentationen *The Sun Dagger* (1982) und *The
Mystery of Chaco Canyon* (2000), beide von Robert Redford erzählt, viel zum Faszinosum
dieses Ortes und dieser Kultur bei. Die Kivas im Chaco Canyon gelten als Vorläufer der
unterirdischen Räume (ebenfalls Kivas genannt), in denen die modernen Pueblo-Völker
ihre Rituale abhalten.

3 Tanizaki Jun'ichirō: *Lob des Schattens. Entwurf einer japanischen Ästhetik* (1933), übersetzt
von Eduard Klopfenstein, Zürich (1987), 2002. Texte über die Natur werden oft in Form
von Elegien verfasst (so häufig sogar, dass die amerikanische Dichterin Alison Deming in
The Georgia Review, Bd. LIV, Nr. 2, Sommer 2000, S. 259–271, einen Essay unter dem
Titel »Getting Beyond Elegy« publizierte). Doch ausgenommen vielleicht von Bestons
Outermost House ist mir kein zweites Werk bekannt, in dem der Dunkelheit eine derart
elegische Aufmerksamkeit geschenkt würde wie Tanizaki Jun'ichirō es tut, der diesen Text
fast zur selben Zeit wie Beston, nur am anderen Ende der Welt schrieb, und darin klagte:
»Wir scheinen […] in letzter Zeit wie betäubt vom elektrischen Licht und haben offenbar
in erstaunlichem Ausmaß unsere Sensibilität verloren gegenüber den Nachteilen, die eine
übertriebene Beleuchtung mit sich bringt. […] Aber natürlich habe ich dies alles mit dem
Hintergedanken niedergeschrieben, ob denn nicht etwa ein Weg offen bliebe, […] unsere
schon halbverlorene Welt der Schatten wenigstens im Bereich des literarischen Werks
wieder aufleben zu lassen.« [Anm. d. Übers.: *Lob des Schattens* op.cit., S. 64, 73 f.]

4 Ich hatte schon Bücher von Joseph Bruchac gelesen, aber nichts von seinem Interesse an
der Nacht gewusst, bis ich *Keepers of the Night: Native American Stories and Nocturnal
Activities for Children,* Golden, Col., 1994, entdeckte. Wer mehr über die Einstellung
amerikanischer Ureinwohner zur Nacht erfahren möchte, dem seien empfohlen: Jean
Guard Monreoe und Ray A. Williamson, *They Dance in the Sky: Native American Star
Myths,* New York, 1987; und (hier spezifisch aus Sicht der Südwest-Kulturen) Nancy C.
Maryboy und David Begay, *Sharing the Skies: Navajo Astronomy,* Tucson, 2010.

5 Eric G. Wilson, *Against Happiness: In Praise of Melancholy,* New York, 2008, S. 4 (vgl. *Unglücklich glücklich: Von europäischer Melancholie und American Happiness,* aus dem Amerika-

nischen von Susanne Held, Stuttgart, 2009). Von Wilson sind u. a. noch erschienen: *The Mercy of Eternity: A Memoir of Depression and Grace,* Evanston, 2010; und zuletzt: *Everyone Loves a Good Train Wreck: Why We Can't Look Away,* New York, 2012. Wenn ich mir seine Titel betrachte, werde ich an seine Aussage erinnert, dass Jesus Christus »ein Schmerzensmann sei, dessen melancholisches Leid untrennbar von seiner Erleuchtung ist«.

6 Es gibt wohl keine Literatur aus der amerikanischen Kultur, die dem Leser jene Seelenpein, welche man Depression nennt, besser verdeutlichen könnte als William Styrons *Darkness Visible: A Memoir of Madness,* New York, 1990 (vgl. *Sturz in die Nacht. Die Geschichte einer Depression,* übersetzt von Willi Winkler, Köln, 1991), hervorgegangen aus dem fesselnden Essay »Darkness Visible«, den er im Dezember 1989 für *Vanity Fair* geschrieben hatte (abrufbar unter: http://www.vanityfair.com/magazine/archive/1989/12/ styron198912). Jeder Person, die selbst unter Depressionen leidet und auf der Suche nach Empathie ist, oder den Familienmitgliedern und Freunden eines leidenden Menschen, oder auch jedem anderen, der diesen Zustand zu verstehen versucht, bietet Styrons Buch einen wunderbar geschriebenen Einblick in eine schreckliche Erfahrung.

7 James Galvin, *The Meadow,* New York, 1993, ist die Geschichte der Veränderungen im Leben seiner Nachbarn an der Grenze zwischen Wyoming und Colorado im Laufe eines Jahrhunderts. Ein wunderbar aufrichtig und fantasievoll geschriebenes Sachbuch, das sich wie ein Roman liest. Wenn eine der Figuren darin erklärt, sie könne die Sterne in kalten Winternächten hören, glaubt ihr der Leser aufs Wort und wünschte, er wäre selbst in der Lage, ihre Laute zu hören.

8 Die Stille der Nacht, die natürlichen Geräusche der Nacht und der Lärm in unseren Nächten – so viele unserer Erfahrungen im Dunkeln haben mit unserem Gehör zu tun. Bernie Krause erzählt in seinem leisen, herzzerreißenden Buch *The Great Animal Orchestra: Finding the Origins of Music in the World's Wild Places,* New York, 2012, von seinen lebenslangen Versuchen, die Geräusche der Wildnis aufzuzeichnen. »Ich, ein erfahrener Zuhörer, liebe vor allem die Geräusche der Geschöpfe, die sich während der Evolution entwickelt haben, um sich nur nachts zu äußern. Die Nacht vermittelt das Gefühl, sich inmitten eines Schauplatzes mit besonderem Widerhall zu befinden – ein wirklich vorteilhafter Effekt für Erdbewohner, deren Stimmen über große Entfernungen hinweg getragen werden müssen.«

9 Richard Louv, *Last Child in the Woods. Saving our Children from Nature-Deficit Disorders,* New York, 2005 (vgl. *Das letzte Kind im Wald. Geben wir unseren Kindern die Natur zurück!,* aus dem Amerikanischen von Andreas Nohl, Weilheim/Basel, 2011). Die Argumente, die Louv in seinem Bestseller vorbringt, lassen sich problemlos auf die Erfahrungen übertragen, die unsere Kinder bei Nacht und im Dunkeln machen. Man kann es gar nicht oft genug sagen: Neun von zehn amerikanische Kinder, die heute geboren werden, werden niemals irgendwo leben, wo sie die Milchstraße sehen. »Defizit« bezeichnet einen Mangel oder das Maß, in dem etwas zu gering oder zu unzureichend ist – das entspricht genau dem, was wir unseren Kindern (und uns selbst) an Dunkelheit bieten: eine zu geringe, auch nicht annähernd ausreichende Erfahrung.

10 Zitat aus Rainer Maria Rilke, *Briefe,* hrsg. vom Rilke-Archiv in Weimar, Bd. I: 1897 bis 1914, Wiesbaden, 1950, S. 49. Vollständig lautet es: » ... und ich möchte Sie, so gut ich es kann bitten, Geduld zu haben gegen alles Ungelöste in Ihrem Herzen und zu versuchen, die Fragen selbst lieb zu haben, wie verschlossene Stuben und wie Bücher, die in einer fremden Sprache geschrieben sind.«

11 Anm. d. Übers.: Alle Bibelstellen wurden aus der deutschen Einheitsübersetzung nach dem »Urtext der Heiligen Bücher« zitiert.

12 Siehe Johannes vom Kreuz, *Die Dunkle Nacht, Vollständige Neuübersetzung,* herausgegeben und übersetzt von Ulrich Dobhan, Elisabeth Hense, Elisabeth Peeters, Freiburg/Basel/Wien, 1995. Zwei amerikanische Werke aus unserer Zeit, die von Johannes am Kreuz inspiriert wurden, sind: Gerald May, *The Dark Night of the Soul: A Psychiatrist Explores the Connection Between Darkness and Spiritual Growth,* New York, 2004 (vgl. *Die Nacht der Seele. Mit Mystikern aus der Depression,* übersetzt von Eberhard Winkler und Peter Paul Bornhausen, Augsburg, 2008); und Thomas Moore *Dark Nights of the Soul: A Guide to Finding Your Way Through Life's Ordeals,* New York, 2004. Moore schreibt: »Eine dunkle Nacht der Seele ist nichts Außergewöhnliches oder Seltenes. [...] Traurig zu sein, betrübt zu sein, sich abgekämpft und verloren zu fühlen, oder hoffnungslos, gehört zur Natur des menschlichen Lebens.«

13 Siehe http://whc.unesco.org/en/list. Stätten, die von der UNESCO zum Weltkulturerbe erklärt wurden, gibt es inzwischen über die ganze Welt verteilt, doch bislang hatten diese Ernennungen nichts mit dem Versuch zu tun, auch die natürliche Nacht zu retten, die von jeher untrennbar mit diesen Stätten verbunden war.

14 Anm. d. Übers.: Aldo Leopold, *A Sand County Almanac: And Sketches Here and There,* New York, 1949, S. 197 (vgl. *Am Anfang war die Erde: Plädoyer zur Umweltethik,* übersetzt von Elisabeth M. Walther, München, 1992).

15 Roderick Nash, *Wilderness and the American Mind,* New Haven, 1967, ist eine detaillierte Historie der amerikanischen Einstellungen zur unberührten Natur. Wenn man von all den Debatten erfährt, die der Gründung unserer Nationalparks oder der Verabschiedung des Artenschutzgesetzes in den Vereinigten Staaten einst vorausgegangen waren, dann begreift man, auf welchen historischen Präzedenzen die heutigen Debatten beruhen – vor allem aber, dass sie den Wert der Natur letztlich nur anhand ihrer ausbeutbaren Ressourcen bemessen.

16 Aldo Leopolds Leben hatte jedoch lange genug gewährt, um ihn angesichts der Landschaften, die er so liebte und die durch seine Zeitgenossen sukzessive zerstört wurden, jene Depression oder Trauer zu empfinden, welche zwangsläufig mit solchen Verlustgefühlen einhergeht. »Ich will nicht sagen, dass mir dieser Naturschutzgedanke von jeher klar gewesen sei«, schrieb er in der Einführung seiner ersten Manuskriptfassung. »Er ist eher das Ergebnis einer lebenslangen Reise, in deren Verlauf ich Trauer, Zorn, Erstaunen und Verwirrung angesichts der Unfähigkeit empfand, mithilfe eines Umweltschutzes dem Moloch, der das Land zerstört, Einhalt zu gebieten.« Weil er befürchtete, solche klaren Worte könnten sogar die Leser verärgern, die dem Naturschutz ansonsten positiv

gegenüberstanden, verschob er diese Aussage an eine Stelle weit hinten im Text (siehe Leopold, *A Sand County Almanac,* op. cit., S. 282). Zu den vielen Errungenschaften, zu denen Leopold als treibende Kraft im Hintergrund beigetragen hatte, zählte auch die weltweit erstmalige Ausweisung einer ganzen Region – Gila in New Mexico, im Jahr 1924 – zum Naturschutzgebiet.

17 Pierre Brunet von der französischen *Association Nationale pour la Protection du Ciel et l'Environnement Nocturnes* (ANPCEN) sagte zu mir: »Ich bin pessimistisch, aber ich kämpfe weiter. Das ist alles. Warum? Ich muss es einfach tun, das befiehlt mein Gewissen. Es ist meine Pflicht, die nächtliche Umwelt zu retten. Ich schätze die Sterne, die Astronomie. Es gibt viele, die sich für die Umwelt einsetzen, aber auch die Nacht ist des Kampfes wert. Niemand kämpft für sie, also warum nicht wir?« Zu ANCPEN siehe: www.ancpen.fr.

18 Anm. d. Übers.: Rainer Maria Rilke an Franz Xaver Kappus, aus Borgeby gård, Flädie, Schweden, 12. August 1904.

19 Mehr Informationen über *Solastalgie* und Glenn Albrecht, der Professor für Nachhaltigkeit an der Murdoch University im australischen Perth ist und diesen Begriff 2004 erfand, steht in dem Artikel »Is There an Ecological Unconsciousness?«, *The New York Times,* 27. Januar 2010, abrufbar unter: http://www.nytimes.com/2010/01/31/magazine/31ecopsych-t.html?pagewanted=all&_r=0.

Albrecht war auf der Suche nach einem Begriff gewesen, der die Art von Heimweh beschreiben konnte, die man sogar dann nach der eigenen Heimat empfinden kann, wenn man noch »daheim« lebt. »Den Anstieg von *Solastalgie* erlebe ich zwiegespalten«, erklärte er 2012 in einem Interview. »Als Denker wünscht man sich, dass die eigenen Ideen und Begriffe einflussreich werden und in Umlauf kommen, und es freut mich, dass die künstlerische und akademische Welt den Begriff *Solastalgie* inspirierend fand, […] doch der Begriff per se ist deprimierend, und es ist wirklich ein Unglück, dass die Menschen heutzutage so vertraut mit den negativen Gefühlen sind, die er beschreibt.« Siehe: http://www.physorg.com/news/2012-02-solastalgia-bittersweet-success.html.

20 Anm. d. Übers.: Siehe Rudolf Otto, *Das Heilige: Über das Irrationale in der Idee des Göttlichen und sein Verhältnis zum Rationalen* (Breslau, 1917), München, 2004.

Kapitel 7

1 Der jüngste Zugang zu den International Dark Sky Parks der IDA sind die *Emmet County Headlands* am Lake Michigan, ein 2,5 km² großes bewaldetes Areal westlich von Mackinaw City. Als ich mit Mary Stewart Adams sprach, der Leiterin von IDAs Dark-Sky-Park-Programm, erzählte sie, dass das Ziel ein 90 km² großes Gebiet entlang des Sees sei. »Dass wir den Nachthimmel nicht mehr wahrnehmen, liegt nicht allein an der Luftverschmutzung. Wir verlieren auch unsere Fähigkeit, zu träumen und zu phantasieren.« Das ist auch der Grund, weshalb Adams für ihr Programm Geschichten und Mythen und Märchen

und Sagen aus aller Welt zusammenträgt – sie tut alles, um bei ihren amerikanischen Zuhörern ein Bewusstsein für den Sternenhimmel zu wecken.

2 Hier noch eine Geschichte über Steve Owens und die Kommunalität: Er hat eine Planetariums-Show für Blinde entwickelt. Nachdem er mehrere Jahre lang im Science Center von Glasgow gearbeitet hatte, kam ihm die Idee, eine ertastbare Hemisphäre zu konstruieren, die es Blinden erlaubt, den Nachthimmel zu »sehen«. Gemeinsam mit einem Kollegen aus der Designschule von Glasgow entwarf er eine Halbkugel, die er mit Stecknadeln in Form der Sternbilder bestückte und dann mit Plastik vakuumierte. Seine genialste Idee aber war vielleicht die Darstellung der Milchstraße mit Sägemehl, um eine Vorstellung von der gewaltigen Anhäufung unzähliger Sterne in den Armen unserer Galaxie vermitteln zu können.

Jüngst hat Owens anlässlich des bevorstehenden Perseiden-Schauers mit einem Freund einen »Meteor Watch« auf Twitter organisiert. »Ich war in Glasgow und Adrian wohnt in Berkshire. Ich machte gerade ein Barbecue und er fummelte mit seinem Teleskop herum und wurde langsam besoffen. Da dachten wir uns, lass und doch mal versuchen, tausend Leute dafür zu kriegen. In der ersten Nacht machten Vierzigtausend mit. Dann wurde es zu einem weltweiten Top-Topic auf Twitter. Der *Telegraph* machte mit der Schlagzeile auf: »Perseides ›Meteor Watch‹ knocks Disney Star Miley Cyrus Off Twitter Top Spot.« In der zweiten Nacht ging's noch mehr rund, da waren so um die Fünfzigtausend dabei. Adrian und ich waren die Hosts auf Twitter. Wir saßen an unseren Laptops und beantworteten Fragen. Fast keiner, der mitmachte, hatte je irgendwas mit Astronomie zu tun gehabt. Da gab's Leute, die fragten, ob es sicher sei, nach draußen zu gehen, oder ob sie gleich von einem Meteor erschlagen würden. Was da passierte, war nichts weiter als dass Leute, die sich bislang weder für Naturwissenschaften noch für Astronomie interessieren, etwas von solchen Dingen hörten. So sickert es allmählich ins öffentliche Bewusstsein.«

3 Anm. d. Übers.: Das Einstein-Zitat stammt aus: »Wie ich die Welt sehe« (Amsterdam, 1934), in: Carl Seelig (Hg.), *Albert Einstein. Mein Weltbild,* Berlin, 2005, S. 420 f.

4 William Anders' Fotografie *Earthrise* wurde als die »einflussreichste Umweltfotografie aller Zeiten« bezeichnet. Er selbst sagte: »Es sind letztendlich zwei Botschaften, die ich empfing. Zum einen, dass der Planet ziemlich fragil ist. Er erinnerte mich an eine Christbaumkugel. Und die andere Message ist, glaube ich, immer noch nicht richtig angekommen, nämlich dass die Erde wirklich klein ist. Wir sind nicht das Zentrum des Universums. Wir Menschen wohnen ganz weit draußen im linken Feld auf einem winzigen Staubpartikel, aber der ist unsere Heimat, und wir müssen ihn mit Sorgfalt behandeln.«

5 Das Zeitraffervideo, betitelt »The Mountain«, nahm der norwegische Landschaftsfotograf Terje Sorgjerd im Laufe einer Woche vom Pico del Teide auf Teneriffa auf. Es ist abrufbar unter http://www.livescience.com/13739-mountain.html.

6 Das *Observatoire de Paris,* das 1671 außerhalb der Stadt unter einem noch dunklen Himmel errichtet wurde, ist als optisches Observatorium heute zwar nicht mehr zu gebrauchen, aber als Gebäude immer noch einen Besuch wert. Wie es einst ausgesehen hat,

kann man sich hier ansehen: http://en.wikipedia.org/wiki/File:Paris_Observatory_XVIII_century.png

7 Über Google-Bilder lassen sich unzählige Aufnahmen von Korea bei Nacht finden, ebenso wie von anderen Regionen, die die Lichtverteilung auf Erden deutlich erkennen lassen.

8 Das Museo Galileo ist online: www.museogalileo.it/en/visit.html. Das wunderschöne Gebäude, in dem es untergebracht ist, steht nahe der Ponte Vecchio und bietet nicht nur einen großen Reichtum an Artefakten, sondern ist auch höchst angenehmerweise nie überlaufen. Manchmal kann man völlig allein sein mit Galileis Teleskopen oder all den Globen.

Ich empfehle das unterhaltsame Buch von Dava Sobel, *Galileo's Daughter,* New York, 1999 (vgl. *Galileos Tochter. Eine Geschichte von der Wissenschaft, den Sternen und der Liebe,* übersetzt von Barbara Schaden, Berlin, 1999). Nachdem Galilei sein selbstgefertigtes Teleskop gen Himmel gerichtet hatte, schrieb er am 30. Januar 1610 in einem Brief: »Ich erweise Gott meinen unendlichen Dank, weil er mich allein als ersten Beobachter bewunderungswürdiger Dinge ausersehen hat, die den bisherigen Jahrhunderten verborgen geblieben waren.«

9 In Europa hat sich vermutlich keiner so für die Dunkelheit eingesetzt wie der unermüdliche Friedel Pas, Vorstandsmitglied der *International Dark Sky Association.* Er hat in ganz Europa Veranstaltungen organisiert, sich aber vermutlich nirgendwo so stark engagiert wie in seiner Heimat Belgien, wo er auch der Organisator der alljährlichen »Nacht der Dunkelheit« ist, an der mittlerweile zwei Drittel aller Gemeinden des Landes teilnehmen und fünfundzwanzigtausend Menschen unmittelbar beteiligt sind. Pas erzählt, dass diese Veranstaltung einen enormen Beitrag zur Entwicklung eines neuen Dunkelheitsbewusstseins geleistet habe. Ein Ergebnis zum Beispiel war, dass das Flämische Parlament nur zwei Monate nach der ersten »Nacht der Dunkelheit« einstimmig eine Resolution gegen die Lichtverschmutzung verabschiedete. Zwei Dinge, sagt Pas, seien von entscheidender Bedeutung für jeden, der sich gegen die Lichtverschmutzung einsetzen will. Erstens: »Ohne ein Bewusstsein zu schaffen, hast du verloren«, und zweitens müsse man selbst mehr über das Problem wissen als jeder andere, man müsse sich praktisch »mit Wissen bewaffnen«.

Kapitel 8

1 John C. Van Dyke. *The Desert. Further Studies in Natural Appearances,* New York, 1901. Im Sommer 1898 ritt der zweiundvierzigjährige Kunsthistoriker John C. Van Dyke mit seinem Foxterrier Cappy nahe dem heutigen San Bernardino in die Wüste. Im Laufe der nächsten drei Jahre durchstreifte er die Wüsten von Kalifornien, Arizona und Mexiko. *The Desert* ist das Ergebnis – ein Buch, das mit höchster Aufmerksamkeit für die kleinsten Details von Wüsten, für ihre Farben und Formen geschrieben ist, mit Liebe zu den »lange übersehenen Gewöhnlichkeiten der Natur« und mit Achtsamkeit für die Gefühle, die von den Schönheiten der Wüste ausgelöst werden. Doch durch alle Schilderungen hindurch

zieht sich ein elegischer Unterton. Van Dyke wusste, dass »jeder Vogel, jedes wilde Tier und jedes kriechende Wesen« die Ankunft des Menschen fürchtete, denn »sie wissen, dass seine Zivilisation ihre Vernichtung bedeutet«. Heute liest man seinen Bericht aus der Zeit vor etwas über einem Jahrhundert in dem Wissen, wie recht er hatte. »Die Tatsache, dass fast nichts mehr von der geschilderten Schönheit existiert«, schreibt Richard Shelton in seiner Einführung zur Neuausgabe von 1980, »ist zu offensichtlich, um sich noch damit zu befassen.«

2 Das Burning-Man-Festival hatte Ende der achtziger Jahre ursprünglich an einem Strand bei San Francisco stattgefunden und höchstens ein paar Dutzend Leute angezogen. Dann übersiedelte es nach Nevada, und heute zieht es jährlich am Sommerende eine Masse von rund fünfundvierzigtausend Menschen an, die ein paar Tage lang ihre kreative Freiheit ausleben wollen. Nach dem Verbrennen von *The Man* wird dafür gesorgt, dass jede kleinste Spur vom Festival beseitigt wird – abgesehen von den Reifenspuren, die sich in die Salzebene gedrückt haben. Weitere Informationen finden sich unter www.burningman.com.

3 Zu seiner Kurzgeschichte *Nightfall* hatte Isaac Asimov sich von einem berühmten Satz aus Ralph Waldo Emersons *Natur* inspirieren lassen: »Wenn die Sterne in tausend Jahren nur in einer einzigen Nacht erschienen, wie würden die Menschen glauben und bezeugen und durch viele Generationen die Erinnerung an die Gottesstadt bewahren, die sie erblicken durften!« Worauf Asimovs Lektor bei *Astounding Science Fiction* gesagt haben soll: »Ich glaube sie würden verrückt werden.« [Anm. d. Übers.: Zitiert aus Ralph Waldo Emerson, *Natur,* herausgegeben und aus dem Amerikanischen übertragen von Harald Kiczka, Zürich, 1988, S. 13.]

4 Selbst wenn der Leser nicht Italienisch spricht, ist www.cielobuio.org allein schon der Fotos wegen eines Aufrufs wert.

5 Licht-emittierende Dioden oder LEDs liegen an der Spitze der Beleuchtungstechnik beim Austausch von elektrischen Glühbrinen gegen elektronische *Solid-State Lights* (SSL) oder Festkörper-Beleuchtungen. Sie sind wesentlich effizienter als elektrisches Licht, bestens programmierbar und außerdem gebündelt (das heißt, strahlen kein Licht in alle Richtungen ab). Mit ihnen kann man also viele Probleme angehen, die durch zu viel elektrisches Licht entstehen. Allerdings haben LEDs wegen des hohen Blaulichtanteils gesundheitliche Bedenken aufkommen lassen, und Alternativen müssen von den Herstellern erst noch entwickelt werden. Dennoch spricht Bob Parks von der IDA davon, dass »LEDs das Potenzial haben, Außenbeleuchtungen auf eine tiefgreifende und positive Weise zu revolutionieren.«

6 Ein Anzeichen dafür, dass es der Pariser Stadtverwaltung ernst ist mit der Reduktion ihrer öffentlichen Beleuchtungen, um Energie (und Geld) zu sparen, ist das im Juli 2013 in Kraft getretene Verbot der Außen- wie Innenbeleuchtung von Geschäften, Büros und öffentlichen Gebäuden zwischen ein Uhr nachts und sieben Uhr morgens.

7 Unter all den Argumenten, die für mehr Dunkelheit sprechen, gibt es kaum eines, das ein deutlicheres Umdenken erfordert als das ökonomische, beziehungsweise als die Tatsache, dass wir mit unseren gegenwärtigen Beleuchtungsmethoden derart viel Geld verschleu-

dern. Man überlege einmal, dass »nur vier Prozent der Energie, die nötig ist, um herkömmliche Glühbirne zum Leuchten zu bringen, tatsächlich Licht produziert«, schrieb Michael Grunwald am 12. Januar 2009 in seinem Artikel »Wasting Our Watts« in *TIME Magazine*. »Der Rest wird als Hitze verplempert, im Elektrizitätswerk, über die Leitungen oder in der Glühbirne selbst, deshalb verbrennt man sich ja auch die Finger, wenn man sie berührt.«

Grunwald liefert starke Argumente dafür, dass Wirtschaftlichkeit unsere wichtigste neue Energiequelle sein wird, und erläutert, weshalb eine der entscheidendsten Veränderungen unter all denen, die dringend herbeigeführt werden müssten, das Einsparen von Geldern durch ein nachhaltiges und effizientes Verhalten der Versorgungswirtschaft sei. Gegenwärtig machten die Stromversorgungsunternehmen in fast allen amerikanischen Bundesstaaten mehr Geld, indem sie mehr Strom verkaufen, folglich gebe es für sie auch keinen Anreiz, irgendwas daran zu ändern. Laut Grunwald wurden die Profite aus der Stromversorgung bislang nur in sechs US-Bundesstaaten vom Absatzvolumen entkoppelt, doch dort seien die Resultate beeindruckend. In Kalifornien und dem Pazifischen Nordwesten, wo sich die Versorgungsindustrie längst aktiv für Nachhaltigkeit und Effizienz einsetzt, »ist der jährliche Stromverbrauch seit drei Jahrzehnten stabil geblieben – wohingegen er im Rest des Landes um 50 Prozent in die Höhe schoss.«

8 Die Beleuchtungsverordnungen in Flagstaff und Tucson sind zwar die bekanntesten in den Vereinigten Staaten, doch in den vergangenen zehn Jahren haben noch mehr als dreihundert weitere nordamerikanische Kommunen Verordnungen zur Kontrolle von künstlichem Licht erlassen. In vielen Fällen sind es Kleinstädte, Vorstädte oder ländliche Kommunen, die den besonderen Charakter ihrer Gemeinden erhalten wollen. In Florida wurden solche Verordnungen hingegen vor allem zum Schutz der Meeresschildkröten erlassen, die seit Millionen von Jahren an den dortigen Stränden schlüpfen und vom Sternenlicht geleitet das Meer finden, inzwischen aber von den grellen Lichtern der Hotels und Straßenlaternen in die Irre – Richtung Land – geleitet und somit in den sicheren Tod getrieben werden. Mittlerweile haben siebenundzwanzig Landkreise und achtundfünfzig Kommunen in Florida Beleuchtungsverordnungen erlassen, die dies verhindern können. Anderenorts haben sich die *International Dark-Sky Association* (IDA) und die *Illuminating Engineering Society of North America* (IESNA) zusammengeschlossen und gemeinsam eine »Musterbeleuchtungsverordnung« (*Model Lighting Ordinance*, MLO) entwickelt, die es Kommunen erleichtern soll, Verordnungen zur Beleuchtung in ihren Gebieten zu erlassen. Für mehr Informationen siehe www.darksky.org/MLO.

9 Laut Pete Strasser von der IDA kommen große nationale Billig- und Einzelhandelsketten in den Vereinigten Staaten oft sehr viel bereitwilliger kommunalen Forderung nach einer Lichtkontrolle nach als lokale Unternehmer. »Weißt du, was Walmart und Home Depot in Tucson tun? Wir sagen ihnen, ›wir mögen diesen teleskopfreundlichen Sternenhimmel, also wie wär's mit Niederdruck-Natrium?‹ Und kurz darauf – Walmart hatte Niederdruck; Target hatte Niederdruck. Sie wollen sich in die Gemeinschaft eingliedern. Sie haben keine eigenen Standards. Probleme macht uns nur der Unternehmer, der Halogen-

Metalldampflampen vertreibt und dafür viele Masten verkaufen und einen echt guten Wartungsvertrag bekommen will, weil diese Lampen ja dauernd durchbrennen. Aber wenn die Gemeinde zu Walmart geht und sagt, ›hey Walmart, würdet ihr bitte dies oder das tun?‹, dann sagen die bloß, ›klar!‹«

10 Fabio Falchi hat mir in Bezug auf Italien etwas Ähnliches wie Chris Luginbuhl in Bezug auf Chicago gesagt:»Innerhalb der Städte kannst du natürlich nicht viel verändern, nur außerhalb. In den Städten kannst du höchstens erreichen, dass keine Lampen mehr in die Fenster gestellt werden, oder dass Leuchtmittel verwendet werden, deren Farben der Gesundheit nicht schaden. Was den Himmel über den Stadtzentren betrifft, wirst du also keine großen Verbesserungen erreichen, aber in ihrer Umgebung kannst du die Nacht enorm verbessern.«

11 Der französische Wissenschaftsautor und Journalist Amédée Guillemin (1826–1893) verfasste eine Reihe von kleinen populär-astronomischen Büchern, darunter *Le Ciel, notions d'astronomie, à l'usage des gens du monde et de la jeunesse*, Paris, 1864, in dem sich Abbildungen des Himmels über Paris vor der Einführung des elektrischen Lichts finden. Die Ansicht von der Milchstraße über der französischen Metropole zählt zu den schönsten nächtlichen Szenerien, die ich kenne (siehe z. B. www.bibliothek.uni-augsburg.de/ sondersammlungen/galerien/astronomie/milchstrasse.html).
Ebenso beeindruckend sind die Ansichten, die der englische Astronom Edwin Dunkin (1821–1898) im Jahr 1869 vom Nachthimmel über London anfertigte und in seinem Buch *The Midnight Sky. Familiar Notes on the Stars and Planets*, London, 1869, veröffentlichte (siehe z. B. www.sciencephoto.com/media/364305/enlarge).

Kapitel 9

1 Erstveröffentlichung in: Edward Abbey, *Desert Solitaire: A Season in the Wilderness*, New York, 1968, S. 1. Es ist das nach wie vor populärsten Werk dieses so grantigen wie unterhaltsamen Schriftstellers. Abbey muss während seines Aufenthalts in der Gegend des heutigen Arches National Monument vor den Toren von Moab in Utah eine wundervolle Dunkelheit erlebt haben. In den mehr als vier Jahrzehnten, die seither vergangen sind, wurde das Monument zu einem Nationalpark, der jedoch darunter leidet, dass die von der nahen Stadt verursachte Lichtverschmutzung einen wesentlichen Teil des Himmels ausgelöscht hat, den Abbey noch hatte sehen können.

2 Dan Duriscoe hat entscheidend dazu beigetragen, dass sich der National Park Service für die Gründung einer »Dark Sky Cooperative« am Colorado Plateau einsetzt, das sich über mehrere Hochebenen in Utah, New Mexico, Arizona und Nevada erstreckt. Damit soll der Versuch unternommen werden, die Dunkelheit in den Parks und Kommunen eines Gebiets zu erhalten, das im Süden von der Interstate 40 und im Westen und Norden von der Interstate 15 begrenzt wird. Im Jahr 2016 wird der NPS sein hundertjähriges Jubiläum feiern. Sein Direktor Jonathan Jarvis hat die »Dark Sky Cooperative« zu den ambitionierten Zielen des NPS für das nächste Jahrhundert seiner Existenz addiert.

Für Duriscoe ist diese Zusammenarbeit nur die logische Konsequenz seines lebenslangen Einsatzes für den Erhalt des Sternenhimmels. In dem Artikel »Preserving Pristine Night Skies in National Parks and the Wilderness Ethic«, den er 2001 für das *George Wright Forum*, Bd. 18, Nr. 4, schrieb, erklärte er: »Der Zweck des ›Wilderness Act‹ von 1954 war, allen Amerikanern Zugang zu einer ›ursprünglichen und uneingeschränkten‹ Erholung zu verschaffen und all jene Möglichkeiten zur geistigen Erbauung und einer persönlichen Weiterentwicklung zu bieten, welche durch solche Erlebnisse gegeben sind.« Wenn künstliches Licht »den Anblick des Nachthimmels aus einem Naturschutzgebiet beeinträchtig oder verhindert, dann verstößt dieses Licht gegen eine der grundlegenden ethischen Prämissen unberührter Natur.«

3 Peter Kahn glaubt, dass sich mit dieser »generationellen Umweltamnesie« auch erklären lasse, »weshalb wir die Natur, von der unser körperliches und seelisches Wohlbefinden abhängig ist, herabwürdigen und zerstören«. Auf die Dunkelheit und den natürlichen Sternenhimmel bezogen ist das gewiss richtig, denn hier gilt die Regel, dass uns gar nicht in den Sinn kommt, etwas zu vermissen, weil wir gar nicht wissen, was wir verloren haben. Ein ähnlicher Gedanke kommt in der Bezeichnung »degressive Grundlinie« *(diminishing baseline)* zum Ausdruck: Da jede Generation die ererbte Welt als die gegebene und ergo normale betrachtet, verändert sich auch der Maßstab, den sie anlegt, um die Veränderungen zu beurteilen, welche die Welt inzwischen um so vieles an Schönheit und natürlichem Reichtum ärmer gemacht haben als die Welt der Eltern- und Großelterngeneration. Auf der Website http://naturalhistoriesproject.org/conversations/environmental-generational-amnesia kann man Peter Kahn seine Gedanken erklären hören.

4 Die Passage, in der Thoreau sich *Contact!* mit der Natur wünscht, stammt aus *The Maine Woods*, 1848 (Anm. d. Übers.: Nicht enthalten in *Die Wildnis von Maine*). In der Schilderung seiner Wanderung auf den Mt. Ktaadn schreibt er: »Apropos Mysterien! – Denkt an unser Leben in der Natur, – tagtäglich zeigt sie uns ihre Stoffe, treten wir in Kontakt mit ihr – Felsen, Bäume, Wind auf unseren Wangen! Terra firma! Die wahre Welt! Vernunft! Kontakt! Kontakt! Wer sind wir? Wo sind wir?«

5 John Muirs Satz über Brot und Schönheit stammt aus seinem Buch *The Yosemite*, New York, 1912. Muir war Mitgründer des Sierra Club, setzte sich unermüdlich für seine geliebte Sierra Nevada ein und trug entscheidend zum Schutz des Yosemite Valley bei. Ein wunderbares Beispiel für seinen ansteckend überschwänglichen Stil ist *My First Summer in the Sierra*, 1911.

Das Zitat von Sigurd F. Olson stammt aus seinen *Reflections from the North Country*, New York, 1976, die er gegen Ende seines langen Lebens schrieb und die eine ausgezeichnete Einführung in das Denken dieses lebenslangen Umweltschützers sind.

6 Der vom US-Kongress verabschiedete volle Wortlaut dieses Teils des *Act To Establish a National Park Service* aus dem Jahr 1916 lautet: »Der somit einzurichtende Dienst wird die Nutzung der Bundesgebiete fördern und regulieren, welche nachstehend als Nationalparks, Monumente und Reservate bezeichnet werden, gemäß der mit den grundlegenden Zwecken besagter Parks, Monumente und Reservate übereinstimmenden Mittel und

Wege, welche da sind, das Landschaftsbild sowie alle natürlichen wie historischen Objekte und alles bewegte Leben darin zu bewahren und sich auf eine Weise, und mit Mitteln und Wegen, zum Wohle derselben einzusetzen, welche ihre Unversehrtheit zum Wohle künftiger Generationen garantieren.« Aktivisten, die sich für die Bewahrung des Sternenhimmels einsetzen, verweisen vor allem auf den Auftrag, das Landschaftsbild unversehrt zu bewahren. Mit diesem Gesetz wurde auch festgelegt, dass der »Secretary of the Park Service« ein Jahresgehalt von 4 500$, ein »Assistant Director« von 2 500$, ein »Chief Clerk« von 2 000$, ein »Draftsman« von 1 800$ und ein »Messenger« von 600$ beziehen sollen – was heute eindeutig nicht mehr eingehalten wird.

7 Dass die Grenzen unserer Naturschutzgebiete nur so wehrhaft sein können, wie wir sie zu machen beschließen, gerät leicht in Vergessenheit. Alles, dessen es für eine Grenzübertretung bedarf, ist eine Konjunkturschwäche. Man denke nur an die Entscheidung, die der Staat Ohio 2011 zugunsten von Erdgasbohrungen innerhalb der Grenzen seiner Nationalparks traf.

8 Auch Nationalparks außerhalb der Vereinigten Staaten haben sich dem Schutz des Sternenhimmels verschrieben, allen voran in Großbritannien (siehe: www.nationalparks.gov. uk), aber auch in Ungarn, mit dem *Hortobágy Nemzeti Park* in der Puszta und dem Naturschutzgebiet von Zselic, oder an der tschechisch-polnischen Grenze mit dem binationalen *Izera*-Sternenpark, oder in Frankreich mit dem *Nationalpark Pyrenäen,* um nur einige europäische zu nennen.

9 In seinem Buch *Stars Above, Earth Below: A Guide to Astronomy in the National Parks,* New York, 2010, verschmolz der begabte Fotograf, Maler und Schriftsteller Tyler Nordgren Astronomie und Abenteuer. Er verbrachte die Nächte auf seiner Tour von Park zu Park so oft es nur ging in Freien und lässt uns an seiner Liebe zum Sternenhimmel ebenso teilhaben wie an seinen Versuchen, etwas zu ändern, weil es »heute bedauerlicherweise nur noch wenige gibt, die sich erinnern, wie der Nachthimmel wirklich aussieht, und diejenigen, die sich erinnern, an den Gedanken gewöhnt haben, dass es heutzutage eben so ist, wie es ist.«

10 Walt Whitman, *Leaves of Grass* (1900), Nr. 180, übertragen von Yvonne Badal. Wie so viele seiner amerikanischen Schriftstellerkollegen im 19. Jahrhundert schenkte auch Whitman der Dunkelheit und der Nacht große Aufmerksamkeit in seinem Werk. Seine berühmten *Leaves of Grass* enthalten neben dem »Learn'd Astronomer« noch viele weitere Gedichte über die Nacht, darunter »Out of the Cradle Endlessly Rocking« (»Aus der ewig schaukelnden Wiege«), in dem der Dichter die selbsterlebte Dunkelheit besingt. Auch wenn man Whitmans anregenden Werke heute liest, fragt man sich unwillkürlich, ob er die Nacht immer noch auf solche Weise besingen würde.

11 Siehe Gordon Hempton, *One Square Inch of Silence,* New York, 2008, in dem der Autor seine Suche nach Stille schildert und beschreibt, wie er sie schließlich im »Olympic National Park« auf der Olympic-Halbinsel im Bundesstaat Washington fand.

12 Laut dem Zensus von 2010 ist das mediane Bevölkerungszentrum der USA zwar Texas County, Missouri, ansonsten trifft Chad Moore mit seiner Aussage jedoch ins Schwarze.

13 Trotz der Aufmerksamkeit, die der National Park Service jüngst dem Schutz der Dunkelheit zu schenken begann, bleibt noch eine Menge zu tun, wie Kevin Poe erklärt: »Wirklich frustrierend ist, dass dieses Thema nicht einmal alle Leute aus der Park-Service-Ge-
meinde auf dem Radar haben.« Es ist im Wesentlichen Poe zu verdanken, dass der Bryce
Canyon National Park mehr als hundertvierzig Astronomieveranstaltungen jährlch anbietet und damit mehr als dreißigtausend Besucher erreicht. Ob ein Park beschließt, sich
für die Dunkelheit zu engagieren, hängt mehr oder weniger immer von seinem jeweiligen
Leiter ab. »Das große Ziel ist es, Dunkelheit in die Liste der unersetzlichen Ressourcen
aufzunehmen,« sagt Poe, »denn damit stünde sie auf der Checkliste, die der Leiter auf
jährlicher Basis anzusprechen verpflichtet ist. Im Moment gelten Chad [Moore], Dan
[Duriscoe] und ich, das hiesige Team also, immer noch als diese verrückten Typen, die in
die Natur rausgehen, um sie zu beweinen.«

14 Anm. d. Übers.: Henry Beston, *The Outermost House*, op. cit., »Foreword«.

15 Zu William L. Fox' Publikationen zählen *The Void, The Grid & The Sign: Traversing the
Great Basin*, Reno, 2005, und *Mapping the Empty: Eight Artists and Nevada*, Reno, 1999.
Gegenwärtig ist er Direktor des Center for Art and Environment, Nevada Museum of
Art, Reno. James Turrells Roden Crater am Rande der Painted Desert im vulkanischen
Gebirgszug der San Francisco Peaks ist für die Öffentlichkeit noch nicht zugänglich.

16 William L. Fox, *Driving to Mars: In the Arctic with NASA on the Human Journey to the Red
Planet*, Emeryville, 2006.

17 Wendell Berry, »To Know the Dark«, aus: *The Selected Poems of Wendell Berry*, San Francisco, 1999, übertragen von Yvonne Badal.

Bibliografie

Abbey, Edward: *Desert Solitaire: A Season in the Wilderness,* New York, 1968.

Abderson, Nancy K.: *Frederic Remington. The Color of Night,* Washington, 2003.

Ackroyd, Peter: *London: The Biography,* New York, 2003 (vgl. *London – Die Biographie,* aus dem Englischen von Holger Fliessbach, München, 2002).

Alvarez, Alfred: *Night. Night Life, Night Language, Sleep, and Dreams,* New York, 1995 (vgl.: *Die Nacht. Von Dunkelheit, Träumen und Nachtschwärmern,* aus dem Englischen von Olga Rinne-Goedke, München, 1997).

Anderson, Nancy K.: *Frederic Remington. The Color of Night,* Washington, 2003.

Asimov, Isaac: *Nightfall* (1941), New York, 1969 (vgl.: *Und Finsternis wird kommen,* München, 1960; auch erschienen als *Einbruch der Nacht,* München, 1997).

Attlee, James: *Nocturne: A Journey in Search of Moonlight,* Chicago, 2011.

Baldwin, Peter C.: *In the Watches of the Night: Life in the Nocturnal City, 1820–1930,* Chicago, 2012.

Berman, Bob: *Secrets of the Night Sky: The most amazing Things in the Universe you can see with the Naked Eye,* New York, 1995 (vgl.: *Die Wunder des Nachthimmels: Alles über Sternbilder, Planeten und Galaxien,* aus dem Amerikanischen von Helmut Reuter, München, 1999).

– *The Sun's Heartbeat And Other Stories from the Life of the Star That Powers Our Planet,* New York, 2011.

Berry, Wendell: *The Selected Poems of Wendell Berry,* San Francisco, 1999.

Beston, Henry: *The Outermost House, A Year of Life On The Great Beach of Cape Cod,* New York, 1928.

Bogard, Paul: *Let There Be Night: Testimony on Behalf of the Dark,* Reno, 2008.

Brassaï, *Paris de Nuit,* Paris (1933), 1990.

Bretonne, Restif de la, Nicolas Edme: *Les Nuits de Paris ou le Spectateur nocturne,* 8 Bde., Paris, 1788–1794 (vgl. die kurze Auswahl *Die Nächte von Paris 1789–1793,* herausgegeben und aus dem Französischen übertragen von Martina Bender, Leipzig und Weimar, 1989).

Brox, Jane: *Brilliant. The Evolution of Artificial Light,* New York, 2010.

Bruchac, Joseph: *Keepers of the Night: Native American Stories and Nocturnal Activities for Children,* Golden, Col., 1994.

Burton, Jane, et al.: *Nightwatch: The Natural World from Dusk to Dawn,* London, 1983.

Childs, Craig: *House of Rain: Tracking a Vanished Civilization Across the American Southwest,* New York, 2007.

Cinzani, Pierantonio und Falchi, Fabio: »Atlante Mondiale della brillanza artificiale del cielo notturno«, Padua, 2001.

Cornelius, Geoffrey: *The Starlore Handbook: An Essential Guide to the Night Sky,* San Francisco, 1997 (vgl.: *Was Sternbilder erzählen: Die Mythologie der Sterne,* übersetzt von Alexandra Zemann, Stuttgart, 1997).

Cronon, William: *Uncommon Ground: Rethinking the Human Place in Nature,* New York, 1996.

Dickens, Charles: *The Uncommercial Traveller,* London, 1861 (vgl. *Reisender Ohne Gewerbe. Nachtstücke,* herausgegeben und aus dem Englischen übersetzt von Melanie Walz, München, 2012).

Dillard, Annie: *Pilgrim at Tinker Creek,* New York, 1974.

Downie, David: *Paris, Journey into the City of Light* (1990), New York, 2011.

Dunkin, Edward: *The Midnight Sky. Familiar Notes on the Stars and Planets,* London, 1869.

Einstein, Albert: »Wie ich die Welt sehe« (Amsterdam, 1934), in: Carl Seelig (Hg.), *Albert Einstein. Mein Weltbild,* Berlin, 2005.

Ekirch, E. Roger: *At Day's Close: Night in Times Past,* New York, 2005 (vgl. *In der Stunde der Nacht. Eine Geschichte der Dunkelheit,* aus dem Englischen von Arnd Kösling, Bergisch Gladbach, 2006).

Emerson, Ralph Waldo: *Nature,* New York, 1836 (vgl. *Natur,* herausgegeben und aus dem Amerikanischen übertragen von Harald Liczka, Zürich, 1982/1988).

Erpel, Fritz (Hg.): *Van Gogh, Sämtliche Briefe,* 4 Bde., übersetzt von Eva Schumann, DDR-Berlin, 1965, Nachdruck-Sonderausgabe von Zweitausendeins.

Fox, William L.: *Driving to Mars: In the Arctic with NASA on the Human Journey to the Red Planet,* Emeryville, 2006.

– *The Void, The Grid & The Sign: Traversing the Great Basin,* Reno, 2005.

– *Mapping the Empty: Eight Artists and Nevada,* Reno, 1999.

Guillemin, Amédée: *Le Ciel, notions d'astronomie, à l'usage des gens du monde et de la jeunesse,* Paris, 1864.

Himmelman, John: *Cricket Radio: Tuning in the Night-Singing Insects,* Harvard, 2011.

– *Discovering Moths: Nighttime Jewels in Your Own Backyard,* Camden, 2002.

Hoskin, Michael: *The History of Astronomy: A Very Short Introduction,* Oxford, 2003.

Hugo, Victor: *Les Misérables/Die Elenden,* aus dem Französischen von Edmund Th. Kauer (1933), Berlin, 2002.

International Dark Sky Association: *Fighting Light Pollution: Smart Lighting Solutions for Individuals and Communities,* Mechanicsburg, 2012.

Jackle, John: *City Lights. Illuminating the American Night,* Baltimore, 2001.

Jonnes, Jill: *Empires of Light: Edison, Tesla, Westinghouse, and the Race to electrify the World,* New York, 2003.

– *Eiffel's Tower: The Thrilling Story behind Paris's Beloved Monument and the Extraordinary World's Fair that Introduced It,* New York, 2009.

Koslofsky, Craig: *Evening's Empire: a History of the Night in Early Modern Europe,* New York, 2011.

Krause, Bernie: *The Great Animal Orchestra: Finding the Origins of Music in the World's Wild Places,* New York, 2012.

Lamberton, Ken: *Beyond Desert Walls: Essays from Prison,* Tucson, 2005.

– *Dry River: Stories of Life, Death, and Redemption on the Santa Cruz,* Tucson, 2011.

– *Wilderness and Razor Wire,* Tucson, 1999.

Leopold, Aldo: *A Sand County Almanac, and Sketches Here and There,* New York, 1949 (vgl. *Am Anfang war die Erde: Plädoyer zur Umweltethik,* übersetzt von Elisabeth M. Walther, München, 1992).

Lockley, Steven und Foster, Russel G.: *Sleep, A Very Short Introduction,* New York, 2012.

Lopez, Barry: *Of Wolves and Men,* New York, 1978.

Louv, Richard: *Last Child in the Woods. Saving our Children from Nature-Deficit Disorders,* New York, 2005 (vgl. *Das letzte Kind im Wald. Geben wir unseren Kindern die Natur zurück!,* aus dem Amerikanischen von Andreas Nohl, Weilheim/Basel, 2011).

Maryboy, Nancy C. und Begay, David: *Sharing the Skies. Navajo Astronomy,* Tucson, 2010.

May, Gerald: *The Dark Night of the Soul. A Psychiatrist Explores the Connection Between Darkness and Spiritual Growth,* New York, 2004 (vgl. *Die Nacht der Seele. Mit Mystikern aus der Depression,* übersetzt von Eberhard Winkler und Peter Paul Bornhausen, Augsburg, 2008).

Meloy, Ellen: *Raven's Exile. A Season on the Green River,* New York, 1994.

– *The Anthropology of Turquoise: Meditations on Landscape, Art, and Spirit,* New York, 2002.

– *The Last Cheater's Waltz, Beauty and Violence in the Desert Southwest,* Tucson, AZ, 1999.

Mizon, Bob: *Light Pollution. Responses and Remedies,* London, 2002.

Monroe, Jean Guard und Williamson, Ray A.: *They Dance in the Sky: Native American Star Myths,* New York, 1987.

Moore, Thomas: *Dark Nights of the Soul: A Guide to Finding Your Way Through Life's Ordeals,* New York, 2004.

Muir, John: *The Yosemite,* New York, 1912.

– *My First Summer in the Sierra,* New York, 1911.

Naiman, Rubin: *Healing Night. The Science and Spirit of Sleeping, Dreaming, and Awakening* Minneapolis, 2006.

Nash, Roderick: *Wilderness and the American Mind,* New Haven, 1967.

Nordgren, Tyler: *Stars Above, Earth Below. A Guide to Astronomy in the National Parks,* New York, 2010.

Oates, Joyce Carol: *Night Walks. A Bedside Companion,* Princeton, NJ, 1982.

Olson, Sigurd, F.: *Reflections from the North Country,* New York, 1976.

Otto, Rudolf: *Das Heilige: Über das Irrationale in der Idee des Göttlichen und sein Verhältnis zum Rationalen* (Breslau, 1917), München, 2004.

Pissarro, Joachim et al.: *Van Gogh and the Colours of the Night,* Katalog, The Museum of Modern Art/Van Gogh Museum, New York, 2008.

Raymos, Chet: *The Soul of the Night: An Astronomical Pilgrimage* (1992), Lanham, MD, 2005.

Rich, Catherine und Longcore, Travis: *Ecological Consequences of Artificial Night Lighting*, Washington, 2006.

Rilke, Rainer Maria: *Briefe*, hrsg. vom Rilke-Archiv in Weimar, Bd. I: *1897 bis 1914*, Wiesbaden, 1950.

– *Das Stunden-Buch: Vom mönchischen Leben*, Leipzig, 1905.

Roiphe, Katie: *The Morning After. Sex, Fear and Feminism*, Boston, 1993.

Sandhu, Sukhdev: *Night Haunts. A Journey Through the London Night*, London, 2007.

Schaaf, Fred: *The Starry Room: Naked Eye Astronomy in the Intimate Universe*, New York, 1988.

Schivelbusch, Wolfgang: *Lichtblicke. Zur Geschichte der künstlichen Helligkeit im 19. Jahrhundert* (München/Wien, 1983), Frankfurt a. M., 2004.

Schlör, Joachim: *Nachts in der großen Stadt. Paris, Berlin, London 1840–1930*, München/Zürich, 1991.

Sobel, Dava: *Galileo's Daughter*, New York, 1999 (vgl. *Galileos Tochter. Eine Geschichte von der Wissenschaft, den Sternen und der Liebe*, übersetzt von Barbara Schaden, Berlin, 1999).

Sofaer, Anna: *Chaco Astronomy. An Ancient American Cosmology*, Santa Fe, 2007.

Solnit, Rebecca: *Wanderlust. A History of Walking*, New York, 2000.

Styron, William: *Darkness Visible. A Memoir of Madness*, New York, 1990 (vgl. *Sturz in die Nacht. Die Geschichte einer Depression*, übersetzt von Willi Winkler, Köln, 1991).

Stevenson, Robert Louis: *Virginibus Puerisque. An Essay in Four Parts*, 1881 (vgl. *Virginibus Puerisque und andere Schriften*, aus dem Englischen übersetzt von Klaus Schmirler, Bremen/Hamburg, 1995).

Tanizaki Jun'ichirō: *Lob des Schattens. Entwurf einer japanischen Ästhetik* (1933), aus dem Japanischen übersetzt und kommentiert von Eduard Klopfenstein, Zürich (1987), 2002.

Thoreau, Henry David: *The Writings of Henry D. Thoreau*, herausgegeben von Elizabeth Witherell, laufendes Projekt seit 1966, Princeton University Press, bislang 16 Bände (vgl. die kurze Auswahl: *Aus den Tagebüchern 1837–1861*, herausgegeben und übersetzt von Susanne Schaup, Oelde, 1996).

– *Walden, or Life in the Woods* (vgl.: *Walden*, Deutsch von Emma Emmerich, München, 1903).

– »Walking,« *Atlantik Monthly Magazine*, Boston, 1862 (vgl.: *Vom Spazieren. Ein Essay*, aus dem Amerikanischen von Dirk van Gunsteren, Zürich, 2001/2004).

– *Ktaadn, and The Maine Woods*, 1848, in: Robert Sattelmeyer (Hg.), *Journal 2: 1842–1848*, Princeton, 1984.

Van Dyke, John C.: *The Desert. Further Studies in Natural Appearances*, New York, 1901.

Wilson, Eric G.: *Against Happiness: In Praise of Melancholy*, New York, 2008 (vgl. *Unglücklich glücklich. Von europäischer Melancholie und American Happiness*, übersetzt von Susanne Held, Stuttgart, 2009).

Winterburn, Emily: *The Stargazer's Guide: How to Read Our Night Sky*, New York, 2008 (vgl. *Den Himmel lesen lernen: Astronomie für Sterngucker*, aus dem Englischen von Hermann-Michael Hahn, München, 2009).

Woolf, Virginia: »Street Haunting: A London Adventure« (1927), in: *The Collected Essays of Virginia Woolf*, Bd. IV, herausgegeben von Andrew McNeillie, London, 1969.